하나님 사랑 생활화

하나님 사랑 생활화
마음이 하나님께 직선으로 가닿아 밀착하기

초판 1쇄 발행 2024년 7월 1일

지은이 태승철
펴낸이 서미경
펴낸곳 도서출판 제로원
출판등록 제420-2022-000018호

교정 및 편집 지식과감성#
마케팅 김윤길, 정은혜

ISBN 979-11-981668-7-6(03230)
값 18,500원

- 이 책의 판권은 지은이에게 있습니다.
- 이 책 내용의 전부 또는 일부를 재사용하려면 반드시 지은이의 서면 동의를 받아야 합니다.
- 잘못된 책은 구입하신 곳에서 바꾸어 드립니다.

여기에 사용한 성경전서 개역개정의 저작권은 (재)대한성서공회에 있습니다.

마음이 하나님께 직선으로
가닿아 밀착하기

마음과 뜻과 힘을 다한,

하나님 사랑 생활화

태승철 지음

"하나님께 선택받았다면 하나님을 선택하라."
"하나님께 사랑받는다면 하나님을 사랑하라."

01 books

이 책을,
'창세 전에 하나님께서 기쁘신 뜻을 따라 예정하사
그리스도 예수 안에서 택하신
모든 하나님의 아들들'(엡 1:4-5)에게
바칩니다.

목 차

머리말
하나님이 먼저 시작하신 마음과 뜻과 힘을 다한 사랑 ············ 12
하나님의 대상성을 지켜 내야 한다 ································ 20

I. 심령이 가난한 자, 천국이 저희 것이다
심령이 가난함과 예수님 믿음 ······································ 30
하나님을 향한 심령의 재벌 ·· 37
마음과 뜻과 힘을 다한 하나님 사랑이 기준이다 ················ 43

II. 이스라엘아, 들으라!
쉐마를 버린 선민 ·· 52
선택하셨음을 선택함으로써 응답하라 ···························· 55
마음과 뜻과 힘을 다한 사랑, 즉 '섬김'의 보편성 ················ 59
마음과 뜻과 힘을 다한 하나님은 신바람이다 ···················· 64
하나님의 사랑은 받되 하나님 자신은 거절하는 기현상 ········ 68
쉐마와 예수님에 대한 믿음의 관계 ································ 76
'쉐마'를 위한 청진기 ·· 81

III. 욥의 정직(正直) "야샤르"

하나님은 직선(直線)을 굉장히 좋아하신다 · 90
'까닭 없이' 관계함이 정직함이다 · 94
하나님 자신이 우선적인 유일한 '까닭'이다 · · · · · · · · · · · · · · · · · 98
하나님 '승', 사탄 '패' · 102
불신앙은 없다, 다른 신앙이 있을 뿐이다 · · · · · · · · · · · · · · · · · · 105
생활화된 신격화와 수많은 다른 신들의 절대성 · · · · · · · · · · · · · 112
마음이 직선으로 관계한다는 의미 · 120
마음의 직선(直線)이 경외(敬畏)이다 · 123
야샤르의 정직과 그리스도 연쇄 과정 · 127

IV. 수양버들의 군락지가 되어 버린 교회

직선이 사라진 교회 · 134
수양버들 이야기 · 137
수양버들과 교회 · 139
예수 이름을 부르는 화류계 사람들 · 141
떡잎부터 알아봤다 · 144
수양버들이 노래하는 윤리적인 '정직' · 149
다원주의 쌍둥이 · 154
도착지가 다양해지면 길도 다양해질 수밖에 없다 · · · · · · · · · · · · · 158
기독교 종교가 복음을 무력화한다 · 163
버스 터미널의 막차 풍경 · 168
유일한 길과 유일한 목적지는 불가분이다 · · · · · · · · · · · · · · · · · 169
천당은 마음이 직선으로 가닿을 대상이 아니다 · · · · · · · · · · · · · 171
천국에 관한 참된 믿음 거짓 믿음 · 176
죄 사함도 마음이 직선으로 가닿아야 할 대상이 아니다 · · · · · · · · · · · 179
축복과 형통도 마음이 직선으로 가닿아야 할 대상이 아니다 · · · · · · · 182
나라도 마음이 직선으로 가닿아야 할 대상이 아니다 · · · · · · · · · · · 187
하늘과 땅을 잇는 양방 통행 · 195
아버지! 아버지! 나의 아버지! · 197

V. 마음과 뜻과 힘을 다한 사랑은 동시에 학살이다

　죽이지 않으면 곧을 수 없다 · 204
　마음 안에서 벌어지는 연쇄 살상 · · · · · · · · · · · · · · · · · · · 208
　야간 촬영 · 211
　부정(不淨)해서 정직(正直)할 수 있었다 · · · · · · · · · · · · · · 214
　혈루병에는 남녀 구별이 없다 · 219
　생의 목표는 삶이 아니라 죽음이요, 죽임이다 · · · · · · · · · 224
　말씀의 살벌함에 이유 있다 · 227
　예수님을 우시게 한 우리는 정말 나쁘다 · · · · · · · · · · · · · 229

VI. 흑암의 동토에 뜨는 유일한 태양

　마음의 정직은 마음의 청결이다 · 238
　빛과 어둠의 선명한 대비 · 242
　그동안 내 마음속에서 빛나던 태양들 · · · · · · · · · · · · · · · 247
　태양을 끌어안는 미련한 초인(超人)들 · · · · · · · · · · · · · · · 250
　태양과 나 사이에 하나님이 들어오실 만큼의 거리 · · · · 259
　태양들이 달로 변하면 삶은 에덴이 된다 · · · · · · · · · · · · 264
　어둠을 끌어오는 십자가 · 268

VII. 내가 멋대로 만든 모조품들의 왕국

　모조품(Imitation) 제작의 달인들 · 279
　내 마음은 모조품(Imitation) 왕국이다 · · · · · · · · · · · · · · · 283
　버리라 하시면 두말 말고 버리자 · 287
　형제나 자매를 100배로 받는다는 뜻은? · · · · · · · · · · · · · · 289
　모조품을 향한 정직 · 293
　정직함 안에서 열리는 공간의 신(新) 개념 · · · · · · · · · · · 296
　진짜를 만나게 하는 인공위성의 경로 안내 시스템 · · · · 302

VIII. 거듭남을 위한 어머니 배 속

'정직'이 인격의 '자궁'이다 · 309
거듭남은 어머니 배 속을 꼭 필요로 한다 · 312
위에 있는 어머니 배 속 · 314
인격을 거듭나게 하는 자궁의 예 · 316
거듭남에는 순서가 결정적이다 · 318
거듭남을 위한 자궁의 내부 구조, '나-너' · 322
니고데모 방식의 하나님 접근은 안 통한다 · 324
정직을 거꾸로 보면 거듭남이다 · 329
'너'로부터 '나'는 미션을 위해 보내진다 · 332
거듭난 자의 '우리'는 오직 사위일체이다 · 336
위의 하늘로부터 아래 바다로 보내어진 자들 · 340

IX. 마음 씀씀이의 암거래를 중단하라!

블랙마켓 · 348
마음의 거래 규정 · 350
크고 첫째 되는 계명과 둘째 계명의 연관성 · 353
이웃 사랑의 편의주의 · 356
기브 앤 테이크 · 357
정직하면 미친다 · 360
하나에 '미친다'는 것은 보편적인 일이다 · 365
정직한 자는 죽지 못해 이 땅을 산다 · 369
나 자신의 몸과 이웃은 동격이다 · 372
그런데 줄 것이 없지 않은가? · 376
양을 무엇으로 먹이나? · 379
하나님에 대해선 하나님만이 이유이시다 · 382

머리말

머리말

"이스라엘아 들으라 우리 하나님 여호와는 오직 유일한 여호와이시니 너는 마음을 다하고 뜻을 다하고 힘을 다하여 네 하나님 여호와를 사랑하라"(신 6:4-5)

하나님이 먼저 시작하신 마음과 뜻과 힘을 다한 사랑

"하나님이 세상을 이처럼 사랑하사 독생자를 주셨으니"(요 3:16), 그러므로 세상을 향한 하나님의 사랑은 가히 마음과 뜻과 힘을 다한 것이라고 해도 하등 잘못이 없다. 하나님은 어제도 오늘도 내일도 영원토록 살아 계신 창조주이시다. 그 하나님이 독생자를 아끼지 않고 보내셔서 십자가에 못 박을 정도로 사랑하시는 '세상' 안에는 나 자신과 내가 현재 관계하는 모든 사람과 사물과 사건이 다 포함되어 있다. 독생자의 십자가 사건을 통해서 밝히 드러난 하나님의 사랑은 얼마나 세밀하신지, 사람의 머리털을 다 세시는가 하면 공중에 나는 새를 먹이시고 들에 피는 백합화를 입히시는 등 미치지 않는 대상이 없다.

이 세상을 향해서 하나님은 창조주로서 살아 계시고 보고 계시고 알고 계시고 사랑하시면서 모든 것을 빠짐없이 생각하시며 이끌어 가신다.
하나님의 이 같은 세상을 향한 관심과 사랑에는 변함없으심과 전지전능하심과 아무도 흉내 낼 수 없는 자발성과 창조성과 의로움 즉 올바름이 수반된다. 그러므로 하나님이 관심하시며 사랑하시는 '세상' 안에 포함된 나 자신과 내 가족과 내 친구와 내 동료와 내 일과 사건 등등에는 사랑이 더할 나위 없이 완벽하고 충분하게 주어지는 중이다.

그러므로 아주 분명한 사실이 있다. 삶에서 나와 관계 안에 있는 그 어떤 대상에 대해서라도 사랑은 더는 필요하지 않다. 전지전능하신 창조주이시고 주권자이신 하나님 자신이 마음과 뜻과 힘을 다하여 끊임없이 하시는 사랑 이외에 더 보태야만 할 꼭 필요한 관심과 사랑이란 있을 수가 없다는 말씀이다. 세상은 이미 받아야만 하는 사랑이 하나님으로부터 흘러와 넘칠 지경이다.

다만 문제가 무엇인가? 하나님이 세상을 향하여 보이시는 것 이외에 이 세상과 그 안에 있는 나 자신과 내가 맺는 모든 관계에 조금이라도 보태어지는 나로부터의 관심과 사랑은 완벽하고 충분한 하나님의 관심과 사랑에 대해서 무조건 사족이고 걸리적거림이고 방해고 훼손이다. 과유불급(過猶不及)이라는 말의 의미처럼 정도를 지나치면 미치지 못함과 같다.

하나님만큼 불변하고 전지전능하지 않다면, 무한히 자발적이고 창조적이고 의롭지 않다면, 어떻게 감히 세상과 세상에 있는 자기 자신을 자의적(恣意的)으로 사랑하려는 망동을 범할 수 있다는 말인가. 하나님의 세상을 향한 관심과 사랑 위에 전지전능하지도 못하고, 무한히 자발적이고 창조적이고 의롭지도 못한 주제에 감히 자기 자신의 관심과 사랑 따위를 보탤 생각을 한다면, 이는 정말 그냥 바보가 아니라 지독하게 악한 바보다.

세상이 살기가 힘든 이유가 있다면 단 하나이다. 하나님의 세상을 향한 이처럼 완벽하고 넘치도록 충분한 사랑을, 사람도 역시 같은 세상을 사랑함으로써 방해하며 훼손하고 무효화하고 있기 때문이다.

사람이 이 세상에 관여하는 방식은 예수님의 공생애 삶을 통해서 잘 나타났다. 예수님의 세상 관여 방식이 아닌 사람의 세상 사랑은 그 어떤 것도 세상을 향한 하나님 사랑을 방해하는 것이 되지 않을 수가 없다.

"그러므로 예수께서 그들에게 이르시되 내가 진실로 진실로 너희에게 이르노니 아들이 아버지께서 하시는 일을 보지 않고는 아무 것도 스스로 할 수 없나니 아버지께서 행하시는 그것을 아들도 그와 같이 행하느니라"(요 5:19)

즉 예수님은 세상에 사시는 동안 당신이 만나는 세상의 대상을 스스로 사랑하지 않으셨다. 단지 그 모든 대상을 향하여 하나님 아버지께서 하고 계시는 사랑의 내용을 전달하시는 배달부로 사셨다는 말씀이다.

그리고 이렇게 세상을 향한 하나님의 사랑을 중재하시고 전달하시는 예수님의 통로 역할은 다음과 같이 말씀하심 속에서 절정에 이른다.

"내가 아버지 안에 거하고 아버지는 내 안에 계신 것을 네가 믿지 아니하느냐 내가 너희에게 이르는 말은 스스로 하는 것이 아니라 아버지께서 내 안에 계셔서 그의 일을 하시는 것이라 내가 아버지 안에 거하고 아버지께서 내 안에 계심을 믿으라 그렇지 못하겠거든 행하는 그 일로 말미암아 나를 믿으라"(요 14:10-11)

세상을 사랑하시는 하나님을 아예 당신 안으로 받아들이신 것이다. 그러니까 예수님은 당신 스스로 이 세상을 사랑하신 것이 아니었다. 그 대신에 이 세상을 마음과 뜻과 힘을 다해 사랑하시는 하나님 아버지만을 마음과 뜻과 힘을 다해 사랑하시면서 당신 안으로 모셔 들이신 것이었다. 이렇게 인간으로 오신 예수님의 하나님과 세상에 대한 관계의 방식이 바로 모든 인간이 따라야 할 진리의 기준임은 두말할 나위가 없다.

아담의 타락 이후 온 세상을 뒤덮은 죄와 저주의 효과는 어떻게 나타나고 있을까? 하나님의 사랑이 세상으로 쉴 새 없이 내려오는 중에, 자기도 스스로 그 세상을 사랑하는 참으로 기이하고도 우스꽝스러운 현상으로 나타나고 있다. 그럼으로써 세상을 향하는 하나님의 사랑을, 그러니까 누구도 아닌 바로 자기 자신을 향하는 하나님의 완벽하고도 충분한 사랑을 온전히 수용하는 대신에 자기 스스로 철저히 방해하고 훼손하는 일을 평생의 사명과 과제로 여기는 어이없는 삶을 살게 되었다.

사람도 마음과 뜻과 힘을 쓸 수 있다는 사실은 모든 피조물 중에서 사람에게만 내려진 특권이다. 그런데 이 특권의 오용과 남용 때문에 모든 사람은 망했고, 망하고 있고, 망할 것이다. 하나님이 세상을 이처럼 사랑하사 독생자를 주실 정도로 그 사랑이 크고 완벽하고 충분하니, 이제 세상에 대한 관계에서만 말하자면 사람에게 특권으로 주어진 마음과 뜻과 힘이 사실 전혀 필요 없게 되었다.

절대로 우리는 우리의 마음과 뜻과 힘의 단 한 방울이라도 세상을 향해서는 군더더기처럼 덧붙이면 안 되는 것이었다. 왜냐면 하나님의 마음과 뜻과 힘이 세상을 향해서 중단 없이 임하고 있기 때문이다. 우리의 세상 사랑은 일종의 간섭이고 낭비이다. 하나님께서 '보시기에 좋도록'(창 1:4, 10, 12, 18, 21) 만드시고 이끌어 가시려는 우리 각 사람을 향하시는 완벽한 사랑을 우리 스스로 흠집 내고 방해하고 훼방하는 꼴이 되기 때문이다.

소위 문화명령(cultural mandate, creation mandate)(창 1:28)에 담긴 '땅을 정복함'과 '모든 생물을 다스림'도 마찬가지다. 오직 땅과 모든 생물을 향하는 하나님의 사랑을 예수님의 방식으로 중재하고 전달함으로써만 수

행될 수 있을 뿐이다.

그러므로 사람의 마음과 뜻과 힘은 이제 세상에서 사는 동안 세상을 향해서는 정말 아무짝에도 쓸모없이 남아돌게 되어 버렸다. 그래서 사람들에게, 특별히 하나님의 이름을 부르는 선민들에게 말씀하신 것이다. 바로 이렇게 세상을 향해서는 전혀 쓸 일이 없게 된 자기들의 마음과 뜻과 힘을 모조리 하늘에 계시는 하나님만을 향하여 남김없이 다 쓰라고.

우리가 알다시피 죄는 '빗나감'이라는 의미를 지닌 헬라어 '하마르티아'이다. 왜 죄가 '빗나감'인가? 죄는 사람의 마음과 뜻과 힘이 실제 생활 현장에서 하나님이라는 유일한 대상을 빗나가는 상황을 가리키기 때문이다. 그런데 안타깝게도 모든 사람은 이렇게 자기의 마음과 뜻과 힘이 하나님을 빗나가 세상을 향하고 있는데도 그 상태가 죄와 저주에 찌들었기 때문임을 전혀 모른다. 그런 빗나감이 빗나감이라고 여기지 못한 채 본래 인간의 자연스러운 본성이라고 여기고 있다. 즉 죄와 저주에 찌들었기 때문에 자기 안에서 일어나는 일을 인간 본연의 속성쯤으로 여겨 버린다. 그래서 빗나감의 죄와 저주에 찌든 채 사람들이 일상적으로 하는 일이란 정말 가관이다.

스스로 마음과 뜻과 힘을 다해 자신과 세상을 사랑함으로써 하나님께서 마음과 뜻과 힘을 다하여 세상 사랑하심을 방해한다. 그럼으로써 하나님의 무한하신 자발적인 창조성과 전지전능하심에서 나오는 사랑을 받아들이고 누려야만 할 자신과 세상을 잃는다.

그뿐인가? 이런 상황은 사실 그에 앞서서 벌어지는 더 근원적인 손실을 전제하고서야 가능하다. 즉 마음과 뜻과 힘을 다해서 찾고 가지고 누려야 할 하늘에 계시는 하나님 자신을 송두리째 잃어버림이다. 왜냐면 사람이 세상을 사랑한다는 일은 언제나 더 먼저 하나님 자신을 가지는 일에 마음과 뜻과 힘을 다 쓰지 않음의 결과로써만 일어날 수 있기 때문이다.

모든 사람에게 임한 죄와 저주는 사람을 악하다고 하기 이전에 정말 바보라고 볼 수밖에 없게 만들었다. 세상에서 사는 삶은 전지전능하시고 자발적이고 창조적이고 의롭기만 하신 하나님의 사랑의 물결을 타고 물놀이하듯이 흘러가게 하면 될 일이었다. 그리고 이 세상 삶에서 더는 불필요하게 된 자신의 마음과 뜻과 힘은 모두 다 하늘에 계신 하나님께로 보내 하나님 자신을 내 소유로 내 기업으로 가지면 되었다. 이처럼 세상은 하나님의 사랑의 물결을 따라 흘러가도록 놔두고 하나님이 계시는 하늘을 마음과 뜻과 힘을 다해 붙잡고 버는 일을 평생의 사명과 과제로 알았다면 지금 우리의 상황은 얼마나 달라졌을까?

지난 세월의 나 자신과 이 세상을 바라보고 있노라면 이 아쉬움이 뼈를 때린다. 그런데 이런 아쉬움은 아쉬워해야 할 당사자인 이 세상 사람 그 누구도 느끼지 못하고 있는 상태에서 하나님이 더 먼저 드러내신다.
다윗의 입술을 통해 하나님은 한탄하신다.
"여호와께서 하늘에서 인생을 굽어살피사 지각이 있어 하나님을 찾는 자가 있는가 보려 하신즉 다 치우쳐 함께 더러운 자가 되고 선을 행하는 자가 없으니 하나도 없도다"(시 14:2-3)

예수님도 이사야 선지자의 말을 인용하셔서 하나님이 느끼시는 같은 마음을 다음과 같이 전하신다.

"이 백성이 입술로는 나를 공경하되 마음은 내게서 멀도다"(마 15:8)

도대체 입으로 하나님의 이름을 부르기까지 하면서 마음은 하나님께로 가는 대신에 어디로 가 버렸다는 것인가? 마음이 하나님의 사랑이 쉬지 않고 임하고 있는 세상으로 가 버렸다. 정말 쓸데없이, 정말 바보처럼 모든 허락된 진짜 좋음을 온전히 받아 누리는 대신에 몸소 다 뿌리치면서 말이다.

예수님은 또한 선민들의 영적인 실상을 들여다보시면서 아예 직접적으로 표현하신다.

"다만 하나님을 사랑하는 것이 너희 속에 없음을 알았노라"(요 5:42)

하나님의 이름 부르기를 전매특허 삼은 선민들이 하나님을 사랑하지 않는다면 이 세상에 하나님을 사랑할 사람은 한 사람도 없음은 자명하다.

도대체 왜 이럴까?

마음과 뜻과 힘을 다하여 사랑하기 그 자체가 어려운 것일까? 아니면 하나님 여호와를 대상으로 삼는 일이 어려운 것일까? 사랑해야 하는 주체인 내 문제인가, 사랑받아야 하는 대상인 하나님 문제인가?

나는 왜 하늘에 계시면서 한편으로는 나와 세상을 마음과 뜻과 힘을 다해 사랑하시고 다른 한편으로는 당신 자신을 내가 마음과 뜻과 힘을 다해 사랑할 대상으로 내어주신 하나님 자신을 외면하여 버리는 것일까? 하나님이 중단 없이 실시간으로 사랑하시는 이 세상 삶에 대해 내가 나서서 책임질 일은 없다. 그래서 어차피 나의 마음과 뜻과 힘은 남아돈다. 그렇게 남아도는 것들을 모두 다 해서 하나님 한 분만을 사랑하라 하시는데, 나는 왜 이처럼 마음 편하고 즐거운 일을 하지 않고 있는 것인가. 하기만 하면 이처럼 하는 만큼 유익이 넘칠 일이 어디 있는가 말이다.

'마음' 따로 '뜻' 따로 '힘' 따로 그 의미를 분석하지 않아도 우리는 '마음과 뜻과 힘을 다한다'라는 말의 의미를 충분할 정도로 잘 안다. '다한다'라는 뜻은 내 인격적인 능력인 마음도 뜻도 힘도 이 세상 안에 있는 그 어떤 대상을 향해서는 전혀 쓰지 않는다는 의미이다. 게다가 예수님은 이 마음과 뜻과 힘에 '목숨'을 하나 더 보태서 크고 첫째 되는 계명이라 천명하신다.

"네 마음을 다하고 목숨을 다하고 뜻을 다하고 힘을 다하여 주 너의 하나님을 사랑하라 하신 것이요"(막 12:30)

목숨을 다하라는 말씀은 육체의 목숨이 붙어 있는 한 하나님 한 분만을 사랑하는 일을 평생의 유일한 사명과 과제로 여기라는 뜻이다.

쉽게 말해 마음을 다하고 뜻을 다하고 힘을 다하는 사랑은 한 대상을 향해서만 목숨이 끝나는 순간까지 전심전력함이다. 한 대상을 눈에 콩깍지가 씌어 여생을 통해 그 대상 말고는 안 보이는 상태로 관계함이다. 정말 유치하게 '오! 나의 태양이여! 그대만이 나의 빛이고 나의 전부입니다'라는 고백이 평생 쉬지 않고 나오는 상태로 한 대상만을 관계하는 것이다.

그런데 하나님을 향해서 그렇게 못할 이유가 대체 무엇인가? 이유가 없어 보이는데 아무도 그렇게 하지 않는다는 것이다.

하나님의 대상성을 지켜 내야 한다

하나님은 다윗의 입을 통해서 다음과 같이 당신의 안타까운 심정을 토로하신다.

"여호와께서 하늘에서 인생을 굽어살피사 지각이 있어 하나님을 찾는 자가 있는가 보려 하신즉 다 치우쳐 함께 더러운 자가 되고 선을 행하는 자가 없으니 하나도 없도다"(시 14:2-3)

이 상황은 지금으로부터 3천 년 전 다윗 시절에도 그랬고, 천 년 뒤 예수님이 오셨다가 애초에 떠나오셨던 하늘 아버지의 집으로 다시 가신 후 수십 년이 지난 뒤, 사도 바울이 로마서를 기록할 때도 마찬가지였던 모양이다.

"깨닫는 자도 없고 하나님을 찾는 자도 없고 다 치우쳐 함께 무익하게 되고 선을 행하는 자는 없나니 하나도 없도다"(롬 3:11-12)

그러면 중세나 근대나 오늘날은 이 상황이 많이 바뀌었을까? 다윗 시대에도 전성기를 이룬 남 왕국 유다는 백성 전체가 하나님의 이름을 부르는 선민들의 나라였고, 예수님 승천하신 뒤 사도 바울의 시대에도 유대인들은 여전히 선민들로서 살고 있었다. 그래도 하여간 다윗과 사도 바울은 각각 당신들의 동시대인들을 포함하여 인류 중에는 마음과 뜻과 힘을 다해 하나님을 사랑하는 사람은 한 사람도 없었음을 확신하고 있었던 셈이다. 특별히 예수님의 복음 사역이 완수된 이후에 사도 바울이 이렇게 말씀하신 의도 안에는, 예수님을 받아들이지 않는 한 하나님을 마음과 뜻과 힘을 다하여 사랑할 수 있는 사람은 한 사람도 없다는 전제가 담겨 있다.

그러면 물어보자. 십자가에서 죽임을 당한 예수님을 알고 있고 받아들였다고 자타가 인정하는 전 세계 기독교 종교인들이 중세나 근대를 지나 지금까지 수십억 명에 달하는 만큼, 그중에서 마음과 뜻과 힘을 다해서 하나님을 사랑하는 자들이 여기저기 많이 있을까? 그래서 이제는 "여호와께서 하늘에서 인생을 굽어살피사 지각이 있어 하나님을 찾는 자가 있는가 보려 하신즉" 기독교 종교인 중에 셀 수도 없이 많은 사람이, 아니 적지 않은 수의 사람이 마음과 뜻과 힘을 다해 하나님을 찾고 있는 사실을 확인하시며 기뻐하실 수 있는 상황이 되었을까?

언제나 많이 궁금했다. 땅을 두루 돌아 여기저기 다니다가 천상의 회의 석상에 참석한 사탄에게 하나님은 왜 오직 욥 한 사람만 "온전하고 정직하여 하나님을 경외하며 악에서 떠난 자"라고 자랑하셨을까? 세상에 죄와 저주를 끌어들인 사탄은 이 땅에 육체를 입고 사는 사람이 하늘에 계시는 하나님 자신을 사랑하는 일을 이를 악물며 목숨 걸고 싫어하여, 막고 훼방하는 것을 자기의 사명으로 아는 존재이다. 선민이며 교인임을 자처하는 사람들이 마음과 뜻과 힘을 다하여 하나님을 사랑하지 못하도록 방해하는 존재가 사탄이다. 그런데 만약 욥마저도 다른 여느 사람과 같았다면 이런 사탄 앞에서 하나님의 입장이 정말 얼마나 민망하고 난처하셨겠는가를 생각하면 아찔하다. 오직 욥 한 사람만을 사탄에게 자랑하신 그 이유를 하나님 스스로 밝히신다.

"내 종 욥을 주의하여 보았느냐 그와 같이 온전하고 정직하여 하나님을 경외하며 악에서 떠난 자는 세상에 없느니라"(욥 1:8)

여기서 마지막 어절 "세상에 없느니라"라는 말씀이 가슴에 와 박힌다. 즉 사탄에게 오직 욥 한 사람만을 자랑하신 이유는 욥과 같은 사람이 욥 말고는 '세상에 없었기' 때문이었다.

하나님의 이름을 부르는 외관상 선민이라는 사람들이 없던 적이 없었던 이 세상에서 어떻게 '하나님을 찾는 자가 하나도 없다'라는 말이 등장할 수가 있다는 말인가? 그러나 확인할 길이 없으니 '한 사람도 없다'라는 이 말씀이 현재 인류의 상황에도 해당하는 말씀이라고는 못 하겠다. 그러나 오류 없이 확인할 수 있는 사실은 나 자신을 포함하여 내가 만나는 거의 모든 선민이자 교인이기를 자처하는 사람들에게는 입으로 부르는 그 '하나님을 찾는 자가 한 사람도 없다'라는 상황이 실제로 맞아떨어진다는 것이다.

언제나 어디서나 마음과 뜻과 힘을 다해 무엇인가를 사랑할 수밖에 없는 사람들에게서 아니 나 자신에게서, 창조주요 주권자이신 하나님이 별의별 사소한 피조물에 의해서도 쉽사리 대체 되시어 멀리 밀려 나 동그라지시는 상태다. 오늘도 전 인류가 각각의 생활 현장에서 실행하는 마음과 뜻과 힘을 다한 사랑으로부터 창조주이신 하나님 자신만은 전혀 무관한 대상으로 취급되어 사람들의 의식으로부터 마치 쓰고 버리는 휴지처럼 미련 없이 버려지고 계신다.

문제는 이런 참담한 실제 상황이 예수님을 믿어 하나님을 아버지라고 부르는 사람들에게서도 마찬가지로 전혀 아랑곳하지 않은 채 마구잡이로 일어나고 있다는 점이다.

더는 이런 상황을 좌시하거나 간과하면 안 된다. 하나님께서 우리 마음 씀의 유일한 대상이 되심을 우리는 실제 생활 현장에서 반드시 목숨을 걸고 지켜 내야만 한다.

사람이면 누구나 하는 마음과 뜻과 힘을 주는 사랑, 또 얼마든지 그

예를 찾아 볼 수 있는 마음과 뜻과 힘을 특정한 하나의 대상에게만 '다' 주는 사랑, 이러한 사랑을 모든 사람이 죄와 저주에 찌드는 바람에 전혀 불필요하게 또는 너무나 어리석고 악하게 이 세상을 향해서 쏟아 내고 있다. 그래서 하나님의 세상을 향하시는 완벽하고도 충분한 사랑을 망치고 있고 또한 하나님 자신을 잃어버리고 있다.

이렇게 죄와 저주로 인해서 빗나가는 마음과 뜻과 힘을 다한 사랑이 방향을 바꾸어서, 오로지 하나님만을 대상으로 적중하게 하시려고 독생자 예수님을 이 땅으로 보내셨음을 우리는 한시도 잊어서는 안 된다.

예수님의 십자가 죽음은 우리의 마음과 뜻과 힘의 세상을 향하는 방향을 죽임이고, 부활은 하나님을 향함이며, 승천과 보좌 우편에 이르심은 이제 마음과 뜻과 힘을 모두 다 하나님 한 분에게만 쏟기 위하여 자리 잡음이다.

그러므로 이제 우리의 의식 안에서 혼동이 없이 분명해져야만 하는 사실이 있다. 예수님이 십자가에 못 박혀 죽고 부활 승천 하여 보좌 우편에 이르심을 통해서 드러난 세상과 나를 향한 하나님 아버지의 사랑은, 당신 자신을 나에게 선물로 내어주심을 궁극적인 목적으로 삼는다는 사실이다.

사랑하시면 그러심으로써 주시려는 구체적인 내용이 있을 것이 아닌가. 그렇다. 독생자를 희생하실 정도로 날 사랑하심으로써 궁극적으로 내게 주시려는 사랑의 실제적인 내용이 바로 하나님 자신이라는 말씀이다. 그리고 이렇게 대상으로 내어주신 하나님 자신을 우리가 각각 내 아버지로 실제로 가져서 하나님 부자가 되고, 하나님으로 배부르고, 하나님 자신을 기쁨으로 실컷 누리라는 간곡한 요청이 바로 마음과 뜻과 힘을 다하여 하나님을 사랑하라는 말씀이다.

　죄와 저주에 찌든 채로 영위하는 삶에서 수시로 내 마음을 빼앗아 가는 대상들이 얼마나 많은가? 육체의 오감을 통해 내 안으로 쇄도해 들어오는 모든 세상의 존재들이 모조리 다 내 관심의 대상들이 되려고 한다. 그럼으로써 내 마음과 뜻과 힘을 다한 사랑을 독차지하지 못해 모두 안달이 났다. 피를 나눈 가족으로부터 시작해서 모든 가깝고 먼 사람, 모든 크고 작은 사건, 모든 중요하고 사소한 문제, 모든 아깝고 덜 아까운 사물이 다 이렇게 내 마음과 뜻과 힘을 다한 사랑이 쏟아지는 자리를 호시탐탐 노리고 있다.

　그래서 지금 우리에게 가장 절실한 일이 무엇일까? 자가 진단이다. 생활 현장에서 항상 작동하고 있는 나의 마음과 뜻과 힘을 다한 사랑이 지금 어떤 대상을 향하고 있는가를 쉽고 즉각적으로 진단해 낼 수 있어야 한다. 내 마음과 뜻과 힘을 다한 사랑이 보이지도 들리지도 않고 만질 수도 없는 하나님을 향하여 방향을 바꾸는 일을 아주 쉽고 명확하게 해낼 수 있어야 한다.

　사실 영적인 팩트만을 고려한다면 우리가 놓인 상황은 아주 간단하고 명백하다. 하나님은 창조주로서 살아 계신다. 팩트다. 그 창조주 하나님이 하늘 아버지로서 있게 하신 나 자신과 내가 몸이 있어 세상 안에서 맺은 관계들을 독생자를 주실 만큼 마음과 뜻과 힘을 다하여 사랑하신다. 이 또한 팩트다. 게다가 그 하나님의 사랑은 전지전능하시고 자발적이며 창조적이고 의롭기가 그지없으시다. 역시 팩트다. 그러니 나와 세상을 향한 사랑은 하나님이 하시는 사랑 외에 더 보태어지면 그것은 무조건 사족이고 방해고 훼방이다. 역시 팩트다. 이제 남은 일은 나 자신과 세상을 향해서는 전혀 쓸모가 없게 되어 버린 나의 마음과 뜻과 힘을 당연히 하나님만을 향해 다 쏟으면 된다. 너무나 논리적인 귀결이다. 이 모든 상황이 복잡할 것이 전혀 없이 명백하고 간단하다.

그런데 우리를 지배하고 정복한 죄와 저주의 힘이 절대로 만만치 않다. 어찌 보면 마음과 뜻과 힘을 다한 하나님 사랑은 이 세상에서 가장 간단하고 명백한 사실들로 이루어진 상황 안에서 너무나 빤히 보이는 당연한 길이다. 그런데 우리를 뼛속까지 지배하는 죄와 저주는 이렇게 명백하게 보이는 길을 가는 당연한 일을 절대로 일어날 수 없는 일처럼 만들어 버렸다. 이제 우리는 우리 자신을 뼛속까지 찌들게 한 죄와 저주, 그리고 그 조건을 최대한으로 악용하는 사탄의 역사, 이 모든 것을 뚫고 이기면서 마음과 뜻과 힘을 다하여 하나님을 사랑하는 일을 날마다 생활화하여야 한다.

이 책은 바로 이렇게 자기 안에 있는 죄와 저주의 체질적인 습관과 스스로 싸워 이기는 법을 모색한다. '죄와 저주의 힘을 벗어 버리지 못한 채, 언제 어디서나 하늘에 계시는 하나님 대신에 이 세상 안에 있는 아무 대상을 향해서라도 달려가기를 전혀 주저하지 않는 상태가 내 마음과 뜻과 힘의 현주소이다. 이 책은 내 마음과 뜻과 힘의 빗나감을 내가 스스로 표적으로 삼는 법을 소개하고 있다. 즉 내 마음과 뜻과 힘을 다한 사랑을 다른 모든 대상에서 오직 하나님 한 분에게만 돌리는 일을 위한 교본이다.

이런 교본이 필요한 이유는 마음과 뜻과 힘을 다한 사랑의 원활한 방향 전환은 단번에 이루어지는 일이 아니기 때문이다. 실제 생활 현장에서 내 마음과 뜻과 힘은 '빗나감'인 죄와 저주의 절대적인 중력권 안에 놓여 있다. 그래서 항상 육체의 오감으로 만나는 세상의 대상들에 빨려 들어가 버리고 만다. 이렇게 내 마음과 뜻과 힘을 빨아들이는 죄와 저주의 중력을 끊어 내고 등을 돌림으로써 하늘에 계시는 하나님만을 향하여서 마음과 뜻과 힘을 다 드리는 방향 전환이 숙달되려면 반드시 '연습'이 선행되어야만 한다.

그래서 이 책은 사랑하는 아들 디모데에게 "경건에 이르도록 네 자신을 연단하라"(딤전 4:7)라고 하신 사도 바울의 간절한 당부처럼, 우리 자신을 생활 현장에서 이루어지는 하나님 사랑에 적합한 사람으로 '연단하기' 위하여 세상에 태어났다.

이 세상은 내 마음과 뜻과 힘을 한 방울도 필요로 하지 않는다. 세상과 내 육체로 사는 내 삶으로 하나님의 전지전능하시고 무한히 자발적이고 창조적이며 의로우신 완벽하고도 충분한 사랑이 끊임없이 내려오고 있다. 하나님은 창조주로서 그리고 아버지로서 살아 계시고 보고 계시고 알고 계시고 사랑하시면서 내 모든 것을 앞서서 생각하시며 이끌어 가신다. 그러므로 세상을 향하여 우리의 마음과 뜻과 힘을 조금이라도 쓰는 일은 인생 최대의 어리석음이고, 그렇게 너무나 어리석어서 최대로 악한 일이기도 하다.

아무쪼록 이 책을 읽는 동안 모든 사람이 마음과 뜻과 힘을 다하여 오직 하나님만을 사랑하기를 충분히 연습하게 되기를 바란다. 그래서 아무 때든지 무엇을 향해서든지 이 세상에 있는 대상들을 향해서 마치 야생 망아지같이 뛰쳐나가려는 자신의 마음과 뜻과 힘에 재갈을 물리고 고삐를 매어 단단히 손에 쥐게 되었으면 좋겠다.

그래서 이 책이 궁극적으로 노리는 목표는 바로 마음과 뜻과 힘을 다한 하나님 사랑의 생활화이다. 실제 생활 현장에서 하나님만을 사랑하기를 생활화하면 자동으로 뒤따르는 일이 있다. 하나님께 사랑받기의 생활화이다. 하나님 사랑을 생활화함으로써만 하나님의 전지전능하심에서 나오는 사랑을 제대로 받아 누리기도 생활화될 것은 너무나 분명하다. 하나님 자신을 잃어버리는데 그 하나님이 주시는 사랑을 어떻게 올바로 온전히 다 받아 누릴 수 있겠는가?

하나님 사랑의 생활화만이 하나님의 사랑을 생활화하게 한다.

책을 읽는 동안 마음과 뜻과 힘을 다한 하나님 사랑을 연습함으로써, 실제 삶의 현장에서 내 마음과 뜻과 힘을 오로지 하나님 한 분에게만 쏟아붓는 놀라운 기적이 현실이 되고 일상이 되기를 바란다.

I.

심령이 가난한 자,
천국이 저희 것이다

I. 심령이 가난한 자, 천국이 저희 것이다

"심령이 가난한 자는 복이 있나니 천국이 그들의 것임이요"(마 5:3)

팔복 중에 첫 번째로 언급하신 복이다. 복의 근원이신 예수님이 첫 번째로 꼽으신 복은 부귀영화도 건강 장수도 아닌 천국이다. 천국은 눈에 보이지 않는다. 그러나 눈에 보이는 해와 달과 별과 산과 강과 빌딩과 아파트처럼 사실이고 실재한다. 그리고 천국이라고 해서 심령이 가난하게 살다가 죽은 뒤에라야 비로소 갈 수 있고 누릴 수 있는 대상인 것도 아니다. 천국은 사후의 시점으로 예약된 복이거나 미루어질 복이 아니다. 지금이라도 심령만 가난하면 당장이라도 나의 천국으로 가지고 누릴 수 있는 복이다. 예수님 믿어서 구원받아 천국을 가게 된다고 말할 수 있다면 예수님 믿음은 다른 것이 아니다. 바로 예수님이 뜻하시는 대로 심령이 가난하게 됨이다.

심령이 가난함과 예수님 믿음

"심령이 가난한 자"라는 예수님의 말씀 속에서 '심령'이란 우리의 영(靈)을 가리킨다. 여기서는 심령이 곧 우리의 마음이기도 하다. 즉 심령이 가난함은 곧 마음이 가난함이다. 그러면 도대체 이러한 우리의 심령 즉 우리의 영인 마음이 가난하다는 말씀은 무슨 의미일까?

그리고 천국은 예수님을 믿으면 가는 줄 알고 있는데, 심령이 가난하면 천국을 소유한다는 말씀은 또 무엇을 의미하는 것일까? 논리적으로만 보자면 예수님을 믿으면 우리의 영인 심령이 가난해진다는 말씀인 셈이다.

우리의 영은 우리가 죽어서 육체를 벗어도 영원히 존재한다. 다만 예수님의 재림이 일어나면 그때는 육체인 고깃덩어리 몸 대신에 "신령한 몸"(고전 15:44)을 입게 될 것이다. 그런데 아직 우리가 세상에 살아 있는 동안은 영이 육체와 유기적인 관계를 맺고 있다. 이런 상태에서 우리는 영을 흔히 마음이라고 일컫기도 한다.

내 마음인 영, 즉 심령은 정말 신비하다. 나 같은 한 피조물인 인간이 영이신 창조주 하나님과 하나 될 수 있는 바탕이 된다. 나의 마음인 심령은 보이지도 들리지도 않고 만질 수도 없는 하나님을 '있다'라고 의식하여 그 존재감을 느낄 뿐 아니라 그런 하나님 자신을 '좋다'라고 느끼면서 욕구하며 안으로 받아들일 수 있기까지 하다. 왜냐면 우리의 심령 안에는 하나님을 받아들일 수 있을 크기의 공백이 자리하고 있기 때문이다.

인간으로 오신 예수님께서 "나와 아버지는 하나이니라"(요 10:30) 하실 때도 바로 이렇게 예수님의 심령의 공백 안으로 아버지를 모시고 있음을 뜻한 것이다. 또한 "아버지여, 아버지께서 내 안에, 내가 아버지 안에 있는 것 같이 그들도 다 하나가 되어 우리 안에 있게 하사"(요 17:21)라고 간구하신 내용에서도 마찬가지이다.

이 예수님의 간구는 영이신 하나님 아버지와 예수님 자신과 그리고 예수님을 믿는 내가 하나 되게 해 달라는 간구이다. 도대체 나의 어떤 요소가 이처럼 예수님과 하나님과 더불어 내가 하나가 되도록 한다는 것인가? 이렇게 내가 영이신 삼위 하나님의 일체 되심에 참여할 수 있음은 모두 심령 즉 마음이라고도 하는 나의 영이 있기에 가능한 일이다. 즉 예수님의 영 안으로 그리고 예수님을 믿는 우리의 영 안으로 영이신 하나님이 들어오셔서 이루어지는 하나 됨이다.

애초에 창조주 하나님은 이처럼 사람의 마음 안에, 당신 자신이 들어오셔도 될 수 있을 정도의 큰 공백이 유지되도록 만드셨다. 그래서 하나님 자신으로 채워지지 않는 한 우리의 심령 안에 마련되어 있는 이 공백으로부터는 채움을 위해 빨아들이려는 흡입력이 쉬지 않고 발생한다. 이렇게 우리 심령 안에서 일어나는 채움을 위한 흡입력을 우리는 욕구, 열망, 갈망, 희망, 소원, 소망, 기원, 바람, 꿈 등등 다양한 언어로 표현한다. 이처럼 공백이 온전히 채워짐으로써 만족과 기쁨의 상태가 이루어질 때까지는 흡입력이 쉴 새 없이 작동하는 곳이 바로 우리의 심령이다.

이럴 때 특이한 점이 있다. 우리 심령의 흡입력은 오로지 '좋음'이라고 여겨지는 대상을 끌어당기기 위해서 다 투입된다는 점이다. 즉 우리의 심령은 자신의 공백을 오로지 '좋음'으로써만 채우고자 원한다는 것이다. 그리고 이 흡입력은 온전히 우리의 심령이 채워져 영원히 변함없는 만족함에 이르기까지 중단이 없다. 우리가 말하는 채움과 만족, 충만함 등등은 모두 이렇게 하나님 크기로 비어 있는 심령의 공백 즉 마음의 공백이 '좋음'으로써 채워질 때를 가리키는 단어들이다.

예수님은 말씀하신다.
"심령이 가난한 자는 복이 있나니 천국이 그들의 것임이요"
그렇다면 이제 여기서 우리의 마음인 심령이 가난하다는 말씀은 무슨 의미일까? 마음의 가난함, 심령의 가난함이란 어떤 상태를 가리키심일까?
공백이 있으므로 인해 발생하는 심령의 흡입력을 어디에다 쓰는가에 관한 말씀이다. 즉 심령의 가난함은 마음의 흡입력이 고갈된 상태를 뜻한다. 특별히 육체가 살아 있어 만나는 이 세상을 향해서는 마음의 흡입력이 조금도 쓰이지 않는 상태를 뜻한다. 이 세상 안에 있는 것들을 향해서는 채움과 만족을 위하여서 가지고 싶거나 이루고 싶거나 아니면 이미 가진 것을 굳게 붙잡고 싶은 의도가 조금도 없는 상태를 말한다. 이처럼 심령의 가난함은 육체로 만나는 이 세상을 향하여서는 흡입력이 작용하는 내 마음을 조금도 지급할 여분이 없는 상태를 말한다.

그러니까 거꾸로 '심령이 부자인 자'를 말하자면 이렇다. 육체로 만나는 이 세상에 있는 것들에 대해서 채움의 만족함을 위하여 항상 흡입력이 작용하고 있는 마음을 많이 쏟는 자가 바로 심령이 이 세상에 대해서 부자인 자이다. 즉 육체가 있어서 만나는 이 세상 것을 가지고 싶어서 흡입력이 작동하는 마음을 많이 쓰는 자가 바로 심령이 부자인 자이다.

돈도 많이 쓸 수 있는 사람을 우리는 부자라고 한다. 지식도 많이 쓸 수 있는 사람은 지식 부자이다. 다양한 분야에서 활동하는 모든 전문가는 다 해당하는 분야에 대하여 지식 부자인 셈이다. 또 어떤 일에 시간을 많이 쓸 수 있는 사람이 시간 부자이다. 자식도 많으면 자식 부자라고 한다.

심령의 부자도 마찬가지이다. 육체로 만나는 이 세상 안에 있는 어떤 대상이나 일에 마음을 많이 쓰면 그는 예수님이 보실 때 심령이 세상에 대해서 부자인 사람이다. 어차피 심령인 마음은 없는 사람이 없고, 마음은 지속하여 흘러나오기 때문에 그 쓸 수 있는 양은 누구에게나 무한대이다. 그렇기에 써도 써도 다함이 없이 흘러나오는 것이 바로 흡입력이 작동하는 심령이고 마음이다.

그런데 사람마다 현재 상태를 그대로 보자면, 이 세상 안에 있는 갖가지 대상들에 대해서 자기의 심령인 마음을 물 쓰듯이 펑펑 써 대는 심령의 부자가 아닌 자들이 없다. 예를 들어 재정적으로만 보자면 부자와 가난한 사람이 확연히 구분되어 갈리게 된다. 그러나 재정에 마음을 마구 써 대는 심령의 부자로 사는 일에는 남녀노소 빈부귀천의 차이가 무관하다. 비단 돈에 대해서만 심령의 부자이겠는가? 남녀노소 빈부귀천의 모든 사람이 육체로 만나는 이 세상 것에 대해서 항상 채움을 갈망하는 마음을 무한대로 써 대는 부자들이다. 예수님의 말씀을 따르자면 이런 모든 사람은 심령이 부자이기 때문에 천국에 못 들어간다.

천국은 채움의 만족을 위하여 항시 흡입력이 작용하는 영인 마음을 이 세상에 있는 것들을 향해서는 쓰려야 쓸 여분이 전혀 없는 마음 가난뱅이가 되어야 들어간다는 말씀이다. 심령의 가난함은 세상에 관해서는 쓰려야 쓸 마음의 재고가 없는 상태를 가리키신다. 그런데 심령인 마음 자체가 없는 자가 없고 또 마음의 흡입력은 무한대로 흘러나오는데, 도대체 어떻게 마음이 육체로 만나는 이 세상에 대하여 가난한 상태가 벌어질 수 있다는 말씀인가?

그 이유가 바로 천국 소유 여부를 결정한다. 즉 이 세상에 대해서 마음이 가난한데 그 이유가 바로 천국에 계신 하나님께만 모든 마음의 흡인력을 다 쓰고 있기 때문이라는 뜻이다. 흡입력이 무한대로 흘러나오는 심령인 마음 씀을 오로지 하늘에 계시는 하나님 한 분에게만 국한하여 모조리 다 투입하는 중이라서, 육체가 살아 있어서 만나는 다른 모든 이 세상 안에 있는 대상들에 대해서는, 마음 흡인력의 재고가 바닥이 나 버린 상태가 바로 심령이 가난한 것이다.

그러면서 못을 박아 말씀하신 것이다. 하나님 크기로 비어 있어 흡입력이 작용하는 영인 마음을 이 세상에서는 그 무엇에 대해서도 쓸 수 있는 여분이 남아 있지 않을 만큼 가난하게 될 정도로 하나님께만 다 쓰고 있는 상태가 유지되어야 천국에 들어갈 수 있다고.

거꾸로 말하면 어떻게 되나? '이 세상에 대해서 심령이 부자인 자들은 복이 없나니 이는 천국이 그들의 것이 될 수 없기 때문이다.' 그렇다. 하나님 크기로 비어 있는 공백을 채우기 위하여 육체로 만나는 이 세상 '좋음'들을 향하여 마음을 많이 쓰는 부자가 되면 천국에 못 들어간다. 즉 이 세상 것들을 향해 이런저런, 작든 크든, 쉬지 않고 바람과 소원을 가질 만큼 영인 마음의 씀씀이가 세상을 향해서 헤프면 그는 하나님이 계시는 보좌가 놓인 천국에 갈 수가 없다.

그래서였을까? 사도 바울은 정말 부단히도 천국 가게 하는 예수님 믿음을 십자가에 못 박힌 그리스도를 믿는 것이라고 힘주어 강조하신다. 사도 바울에게 있어서 그리스도는 아예 "십자가에 못 박힌 그리스도"(고전 1:23)이시다. 그래서 믿음이란 십자가에서 이루어진 예수님의 죽음에 함께 연합하여 죽는 것이라고 설파한다.

그러면서 그 십자가에서 예수님과 연합하여 이루어진 죽음은 바로 육체가 있어서 만나는 이 세상에 대한 죽음임을 명백하게 한다.

"그러나 내게는 우리 주 예수 그리스도의 십자가 외에 결코 자랑할 것이 없으니 그리스도로 말미암아 세상이 나를 대하여 십자가에 못 박히고 내가 또한 세상을 대하여 그러하니라"(갈 6:14)

예수님의 말씀대로 육체로 만나는 이 세상에 대해서 심령이 가난한 자가 되는 길은 사도 바울에 의하면 십자가에서 예수님과 함께 이 세상에 대해서는 아예 심령의 흡입력이 죽어 버리는 것이다. 즉 육체가 있어서 만나는 이 세상을 향해서 바람 소원 희망 갈망 열망 등 모든 종류의 욕구가 아예 다 죽어 버리는 일이 십자가에 달린 예수님을 그리스도로 믿는 것이라는 뜻이다. 그렇게 믿어야만 천국을 소유한다.

텅 빈 속을 채우기 위하여 무엇인가를 흡입하여만 하는 영(靈)인 내 마음이 아예 이 세상에 대해서만은 십자가에서 죽어 버려야만, 온통 그 마음을 하늘에 계시는 하나님을 향해서만 다 쓸 수 있기에 하신 말씀이다. 사도 바울에게 있어서 예수님의 십자가는 마음인 심령의 흡입력을 오직 하늘에 계시는 하나님 한 분에게만 몰방하게 하는 사건인 셈이었다. 십자가는 우리가 땅을 등지고 하늘에 계시는 하나님 한 분만을 마음 안으로 흡입하게 하는 사건이었다.

십자가에 못 박히신 예수님을 그리스도로 믿으면 천국 간다. 그래야만 심령이 가난해지기 때문이다. 즉 예수님과 함께 십자가에서 세상에 대해서는 죽었다는 자아의식을 유지하면서, 채움의 욕구가 발생하는 마음을 육체로 만나는 이 세상에 대해서 전혀 쓰지 않으면 천국 간다. 즉 심령이 예수님의 십자가를 통과함으로써 세상을 빠져나와 부활 승천을 거쳐 보좌 우편까지 이르는 길을 따라 천국으로 진입해야 한다. 그래서 흡입력의 한 방울도 남김없이 천국 보좌의 하나님 한 분에게 다 써야만 천국이 내 소유가 된다는 말씀이다. 이처럼 흡입력이 발생하는 마음을 하나님 한 분에게만 다 쓰려면 절대 필요 불가결의 전제가 바로, 육체로 만나는 이 세상에 대해서는 심령이 극도로 가난함이다.

하나님을 향한 심령의 재벌

그렇다. 예수님의 십자가는 육체로 접하는 이 세상에 대해서 내 영인 마음이 "거지 나사로"(눅 16:20)가 되게 하는 자리이다. 사람들은 거의 모두 이 세상에 대해서는 마음을 한없이 쓰는 부자들이다. 마음 씀씀이가 육체로 접하는 이 세상을 향해서는 재벌이 아닌 자들이 없다. 그런데 이처럼 세상에 대해서 지급할 마음이 많거나 여분이라도 있는 사람은 절대로 '부자와 거지 나사로' 비유에 나오는 부자처럼 천국에 못 들어간다.

하늘 아버지 계시고 내가 들어가서 영원히 살아야 할 천국이 지금 당장 살아 있는 동안에는 실제로 복이 될 수도 없고 어떤 식으로든 별다른 의미가 없는 사실이라고 느끼는가? 그렇다면 세상에 대해 심령이 부자인 채로 살아간들 무슨 상관이 있겠는가. 하기야 눈에 보이지도 않고 귀에 들리지도 않고 만질 수도 없는 천국 따위(?)가 아무리 그곳에 하나님 아버지가 계신다 한들 지금 당장 오감을 자극하는 이 세상 것들의 좋음에 비할 바가 아니라는 생각도 전혀 이해 못 할 바는 아니다. 그러면 그렇게 여전히 마음을 이 세상 것들을 향해서 물 쓰듯 하면서 마음 부자로 살면 된다.

그러나 아는가? 예수님이 그리스도로서 이루신 죽음과 부활과 승천과 우편에 이르시는 연쇄 과정은 하늘 아버지가 계시는 천국을 사후의 영역으로 미루어 놓지 못하게 한다는 사실을 말이다. 하늘 아버지 계시고 우리 예수님 계신 천국은 약속이며 동시에 우리의 현실이다. 세상에서 탈출하여 천국으로 진입하신 그리스도 연쇄 과정의 길은 천국을 지금 당장 우리의 일일생활권으로 만들어 주는 고속도로이기 때문이다. 천국은 살아서 매일 가던 사람만이 죽은 뒤에도 갈 수 있는 곳이다. 왜냐면 예수님 믿음은 예수님 따름이고 예수님 따름은 세상 탈출하여 천국 진입하신 그리스도 연쇄 과정 속 예수님을 날마다 마음으로 따라감이기 때문이다.

이 사실을 알고 예수님이 그리스도로서 이루어 내신 연쇄 과정의 길을 따라서 날마다 하늘 아버지 계시는 천국을 반드시 가야만 한다는 생각이 분명하다면 이제 결단하여야 한다. 육체가 있어서 만나는 이 세상에서는 마음 쓰는 일에 있어서 반드시 거지 나사로가 되기로 말이다. 혹시 잊었을까 봐 거지 나사로의 형편을 다시 한번 눈앞에 펼쳐 보자면 이렇다.

"그런데 나사로라 이름하는 한 거지가 헌데 투성이로 그의 대문 앞에 버려진 채 그 부자의 상에서 떨어지는 것으로 배불리려 하매 심지어 개들이 와서 그 헌데를 핥더라"(눅 16:20-21)

거지 나사로에게는 건강조차 사라진 몸 말고는 정말 가진 것이 아무것도 없었다. 게다가 그런 처참한 상황을 개선하려는 의지를 엿보게 하는 기미도 전혀 없었다. 육체로 접하는 이 세상 안에서는 나사로가 자기의 마음을 쓸 대상이 없었다. 공백을 채우려는 흡입력이 작용하는 심령인 마음이 세상을 향해서는 극도로 가난한 자이다. 세상을 향해서는 마음 씀씀이가 완벽하게 제로 상태이다.

다만 그의 이름이 우리의 주의를 끈다. '나사로'라는 이름은 '하나님만이 나의 도움이시다'라는 의미를 담고 있다. 나사로도 도움이 필요하다는 말씀이다. 비록 거지이지만 나사로 역시 여느 다른 사람과 마찬가지로 그 텅 빈 공백의 심령이 채워짐을 절대적으로 필요로 한다. 이러한 나사로에게 하나님만이 도움이시다. 즉 심령이 텅 비어 있어서 반드시 채움이 필요한 이 나사로를 오직 하나님만이 당신 자신으로 채워 주심으로써 도우실 수 있다는 뜻이다. 하나님 이외에는 채움을 위하여 육체로 접하는 이 세상에서는 마음을 쓰며 바라거나 소원하거나 희망하는 일이 전혀 없음을 뜻하는 이름이 바로 나사로이다.

한번 숨을 돌려 여유를 가지고 이 세상에서 사람들이 좋다고 여기는 가치들의 리스트를 작성하여 보라. 그리고 그 리스트에 작성된 어느 하나의 가치에도 마음을 전혀 쓰지 않을 수 있는가를 생각해 보라. 비유 속에서 거지 나사로를 등장시키신 예수님의 의도는 실제 환경적 형편이나 물리적인 상황이 거지 나사로가 되어야 한다는 뜻이 아니라, 거지 나사로의 형편으로 비유될 정도로 이 세상에 대해서는 우리 마음을 쓸 여분이 조금도 없을 만큼 가난한 '마음 거지'가 되어야 한다는 뜻이다.

아무리 마음 쓸 여분이 전혀 없는 거지가 된다고 해도 마음 자체가 없는 사람은 없다. 그러나 그 마음은 본래 오직 하나님 한 분에게만 다 쓰도록 만들어진 것이다. 그래서 텅 빈 공백의 마음은 영이신 하나님이 들어오셔서 하나 될 수 있도록 하시려고 영으로 지으신 것이다. 모든 인류는 본래 심령인 마음이 이 세상을 대할 때 거지 나사로처럼 가난했어야만 했다. 죄로 인한 타락과 저주받음의 상태를 한마디로 정의하자면 어떤가? 이 세상을 향해서 심령이 부자인 상태이다. 세상을 향해서 쓸 마음이 재벌 수준인 상태이다.

죄와 저주받음의 특징이 무엇인가? 영인 마음의 공백을 영이신 하나님으로 채우려 하지 않음이다. 그 대신에 육체가 살아 있어서 만나는 이 세상에 있는 대상으로 채우려는 시도가 끊이지 않는 심령 부자의 상태이다.

예수님의 십자가는 이 세상을 향한 마음 부자를 죽이는 사건이다. 영인 내 마음을 이 세상에 조금의 여분도 남김없이 모조리 하늘로 끌어가기 위해서 일어난 사건이다. 마음의 한 조각 한 방울까지 오직 하늘에 계시는 하나님을 향하여 쓸 수 있도록 하시려고 예수님은 십자가에서 죽어 세상을 탈출하시고 부활 승천 하셔서 하늘 보좌 우편까지 가신 것이다. 우리 마음을 세상에 대해서는 조금도 지급될 수 없는 천국의 환경으로 끌어가시기 위해서 일으키신 사건이 십자가다.

십자가 죽음과 부활과 승천과 보좌 우편에 이르는 그리스도 연쇄 과정을 이루시므로 사람들의 마음을 세상에 얽매임에서 끌어내어 하늘로 이끌어 가시려는 의도를 모르면 예수님의 다음과 같은 말씀을 이해하기가 정말 어렵다.

"너희 원수를 사랑하며 너희를 박해하는 자를 위하여 기도하라"(마 5:44)

그리고 이번에는 반대로 말씀하신다.

"사람의 원수가 자기 집안 식구리라"(마 10:36)

"무릇 내게 오는 자가 자기 부모와 처자와 형제와 자매와 더욱이 자기 목숨까지 미워하지 아니하면 능히 내 제자가 되지 못하고 누구든지 자기 십자가를 지고 나를 따르지 않는 자도 능히 내 제자가 되지 못하리라"(눅 14:26-27)

왜 원수는 사랑하고 가족은 미워하라고 하시나? 이는 원수에게 얽매이다시피 하여 마음을 펑펑 써 댈 정도로 심령이 부자인 상태를 종식하려면 원수를 사랑하라는 뜻이다. 가족에게 얽매이다시피 하여 마음을 물 쓰듯 하는 심령이 부자인 상태를 종식하려면 가족을 미워하라는 것이다. 미워하면서 마음을 써 대는 부자의 상태는 사랑함으로써 끝내고 사랑하면서 마음을 써 대는 부자의 상태는 미워함으로써 끝내라는 말씀이다. 미움은 사랑으로 사랑은 미움으로 중화하여 이 세상 안에서 벌어지는 마음의 얽매임을 제거하고 마음의 소모와 낭비를 중단하라는 말씀이다.

결국 원수를 미워하느라 마음을 펑펑 쓰는 나, 가족을 사랑하느라 마음을 물 쓰듯 쓰는 나, 이 두 가지 긍정과 부정의 방식으로 심령의 부자인 나를 모두 싫어해서 예수님의 십자가에서 못 박아 죽임으로써 끝내라는 말씀이다.

그렇다. 기껏(?) 내 마음 씀 이 한 가지를 땅에서 하늘로 방향을 바꾸기 위해서 창조주요 주권자이신 하나님은 당신의 독생자를 세상에 보내셔서 십자가에서 못 박아 죽이시고 부활과 승천을 통해 다시금 하늘 보좌 우편으로 이끄셨다. 우리가 마음을 쓸 때 그 마음의 한 점 한 방울도 남김없이 모두 다 하늘로 흘러갈 수 있도록 통로를 만드시기 위해서 십자가 죽음과 부활과 승천을 거쳐 보좌 우편에 이르는 그리스도 연쇄 과정을 이루신 것이었다.

"심령이 가난한 자는 복이 있나니 천국이 그들의 것임이요"(마 5:3)

결국 이 말씀은 심령이 육체로 만나는 이 세상에 대해서 거지 나사로처럼 가난한 자만이 마음을 다하여 천국에 계시는 하나님만을 사랑할 수 있다는 의미를 달리 표현하신 것이었다. 그렇다. 육체로 만나는 이 세상을 향하여 심령이 가난함은 마음과 뜻과 힘을 다해 하늘에 계시는 하나님만을 사랑함의 이면이다. 심령이 육체로 접하는 이 세상을 향해서는 거지가 되고 하늘에 계시는 하나님을 향하여서는 재벌이 된다는 뜻이다. 그리고 이렇게 천국에 계시는 하나님을 향한 마음 씀씀이의 재벌들이 되게 하시려고 예수님은 십자가에서 죽고 부활하시고 승천하셔서 보좌 우편에 이르셨다.

이처럼 예수님 십자가는 하나님이 나를 향하여서 갖고 계시는 무한한 사랑의 마음이 표현된 사건이다. 그러나 동시에 십자가는 거꾸로 하나님을 향하는 내 마음의 표현 방식이기도 해야 한다. 하나님은 하늘에서 예수님의 십자가를 통해 땅에 있는 나를 사랑하셨고, 나도 땅에서 예수님의 십자가를 통해 하늘에 계시는 하나님을 사랑한다.

예수님을 믿으면 죽어서 천국 간다는 말은 온전한 표현이 아니다. 더는 이런 불완전한 표현에 매여서 복음의 진리를 왜곡하고 자기 자신을 기만하면 안 된다. 십자가에 못 박히신 예수님을 동일시하여 믿음으로써 오직 하나님 한 분만을 마음과 뜻과 힘을 다하여 사랑하면 천국이 지금 당장 내 것이 되는 복을 누린다. 세상에 대한 죽음을 뜻하는 예수님의 십자가는 하나님 한 분만을 온 마음을 다해 사랑할 수 있는 부자가 되게 하시려는 분명한 목적을 위해 이루어졌다. 하나님을 향한 심령의 재벌이 되게 하시려는 것이다. 그와 동시에 내 심령이 세상을 향해서는 거지 나사로가 되게 하시는 사건이다. 예수님은 오로지 우리가 마음과 뜻과 힘을 다하여 하나님을 사랑할 수 있게 하시려고 세상 탈출 천국 진입을 위한 그리스도 연쇄 과정을 이루셨음을 잊지 말자.

  하나님께 사랑받는 일이 구원을 받는 것이라면, 하나님을 사랑하는 일은 받은 구원을 이루며 누리는 일이다. 구원받음이 결혼식의 경사라면 구원을 이룸은 결혼 생활로 그 경사스러움을 이어 가는 일과도 같다. 결혼 생활이 뒤따르지 않는 결혼식은 결과적으로 무효다. 십자가에 못 박히신 예수님을 믿어서 구원받았으면 부활 승천 하셔서 보좌 우편에 이르신 예수님을 따라가기를 쉬지 않음으로써 마음을 다하여 하나님을 만나고 사랑하면서 구원을 이루어야만 한다.
  "그러므로 나의 사랑하는 자들아 너희가 나 있을 때뿐 아니라 더욱 지금 나 없을 때에도 항상 복종하여 두렵고 떨림으로 너희 구원을 이루라"(빌 2:12)

마음과 뜻과 힘을 다한 하나님 사랑이 기준이다

  세상을 향한 심령의 가난함과 하나님을 향한 심령의 부요함이 동전의 앞뒷면이 되어서 우리 영적인 상태의 진단 기준이 되어야 한다. 이제는 이처럼 구원을 가져오는 믿음을 제대로 알고 지키기 위해서라도, 그 믿음의 의미가 좀 더 다양한 각도로 조명됨으로써 입체적으로 표현될 수 있어야 한다. 그래야만 믿음의 온전한 본래의 모습을 우리 눈앞에 밝히 바라볼 수 있기 때문이다.
  이런 다양한 각도로 믿음을 표현하는 한 예가 바로 팔복의 첫 번째인 심령이 가난한 자에 대한 말씀이었다. 예수님을 믿으면 죄 사함과 의롭다 칭함을 얻고 천국 간다. 즉 "하나님이 세상을 이처럼 사랑하사 독생자를 주셨으니 이는 그를 믿는 자마다 멸망하지 않고 영생을 얻게 하려 하심이라"(요 3:16)라는 뜻이다. 그리고 이 말씀을 하시기 전에는 또 다르게 "사람이 물과 성령으로 나지 아니하면 하나님의 나라에 들어갈 수 없느니라"(요 3:5)라고 표현하셨다. 바로 이 같은 의미의 말씀을 예수님은 "심령이 가난한 자는 복이 있나니 천국이 그들의 것임이요"(마 5:3)라고 표현하신 것이다. 그러니까 천국은 심령만 가난하다면 지금 당장 내가 누리게 되는 복이라는 뜻이다. 그러니까 믿음으로 구원을 얻는다는 뜻은 심령이 가난하게 되어 구원을 얻는다는 뜻과 같다.

그런데 이처럼 천국이 내 것이 될 만큼 심령이 가난하다는 뜻은, 육체가 있어서 만나는 이 세상을 향하여서는 쓸 수 있는 마음과 뜻과 힘의 재고와 여력이 조금도 남아 있지 않음을 의미한다. 그리고 이렇게 육체로 만나는 이 세상을 향하여 마음의 가난함이 이루어지는 상태란, 성경의 용어 안에서는 마음을 오직 하늘에 계시는 하나님 한 분에게만 전부 다 쏟아붓는 상황의 이면으로서만 의미를 띠게 된다. 예수님을 믿음으로 구원을 얻어 천국 간다는 말은 그러므로 예수님을 믿음 안에서 하나님 한 분만을 마음과 뜻과 힘을 다해 사랑할 정도로, 이 세상을 향해서는 쓸 마음이 없는 가난함 속에서라야만 천국 간다는 말과 다르지 않다.

성도의 견인이라는 교리 역시 그 참뜻을 왜곡해서는 안 된다. 예수님을 믿음으로써 선물로 우리에게 오셔서 내주하시는 성령께서 은혜 안에서 주어진 구원의 역사를 시작하시고 계속 진행하시어 마침내 완성하심을 뜻한다. 그러므로 죄와 저주에 찌든 체질을 단번에 극복할 수 없는 사람이 혹시 믿음의 삶에서 좌절과 실패를 반복하며 우여곡절을 지나더라도 그는 기필코 하나님의 구원하심에서 떨어져 나가지 않으리라는 것이다.

그러나 구원의 완성이 구체적으로 무엇인가? 죽은 다음에 천국 가는 것인가? 아니다. 구원의 완성은 몸이 아직 살아 있는 동안 마음과 뜻과 힘을 다하여 하나님을 사랑하는 상태이다. 여전히 마음과 뜻과 힘을 이 세상 대상들에 다 쓰는 '심령이 재벌'인 상태를 유지하면서도 사후에 천국 간다는 구원의 확신을 가지는 것은 종교적인 사기에 근거한 자기기만이다.

예수님을 믿는다는 사람들이 하나님과 세상 사이에서 어떤 태도를 지녀야 하는지에 대해 야고보 장로님은 분명하게 못을 박는다.

"세상과 벗된 것이 하나님과 원수 됨을 알지 못하느냐 그런즉 누구든지 세상과 벗이 되고자 하는 자는 스스로 하나님과 원수 되는 것이니라"(약 4:4)

예수님을 믿는다고 말할 뿐 실제로는 세상에 벗 된 정도가 아니라 세상을 애인으로 삼아 마음도 뜻도 힘도 다 쏟아붓고 있으면서도 여전히 '성도의 견인' 운운하며 구원의 확신을 말하고 있다. 이것은 더는 장단 맞추어 웃어 주기도 지겨운 난센스다.

'성도의 견인'이라는 교리가 말하듯이 정말 참되게 믿고 참으로 구원받은 사람은 반드시 구원의 완성에 이른다. 그리고 그 구원의 완성은 성령께 이끌리어 일상의 생활 현장에서 마음과 뜻과 힘을 다하여 하나님만을 사랑하는 상태에 이르는 것이다. 예수님 안에서 하나님만을 마음을 다하여 사랑하느라 도저히 육체로 만나는 세상을 향하여서는 마음을 쓸 여분이 전혀 없는 가난함이 바로 천국을 복으로 누리도록 보장하는 '구원 얻는 믿음'의 또 다른 표현이다.

예수님을 참으로 믿었다면 성령은 우리 안에서 우리들의 죄와 저주받은 체질에 근거한 연약함과 좌절과 실패에도 불구하고 기필코 우리를 마음과 뜻과 힘을 모두 다 하나님에게만 쏟는, 그래서 세상을 향해서는 지독하게도 심령이 가난한 자가 되게 하실 것이다. 이것이 바로 진정한 의미로서의 '성도의 견인'이다. 그러므로 마음과 뜻과 힘을 다하여 하나님을 사랑함이 끝내 나타나지 않는다면, 또 그러한 하나님 사랑이 자기에게서 이루어지지 않고 있음에 대하여 "그 밤낮 부르짖는 택하신 자들의 원한"(눅 18:7)조차 없다면 그는 아예 믿음 자체를 제대로 가져 본 적이 없는 사람이다. 그에게는 성도의 견인을 이루실 성령이 전혀 내주하지 않고 계시는 상태인 셈이다.

그래서 우리는 믿음을 바로 세우기 위해서라도 이렇게 마음과 뜻과 힘을 다하는 하나님 사랑을 일상의 현장에서 다시 붙잡아야만 한다. 그래서 받은 구원을 온전히 이루기 위한 목표로 삼아야 한다. 이처럼 마음과 뜻과 힘을 다한 하나님 사랑을 이 시대에 이렇게 집요하게 붙잡아 살려 내야만 하는 이유를 정리하자면 다음과 같다.

첫째는 구원의 확신을 바로잡아야만 하기 때문이다. 우리는 예수님을 믿음으로써 구원을 얻었다고 확신한다. 그런데 그렇게 얻은 구원이 구체적으로 무엇인가? 죽어서 천국 갈 확신인가? 아니다. 바로 '마음과 뜻과 힘을 다한 하나님 사랑이 내게서 지금 활성화되며 유지되는 상태'이다. 심령이 이 세상을 향해서는 거지 나사로와 같은 상태이다. 내가 여전히 마음과 뜻과 힘을 부분적으로 쓰든 다 쓰든 하여간 하나님이 아닌 다른 대상을 향하여 쓰면서 사랑하고 있다면 그 상태가 여전히 죄 가운데 있는 것이며, 그러므로 나는 아무리 구원의 확신이 남달리 굳건해도 실제로는 전혀 죄와 멸망으로부터 구원받은 것이 아니다.

그렇다면 그 이유는 뭘까? 예수님을 제대로 믿는 것이 아님은 물론이고 아예 믿는 것이 무엇인지조차 모르고 있기 때문이다. 바로 이런 상태를 명확히 구분하자는 것이다.

예수님을 믿음은 그리스도 연쇄 과정 속 예수님을 따름이다. 예수님을 따름은 마음으로 연쇄 과정 속 예수님과 하나 되어 하늘 보좌 우편까지 올라가기를 쉬지 않는 것이다. 그리고 예수님을 쉬지 않고 따름은 보좌 우편에 계신 예수님을 통과해서 내 마음을 보좌에 앉으신 하나님 한 분에게만 끊임없이 흐름을 유지하면서 모두 다 드리는 일이다. 예수님을 믿는다고 하는데도 여전히 내 마음이 그리스도 연쇄 과정 속 예수님 밖으로 이탈하여 이 세상을 향해 있다면 그런 믿음은 복음 안에는 없다. 우리가 마음을 다해 따라야 할 예수님의 그리스도 연쇄 과정은 하늘을 향한 외통수 길이다. 일단 내 마음이 이 길에 들어서면 천국 보좌 우편까지 가야지 다른 방향이나 대상을 향해서 빠져나갈 수가 없다. 만약 빠져나갔다면 그 이유는 명백하다. 십자가에서 못 박히신 예수님과 연합하여 세상에 대해서 함께 죽는 동일시의 믿음을 전혀 가지지 않았기 때문이다.

둘째는 앞에서 언급한 내용에 자연스럽게 이어진다. 즉 이렇게 마음과 뜻과 힘을 다해서 하나님을 사랑하고 싶은 마음이 간절하지 못하면, 예수님이 그리스도로서 십자가에 못 박히신 사건은 전혀 기쁨의 소식인 복음이 될 수가 없기 때문이다.

예수님의 십자가 사건이 기쁨의 소식인 이유는 오직 단 하나, 우리가 마음과 뜻과 힘을 다해서 하나님만을 사랑할 수 있게 해 주는 유일한 길이기 때문이다. 그러므로 십자가의 죽음과 부활과 승천과 보좌 우편에 이르는 일련의 그리스도 연쇄 사건들은 매일의 생활 현장에서 마음과 뜻과 힘을 다한 하나님 사랑이 간절한 소원인 사람에 대해서만 기쁨을 가져오는 복음다운 실효성을 발휘하며 실제로 유용할 뿐이다. 예수님의 십자가 죽음과 부활과 승천과 보좌 우편에 이르는 연쇄 과정은 하나님을 마음을 다해 사랑하지 않을 바에는 정말 아무짝에도 쓸모없는 것이다.

마음과 뜻과 힘을 다하여 하나님을 사랑해 본 적이 없다면 기쁨의 소식인 십자가 복음이 가져다주는 진정한 만족과 영원한 기쁨을 아직 전혀 경험하지 못한 채 있는 상태이다. 그러므로 진정한 의미에서 복음이 가져다주는 구원이라는 것을 받아 본 적도 없는 상태에 여전히 갇혀 있는 것이다. 혹시 구원받았음이 분명하다고 하더라도 하나님을 마음을 다하여 사랑함으로써 받은 구원을 이루지 않는다면 당연히 그 구원받았음은 무효가 된다. 그러나 실제로 예수님의 십자가 복음이 가져다주는 구원을 분명히 받았다면 하나님을 사랑하지 않는 자는 없다. 아니, 하나님을 사랑하지 않을 수가 없다. 진짜 구원을 분명히 받았다면 그 구원을 이루는 하나님 사랑을 하지 않을 수가 없다는 것이다. 받은 구원을 이루는 과정인 마음을 다한 하나님 사랑이 뒤따르지 않는다면 그 이유는 명백하다. 자기가 받았다고 확신하는 그 구원이 사실은 완전히 가짜이기 때문이다.

하나님을 사랑할 수 있음은 십자가에 못 박히신 예수님을 통하여 드러난 하나님의 사랑을 먼저 받았기 때문에 가능하다. 그러나 내가 느끼는 만족과 기쁨으로만 말하자면, 하나님께서 주시는 사랑을 받음보다 그렇게 받은 사랑에 힘입어 내가 하나님을 사랑하는 일이 훨씬 더 큰 좋음이며 만족이고 기쁨이다. 이 사실을 체험한 적이 없어서 모른다면 아직 전혀 예수님을 믿는 상태에 이르지 못한 것이다.

 셋째는 이러한 두 가지 이유 때문에라도, 십자가에 못 박히신 그리스도 예수님을 전하는 한편, 같은 각오와 비중을 두고 마음과 뜻과 힘을 다한 하나님 사랑에 대해서 나의 이웃인 교인들의 주의와 관심을 환기해야만 하기 때문이다. 예수님을 믿으라고 외치는 그만큼 반드시 마음과 뜻과 힘을 다해서 하나님을 사랑하라고 외쳐야 한다. 예수님을 구주로 믿는다고 고백하여 세례를 받은 교인이라는 사람들이 마음과 뜻과 힘을 다해서 하나님 이외에 돈과 건강과 자기 가족과 자기 사업과 자기 취미와 자기 자존심과 그 외에도 각종 명품과 여행과 재밋거리 등등의 온갖 세상 피조물을 사랑하는 상황을 더 이상 간과하고 방치해서는 안 된다.

II.

이스라엘아, 들으라!

II. 이스라엘아, 들으라!

"이스라엘아 들으라 우리 하나님 여호와는 오직 유일한 여호와이시니 너는 마음을 다하고 뜻을 다하고 힘을 다하여 네 하나님 여호와를 사랑하라 오늘 내가 네게 명하는 이 말씀을 너는 마음에 새기고 네 자녀에게 부지런히 가르치며 집에 앉았을 때에든지 길을 갈 때에든지 누워 있을 때에든지 일어날 때에든지 이 말씀을 강론할 것이며 너는 또 그것을 네 손목에 매어 기호를 삼으며 네 미간에 붙여 표로 삼고 또 네 집 문설주와 바깥 문에 기록할지니라"(신 6:4-9)

쉐마를 버린 선민

'쉐마'란 본래 이 본문에서 "들으라"라는 말의 히브리어이다. 그러던 단어가 관용적으로 쓰이면서 4절과 5절의 "이스라엘아 들으라 우리 하나님 여호와는 오직 유일한 여호와이시니 너는 마음을 다하고 뜻을 다하고 힘을 다하여 네 하나님 여호와를 사랑하라"라는 구절 전체를 가리키는 말이 되었다. 그러다가 그 가리키는 범위가 넓어져 4절에서 9절까지 전체의 내용을 '쉐마'라고 부르기도 한다.

이 '쉐마'라고 부르는 부분이 지니는 전체적인 의미는 한마디로 마음을 다하고 뜻을 다하고 힘을 다한 하나님 사랑을 매일의 생활 현장에서 생활화하라는 말씀이다. '하나님 사랑의 생활화'이다.

집에 앉았을 때든지 길을 갈 때든지 누워 있을 때든지 일어날 때든지 마음에 새기고 행하며 또한 자신만 행할 뿐만 아니라 자녀에게도 똑같이 하도록 가르치라는 것이다. 그리고 이렇게 마음과 뜻과 힘을 다하여 하나님 한 분만을 사랑하라는 말씀을 다만 한순간이라도 잊지 않기 위해서라면 무슨 방법이라도 다 동원하되, 우선은 네 손목에 매어 기호를 삼으며 네 미간에 붙여 표로 삼고 또 네 집 문설주와 바깥 문에 기록하라고 말씀하신다.

"이스라엘아, 들으라!" '이스라엘'은 고금동서 남녀노소 빈부귀천을 넘어 선민을 가리킨다. 그러므로 선민이라면 모두 듣고 하나님 사람을 생활화하라는 말씀이다. 그러나 예수님을 그리스도로 믿으면서 하나님을 아버지라 부르는 선민 중에서 과연 이 말씀대로 일상의 현장에서 오직 하나님 한 분만을 마음과 뜻과 힘을 다하여 사랑하며 사는 사람이 있는가?

사람이 생활 현장에서 실제로 삶을 살려면 마음과 뜻과 힘을 써야만 한다. 그런데 이 마음과 뜻과 힘을 오로지 하나님 한 분을 사랑하는 일 하나에만 집중하라는 말씀이다. 삶의 현장에서 마음과 뜻과 힘을 써야만 하는 대상으로 오직 하나님 한 분만을 선택하라는 뜻이다.

그래서 이 쉐마의 말씀에 따르면 선민인 한 마음과 뜻과 힘은 가족을 위해서 써도 안 되며, 직장이나 승진을 위해서 써도 안 되고, 내 건강을 위해서 써도 안 되며, 돈 벌고 사업하는 일에 써도 안 되며, 취미나 여가생활을 위해 써도 안 되며, 재물이나 명품을 위해 써도 안 된다. 하여간 마음과 뜻과 힘은 집에 앉았을 때든지, 길을 갈 때든지, 누워 있을 때든지, 일어날 때든지 하나님 자신을 콕 집어 사랑하는 일 외에는 그 어떠한 대상이나 어떠한 일을 위해서 써도 안 된다는 말씀이다.

이쯤 말하고 보면 벌써 우리 마음에는 '이렇게 마음과 뜻과 힘을 다한 하나님 사랑이 과연 실제 매일의 생활 현장에서 가능한가?'라는 의문과 함께 걱정의 구름이 서서히 몰려오고 부담감이 뭉게뭉게 피어오른다. 그러나 우리가 느끼는 걱정이나 부담감은 아랑곳하지 않으시는 듯이 분명히 못을 박듯이 말씀하신다.

"이스라엘아 들으라 우리 하나님 여호와는 오직 유일한 여호와이시니 너는 마음을 다하고 뜻을 다하고 힘을 다하여 네 하나님 여호와를 사랑하라"

우리는 우리 자신이 마음과 뜻과 힘을 쓰지 않으면 내 삶은 어느 한구석도 제대로 돌아갈 수 없다고 생각한다. 그런데 하나님은 실제 생활 현장에 대한 이러한 우리의 생각을 전혀 아랑곳하지 않으시는 듯이 말씀하신다. 소위 치열한 생활 현장을 매일 살아야 하는 우리의 실제 처지를 전혀 모르신다는 느낌이 들 정도이다. 그래서일까? 이제는 우리도 하나님과 예수님의 이름을 부르면서 믿는다고는 하지만 이러한 '쉐마'의 말씀을 전혀 아랑곳하지 않게 되어 버렸다. 아무리 성경에서 가장 중요하고 핵심적인 말씀이라도 실제 내 생활 현장의 사정을 감안하지 않는 말씀이라면 비록 성경에 엄연히 기록된 하나님의 말씀일지라도, 나 역시 더는 염두에 두지 않겠다고 선언이라도 한 것 같은 분위기이다.

이제는 예수님을 믿음으로써 창조주 하나님을 아버지라고 부르는 사람 중에 이 쉐마의 말씀을 듣고 '집에 앉았을 때든지 길을 갈 때든지 누워 있을 때든지 일어날 때든지 마음에 새기고 행하며' 또한 자신만 행할 뿐만 아니라 자녀에게도 똑같이 하도록 가르치는 자들은 적어도 기독교 종교 안에서는 정말 희귀종이라도 된 듯이 찾아 보기가 어렵다.

"기록된 바 의인은 없나니 하나도 없으며 깨닫는 자도 없고 하나님을 찾는 자도 없고 다 치우쳐 함께 무익하게 되고 선을 행하는 자는 없나니 하나도 없도다"(롬 3:10-12)

사도 바울의 과장병이 도진 것이 아닐까? 설마 하나님을 찾는 자가 하나도 없을까? 더구나 이 '하나도 없다'라는 표현이 과장이 아니겠는가 싶은 이유는 "유대인이나 헬라인이나 다 죄 아래에 있다고 우리가 이미 선언하였느니라"(롬 3:9)라고 말씀하시기 때문이다.

헬라인은 그렇더라도 선민인 유대인 중에서 자기들의 자랑인 쉐마의 말씀을 지켜서 하나님을 매일 일상에서 마음과 뜻과 힘을 다해 사랑하는 사람이, 아니 많이 양보해서 마음과 뜻과 힘을 다해 사랑하려고 시도라도 해 보는 사람이 하나도 없다는 것이 말이 될까?

그런데 이 지독하게 과장된 것처럼 보이는 '하나도 없다'라는 표현이 이제 기독교 종교인들까지 다 포함하여 적용하여도 문제가 전혀 없지 않을까 싶다.

선택하셨음을 선택함으로써 응답하라

다 아는 대로 "들으라"라고 하시는 요청에 따라 마음과 뜻과 힘을 다하여 하나님을 사랑하라는 명령은 이 세상 모든 사람에게 내리시지는 않았다. 오직 당신이 선택하신 선민에게만 내리셨다. 즉 "이스라엘아!"라는 부름은 '만물의 창조주요 주권자인 내가 특별히 선택한 나의 백성아!'라는 의미를 담고 있다.

그렇다면 하나님은 도대체 왜 온 지구 위에서 똑같이 죄악과 저주에 찌든 상태로 삶을 사는 사람 중에서 특별히 어떤 사람들을 구별하여 선택하시는 것일까? 더구나 선택하실 때 선택받는 사람들이 도달해야 하는 자격이나 수준이나 공로 등이 제시되는 것도 전혀 아니지 않은가. 감옥에 들어갈 일을 한 사람이나 모범 시민이나 그냥 똑같이 하나님 앞에 서는 죄와 저주에 찌든 사람들이다.

사정이 이런데도 하나님은 누구의 간섭도 없이 오로지 자발적으로 당신의 주권적인 뜻만을 이유 삼아 그냥 선택하기로 작정하신 사람들을 선택하신다. 하나님의 선택하시는 주권은 정말 선택받는 사람이나 받지 못하는 사람이 납득할 수 있는 아무런 객관적인 기준이나 원칙이 제시됨이 없이 지극히 자의적(恣意的)(?)이다. 그리고 선택받는 우리의 처지에서 보자면 내가 창조주 하나님의 선민이 된 일은 정말 내 의지나 내 능력과는 전혀 상관이 없는 일로서, 나와 관련된 그 어떤 인과관계로도 설명할 수가 없는 일종의 우연이다. 그렇게 선택받을 만한 일을 나는 해본 적이 없다는 말이다. 이러한 자의성(恣意性)과 우연이 하나님의 절대 주권적인 사랑과 은혜라는 사실을 우리는 알고 있다.

그러나 하나님의 선택은 여기서 이야기가 끝나면 안 된다. 이렇게 지극히 자의(恣意)와 우연(偶然)이 합쳐진 것처럼 보이는 절대 주권적인 사랑과 은혜인 하나님의 선택은 반드시 선택받은 사람들에게 특별한 반응을 요구한다. 그 요구가 바로 마음과 뜻과 힘을 다한 하나님 사랑이다. 즉 마음과 뜻과 힘을 다 써서 사랑해야 할 대상으로 하늘에 계시는 하나님을 선택하라는 것이다.

하나님께 선택받았음을 하나님을 선택함으로써 응답하라는 말씀이다. 절대 주권적인 하나님의 사랑과 은혜 안에서 선택받았으면 나의 마음과 뜻과 힘을 다 쓰는 사랑의 대상으로 오직 하나님 한 분만을 선택하라는 뜻이다.

여기서 이 '선택'이라는 말이 하나님을 향해서도 적용된다는 점이 중요하다. 그렇다. 마음과 뜻과 힘을 '다한다'라는 말 자체가 마음과 뜻과 힘을 쓰는 일을 굳이 어떤 하나의 대상에만 국한한다는 뜻이 아닌가? 조그마한 한 조각이라도 하나님 이외의 다른 대상에게로 마음과 뜻과 힘이 흘러가면 안 된다는 뜻이다.

그러나 실제로 죄와 저주에 찌든 사람으로서는, 이 세상을 향하시는 완벽한 하나님의 사랑을 전혀 실감하지 못한 채 실제 삶의 현장에서 많든 적든 자신의 마음과 뜻과 힘을 써야만 한다는 강박감을 이겨 내기가 쉽지 않다. 그런데 정말 하나님께서 나를 선택하신 사실이 분명하다고 믿는다면, 나 역시도 생활 현장에서 이런 죄적인 강박감을 떨치고 하나님을 선택하여야만 한다. 그래서 절대로 마음이나 뜻이나 힘을 세상에 있는 여러 대상으로 분산하지 말고 오로지 하나님 한 분에게만 다 써야 한다. 하나님이 독생자를 투자하시면서까지 나를 선택하신 이유가 이처럼 애당초 내가 나의 모든 것을 다 투자하여 하나님만을 사랑의 대상으로 선택하도록 하시기 위함이었다는 뜻이다.

그렇다. 다시 한번 분명히 하고 넘어가자. 순전히 주권적인 사랑과 은혜로 죄와 저주에 찌든 상태에도 불구하고 하나님에게 선택받아 선민의 한 사람이 되었으면, 이제 거꾸로 하나님 한 분만을 선택하라는 요구가 바로 '쉐마'의 근본 취지이다. 하나님께 선택받은 모든 선민은 거꾸로 하나님 한 분만을 마음과 뜻과 힘을 다 써서 하는 사랑의 유일한 대상으로 선택하여야 한다. 그래서 만약 선택받아서 선민이 된 사람이 그 마음과 뜻과 힘을 다 하나님 한 분에게만 쏟으면서 사랑하기를 원치 않는다면, 결국 하나님에게 선택받았음도 의미가 없고 무효가 된다. 이 사실에 대한 증명이 바로 구약과 신약 성경 속 선민들의 역사이다.

출애굽 후 여호수아와 갈렙을 제외한 선민 이스라엘의 60만 장정이 약속의 땅 가나안 입성을 이루지 못한 채 광야에서 다 죽은 사건, 북 왕국 이스라엘이 앗수르에게 공격받아 지구 위에서 자취를 감춘 사건, 남 왕국 유다가 바벨론에 의해 패망하고 포로로 잡혀간 사건, 하나님의 독생자 예수님을 유대인이 합심하여 십자가에서 못 박아 죽인 사건 등이다. 하나님께 선택받은 자들이 하나님만을 선택하지 않은 결과들이다. 어디 이뿐이겠는가? 지금 전 세계에 흩어져 있는 무늬와 이름만 교회인 기독교 종교인 중에서 과연 집에 앉았을 때든지, 길을 갈 때든지, 누워 있을 때든지, 일어날 때든지, 모든 생활 현장에서 마음과 뜻과 힘을 다하여 하나님 한 분만을 사랑하는 사람이 있는가? 적어도 내가 태어나서 유아세례를 받으며 평생을 살던 소위 장로 교단에 속한 교회 안에서 만난 사람 중에 나는 그런 사람을 한 번도 본 적이 없다. 나까지 포함해서 말이다.

그러니까 육체가 있어서 만나는 이 세상을 향하여 심령이 가난한 사람을 우리는 찾을 수가 없다는 것이다. 모두가 다 이 세상을 향하여 마음을 펑펑 물 쓰듯 하는 심령의 부자들이다. 예수님을 주라 고백하였기에 사후에 천국 간다는 본인들의 확신과 무관하게, 실제로 천국을 자기 것으로 누릴 사람이 얼마나 될지도 의문이다. 혹시 60만 명 중에 오직 두 사람만 약속의 땅 가나안 복지로 들어간 그때의 비율이 예수님을 입으로 주라 고백한 사람들이 천국을 들어갈 때도 그대로 적용되는 것은 아닐지 두렵다.

하나님께 선택받아 사랑받고 있음을 확신하며 자랑하는 자 중에 하나님 자신을 선택하여 사랑하는 사람이 좀처럼 없다.

마음과 뜻과 힘을 다한 사랑, 즉 '섬김'의 보편성

여기서 '내가 하나님을 사랑의 대상으로 선택해야 한다'라는 요구와 관련하여 절대로 놓치면 안 되는 아주 중요한 사실이 있다. 이렇게 하나님 한 분만을 마음과 뜻과 힘을 다한 사랑의 유일한 대상으로 선택하여야 한다는 의미에는 특별한 전제가 담겨 있다는 사실이다.

우리가 이 쉐마의 말씀을 접하기만 해도 마음에 부담을 느끼고 도저히 실제 삶의 현장에서는 불가능한 일이라고 느끼는 이유가 무엇인가? 그 부담감과 거부감의 핵심에 '마음과 뜻과 힘을 다함'이라는 어절이 들어 있다. 이 구절이 사람을 아예 질려 버리게 한다. 언뜻 생각해도 마음과 뜻과 힘을 다해 하나님을 사랑하면 직장 생활은 어떤 마음과 뜻과 힘으로 하나? 운전은 마음도 뜻도 힘도 없이 할 수 있나? 도대체 많든 적든 삶에서 마음과 뜻과 힘을 쓰지 않으면 무슨 일이 이루어질 수가 있는가? 한마디로 아무리 긍정적으로 받아들여도 실제 생활 현장에서는 실천 가능성이 전혀 없는 종교적인 이상(理想)을 상징적으로 표현한 말씀이라고 생각할 수밖에 없게 한다.

그러나 앞에서도 언급한 대로 사실은 전혀 그렇지 않다. 마음과 뜻과 힘을 다한 사랑은 실제로 모든 인간에게서 가장 보편적으로 발견되는 공통된 태도이다. 어떤 사람도 마음과 뜻과 힘을 다한 사랑을 생활 현장에서 실제로 해 보지 않은 사람은 없다. 그리고 이런 사랑을 실제로 어떤 대상을 향해서도 얼마든지 적용하면서 살고 있다. 인간은 누구나 모든 대상을 향하여 마음과 뜻과 힘을 다하여 사랑하기가 가능하다. 그렇다. 이처럼 마음과 뜻과 힘을 다한 사랑이 어떤 대상을 향해서도 가능하다는 전제하에서만 '선택'이라는 단어가 의미가 있다.

하나님이 우리를 선택하실 때도 마찬가지이다. '하나님의 선택'이라는 말이 의미가 있으려면, 하나님의 주권적인 사랑과 은혜가 어떤 대상에게도 임할 수 있었다는 사실이 전제되어야 한다. 즉 선택은 모든 사람이 다 똑같은 처지의 상태에 놓여 있음으로써 대상 간에 서로 차별화할 만한 그 어떤 이유도 없음이 전제되어야 한다. 그러지 않고 차별화가 가능하게 되면 선택이 아니라 기준을 충족하는 합격이 되어 버린다.

그러니까 선택이란 한 학생이 시험을 봐서 실력을 입증하고 한 일류 대학에 입학하게 된 경우와는 다르다는 것이다. 이런 경우는 그 일류 대학이 그 학생을 선택한 것이 아니다. 그 학생이 대학이 제시하는 기준을 통과함으로써 합격한 것이다.

그런데 선택은 이렇게 다른 사람과 차별화된 그 어떤 실력을 내가 보인 적이 없는데도 하나님이 나를 당신의 백성으로 골라내셨다는 의미이다.

거꾸로 우리가 하나님을 선택함도 마찬가지이다. 하나님께 선택받은 사람으로서 내가 하여야 하는 마음과 뜻과 힘을 다한 사랑도, 사람이면 누구나 다 할 수 있고 현재도 하고 있다는 보편성이 중요하다. 그 어떤 대상도 내가 하는 마음과 뜻과 힘을 다한 사랑의 대상이 될 수 있다. 그렇기에 그 사랑의 대상으로 하나님 한 분만을 선택한다는 말이 의미가 있는 것이다.

혹시 우리 인간이 마음과 뜻과 힘을 다하는 사랑 자체를 그 어떤 대상을 향해서도 할 수가 없다고 가정하자. 그런데 오직 하나님을 향해서만은 그 할 수 없는 것을 하라고 하신다면 사실상 그 요구는 실천적인 차원에서 아예 불가능하고 정말 무의미하다.

아니면 애초에 사람이 하는 마음과 뜻과 힘을 다한 사랑이 가능하기는 하되 다른 여지가 없이 하나님 한 분에게만 해당할 수밖에 없는 일이라면, 우리의 하나님 사랑은 선택이 아니라 필연이다. 그러면 그렇게 사랑하라고 요청하시고 지시하실 필요도 없었을 일이다. 그런 의미로서의 사랑이라면 로봇이 명령어를 따라 움직이는 것과 다를 바가 없다. 하나님과의 관계 안에 들어온 이상 그럴 수밖에 없어서 그렇게 하는 것이라면, 이런 것을 어떻게 인격성이 담긴 사랑이라고 할 수 있겠는가?

사랑은 배타적인 선택을 통해서만 인격적인 태도가 될 수 있다. 친구는 여럿일 수 있어도 애인은 하나여야 한다. 하나님도 바로 당신의 선민들에게 이런 단 하나의 대상을 향하는 사랑을 기대하시는 것이다. 즉 하나님은 당신이 '선택'하신 선민들이 마음과 뜻과 힘을 다한 사랑을 하기 위하여 얼마든지 다른 대상을 '선택'할 수 있음에도 불구하고 오로지 하나님 한 분만을 유일한 대상으로 '선택'하기를 바라신다.

그래서 예수님은 이렇게 하나님께 선택받은 선민들이 거꾸로 행하는 선택의 대상 중에서 하나님의 가장 큰 라이벌이 될 수 있다고 생각하신 돈을 놓고 다음과 같이 말씀하신 것이다.

"한 사람이 두 주인을 섬기지 못할 것이니 혹 이를 미워하고 저를 사랑하거나 혹 이를 중히 여기고 저를 경히 여김이라 너희가 하나님과 재물을 겸하여 섬기지 못하느니라"(마 6:24)

여기서도 예수님은 사람이 하나님과 재물을 관계하는 태도와 방식을 동일한 것으로 여기시며 '섬김'이라고 표현하신다. 그리고 이렇게 누구나 할 수 있는 섬김의 대상을 하나님 한 분만으로 선택하라는 말씀이다. 하나님 섬김과 재물을 섬김이, '섬김' 그 자체는 똑같다는 뜻을 담고 있음에 우리의 주의를 기울일 필요가 있다. 그러니까 '섬김'은 재물을 향해서도, 하나님을 향해서도, 가족의 형통을 향해서도, 승진을 향해서도, 내 건강을 향해서도 다 작동될 수 있다는 전제 아래서 하신 말씀이다.

'섬김'이란 헬라어 '둘류오'라는 단어이다. 이 단어는 노예로서 받든다는 의미를 담고 있다. '노예로서 받든다'라는 뜻이 무엇일까?

우리의 영인 마음은 하나님 크기로 비어 있어서 채움을 욕구한다고 했다. 이 공백에서 발생하는 채움을 위한 흡입력은 필연이다. 하나님께서 그렇게 지으셨기 때문이다. 그런데 그런 마음으로 하는 '섬김'이란 바로 이렇게 채움을 이루어 만족함을 얻으려는 마음의 흡입력이 노예가 주인에게 매이듯이 오직 한 대상에 매인다는 뜻이다. 그것도 자기가 선택한 주인에게 말이다.

가만히 생각해 보라. 재물 혹은 돈을 사람들이 어떻게 섬기는가? 대부분 사람은 우선 돈을 무척 좋아한다. 정말 지독히 좋아하는 바람에 늘 의식의 저변에는 돈에 대한 욕구와 소원이 강물처럼 그치지 않고 흐른다. 그래서 입만 열면 돈, 돈 노래를 부르면서 하여간 조금이라도 더 많은 돈을 손에 넣기 위해서 방법을 알아보고 뜻하고 추구하고 수고한다. 원수는 내 재정 상태에 어떤 방식으로든 손해를 끼치는 자가 바로 원수이다. 돈을 벌어 부자가 될 수만 있다면 인간관계를 맺기도 하고 끊기도 하며 어떤 경쟁도 불사하고 어떤 어려움이나 수고로움도 마다하지 않는다.

이것이 바로 예수님이 말씀하신 섬김이다. 그야말로 이런 섬김의 상황이 바로 마음과 뜻과 힘을 다한 사랑이 아니면 무엇인가? 한마디로 일단 돈을 섬기는 사람은 돈을 벌기 위해서 마음과 뜻과 힘을 다한 사랑을 쏟아붓는다. 돈에 대해서는 심령이 어마어마한 부자이다. 재벌 수준이다. 예수님은 이처럼 사람들이 돈을 조금이라도 더 벌려고 마음과 뜻과 힘을 다하는 일을 이 맥락에서는 '섬김'이라고 간단히 줄여서 말씀하신 것이다.

예수님은 이렇게 모든 사람이 돈을 향해서는 마음과 뜻과 힘을 다한 사랑을 잘도 하고 있음을 드러내신 셈이다. 그리고 이제 바로 그렇게 잘할 수 있는 섬김을, 돈을 향하는 대신 하늘에 계시는 하나님 아버지를 향하여서 하라시는 말씀이다.

이처럼 모든 사람은 마음과 뜻과 힘을 다하여 어떤 대상을 사랑하는 일인 '섬김'을 할 줄 안다. 어머니에겐 자녀가, 사업가에겐 기업이, 정치인에겐 대통령 자리가, 연애 중인 젊은이에겐 애인이, 연예인에겐 인기가, 그리고 보통 사람들에겐 승진이나 아니면 각종 다양한 명품이나 취미 등등, 그 외에도 수없이 많은 대상이 마음과 뜻과 힘을 다한 사랑 즉 '섬김'의 대상이 될 수 있다. 이 많은 대상 중에서 예수님은 재물 즉, 돈을 하나님의 가장 강력한 라이벌로 꼽으신 셈이다.

마음과 뜻과 힘을 다한 하나님은 신바람이다

　예수님은 말씀하신다. 정말 하나님께 선택받은 선민이라면, 누구나 얼마든지 다양한 대상을 향해서 할 수 있는 '섬김' 즉 마음과 뜻과 힘을 다하는 사랑을, 이제는 오로지 하나님 한 분에게만 국한하여 쏟으라고. 즉 육체가 있어서 만나게 되는 이 세상의 모든 대상에게는 심령이 거지 나사로가 되고, 오직 하나님을 향해서만 심령이 재벌 되라고. 즉 이전에 돈을 벌고 싶어 했다면, 그렇게 돈에 쏟아붓던 마음과 뜻과 힘으로 이제는 하나님 한 분만을 벌고 싶어 하라는 뜻이다. 돈을 조금이라도 더 가지지 못해 안달하던 때처럼 이제는 하나님을 조금이라도 더 많이 가지지 못해 안달하라는 뜻이다.

　그렇다. 중요한 것은 다만 대상을 바꾸는 일이다. 마음과 뜻과 힘을 다한 하나님 사랑인 섬김은 이처럼 가장 대표적인 예로서 돈에 대해서 일반적으로 사람들이 가지는 마음가짐과 태도를 고스란히 하나님에게로 방향을 돌리기만 하면 된다는 예수님 말씀의 취지를 우리는 잊지 말아야 한다.

　그러므로 마음과 뜻과 힘을 다하여 하나님을 사랑함은 나를 얽매는 질곡이 아니다. 돈을 조금이라도 더 버는 일이라면 잠자다가도 벌떡 일어나 기꺼이 나서서 노예가 주인을 받들듯이 섬기는 일을 부담스러워하지 않는다. 이처럼 하나님 한 분에 대한 이런 사랑의 요구는 무거운 짐으로 느껴야 할 부담스러운 명령이 아니다. 돈에 대해서 그동안 늘 하던 대로 무척 좋아하며 가능한 한 많이 얻고 벌어서 누리려고 안간힘을 쓰던 대로 계속하라는 말씀이다. 다만 섬김의 대상을 바꾸어서.

즉 하나님을 아버지라고 부르면서 관계하기 시작했으면, 이전에 돈을 좋아했던 상태를 그대로 유지하지 말고 대신에 그렇게 돈을 좋아했던 것처럼 이제부터는 돈 대신에 하나님을 좋아하라는 말씀이다. 그래서 돈을 벌고 돈을 많이 가지고 돈으로 부자가 되고 싶어 했던 것처럼, 이제는 하나님을 벌고 하나님을 많이 가지고 하나님 부자가 되라는 말씀이다.

그러므로 마음과 뜻과 힘을 다하여 하나님을 사랑하라는 말씀은 부담과 거부감 대신에 너무너무 신바람이 나서 행하여야 하는 복된 명령이다. 왜냐면 돈은 내가 아무리 좋아해도 나를 좋아하지 않는다. 아무리 많이 벌고 싶어도 자꾸 내게서 멀리멀리 도망만 간다. 세상 모든 섬김의 대상이 이런 점에서는 대동소이하다. 마음과 뜻과 힘을 다하여 가지려 하면 할수록 내게서 멀리 도망간다. 그러나 하나님은 당신 자신을 좋아하고 벌고 가지라고 "쉐마"로 지시하시면서 아예 당신을 통째로 내 앞에 미리 내놓으셨다. 당신 자신을 내 앞에 내놓으시면서, 이제 그렇게 제공된 당신 자신을 마음과 뜻과 힘을 다 쓰는 유일한 대상으로 선택하고 될 수 있는 대로 많이 가지기만 하면 된다고 하신 셈이다.

이런 상황을 비유적으로 말하자면, 마치 누가 내 집 앞에 돈을 트럭

백 대로 싣고 와서 산더미처럼 쌓아 놓고는 이제 그 돈을 원하는 대로 얼마든지 가져다가 내 집 안에 가득히 채워 놓으면 채운 만큼 고스란히 내 돈이 된다고 알려 주는 상황과 같다. 하나님이 우리보고 가지라고 내주신 하나님 자신은 그 존재감과 좋음에서 이 세상에서 사람들이 아무리 좋다고 하는 그 어떤 피조물과는 비교가 안 될 정도로 무한히 크시다. 그런데 그런 무한히 좋음이신 하나님이 당신 자신을 자발적으로 우리 앞에 내어주시면서, 얼마든지 당신을 많이 벌어서 하나님 부자가 되라는 취지로 마음과 뜻과 힘을 다해 하나님을 사랑하라고 하신 것이었다. 하나님 자신이 부자 되려고 우리더러 당신을 사랑하라고 하신 것이 아니라, 우리가 하나님 많이 가진 부자 되라고 당신을 사랑하라 하신 것이다.

변화산에서 변형되심으로써 천국에서 계실 때처럼 하나님이신 본래의 모습을 드러내시던 예수님 앞에서 베드로는 황홀경에 빠진다. 이 베드로의 경험을 통해서 알 수 있듯이 '좋음'에서 하나님의 좋음은 정말 압도적이고 궁극적이다. 그 삭막한 산꼭대기가 좋다고 그곳을 떠나지 말고 머물자고 할 정도로 황홀경에 빠진 상태가 무엇을 말하는가? 하나님의 좋음을 앞에 둔 상태에서는 산 아래 있는 이 세상의 모든 좋음은 아예 의식의 대상이 될 수조차 없이 망각 속으로 던져진다는 사실이다.

하나님의 좋음 앞에서는 로마 식민지로부터의 조국 이스라엘의 독립과 번영도, 그렇게 독립하여 번영하는 조국에서 예수님이 왕이 되시고 자신이 예수님 다음의 장관이 되는 일도, 그에 따라 주어지는 명예도 권력도 돈도 아예 의식조차 되지 않을 정도로 망각 속으로 사라져 버린다.

하나님의 좋음을 마주하고 있는 동안 솔로몬의 부귀영화는 단지 헛됨의 속성만을 특징으로 드러내게 될 뿐이다.

또한 하박국 선지자는 다음과 같이 노래한다.
"비록 무화과나무가 무성하지 못하며 포도나무에 열매가 없으며 감람나무에 소출이 없으며 밭에 먹을 것이 없으며 우리에 양이 없으며 외양간에 소가 없을지라도"(합 3:17)

바벨론의 침공을 받아 짓밟힘으로써 조국 유다가 초토화될 일이 기정사실로 받아들여지는 가운데 그 상황을 앞당겨 실감하면서 부르는 노래와 고백이다. 그 환난의 때를 앞당겨 체감하는 느낌을 이렇게 노래한다.
"내가 들었으므로 내 창자가 흔들렸고 그 목소리로 말미암아 내 입술이 떨렸도다 무리가 우리를 치러 올라오는 환난 날을 내가 기다리므로 썩이는 것이 내 뼈에 들어왔으며 내 몸은 내 처소에서 떨리는도다"(합 3:16)

사람이 느낄 수 있는 극한의 두려움과 공포를 어떻게 이보다 더 절절하게 표현할 수가 있을까? 이런 극한의 공포가 온 나라를 뒤덮어 버리는 환난 속에서 선민들이 맞닥뜨리게 될 실질적인 처지를 표현하기 위하여 '없음'을 무려 여섯 번을 반복하신다.

무화과나무의 무성함이 없음으로부터 시작해서 나열되는 이러한 여섯 가지가 모조리 없다면, 사실 그 옛날에 보통 사람들이 좋다고 여겨서 갖고 싶어 하고 가질 수 있는 것이라고는 정말 아무것도 없다는 뜻이다.

이런 극단적인 환난과 궁핍의 상황에서 그래도 "나는 여호와로 말미암아 즐거워하며 나의 구원의 하나님으로 말미암아 기뻐하리로다"(합 3:18)라고 노래할 수 있게 하는 것, 그것이 바로 하나님의 좋음이 가진 힘이다.

이제 그렇게 궁극적으로 좋음이신 하나님이 당신을 통째로 주시기로 작정하시고는 선민을 택하시고 당신 자신을 내어주셨다. 그리고 마음과 뜻과 힘을 다하는 사랑의 대상으로 오직 하나님 한 분만을 선택하여 당신을 많이 벌고 가지고 부자가 되라고 하신다.

사정이 이렇다면 "들으라 이스라엘아!"라고 하신 이 '쉐마'가 정말 신바람 나는 기쁨의 소식이 아닌가? 예수님이 하나님의 라이벌로 첫 번째로 꼽으신 재물, 즉 돈조차 까마득하게 잊어버리게 할 정도로 좋은 하나님을 마음껏 가지라는 기쁨의 소식이다. 사실 하나님만을 선택하여 벌고 가지고 누리라는 지시를 받은 선민의 경우, 기뻐 뛰고 춤을 추어도 모자라야만 할 판이다. 이처럼 궁극적이고 압도적으로 좋음이신 하나님이 벌려고 하면 할수록 도망만 가는 돈 대신에 아예 당신을 가지라고 통째로 먼저 내주셨지 않았는가? 이제 갈퀴로 낙엽을 긁어서 부대에 쓸어 담듯이 하나님을 마음 안으로 벌어들이고 가지고 부자가 되어서 그 좋음을 누리면 된다. 이렇게 하라고 선민에게 주신 명령이 바로 '쉐마'의 말씀이다. 궁극적이고 압도적인 좋음이신 하나님을 마음과 뜻과 힘을 다하여 벌고 가지고 부자가 되라는 것이다.

하나님의 사랑은 받되 하나님 자신은 거절하는 기현상

이 지구 위에서 선민이 사라졌다. 하나님과 예수님의 이름을 부르는 상황만을 보면 선택받은 것처럼 보이는 사람은 많은데, 실제로 마음과 뜻과 힘을 다한 사랑의 대상으로 하나님을 선택한 것처럼 보이는 사람은 찾기가 어렵다. 마음과 뜻과 힘을 다한 하나님 사랑이 생활 현장에서 나타날 만큼 생활화가 되지를 않는다면 스스로 선민이기를 포기하는 셈이다. 하나님이 나를 선택하신 목적인 하나님을 선택함 그 자체가 상실되기 때문이다.

그런데 이렇게 심각한 내막에도 불구하고, 먼저 하나님께 선택받아 거꾸로 하나님만을 유일한 좋음으로 선택하는 참선민이 자취를 감추어 버린 것 같은 상황에 대한 경각심조차 없어 보인다. 오직 한 분 하나님을 벌려고 하고 가지려 하고 하나님으로 배불러지기를 원하고 하나님 부자가 되기를 원하는 선민이 없어 보인다. 그런데 이런 상황이 너무 이상하기만 하다.

현재 상황을 보면 정말 너무나 우스꽝스러운 도저히 믿음이라고 할 수 없는 영적인 상태가 너무나 자연스럽게 신앙으로 받아들여지고 있다. 선민들이라는 사람들은 당연히 하나님께서 당신의 주권적인 사랑과 은혜 안에서 자기들을 선택하신 사랑을 찬양하고 노래한다. 그렇다. 나를 향하신 하나님의 자발적이고 주도적인 사랑을 아무리 기리고 찬양하며 감사해도 부족하다. 그런데 정말 이상하게도 그런 하나님의 사랑은 감사하고 노래하면서도, 그 사랑 안에서 실제로 자기들에게 주시려는 구체적인 사랑의 내용을 선민들은 전혀 받아들이려 하지 않는다.

하나님이 선민을 사랑하시면 그렇게 사랑하시기 때문에 정말로 주시려는 내용이 구체적으로 있지 않겠는가? 즉 하나님이 주권적으로 사람을 선택하신 이유는 무엇인가 정말로 사람에게 좋은 것을 꼭 주고 싶으셨기 때문이다. 하나님의 선민을 향한 사랑이 아무렴 "말과 혀로만 사랑"(요일 3:18)하려 하셨기 때문이겠는가? 그런데 정말 이상하게도 선민이라는 사람들이 이처럼 자기를 향하시는 하나님의 사랑을 고백하고 찬양하고 감사하면서 그 사랑 안에서 주시려는 실제 내용물에는 전혀 관심이 없다. 아니, 마음과 뜻과 힘을 다해서 그 사랑의 구체적인 내용물을 뿌리치고 있는 형국이다. 하나님이 사랑하신다는 사실만 좋아할 뿐 사랑하시기에 주시려는 실제 내용은 거들떠보지도 않는 상황이다.

  하나님이 아무 자격 없는 사람들을 아무 조건 없이 절대적인 주권과 은혜로 선택하셔서 주고자 하신 사랑의 궁극적인 선물은 바로 당신 자신이다. 왜냐면 전지전능하셔서 만물을 지으시고 주관하시는 하나님 아버지의 생각에는 당신이 지으신 인간이라는 피조물에게 당신 자신처럼 좋음이 될 수 있는 다른 대상이 있을 수가 없기 때문이다.

  아니다. 애초에 당신 자신만이 유일하고 궁극적인 좋음이 될 수밖에 없는 특수한 인격체로 인간을 지으셨다. 달리 말하면 하나님은 창조주이신 당신 자신을 궁극적인 좋음으로써 주시고 싶으셔서 안달이라도 나신 듯이 당신 자신을 선물로 받아 누리면서 항상 기뻐할 인간을 창조하셨다. 그래서 영이신 당신을 안으로 받아들일 수 있도록 사람의 영인 마음에 텅 비어 있는 공간을 조성하시기까지 하셨다.

  그러나 그런 근본적인 창조의 목적에 반하여 인간 일반이 죄와 타락에 빠지는 일이 벌어지자, 그 본래의 목적을 완전히 포기하시는 대신에 그토록 깊게 죄악과 저주에 찌든 사람 전체 중에서 아무런 이유나 조건 없이 어떤 사람들을 당신의 백성으로 자녀로 선택하신 것이다. 순전히 당신 자신을 주시기 위하여서 말이다.

  우리는 말한다. 독생자 예수님이 십자가에 못 박히신 사건이 우리를 향하시는 하나님의 사랑이라고. 맞다. 성경에서 예수님 자신도 그렇게 말씀하신다.

"하나님이 세상을 이처럼 사랑하사 독생자를 주셨으니 이는 그를 믿는 자마다 멸망하지 않고 영생을 얻게 하려 하심이라"(요 3:16)

이렇게 하나님이 이 세상을 사랑하신다는 말씀과 거꾸로 사람들이 마음과 뜻과 힘을 다하여 하나님을 사랑하여야 한다는 말씀 사이에서 선민들, 특히 신약의 선민인 교인들은 이 둘을 연결할 수 있는 길을 찾지 못하고 헤매고 있다.

왜 세상을 사랑하시는 하나님은 당신의 독생자를 보내셨을까? 죄 사함을 위하여? 맞다. 그러면 왜 선민들의 죄가 사하여져서 흰 눈처럼 양털처럼 깨끗하게 됨이 필요한가? 선민인 내가 천국에 들어갈 수 있을 만큼 깨끗한 사람이 되어야 하기 때문인가? 아니다. 거룩하신 창조주, 궁극적인 좋음이신 하나님을 실제 만나야 하고, 그래서 실제로 마음 안으로 모시면서 가져야 하기 때문이다. 죄와 저주로 찌들어서 덕지덕지 더러운 상태의 마음으로는 도저히 하나님을 안으로 받아들여 가질 수 없기에 예수님이 오셔서 주홍 같은 마음을 흰 눈처럼 깨끗이 씻어 주셨다.

이처럼 세상을 사랑하셔서 독생자 예수님을 아끼지 않으시고 이 세상에 보내 주신 궁극적인 목적은 한 인격적 개별자인 '나' 자신의 깨끗해지는 변화에 국한되는 것이 아니다. 그러니까 '나' 자신이 깨끗하게 되는 것이 예수님이 이 땅에 오신 궁극적인 목적이 아니다. 의롭게 여김을 받을 정도로 죄가 사하여진 '나'가 궁극적인 목적이 아니라는 뜻이다.

예수님이 오신 궁극적인 목적은 '관계'를 위해서이다. 하나님과 내가 맺어야만 하는 실질적인 '관계'가 가능하도록 이 땅에 오신 것이다. 즉 예수님 안에서 십자가의 보혈로 주홍 같던 내가 흰 눈처럼 깨끗해지지 않으면 실제로 하나님과의 만남이 이루어질 수 없고 관계가 시작될 수 없기 때문이다. 이렇게 관계 자체가 성립되지 않고 있는 상태에서는 내가 하나님 자신을 마음과 뜻과 힘을 다하여 벌고 가지고 부자가 될 수도 없는 것은 자명하다.

그렇다. 독생자가 십자가에 못 박히신 복음 사건은 하나님이 나를 사랑하심의 표현이라면, 그 사랑을 통해 궁극적으로 내게 주시려는 구체적인 선물과 내용은 바로 하나님 자신이다. 그리고 그 하나님을 돈 벌듯이 벌어서 하나님 부자가 되려면, 나는 하나님의 기준으로 볼 때 의롭다고 여김을 받을 정도로 죄로부터 깨끗함을 얻어야 하기에 예수님이 오셔서 십자가를 지신 것이다.

십자가에 못 박히신 예수님은 나를 사랑하심을 밝히 드러내신 표현이고 하나님 자신은 나를 사랑하셔서 내게 주신 사랑의 실제 내용임을 잊지 말자.

그런데 이상한 일은 선민들이 하나님의 사랑을 대할 때, 그 사랑의 표시인 예수님을 통한 죄 사함의 사건만을 기쁘게 받을 뿐이라는 사실이다. 십자가 사건으로 표현될 정도로 강렬한 사랑의 마음 때문에, 나에게 실제로 주시려는 그 진짜 선물인 하나님 자신을 받아 가지려는 자들이 아무도 없다. 죄를 용서받은 나를 좋아할 뿐, 그렇게 용서받음을 통해서 죄가 없어져야만 실제로 관계하며 벌고 가지고 누릴 수 있는 하나님 자신을 좋아하는 선민이 '하나도 없다'라는 것이 문제다.

사도 바울보다 천 년을 앞서서 다윗은 노래한다.

"여호와께서 하늘에서 인생을 굽어살피사 지각이 있어 하나님을 찾는 자가 있는가 보려 하신즉 다 치우쳐 함께 더러운 자가 되고 선을 행하는 자가 없으니 하나도 없도다"(시 14:2-3)

참으로 이상하다. 나를 향하시는 하나님의 사랑은 무한히 크고 감사하다고 노래하면서 정작 그렇게 무한히 크게 사랑하시기 때문에 주시는 실제 선물은 거부하거나 아랑곳하지 않는다. 심지어 그 선물을 마음과 뜻과 힘을 다해서 거부하며 뿌리친다고 여겨질 정도로 이상한 상황이 현재 기독교 종교인이 되어 버린 자칭 선민들 안에서 벌어지고 있다.

이렇게 이상한 태도를 보이는 이유가 무엇일까?

간단하다. 십자가 예수님을 통해서 드러나는 나를 향하시는 하나님 사랑은 너무 좋다. 그러나 그 사랑 안에서 내게 주시려는 실제 내용은 하나님이 결정하지 마시고 내가 결정했으면 좋겠다는 뜻이다. 하나님께서 정말 나를 향하여 그 크신 사랑을 가지셨다면, 왜 좀 미리 내가 받고 싶은 것은 무엇인지를 묻지 않으셨는지 원망스럽다는 듯한 태도이다. 그 크신 사랑으로 하나님 자신을 내게 주시는 일은 정말 그 뜻은 아주 고맙지만, 진정으로 내가 원하는 것이 따로 있다는 사실을 너무 고려하지 않으신 독단적인 처사라는 말이다.

그러니까 지금 기독교의 종교인이 돼 버린 사람들이 하나님을 향하여 취하는 태도를 들여다보자면 마치 이런 것과 같다.

'하나님 아버지! 저를 선택하여 주셨음을 감사합니다. 이제 저 같은 더러움과 저주에 찌든 죄인의 사함과 의롭다 칭함을 위해서 독생자 예수님조차 아끼지 않으시고 십자가에 못 박아 죽이신 사건을 바라봅니다. 거룩하신 하나님이 벌레 같은 죄인인 저를 정말 얼마나 무한히 사랑하시는가를 제가 뼛속 깊이 느끼며 온 마음으로 알겠습니다. 그 크신 사랑을 어떤 말로 다 감사할 수 있겠습니까?

그러나 이제 예수님의 십자가로 표현된 그 사랑의 마음만으로 충분합니다. 저를 지극히 사랑하시는 그 하나님의 마음만 받겠습니다. 그런 십자가 사건을 일으키실 정도로 저를 사랑하시는 마음이면 충분합니다. 그런 사랑의 마음으로 진짜 주시려는 하나님 자신은 너무 감사하지만 사양하겠습니다.

왜냐면 정말 외람되고 죄송하지만 제가 진심으로 가지고 싶고 그래서 받고 싶은 것은 하나님 자신 말고 따로 있기 때문입니다. 이 점 정말 깊은 양해 바랍니다.

그래서 마지막으로 드리는 말씀인데, 혹시 괜찮으시다면 보이지도 들리지도 만질 수도 없는 하나님 자신을 주시려 하지 마시고, 대신에 이 세상 안에서 보이고 들리고 만질 수 있는 것 중에서 때를 따라서 제가 진심으로 가지고 싶은 그것을 그때그때 지체하지 마시고 제게 주실 수는 없겠습니까?

어차피 하나님 당신 자신은 이다음에 제가 죽어서 천국에 가게 되면 어쩔 수 없어서라도 영원토록 함께 지내야 하지 않습니까? 그러니 살아 있는 동안 제겐 당장 꼭 필요하다고 제가 느껴서 갖고 싶은 것이, 하나님 자신 말고, 이 세상 안에 따로 있음을 얼마든지 양해해 주시리라 믿습니다. 아멘!'

이제 이런 의식의 상태를 밑에 깔고 시작된 하나님 신앙은 마음과 뜻과 힘을 다하여 하나님을 좋아하지 않고 그 대신에 이 세상 안에 있는 다른 대상을 마음과 뜻과 힘을 다하여 좋아함에 있어서 조금의 양심도 느낄 수조차 없는 상태가 되어 버렸다.

대부분 사람이 마치 돈을 대할 때처럼 그렇게 하나님을 대하는 사람은 실제 없다. 돈 대신에 마음과 뜻과 힘을 다하여 하나님을 좋아하면서 하나님을 벌고 하나님 자신을 가지고 하나님으로 부자가 되고 하나님의 좋음으로만 배불러서 항상 기뻐하는 사람이 없다. 그렇게 하나님으로 배부르고 부자 된다는 개념 자체가 기독교 종교에서는 완전히 사라져 버렸다. 그런데도 하나님의 이름을 부르면서 예수님을 믿는다고 하는 모두가 다 죄 사함과 의롭다고 여김을 얻었고 구원받았음을 확고하게 믿는 상황이다.

그러나 정말 아쉽지만, 하나님 자신을 가지려 하지 않기에 결코 필요 없는 죄 사함 아무 소용 없는 의로움이 되었다. 하나님이 최종적으로 주시려는 하나님 자신을 마음과 뜻과 힘을 다해 가지지도 벌지도 누리지도 않을 바에야 도대체 왜 죄 사함이 필요하고, 왜 의롭다고 여김이 필요한가? 천국 입성을 위해서? 아니다. 천국은 심령이 가난한 자에게 주어지는 복이라고 예수님께서 말씀하셨듯이, 이미 살아 있는 동안 심령이 가난한 자가 되어서 하나님 한 분만을 가짐으로써 동시에 하나님이 계시는 천국을 소유할 수 있는 사람만이 죽어서도 들어가는 곳이다. 하나님과 예수님의 이름을 아무리 많이 불러도 살아 있는 동안 오직 하나님 한 분만을 마음과 뜻과 힘을 다해 가지려 하지 않는 사람은 스스로 선민이기를 포기한 사람이다. 그런 사람이 죽어서 갈 천국은 그 어디에도 존재하지 않는다.

　오해하지 말자. 예수님 믿어서 죄를 용서받고 의롭게 된 사람이 천국에 들어가는 것이 아니다. 예수님 믿어서 죄를 용서받고 의롭게 되었기에 이제부터는 하나님 한 분만 가지기를 이전에 세상에서 돈 가지려고 하듯 하는 사람만이 천국에 들어간다. 몸이 살아서 세상에 있는 동안 '하나님 가지기'를 할 줄 모르는 사람은 천국에 들어가더라도 전혀 할 일이 없다. 천국에서는 그 좋음이 무한하신 하나님을 영원토록 가지는 일 말고는 다른 할 일이 없다. 궁극적으로 무한히 좋음이신 분이 하나님이시다. 그런데 천국에 들어가서 그런 하나님을 직접 눈앞에 보며 모시는 상태에서 그 최고로 좋음이신 하나님을 마음을 다해서 가지고 기뻐하는 일 말고 다른 일을 도대체 어떻게 할 수 있겠는가?
　그런데 이런 천국에 들어가서 누릴 삶은 이미 이 지상에서 육체가 살아 있는 동안 마음이 예수님 안에 들어감으로써 마치 리허설처럼 하나님의 좋음을 누리지 않는 사람에게는 전혀 주어질 수 없다. 그래서 사도 바울께서 하신 말씀이다.
　"항상 기뻐하라 쉬지 말고 기도하라 범사에 감사하라 이것이 그리스도 예수 안에서 너희를 향하신 하나님의 뜻이니라"(살전 5:16-18)
　항상 기쁨과 쉬지 않는 기도와 범사의 감사는 예수님 안에 마음이 머물러 하나님 가지기를 하는 자들의 리허설이다.

쉐마와 예수님에 대한 믿음의 관계

　한 가지가 궁금하다. 우리는 예수님의 말씀을 위에서 살펴보았다.

"한 사람이 두 주인을 섬기지 못할 것이니 혹 이를 미워하고 저를 사랑하거나 혹 이를 중히 여기고 저를 경히 여김이라 너희가 하나님과 재물을 겸하여 섬기지 못하느니라"(마 6:24)

그리고 여기서 말씀하시는 '섬김'이 재물과 돈에 대한 우리의 태도를 미루어 생각하면, 결국 마음과 뜻과 힘을 다한 사랑이라는 사실도 알았다. 분명히 예수님은 같은 '섬김'을 돈 대신에 하나님을 향해서만 하라는 뜻으로 말씀하셨다.

그러면 궁금하다. 대상을 바꾸는 일에 관해서 의문이 든다. 과연 선민인 우리는 예수님을 믿기 전에 돈을 향하던 마음과 뜻과 힘을 다한 사랑을 간단히 하나님에게로 방향만 바꾸면 되는가? 또 문제는 혹시 이렇게 방향을 돌려 향한다고 하여 붙잡은 하나님이라는 이름이 그저 막연히 종교의 '신'을 가리키는 이름이 될 수도 있지 않을까 하는 점이다. 그러면 이런 점을 고려하여 좀 더 구체적으로 하나님에 대한 지식을 보태면 하나님을 대상으로 삼을 수 있는가? 즉 하나님께서 예수님의 아버지 되심과 만물의 창조주 되심과 나라와 민족과 개인의 주권자 되심을 알고 고백하기를 덧붙인다면, 능히 그동안 돈과 재물을 향하던 마음과 뜻과 힘을 다한 사랑을 하나님을 향하여 방향을 돌릴 수 있는 것인가?

아니다. 죄와 저주에 찌든 내 인격 상태를 유지하는 한, 내가 스스로는 절대로 마음과 뜻과 힘을 다한 사랑을 이 세상 안에 있는 대상에서 하늘에 계시는 하나님에게로 바꿀 수가 없다. 물론 마음과 뜻과 힘을 다하는 사랑 자체는 예수님께서 하나님과 재물을 나란히 섬김의 대상으로 두신 예를 통해서도 알 수 있듯이 죄와 저주에 찌든 상태에서도 얼마든지 작동한다. 그래서 마음과 뜻과 힘을 다한 사랑은 이 세상 안에 있는 대상에 관해서는 죄악과 저주에 찌든 상태에서도 얼마든지 내가 스스로 그 대상을 바꿀 수가 있다. 예수님의 그리스도로서의 사역이 없어도 한 사람에게서 마음과 뜻과 힘을 다한 사랑의 대상이 예를 들어 돈에서 건강으로, 건강에서 승진으로, 승진에서 자녀 성공으로, 다시 애인에서 돈으로, 자신 개인의 성공에서 민족과 국가의 번영으로, 명예와 권력에서 건강으로 등등 얼마든지 바뀔 수가 있다.

그러나 아무리 마음과 뜻과 힘을 다한 사랑이 작동해도 죄와 저주에 찌든 상태에서는 절대로 내가 스스로 실제 대상으로 삼을 수 없고 그래서 실제 마주 대하여 상대하면서 관계할 수 없는 유일한 존재가 있다. 바로 하늘에 계시는 하나님 아버지이시다. 마음과 뜻과 힘을 다하는 태도는 타락 이전이나 이후나 같다. 그러나 달라진 것이 있다면 그런 사랑의 대상으로 하나님을 선택할 수가 없게 되었다는 점이다. 그러므로 선민이 하나님을 마음과 뜻과 힘을 다하여 사랑하지 않는 것은 마음과 뜻과 힘을 다하여 사랑함이 불가능해서가 아니라, 그 사랑의 대상으로 하나님을 선택하기가 불가능해서이다.

바로 이 지점에서 예수님의 그리스도로서의 사역이 개입한다. 하나님과 재물을 겸하여 섬길 수는 없으므로 그동안 재물을 섬겼듯이 이제는 하나님께로 섬김의 방향을 바꾸라고 말씀을 하실 수 있는 분은 예수님 한 분뿐이시다. 왜냐면 당신이 이 땅에 오신 이유가 바로 이렇게 우리 죄와 저주에 찌든 사람들이 하나님 한 분으로 섬김의 대상을 바꿀 수 있도록 하려 하심이었기 때문이다.

예수님이 십자가에 못 박히시고 부활 승천 하셔서 천국 보좌 우편에 이르신 연쇄 과정이 바로 예수님이 그리스도로서 이루신 사역이다. 이 그리스도로서 이루신 연쇄 과정이 없으면 아무도 하늘에 계시는 하나님을 마음과 뜻과 힘을 다한 사랑의 대상으로 상대하며 관계할 수가 없다.

이 세상 안에 사는 모든 다른 사람들처럼 나는 태어나서부터 이제까지 줄곧 마음과 뜻과 힘을 다하는 사랑을 하고 있다. 그런데 이제부터는 대상을 바꾸어서 그 사랑을 세상에 있는 존재가 아니라 오직 하늘에 계시는 하나님 한 분에게만 드리고 싶은가? 그렇다면 그렇게 대상을 바꾸는 일은 내가 스스로 할 수 있는 일이 아니다. 여전히 마음과 뜻과 힘을 다하는 사랑을 나는 하고 있지만 내 힘으로는 절대로 하늘에 계시는 하나님 아버지를 실제로 대상으로 마주하여 모시고 관계하면서 그 사랑을 쏟을 수가 없다.

바로 이 상황이 우리가 십자가에 못 박히신 예수님을 그리스도로 믿는 일이 일어나야만 하는 자리이며 이유이다.

내 마음과 뜻과 힘을 다 쏟는 일을 오직 하늘에 계시는 하나님 한 분에게만 하고 싶다면 반드시 십자가에서 못 박혀 죽은 예수님을 바라보아야만 한다. 그래서 예수님과 함께 십자가에서 이 세상 모든 대상에 대해서는, 내 마음과 뜻과 힘을 다하는 사랑이 죽었음을 고백함으로써 세상에 대해선 죽은 자라는 자아의식이 있어야만 한다. 그렇게 예수님과 함께 십자가에서 이 세상 모든 대상에 대해서 죽은 자라는 자아의식이 유지되는 속에서만 나는 부활하신 예수님과 함께 나의 마음과 뜻과 힘을 다한 사랑을 하나님에게로 향할 수가 있다.

즉 내 마음은 오직 십자가에서 죽은 예수님과 나를 동일시하는 믿음을 통해서만 세상을 떠날 수 있고 그래야만 부활 승천 하신 예수님을 따라서 하늘 보좌 우편까지 천국을 진입하여 따라가게 된다. 그렇게 마음이 예수님과 연합하여 보좌가 있는 곳까지 따라가고 나서야 비로소 나는 실제로 하나님을 상대자로 직면하여 만날 수가 있다.

그러므로 마음과 뜻과 힘을 다하여 하나님을 사랑하라는 말씀은 다름 아닌 하늘에서의 부르심이다. 우리 마음이 하늘로 올라오라는 부르심이다. 예수님이 말씀하신 탕자의 비유 속 주인공은 바로 내 마음이다. 하나님 크기의 공백을 품고는 채움과 만족을 위하여 하늘에 계시는 하나님을 등진 채 세상에서 이 대상 저 대상을 기웃거린 내 마음이 바로 탕자이다. 그러므로 마음과 뜻과 힘을 다하여 하나님을 사랑하라는 말씀은 본래 있어야만 하는 아버지의 집으로 내 마음이 돌아오라는 부르심이다. 이 부르심에 응답하는 것이 바로 십자가에서 시작하여 보좌 우편에 이르기까지 그리스도 연쇄 과정의 길을 통해서 우리 마음이 하늘로 올라와 아버지 하나님을 직면하는 일이다.

우리는 예수님을 왜 믿는가? 마음과 뜻과 힘을 다하는 사랑을 하나님을 향해서 하려고 예수님을 믿는다. 돈을 섬겼듯이 이제부터는 하나님을 섬기려고 예수님을 믿는다. 혹시 돈을 마음을 다해 사랑하다가 건강을 마음을 다해 사랑하려면 굳이 예수님을 믿지 않아도 된다. 건강을 마음을 다해 사랑하다가 애인을 마음을 다해 사랑하려면 예수님 믿을 필요가 없다. 가족을 마음을 다해 사랑하다가 나라를 마음을 다해 사랑하려면 예수님을 믿지 않아도 된다.

무엇이든 마음을 다해 사랑하다가 다른 그 어떤 대상으로 바꾸어도 예수님을 믿을 필요 없다. 그러나 그 어떤 것이든 마음과 뜻과 힘을 다해 사랑하다가 이제부터는 하나님만을 그렇게 사랑하려면 반드시 예수님을 믿어야만 한다. 하나님 한 분만을 마음과 뜻과 힘을 다해 사랑하려는 목적이 아니라면 근본적으로 예수님을 믿을 필요 자체가 없다.

어차피 십자가에서 죽은 예수님과 자신을 동일시하는 믿음을 통해서 이 세상을 향해서 죽는다는 뜻은 이 세상에 있는 대상을 향해서는 마음을 쓸 여분이 전혀 없는 심령이 거지 나사로가 된다는 뜻이다. 그렇게 이 세상 대상을 향한 심령의 거지가 되지 않으면 어차피 천국도 들어갈 수 없다. 그리고 이렇게 예수님 믿어 세상 대상들을 향하여 심령이 가난해짐은 마음과 뜻과 힘을 다한 하나님 사랑의 불가분리적 이면이다. 돈을 섬겼듯이, 승진이나 건강이나 가족을 섬겼듯이, 나라와 민족을 섬겼듯이 그렇게 이제부터는 대상을 바꾸어 하나님 한 분만을 섬길 의도가 아니라면 예수님을 믿지 말라. 그런 태도는 예수님의 복음에 대한 모욕이다.

'쉐마'를 위한 청진기

여기서 정말 중요한 문제가 무엇인가? 하나님을 내 마음과 뜻과 힘을 다한 사랑의 유일한 대상으로 확정하는 일이다. 이렇게 확정하기만 하면, 마음과 뜻과 힘을 다한 내 사랑이 하나님을 향하여 하늘로 달려갈 길은 이미 그리스도 연쇄 과정을 통해서 땅에서 천국까지 잘 닦여 있다. 이제 하나님을 유일한 대상으로 확정하기만 하면 된다. 다윗이 사울의 추격을 피해 도망 다니던 시절 부른 노래가 생각난다.

"하나님이여 내 마음이 확정되었고 내 마음이 확정되었사오니 내가 노래하고 내가 찬송하리이다"(시 57:7)

하나님 한 분만을 마음과 뜻과 힘을 다하여 사랑하기로 확정하자. 그러려면 마음과 뜻과 힘이 지금 어떤 대상을 향하여 유출되며 누수되고 있는가를 수시로 점검하고, 스스로 깨달아 분별해 내는 것이 무엇보다 중요하다.

왜냐면 예를 들어 구약 성경 속 이스라엘 선민은 하나님의 이름을 그토록 불러 대고 선민이라는 자부심이 넘치는 가운데 성전을 중심으로 온갖 절기를 지키는 종교 생활을 게을리하지 않았어도, 결국에는 마음과 뜻과 힘을 다해 하나님을 사랑하기에서 실패하고 말았기 때문이다. 내가 언제나 행하면서 삶을 사는 그 마음과 뜻과 힘을 쓰는 사랑이 지금 하늘에 계시는 하나님을 향하고 있는지 아니면 전혀 다른 이 세상 속에 있는 대상을 향하고 있는지를 나 스스로 분별하여 깨달을 수가 없다면, 그래서 언제든지 잘못된 방향을 돌이킬 수 없다면, 하나님의 이름을 부르면서 선민의 자부심으로 가득 안고 살다가 그토록 굳건한 구원의 확신과 더불어 반드시 지옥으로 간다.

이렇게 참담한 결과를 가져오게 되는 선민들의 영적 상황을 예수님은 이사야 선지자의 예언을 인용하시면서 다음과 같이 말씀하신다.

"이 백성이 입술로는 나를 공경하되 마음은 내게서 멀도다"(마 15:8)

즉 마음과 뜻과 힘을 다한 사랑이 하나님에게서는 멀고 다른 대상을 향해서는 가까이 접근하고 있다는 말씀이다.

사도 바울은 이런 상황을 다음과 같이 표현하신다.

"피조물을 조물주보다 더 경배하고 섬김"(롬 1:25)이라고.

예수님의 말씀대로 하나님 말고 재물 등을 섬기기로 작정한 상태를 말한다. 즉 마음과 뜻과 힘을 다한 사랑을 하나님 말고 다른 피조물을 향하여 쏟아붓는 상태를 표현하신 말씀이다.

또 예수님의 동생이셨던 야고보 장로님의 말씀을 다시 한번 보자.

"간음한 여인들아 세상과 벗된 것이 하나님과 원수 됨을 알지 못하느냐 그런즉 누구든지 세상과 벗이 되고자 하는 자는 스스로 하나님과 원수 되는 것이니라"(약 4:4)

'여기서 간음한 여인들'은 영적으로 하나님 이외의 대상을 기쁨으로 삼는 모든 믿는 자들을 가리킨다.

정말 근심스러운 사실은 내가 일상의 생활 현장에서 그때그때 세상을 가까이하고 있음과 하나님을 가까이하고 있음의 차이를 분별하여 알아차릴 수가 없다는 점이다. 여전히 우리는 입으로는 하나님과 예수님의 이름을 부르는 선민의 신분 안에서, 그냥 마음과 뜻과 힘을 다한 사랑을 하늘에 계시는 하나님 이외의 다른 대상을 향해서 쏟는 일을 지극히 자연스럽게 받아들이는 상태이다. 그러면서도 구원의 확신은 난공불락의 요새이고 철옹성이다. 이제는 아예 나의 마음과 뜻과 힘을 다하는 사랑으로 하나님을 향하는 문제에 대해서는 불감증에 걸리고 신경이 마비돼 버린 상태다.

예수님을 믿음은 구원받았다는 주관적인 확신으로 보장되는 것이 아니라, 구원받았다는 객관적인 증거로 보장되는 것이다. 십자가에서 죽고 부활 승천 하여 지금 보좌 우편에 앉으신 예수님을 믿어서 구원받았다면, 그 증거로 지금 나는 마음과 뜻과 힘을 다해 하늘에 계시는 하나님만을 사랑하고 있어야 한다. 적어도 내 죄와 저주에 찌든 체질과 습관 때문에 마음과 뜻과 힘을 다한 하나님 사랑을 온전히 하지 못해 안달이라도 하고 있어야만 한다.

그러므로 현재 우리에게 제일 먼저 필요한 일이 무엇인가? 이런 무지와 착각과 오해의 덮개를 걷어 내는 일이다. 즉 실제 생활 현장에서 우리의 마음과 뜻과 힘이 하나님을 빗나가서 어떤 대상을 향하여 새고 있고 누수되고 있는지를 있는 그대로 정확히 진단해 낼 수 있어야 한다. 그러기 위해서 우리에게는 우리 자신도 승복할 정도로, 자신의 영적인 상태를 정확하게 진단해 낼 특별한 방법이 필요하다.

X-ray, CT, MRI, 혈액검사, 조직검사, 내시경 등등 모두 겉으로는 보이지 않는 육체의 병변을 진단해 내기 위한 방법들이다. 그런데 왜 이렇게 여러 가지 방법들이 동원되는가? 가능한 한 진단의 객관적인 정확성을 보장하려다 보니 이렇게 여러 가지 방법이 만들어진 것이다.

우리에게는 우리 자신의 영적인 건강 상태를 정확하게 진단해 낼 수 있는 어떤 진단 방법이 있을까? 예수님을 믿어서 얻게 되는 모든 것의 최종적인 목적인 마음과 뜻과 힘을 다 하나님께만 쓰는 상태, 이런 다 쏟아붓는 사랑이 내게서 일어나고 있는지 아닌지를 진단해 내어야 한다. 마음과 뜻과 힘을 다하여 하나님을 사랑함과 사랑하지 않음이 어떻게 다른가? 이 차이에 대해 명확히 구분할 수 있는 분별력이 나의 양심이 되어야만 한다.

예수님을 믿어 죄 사함과 의롭다 칭함을 받았다고 하고 하나님을 아버지로 관계하는 자녀가 되었다고는 하는데, 정작 마음과 뜻과 힘이 여전히 다른 대상을 향하여 누수되고 있어서 온전한 하나님 사랑이 전혀 나타나지 않고 있는 상태를 나 스스로 진단해 낼 수 있어야 한다. 그렇지 않으면 그 모든 교리적이고 이론적인 지식과 확신들은 단지 착각이고 망상이고 자기기만이다.

위에서 언급한 의학적인 진단 방법들인 X-ray, CT, MRI, 혈액검사, 조직검사, 내시경 등등의 공통적인 특징은 무엇일까? 객관적인 정확함이다. 기계이기에 주관적인 사심이 개입함이 전혀 없다. 그래서 이런 기계들은 사람의 육체의 상태를 기계의 능력이 미치는 한 객관적 차원에서 있는 사실 그대로 볼 수 있게 하여 준다. 그런 기계적인 객관성이 바로 의료 기계들에 대한 신뢰의 근거이다.

우리에게도 이처럼 내 마음에 들이대기만 하면 그 흐름의 향방을 객관적으로 정확하게 볼 수 있게 하는 진단 방법이 필요하다. 마음과 뜻과 힘을 다한 하나님 사랑이 지금 당장 활성화되지 않는 상태는 암세포와 같다. 그대로 놔두면 구원받았다고 확신하는 동안 내 인격을 전체적으로 뿌리까지 더럽게 하고 썩게 한다. 하나님과 관계할 수 있는 상태의 정반대 방향으로 나를 이끌어 결국 멸망에 이르게 한다.

왜냐면 예수님을 믿는다고는 하는데, 결과적으로 마음과 뜻과 힘을 다한 사랑이 하나님만을 대상으로 삼는 일이 실제로 나타나지 않는다면 그 이유는 예수님을 전혀 제대로 믿고 있지 않기 때문이다. 즉 예수님이 그리스도로서 행하신 연쇄 과정을 전혀 마음이 따라가지 않고 있기 때문이다. 그리스도 연쇄 과정 속 예수님과 함께 마음이 십자가 죽음을 통하여 이 세상을 출애굽 하듯이 빠져나가서 부활 승천을 거쳐 보좌 우편까지 따라가지 않는 한 실제로는 전혀 예수님을 믿는 것이 아니다. 그렇다면 예수님의 모든 구원 사역이 그 사람에게는 처음부터 끝까지 모조리 무효가 되어 버리는 셈이다.

거듭거듭 반복하여 반드시 잊지 말고 기억하자. 예수님 믿어 얻는 구원은 "집에 앉았을 때에든지 길을 갈 때에든지 누워 있을 때에든지 일어날 때에든지" 하나님 한 분만을, "손목에 매어 기호를 삼으며 미간에 붙여 표로 삼고 또 집 문설주와 바깥 문에 기록"하는 등 하여간 어떤 방법을 동원하여서라도 잊지 않으면서, 마음과 뜻과 힘을 다하여 사랑하는 상태라는 사실을 말이다.

그러므로 마음과 뜻과 힘을 다한 하나님 사랑이 예수님을 믿는다고 확신하는 내게서 지금 활성화되고 있는지 아니면 멈추어 있는지, 아니면 잘되지 않아 안타까워하고 있는지, 아니면 아예 시작도 되지 않고 있는지 반드시 모든 생활 현장에서 아주 쉽게 그리고 객관적으로 정확하게 알아낼 수 있는 진단 방법이 꼭 필요하다. 정식한 객관성을 유지할 수 있는 아주 빠르고 쉽고 정확한 진단 방법을 생활화할 수 있어야 한다.

이처럼 예수님을 믿음으로써 구원받았다는 확신은 반드시 그 진위가 확증되어야만 한다. 그러려면 마음과 뜻과 힘을 다한 나의 사랑이 모든 다른 대상을 뒤로하고 오직 하나님 한 분만을 향하고 있다는 사실이 확인됨으로써 뒷받침되어야만 한다. 그렇다면 이러한 마음과 뜻과 힘을 다한 하나님 사랑의 활성화 여부를 객관적으로 정확하게 그리고 모든 생활 현장에서 쉽게 자가 진단할 수 있는 청진기가 성경 속에는 없을까? 이 질문에 답하기 위해서 꼭 필요한 쉐마 청진기를 찾을 수 있으리라는 기대를 안고 우리는 이제부터 구약 성경 속 욥의 이야기 안으로 들어가려고 한다.

III.

욥의 정직(正直)
"야샤르"

III. 욥의 정직(正直) "야샤르"

욥에게 주어진 시험은 하나님이 허락하시고 사탄이 실행한 정말 지독한 극한의 환란이었다. 하나님은 욥을 "온전하고 정직"하다고 극찬을 아끼지 않으시면서 사탄에게 자랑까지 하셨다. 그런 욥에게 이렇게까지 극한의 환란을 허락하신 이유는 욥에게서 '마음과 뜻과 힘을 다한 사랑'의 대상이 누구이며 무엇이냐 하는 문제를 놓고, 하나님과 사탄 사이에 의견 대립이 벌어졌기 때문이었다. 그래서 하나님은 이 대립 상황을 해결하고 명확하게 확정 짓고자 하신다. 이러한 취지 아래서 욥기서는 이유를 알 수 없이 주어진 극한의 환란 속에서, 욥의 마음과 뜻과 힘을 다한 사랑이 어느 대상을 향하고 있었는가를 추적하며 진단한다.

하나님은 직선(直線)을 굉장히 좋아하신다

"우스 땅에 욥이라 불리는 사람이 있었는데 그 사람은 온전하고 정직(正直)하여 하나님을 경외하며 악에서 떠난 자더라"

구약 성경 욥기서 1장 1절의 말씀이다.

여기서 온전이라는 단어는 흠과 나무랄 데가 없다는 말이다. 그리고 정직에 해당하는 히브리어 '야샤르'라는 말은 '좌로나 우로나 치우침이 없이 곧다'라는 뜻이다. 다시 말하면 곧게 직선(直線)으로 뻗었다는 말이다. 그런데 이 직선이 기하학적인 직선을 말하는 것이 아니기에 인격성을 덧붙이자면, 정직은 '마음이 상대방에게 좌우로 치우침이 없이 직선으로 가닿음'이다. 그러므로 하나님께서 욥이 정직하다고 말씀하신 의미는 하나님 자신을 관계하는 중에 욥의 마음이 움직이는 동선을 보면, 좌로나 우로나 치우침 없이 곧게 직선으로 움직여서 하나님에게 도달했다는 뜻이다.

이것이 바로 성서가 말하는 정직이며 하나님 경외의 구체적인 내용이다. 욥기서가 말하는 '정직'인 '야샤르'는 그 의미의 핵심이 바로 '마음이 관계하는 대상에게 직선(直線)으로 가닿는다'라는 점이다.

이처럼 성경 욥기서가 말하는 정직은 어떤 하나의 대상을 향하여 마음이 좌로나 우로나 치우침이 없이 곧게 직선으로 가닿는 상태이다.

그러므로 이 '야샤르'의 정직은 상식적이고 윤리적인 의미의 정직함과는 다르다. 마음이 어떤 대상에게 직선으로 곧게 가닿는 상태를 뜻하는 것이기에, 이 욥기서의 정직을 기준으로 보자면 사람인 한 누구나 다 정직하다. 다만 그렇게 마음이 좌우로 치우침 없이 곧게 직선으로 가닿는 대상이 사람마다 다를 뿐이다. 하나님이 칭찬하시고 사탄에게 자랑까지 하신 욥의 정직은 그러므로 욥의 마음이 오직 좌우로 치우쳐 다른 대상으로 향하는 일 없이 곧게 직선으로 하나님 한 분에게만 와닿고 있었다는 뜻이다.

여기서 "너희가 하나님과 재물을 겸하여 섬기지 못하느니라"(마 6:24)라고 하신 예수님의 말씀을 다시 떠올려 보자. 예수님은 이 말씀을 통해서 사람이 재물과 하나님에게 각각 똑같은 '섬김'이라는 태도를 보일 수 있다는 사실을 전제하신다.

마찬가지이다. 이런 정직함이 뜻하는 마음의 직선은 하나님에게만 적용되는 것이 아니다. 즉 하나님을 섬기듯이 재물을 섬길 수 있고 재물을 섬기듯이 하나님을 섬길 수 있다면, 사람은 누구나 하나님에게 마음을 직선으로 드려서 가닿게 하듯이 하나님 대신 재물에도 마음이 직선으로 가닿을 수 있다. 그리고 수많은 대상에 대해 이렇게 마음이 직선으로 가닿는 '야샤르'의 정직을 수행할 수가 있다.

욥기에서 이 정직이라는 단어와 함께 언급하는 '온전함'은 바로 이렇게 하나님을 향한 직선의 온전함이다. 즉 어떤 대상을 향해서도 좌우로 치우침 없이 직선으로 가닿을 수 있는 마음이 다른 모든 대상을 제치고 오로지 하나님 한 분만을 최우선으로 향함에 있어서 욥은 하등의 오류가 없었다는 것이다. 하나님의 기준에서 볼 때 욥의 마음과 뜻과 힘은 좌우로 치우치며 다른 대상을 먼저 향함이 없이 오직 직선을 유지하며 하나님께 제일 먼저 와닿는 정직함에서 흡족하실 만큼 충족하였다는 것이다.

하나님은 이처럼 당신을 향하는 직선을 되게 좋아하시며 소중하게 여기신다. 얼마나 좋으셨으면 천상의 회의 석상에서 사탄에게 욥의 정직함 그리고 당신을 향하여 욥의 마음이 직선(直線)으로 오고 있다는 사실을 그토록 힘주어 자랑까지 하셨을까.
"하루는 하나님의 아들들이 와서 여호와 앞에 섰고 사탄도 그들 가운데에 온지라 여호와께서 사탄에게 이르시되 네가 어디서 왔느냐 사탄이 여호와께 대답하여 이르되 땅을 두루 돌아 여기저기 다녀왔나이다 여호와께서 사탄에게 이르시되 네가 내 종 욥을 주의하여 보았느냐 그와 같이 온전하고 정직하여 하나님을 경외하며 악에서 떠난 자는 세상에 없느니라"(욥 1:6-8)

이 본문을 보면 참 서글프다. 사탄이 여기저기 땅을 두루 돌며 살펴본 온 세상 사람 중에 하나님을 온전하게 경외하는 정직한 사람은 욥을 제외하면 단 한 사람도 없었던 모양이다. 앞에서도 언급하였듯이 만약 그 시대에 욥이 없었더라면 정말 하나님의 입장이 사탄 앞에서 전혀 체면이 서지 않는 민망한 상황이 될 뻔하였다.

이처럼 사탄 앞에서 욥을 자랑하시는 하나님을 바라보는 우리 마음에 하나님의 기쁨이 느껴지기보다는 오히려 하나님의 외로움이 느껴지는 것 같다. 하나님을 온전히 경외하는 정직한 사람과 그렇지 않은 사람의 비율은 언제나 이렇게 불균형의 극치를 이루어야만 하는 것일까? 욥의 경우에 이 비율은 출애굽한 이스라엘 60만 장정 중에 오직 여호수아와 갈렙 두 사람만 약속의 땅 가나안으로 들어갔던 비율보다 더 극심하다. 욥의 시대에 보이는 이러한 영적인 불균형 현상은 엘리야 시대의 선민 중에 바알에게 무릎 꿇지 않은 자가 칠천 명이 있다는 상황과 비교하면 더욱더 심각해 보인다.

거듭 말하거니와 이런 상황은 다윗 시대에도 사도 바울 시대에도 마찬가지였던 모양인지 각각 다음과 같이 탄식하신다.

"여호와께서 하늘에서 인생을 굽어살피사 지각이 있어 하나님을 찾는 자가 있는가 보려 하신즉 다 치우쳐 함께 더러운 자가 되고 선을 행하는 자가 없으니 하나도 없도다"(시 14:2-3)

"기록된 바 의인은 없나니 하나도 없으며 깨닫는 자도 없고 하나님을 찾는 자도 없고 다 치우쳐 함께 무익하게 되고 선을 행하는 자는 없나니 하나도 없도다"(롬 3:10-12)

욥의 시대의 영적인 상황이 이 정도면, 하나님이 기뻐하시는 일을 증오하고 훼방함을 사명이자 본업으로 삼는 사탄으로서는 충분히 승리를 거둔 셈이 아닌가? 축배를 들어도 되지 않는가? 그러나 사탄은 이제 야심의 극단을 드러낸다. 이 비율의 불균형을 끝까지 한쪽으로 몰아붙여 하나님을 온전히 경외하는 정직한 사람의 비율을 기어코 제로(0)로 끌어내리려고 한다. 사탄으로서는 하나님께서 욥의 마음의 궤적이 당신을 향하여 온전한 직선을 이룬다는 사실에 대해 지극히 기뻐하시는 모습이 눈엣가시였다. 그래서 도저히 욥의 정직을 그냥 인정할 수가 없었고, 욥 한 사람마저도 하나님을 온전히 경외할 정도로 정직하게 관계한 것이 절대 아니라는 사실을 입증해서 어떻게든지 하나님에게 완패를 안겨 드리려는 퍼펙트게임을 노리고 하나님을 도발하였다.

'까닭 없이' 관계함이 정직함이다

이 욥기 1장 1절을 '정직'이라는 단어의 의미를 풀어서 다시 한번 써 본다.

'우스 땅에 욥이라 불리는 사람이 있었는데 그 사람은 하나님을 관계하는 데 있어 흠잡을 수 없을 만큼 좌우로 치우침이 없이 곧게 직선으로 마음이 가닿아 있었기에 그는 하나님을 온전히 경외하고 악에서 떠난 자였다.'

그러므로 '하나님 경외'와 '악에서 떠남'은 흠잡을 데 없는 욥의 정직함에 관한 또 다른 표현에 불과하다. 하나님을 마음이 좌우로 치우침이 없이 곧바른 직선으로 상대하는 것이 하나님 경외이고 악에서 떠남이다. 그런데 바로 욥의 이 하나님을 향한 직선의 마음인 정직함에 대해 사탄이 이의를 제기하고 나선 것이다.

그러면 궁금하다. 도대체 사탄이 이렇게 악한 의도를 가지고 이의를 제기하면서 내심으로 겨냥한 정확한 목표물이 무엇인가?

바로 '직선'이다. 이 직선에 타격을 가하려고 한다. 사실은 직선이 아니라는 점을 증명하려 한다. 그러니까 하나님을 경외하는 욥의 마음이 절대로 하나님을 향해 직선으로 움직이지 않았다는 것이다.

그래서 사탄은 이렇게 하나님을 관계하는 욥의 마음이 드러내는 직선의 곧음을 트집 잡으려고 집요하게 달려들어 물고 늘어진다. 좌우로 치우침이 없이 당신에게만 마음을 직선으로 드리는 인간의 정직함을 하나님께서 특별히 좋아하시는 것을 알아채고, 바로 그 점을 배 아파하며 증오하면서 사탄은 하나님이 보시는 가운데 욥의 이 직선을 파괴하기 위해서 시비를 걸어온 것이다.

그러면 하나님을 상대자로 관계하는 욥의 마음은 사탄의 이의 제기를 이겨 낼 만큼 염려할 필요 없이 정말 곧게 좌우로 치우침이 없이 직선으로 뻗은 것일까? 정말 흠잡을 데가 없을 만큼 하나님을 향하는 마음의 동선이 온전히 직선일까?

욥의 신앙 역시 다른 온 세상 사람들과 마찬가지로 하나님을 향하는 마음의 궤적이 굽었거나 꺾였거나 빗나가거나 한 것이기를 바라며, 즉 하나님 이외의 대상을 향해서 더 먼저 직선으로 가닿아 있음을 증명하고 싶어서 사탄은 다음과 같이 하나님을 도발한다.

"사탄이 여호와께 대답하여 이르되 욥이 어찌 까닭 없이 하나님을 경

외하리이까"(욥 1:9)

여기서 언급된 사탄의 도발 속에서 성서가 정의하는 정직의 개념이 또 다른 표현을 통해 규정된다. 즉 '까닭 없이'라는 표현이다.

단순히 '좌우로 치우침이 없다'라는 표현을 사용할 경우, 우리는 자연스럽게 기하학적인 개념인 직선을 연상케 된다. 정해진 두 점 사이를 좌우로 치우침이 없이 잇는 가장 짧은 선은 오직 하나의 직선밖에 없다.

그런데 이 직선이라는 기하학적인 개념을 사탄은 '까닭 없이'라는 말로 바꾸어 버렸다. 그럼으로써 '마음의 동선이 직선이다'라는 기하학적인 뜻의 정직을 두 인격 간에 성립하는 관계의 개념으로 옷을 입힌 것이다. 왜냐면 여기서 사탄이 언급한 '까닭'이란 관계함 속에 담겨 있는 의도를 뜻하기 때문이다.

만일 욥의 마음이 하나님에게로 직선으로 가는 대신에 더 먼저 다른 대상에게로 가닿아 머무르며 관계하고 있었다면, 바로 그렇게 하나님보다 앞선 대상은 욥이 하나님을 찾고 관계하는 '까닭'이 되는 것이다. 즉 이렇게 하늘에 계시는 하나님보다 더 먼저 마음이 가닿는 대상이 이 땅에 있다면, 욥의 마음이 하나님께로 가는 동선은 결코 직선이 될 수가 없다. 그러면 욥은 하나님을 대하여 정직하지 못한 것이고 온전함을 결한 것이고 결국 하나님을 경외하지 않는 것이다.

사탄이 그 교활한 지혜로 너무나도 간절하게 사실로 증명해 보이고 싶었던 주장은 하나님께 정직한 욥의 모습이 겉으로 보기에만 그렇다는 것이다. 즉 욥이 온전하다고 여겨질 정도로 하나님을 직선으로 경외하는 것 같아서 하나님이 좋아하시지만, 실제 내막은 절대 그렇지 않다는 주장이다. 하나님이 그렇게 좋아하실 이유가 전혀 없는 것은 욥이 하나님을 향해서 보이는 모든 태도는 하나님보다 더 앞서 있는 '다른 까닭'들이 있었기 때문에 나타난 것에 불과하다는 말이다.

이제 욥의 정직함에 대한 사탄의 항의를 풀어 보면 이렇다. 사탄이 볼 때는 욥에게 허락된 그토록 많은 재산 때문에, 혹은 별 탈 없이 잘 사는 열 명의 자녀 때문에, 아니면 그동안 몸의 건강이 잘 유지되었기 때문에, 아내와의 행복한 결혼 생활 때문에, 친구들이나 사회적인 성공과 그에 따르는 명성 때문에, 등등 무엇이든지 '다른 까닭'이 있었기에 욥이 하나님을 경외하는 듯한 태도를 보였을 뿐이라는 말이다.

사탄의 주장대로 실제 상황이 만약 그러할 경우라면 욥은 하나님께 정직함이 아니라 바로 이렇게 다양한 '까닭'에 정직한 셈이 된다. 하나님이 그토록 좋아하셔서 사탄에게 자랑까지 하신 욥의 마음의 직선적 동선이 하나님 자신이 아닌 '다른 까닭'으로 향하는 것으로 판명되면, 이제 온 세상에는 정말 그 마음이 하나님을 향하여 직선으로 가닿아 머무르는 정직한 사람은 단 한 명도 없게 된다.

사람의 마음이 어떤 대상을 향하여 직선으로 움직이는 일은 그 자체로는 어려운 것이 아니다. 마음이 직선으로 움직이는 동선은 누구에게서든지 모든 일상의 현장에서 나타난다. 그런데 하나님을 향하여 직선의 궤적을 그리는 마음의 동선은 이처럼 찾아보기가 어렵다. 왜냐면 하나님을 믿게 되었다는 선민이라는 사람들일지라도 거의 모두가 사탄이 주장하는 대로 이 세상 삶에서 생긴 앞선 '다른 까닭'이 있어서 하나님의 이름을 부르며 찾기 때문이다.

마음이 하나님께 가장 먼저 직선으로 가닿아 머무른 채로 그다음에 세상을 상대하는 대신에, 마음이 세상에 있는 대상에 먼저 가닿아 머무른 채로 그다음에 하나님을 찾는다. 이 상태를 사탄은 욥에게서도 찾아낼 수 있다고 주장한 것이다.

'까닭 없이' 그러므로 내 마음의 동선이 좌우로 치우침이 없이 우선하여 직선으로 하나님께 가닿으려면 어떻게 해야 하나? 그러려면 오직 하나님 자신만이 내 마음이 움직여서 하나님께 가닿아야 하는 유일한 까닭이어야 한다. 만약에 하나님에 대한 관계가 이렇게 재산이나 자녀나 건강이나 아내나 사회적인 성공이나 명예나 친구 등등 더 우선적인 '까닭'에 뒤따른다면 이것은 하나님 경외가 될 수 없다. 왜냐면 마음이 움직여서 가장 먼저 가닿는 '까닭'이 바로 진정한 경외의 대상이 되기 때문이다.

그러니까 사탄의 주장대로라면, 욥의 하나님을 향하는 신앙과 태도는 하나님이 욥에게 허락하신 그토록 많은 재산 경외에 부속하거나 열 명의 자녀 경외에 부속하는 등등 무엇인가 앞선 '다른 까닭'에 뒤따르는 부산물에 불과하다는 것이다. 하나님께로 향하고 있다고 자랑하고 계시는 욥의 마음의 '직선'은 실제로는 하나님 자신이 아니라 재산과 자녀와 사회적인 명성과 건강과 아내와 친구 등등을 향하고 있었다는 자기의 주장을, 사탄은 정말로 있는 힘을 다해서 사실로써 증명해 내고 싶었다.

하나님 자신이 우선적인 유일한 '까닭'이다

그러나 이러한 사탄의 도발에도 불구하고 욥의 신앙에 대한 하나님의 생각은 확고하셨다.

왜냐면 욥의 신앙에 대해 굳이 '까닭'을 말해야 한다면 하나님 자신이 유일한 '까닭'이 되고 있음을 하나님은 아셨기 때문이다.

　여기서 마음의 동선이 좌우로 치우침이 없이 직선을 이룬다는 말과 '까닭 없이' 마음을 준다는 말은 서로 다른 표현으로서 하나의 상태를 가리키는 말이라고 했다. 그리고 이렇게 이미 마음이 어떤 다른 지점인 '까닭'에 이른 상태를 유지하면서 맺어지는 하나님 관계는, 하나님에 대해서 좌우로 치우침이 없는 직선의 관계가 성립될 수 없도록 굽어 버리거나 꺾여 버린 것임을 알 수 있다.

　예를 들기 위해서 다시 한번 하나님과 재물을 겸하여 섬길 수 없다는 예수님의 말씀을 떠올려 보자. 그래서 심각한 재정 문제가 생겼다고 가정해 본다. 이런 상태에서 그 재정 문제에 마음이 사로잡힌 채로 문제 해결을 위해 하나님을 찾았다고 하면 정직함은 어떻게 되나. 그러면 마음이 먼저 직선으로 가닿아 머무르고 있는 대상은 재정 문제이다. 재정 문제에 온전하게 정직한 것이고 결국 돈을 경외하는 것이다. 그렇게 이미 돈을 경외하여 마음이 직선으로 가닿아 있는 돈에 정직한 상태에서 그 재정 문제의 해결을 위해 비로소 하나님을 찾는다.

　그러면 아무리 하나님의 이름을 부르며 믿는다고 하여도 정직의 직선은 없다. 그렇게 입으로 하나님의 이름을 부르는 상태까지 도달한 마음의 궤적은 하나님에 대해서 직선이 될 수가 없다. 벌써 하늘에 계시는 하나님 자신이 아닌 '다른 까닭'을 거치고 난 뒤라서 당연히 굽거나 꺾여 버릴 수밖에 없다. 그래서 아무리 좋게 생각해도, 결국 마음이 온전히 경외한다고 할 정도로 정직한 대상은 하나님이 아니라 돈이 된다.

　하나님의 이름을 부르면서 하늘에 계시는 하나님을 찾는 '까닭'이 하나님 자신이 좋아서가 아니라면, 하나님 자신이 그리워서가 아니라면, 하나님 자신을 벌고 싶고 그래서 하나님 부자가 되려는 것이 아니라면, 그래서 마음이 '다른 까닭' 없이 곧바로 하나님께 직선으로 가는 것이 아니라면 하나님 경외도 하나님 믿음도 하나님 사랑도 다 물 건너간다.

이처럼 좌로나 우로 치우침이 없는 직선의 마음인 '야샤르'의 정직이 이루어지지 않는 상황은 영적으로 너무나 치명적이다. 왜냐면 여기서 우리는 욥의 정직과는 완전히 종자가 다른, 돈에 대한 정직을 발견하게 되기 때문이다. 돈에 대한 경외심이고 돈에 대한 신앙인 셈이다. 마음의 직선적인 움직임을 일컫는 정직 그 자체는 여전히 동일하게 작동하고 있지만 그 정직함의 대상이 완전히 다르다. 돈에 대하여 좌우로 치우침이 없이 직선으로 움직이는 정직한 마음은 아무리 그 사람이 하나님의 이름을 불러 대도 하나님을 믿는 것이 아니다.

우리는 여기서 절대로 착각해서는 안 된다. 이런 사람은 '하나님에 대해서 믿음은 있지만 부정직한 상태'가 아니다. '정직'이라는 상식적이고 윤리적인 덕목에서만 개선이 이루어지면 되는 온전한 신앙의 기준에서 약간 모자라는 상태가 아니다. 욥기서가 말하는 '야샤르'의 정직은 거짓말을 하지 않는 솔직함을 뜻하는 것이 아니다. 마음이 가장 먼저 좋아하여서 움직이는 동선이 직선임을 뜻한다. 그래서 누구나 다 이미 정직하다. 정직은 모든 인간에게 있어서 작동 중인 기본적인 태도이다. '야샤르'의 정직은 다만 누구에게, 무엇에게 정직한가를 문제 삼는다. 그러므로 세상에는 다양한 대상들의 수만큼 너무나 판이한 다른 정직들이 수도 없이 많다.

그러므로 돈을 향해 마음이 가장 먼저 직선으로 가닿아 머무르면서 하나님을 찾는 경우는 돈에 정직함이다. 돈이 하나님을 부르고 찾는 '까닭'이 된다. 그런 마음은 하나님께만 정직해야 성립하는 참믿음과는 아무런 관계가 없는 전혀 종자가 판이한 다른 정직의 마음 상태이다. 사탄이 욥에게서 그토록 간절히 드러내고 싶어 했던 목표물이기도 하다.

'개 꼬리 삼 년 묻어도 황모 될 수 없다'라는 속담처럼 돈에 마음이 직선으로 가서 머무는 상태가 유지됨으로써 돈에 대해서 직선으로 뻗은 정직한 마음은 목사, 선교사, 총회장, 장로, 권사, 집사, 구역장, 교인 등등의 직분을 천 년을 하고 만 년을 해도 하나님께만 정직한 신앙인으로 저절로 바뀌는 법은 없다. 그들에게는 정말 마음이 먼저 직선으로 가서 닿고 있는 '다른 까닭'이 있기에 하나님을 부르고 찾는 일을 중단할 수가 없다.

사탄은 애당초 하나님의 이름을 입으로 부르지도 않고 찾지도 않는 사람들의 마음 따위를 전혀 맛있어하지 않는다. 그렇게 하나님을 아예 빗나간 마음들은 따로 공들여 공략할 필요가 없을 만큼 이미 자기 수중에 확실하게 들어와 있는 것들이라서 더는 침이 흐르는 탐심이 생기지 않는 대상들이다. 사탄에게 정말 맛있는 별식은 하나님의 이름을 부르고 찾는 사람 중에 있다. 즉 하나님의 이름을 부르게 되기까지 움직인 마음의 동선이 하나님을 향해 직선이 아닌 사람들의 마음이다. 하나님의 이름을 부르며 찾기는 하는데 모두 다 앞선 '다른 까닭'이 있는 자들이다. 이렇게 하나님을 부르기 이전에 이미 자기 마음이 가닿은 '까닭'들이 바로 진정으로 자신이 경외하는 대상이고 믿는 대상임을 전혀 감지하지 못하는 영적 소경들이 사탄의 가장 애호하는 별식이다. 왜냐면 이런 상태의 사람들에 의해서 하나님은 가장 심하게 무시되시고 모욕당하시고 그 이름이 망령되게 일컬어지기 때문이다.

두렵고 무서운 것은, 이렇듯 마음이 직선으로 가닿는 정직의 대상이 달라서 그 종자가 완전히 다른 정직임에도 불구하고, 하나님의 이름을 부르고 찾는 신앙인이고 구원받은 선민이라고 자타가 확신한다는 사실이다. 다만 여전히 육신의 연약함을 안고 있어서 아직은 이런저런 점에서 온전하지 못할 뿐이라고 생각한다. 이러한 심각한 오해와 착각과 자기기만이 기독교 종교 세계 전체에 보편적이고 편만한 현상이 되어 있다.

하나님 '승', 사탄 '패'

이 논쟁을 종식하기 위해 하나님은 사탄에 의해 언급된 소위 '까닭'들의 후보들인 재산과 자녀와 건강과 사회적인 성공과 그에 따른 명예나 체면 등을 사탄 스스로가 욥에게서 제거하도록 주권적으로 허락하신다.

만일 욥의 마음이 직선으로 가닿는 대상이 하나님 자신이 아니고, 하나님보다 앞선 여러 가지 다른 '까닭' 중에서 어느 하나라도 있었다면 어떤 일이 벌어지는가?

만약 그랬다면 그런 '까닭'들을 사탄이 없애 버렸을 때 욥의 마음은 더는 하나님의 이름을 부르며 찾아야 할 이유, 즉 '까닭'을 상실하게 된다. 하나님 믿을 '까닭', 하나님 이름을 부를 '까닭', 하나님과 관계해야 할 '까닭'이 없어지는 셈이다. 즉 욥이 입술로라도 하늘에 계시는 하나님의 이름을 부를 근거와 발판을 잃게 된다. 그럼으로써 결과적으로 욥은 완전히 하나님 관계에서 떨어져 나가게 될 것이었다. 마치 욥의 아내가 이 시련을 견디지 못하고 떨어져 나갔듯이 말이다.

"그의 아내가 그에게 이르되 당신이 그래도 자기의 온전함을 굳게 지키느냐 하나님을 욕하고 죽으라"(욥 2:9)

확실하다. 욥의 아내는 그동안 남편이 경외하는 하나님을 자신도 인정하고 믿는다고 고백했던 '까닭'이 따로 있었다. 그 많은 재물과 열 명의 자녀와 남편 욥의 건강과 성공이 그 '까닭'이었다. 욥의 아내는 사탄의 바람대로 그동안 마음이 좌우로 치우침이 없이 직선으로 가닿은 대상이 하나님이 아니었음이 밝히 드러났다.

이렇게 하나님의 이름을 찾고 부르는 '까닭'으로 힘을 발휘할 만한 것으로서 인간에게 소위 복이라 여겨질 수 있는 모든 항목을, 사탄은 하나님의 허락하에 욥으로부터 완전히 제거해 버린다.

그러나 사탄이 지적한 소위 욥이 하나님을 경외하는 듯이 보이게 하는 모든 '까닭'을 깡그리 상실하는 무섭도록 참담한 고통에도 불구하고 욥의 신앙 상태는 사탄의 예측을 완전히 벗어난다. 사탄이 주장하는 바대로 소위 하나님의 이름을 부르며 관계하게 하는 모든 '까닭'이 모조리 제거된 뒤에도 욥은 끝내 하나님을 떠나지 않았다. 마침내 그동안 욥의 마음과 하나님 사이가 다른 아무런 '까닭'도 끼어들어 있지 않은 온전한 직선 관계였음을 사탄은 여실히 보게 된다.

이렇게 해서 '야샤르' 즉 '좌우로 치우침이 없이 직선으로 마음이 가닿아 머무르는 정직'이 욥의 경우는 다른 그 어떤 대상도 아니고 오직 하나님 한 분에게만 적용되고 있었음이 증명된 셈이다.

사탄은 주장했었다.

욥이 재물이나 자녀나 건강 등의 앞선 '까닭' 때문에 단지 겉으로만 좌우로 치우침이 없이 하나님께로 마음을 드리는 것처럼 보였을 뿐이라고.

반면 하나님은 믿으셨다.

욥은 하나님을 제일 먼저 직선으로 관계하며 오히려 하나님 자신이 욥에게는 하나님을 관계하는 가장 우선적인 '까닭'이 되신다는 사실을. 그리고 재물이나 자녀나 건강 등에 대해서는 오직 하나님을 우선하여 직선으로 만난 다음, 그렇게 하나님을 만나고 있는 마음 상태이기에 나올 수 있는 마음가짐과 태도로써 관계하고 있었다는 것을. 이러한 욥의 하나님에 대한 태도의 한 예를 욥기서는 다음과 같이 기록한다.

"그의 아들들이 자기 생일에 각각 자기의 집에서 잔치를 베풀고 그의 누이 세 명도 청하여 함께 먹고 마시더라 그들이 차례대로 잔치를 끝내면 욥이 그들을 불러다가 성결하게 하되 아침에 일어나서 그들의 명수대로 번제를 드렸으니 이는 욥이 말하기를 혹시 내 아들들이 죄를 범하여 마음으로 하나님을 욕되게 하였을까 함이라 욥의 행위가 항상 이러하였더라"(욥 1:4-5)

여기서 욥이 자녀들에게서 일어나지 않기를 바라면서 경계심을 늦추지 않은 "마음으로 죄를 범하여 하나님을 욕되게"하는 일이 무엇인가? 바로 '다른 까닭'이 되는 대상으로 마음이 먼저 가닿고 나서 그곳에서 발생하게 되는 필요 때문에 하나님의 이름을 찾고 부르는 일이다. 이처럼 좌우로 치우쳐 '다른 까닭'을 먼저 거쳐 지남 없이 직선으로 곧장 가장 우선하여 하나님께 마음을 드리는 것, 이것이 바로 성서가 말하는 신앙적 정직인 욥의 '야샤르'이다.

불신앙은 없다, 다른 신앙이 있을 뿐이다

교회가 고백하는 복음 내용을 축약해 놓은 사도신경을 라틴어로 크레도(Credo)라고 한다. 이 단어를 풀이하면 '나는 믿는다'라는 뜻이다. 그런데 이 라틴어 단어는 '심장(cor)'이라는 명사와 '주다(dare)'라는 동사의 합성어이다.

'나는 믿는다'라는 뜻의 크레도(Credo)라는 말은 그러므로 '나는 나의 심장을 준다'라는 뜻을 의미한다. 그러나 내 육체의 심장을 어떻게 꺼내서 다른 대상에게 줄 수가 있는가? 그러므로 '나는 믿는다'라고 할 때 꺼내서 주는 심장은 인격의 핵심인 마음을 말한다. 그렇다, 인격의 심장인 마음을 드리는 일이 곧 믿음이다.

여기서 마음을 준다는 뜻은 마음이 어떤 대상에게 가서 닿고 머무름을 뜻한다. 그러므로 마음과 그렇게 마음이 가닿는 대상 사이에는 정말 아무것도 다른 존재는 끼어들 수가 없다. 왜냐면 접촉이 일어나도록 가닿아 밀착해야 하기 때문이다. 그러므로 나와 내 마음을 주고 있는 대상에게 이르는 길은 언제나 직선이 될 수밖에 없다. 두 대상 사이를 아무것도 끼어들 수 없을 만큼 가장 가깝게 짧게 연결하는 선은 직선밖에 없지 않은가? 내가 어떤 대상에게 마음을 주어 닿고 머무르려면 반드시 마음이 그 대상만을 직선으로 마주하여야만 한다. 이렇게 그 대상을, 아무도 사이에 끼어들지 않은 채 정면으로 바라보는 동안만, 마음은 그 대상을 향하여 가닿아 밀착할 수 있다.

이처럼 무엇엔가 어떤 대상에 마음이 좌우로 치우침이 없이 직선으로 가서 밀착하여 머무르는 것이 바로 욥의 정직 '야샤르'인데, 그 정직함은 다른 말로 하면, 곧 자기 인격의 심장인 마음을 직면하고 있는 대상에게 주는 것이며 또한 이렇게 직면하는 대상에게 자기 마음을 주는 일 자체가 크레도(Credo), 즉 신앙인 것이다. 즉 마음을 직선으로 주는 것이 정직이고 또한 신앙이다.

우리는 '정직(正直)'이라는 단어를 신앙과 연관 짓게 될 때면 흔히들 이렇게 생각한다. 하나님을 믿는 신앙인이 먼저 있고 그다음에 그런 신앙인으로서 이제부터 정직할 것인가 말 것인가를 결단하고 실행에 옮겨야 할 것이라고. 다시 말하면 존재와 행위라는 도식 안에서, 신앙인이 되는 존재의 변화가 먼저 일어나고 그다음에 신앙인다운 행위의 덕목으로 '정직'을 눈앞의 과제로 두게 되는 것처럼 생각한다.

하지만 욥의 정직 '야샤르'는 행위 차원의 덕목이 아니다. '야샤르'는 우리가 지금까지 상식적이고 윤리적인 차원에서 이해하던 그런 거짓말 하지 않는 솔직함이 아니다. '야샤르'는 입술로 사실과는 다른 말을 하지 않는 태도를 가리킴이 아니다.

욥기가 말하는 '야샤르'의 정직함은 마음을 주는 문제이다. 마음을 제일 먼저 '직선으로 줌'이다. 그러므로 모든 행위가 나타나기 이전에 이루어진다. 모든 행위는 이렇게 첫 번째로 직선을 따라 어떤 대상에게 마음을 주고 난 뒤에야 비로소 나타나는 일이다. 그래서 '야샤르'의 정직함은 상식적인 윤리의 문제가 아니라, 인격의 질을 결정하는 존재의 문제다. 즉 신앙인이 참다운 신앙적 존재로 될 수 있는 이유가 바로 정직의 차원에서 결정된다는 뜻이다. 먼저 하나님의 신앙인이 된 뒤에 정직하여야만 하는 것이 아니라, 정직함 그 자체에서 하나님의 신앙인인지 아닌지의 여부가 결정된다는 뜻이다.

'야샤르'의 정직은 이처럼 직선으로 마음을 드리는 일 그 자체를 말하기에 독특한 속성을 지닌다. 즉 직선으로 마음을 주는 대상을 선택하는 일에 있어서는 어떤 제한이 없다는 점이다. 모든 사람은 각자 욥기가 말하는 '야샤르'의 정직을 그 어떤 대상을 향해서도 가질 수 있다. 그래서 이 욥의 '정직'을 말씀하시면서 "하나님 경외"라는 어절을 굳이 붙이신 것이다. '하나님 경외'라는 말은 욥의 직선적인 정직의 정체성을 밝혀 주는 표현이다. 즉 마음을 직선으로 어떤 대상에게 주는 누구나 할 수 있는 정직이 욥의 경우는 바로 하나님을 대상으로 하고 있음을 명백하게 해 주는 역할을 한다.

이처럼 정직은 모든 대상을 향할 수 있기에 사탄은 간절히 바랐다. 욥의 마음이 그토록 많은 재물이나 아니면 훌륭한 열 명의 자녀나 아니면 그동안 잘 유지되어 오던 자기 건강이나 아내나 아니면 하다못해 친구들이나 사회적인 명예 등 하여간 어떤 것이 되었든 상관없으니, 하나님만 제외하고 다른 대상에게로 직선으로 가서 닿아 있기를 말이다.

여기서 절대로 오해하면 안 되는 중요한 사실이 있다. 사탄은 욥이 '정직하지 않기'를 바란 것이 아니다. 어차피 사람은 하여간 무엇에든지 자기 마음을 좌우로 치우침이 없이 직선으로 주는 대상이 있게 마련인 만큼 '야샤르'의 의미에서 정직하지 않은 사람은 아무도 없다. 사탄은 욥이 '하나님 말고 다른 대상에 정직하기'를 바랐다. 아무쪼록 욥이 자기 마음을 직선으로 주는 정직함의 대상이 '하나님만 아니기'를 바랐던 것이다. 즉 사탄은 욥의 '다른 정직'을 그토록 갈망했었다.

그런데 이처럼 무엇인가에 마음 전부가 직선으로 가닿고 머무는 상태 자체가 이미 '심장을 준다'라는 의미에서 Credo의 신앙이 아닌가. 예를 들어서 내가 배우자나 자녀나 건강이나 돈이나 승진 등에 마음을 주면, 이 상태만으로 이미 나는 그런 대상들에 대하여 정직한 것이고 또한 Credo의 의미에서 그 대상에게 마음을 꺼내 주면서 신앙하고 있다는 뜻이다.

그러므로 사정은 이렇다. 하나님을 믿는 신앙인이 된 자가 이제부터 정직하게 살아야 하는 의무와 과제를 떠맡을 것이 아니다. 마음을 직선으로 드리는 '야샤르'의 정직이 이미 신앙인 것이다.

마음을 곧게 첫 번째로 하나님께 드리는 정직함이 하나님 신앙 자체이기에, 아예 출발서부터 하나님께만 정직함이 없으면 부정직한 것이 아니라 하나님에 대한 신앙 자체가 아예 성립조차 되지 않은 것이다. 대신에 하나님 이외의 다른 대상을 향한 신앙인인 셈이다. 정직하게 즉 마음을 좌우로 치우침이 없이 직선으로 드리는 대상을 사람은 신앙하는 것이다. 이렇게 '야샤르'의 정직을 기준으로 보면 지구 위에서 사는 인류 중에 단 한 사람도 신앙인이 아닌 사람은 없다.

예를 들어 마음이 자녀에게 직선으로 가닿는 엄마가 그런 상태를 고스란히 유지하면서 하나님을 믿게 되었다면, 그 엄마는 심장을 자녀에게 주는 Credo의 믿음을 이미 가진 상태이다. 이런 상태에서는 앞선 까닭이 있어서 하나님을 단지 이름으로만 부르는 셈이 된다. 이런 경우가 바로 사탄이 사람들에게서 가지기를 원하는 하나님 신앙의 형태이다. 또는 사업하시는 장로님이 마음을 사업에 먼저 직선으로 드린 상태에서 하나님을 믿는다면, 그 장로님이 진짜로 마음 심장을 꺼내 주는 믿음의 대상은 사업이다. 장로님은 사업에 정직한 것이다. 사업을 Credo의 믿음으로 관계하는 신앙인이다. 그리고 사업이라는 까닭으로 인해 하나님의 이름을 부르며 찾는 중이다.

　이처럼 욥기서가 말씀하시는 '야샤르'의 정직을 기준으로 보자면 이제 불신앙이라는 말이 너무 적절하지 못하다. 정말 정확하게 표현하자면 신학자 칼 바르트의 말처럼 '불신앙'(Un-glauben)이 아니라 '다른 신앙'(Anders-glauben)인 것이다.

　사정이 이렇다면 아예 하나님의 이름을 전혀 못 들어 보았거나 들었어도 전혀 부르지 않고 있는 비기독교인의 경우가 차라리 더 낫겠다는 생각마저 든다. 정확하게 하나님을 향한 신앙인이 될 가능성에서 훨씬 더 개방적이기 때문이다. 그런데 실제는 다른 대상에 직선으로 마음을 주는 다른 정직의 신앙인이면서도 하나님의 이름을 부르며 종교인으로서 살고 있다고 해서 참신앙인인 줄로 착각하는 경우는 실로 그 상황이 참담하다. 참신앙으로 가는 길이 아예 막혀 버렸기 때문이다. 모든 종교는 이미 마음을 이 세상 대상들에게 주고 있는 Credo의 신앙인들이 자의적으로 만들어 내는 가짜 신들을 가질 뿐이다. 세상 것에 먼저 마음을 직선으로 주면서 하나님의 이름을 부르는 모든 종교인에 의해서 '하나님'이라는 이름은 헛되고 망령되고 모욕적으로 불리고 있다.

　이렇게 '야샤르'의 정직이 제공하는 기준에 따르면, 만약에 욥이 사탄의 바람대로 재물에 자기 마음을 직선으로 드리고 있었다고 하더라도 욥이 신앙이 없는 사람은 아니라는 말이다. 다만 욥은 '하나님 신앙'이 아닌 '재물 신앙'을 가지던 사람이라는 뜻이다. 혹시 열 명의 자녀에게 마음이 직선으로 가서 닿고 있었다면 욥은 '자녀 신앙인'이었던 셈이다. 그리고 사탄은 바로 이렇게 욥이 근원적으로는 하나님 신앙인이 아니라 전혀 다른 신앙인이었음을 증명하고 싶어서 하나님을 도발하였었다.
 잊지 말자.
 사탄은 이 세상 사람 그 누구도 불신앙의 사람이기를 바라지 않는다. 또 사람은 그 누구라도 불신앙의 사람이 될 수도 없다. 왜냐면 인격의 심장인 마음을 꺼내 어떤 대상에게 드리는 일이 Credo의 신앙이라서, 사람인 한 그렇게 하지 않고 살 수는 없기 때문이다. 그러므로 사탄이 원하는 것은 정확히 말해 '불신앙'이 아니라 '다른 신앙'이다.

 그렇다. 이 욥기서의 '야샤르'의 정직을 기준으로 보면 이 세상에는 종교 불문하고 불신앙인은 없다. 모두가 다 자기 마음을 직선으로 주는 자기만의 대상이 있게 마련이고, 자기만의 신앙인이다.
 이런 상황은 한 예배당 안에서도 마찬가지이다. 한 예배당에서 같이 예배를 드리는 순간에도 사람들은 다 각자 자기 마음을 우선하여 직선으로 드리는 대상을 따로 갖고 있다. 그러므로 '야샤르'의 정직을 기준으로 예배당에 모인 사람들의 마음의 행방을 보자면 대혼란이다. 이런 중구난방이 없다. 이들 모두가 다 각기 다른 신앙인들이다. 한 분인 하나님과 예수님의 이름을 부르기는 하지만 그 마음을 직선으로 드리는 대상은 참으로 다양한 수많은 다른 신앙인들이 한 예배당을 중심으로 같이 모여 조직을 이루고는 그것을 하나님의 교회라고 일컫고 있다. 참으로 기가 막히는 어불성설의 상황이다.

 만약에 위에서 예를 든 대로, 사업을 하는 어느 장로님이 부도 위기를 만난 상태에서도 장로님다운 훌륭한 태도로 성수 주일 하느라 지금 예배당에서 예배를 드리는 중이라고 해 보자. 그런데 어쩔 수 없이 그 모든 마음이 좌우로 치우침이 없이 부도 위기에 처한 사업 문제에 가닿아 있다. 마음이 사업의 위기를 직면하면서 다 드려지는 중에 몸이 예배당 안에서 예배를 드린다. 그러면 그 장로님은 '하나님 신앙인'이 아니다. 그렇다고 그가 신앙인이 아닌 것은 물론 아니다. 다만 그는 '하나님 신앙인'이 아닌 '사업 신앙인'이다. 사업 신앙인이 하나님의 이름을 부르면서 예배당에서 예배 행위를 하고 있다. 하나님에 대한 신성모독은 이보다 더 심하게 이루어질 수 없다.

또 아들을 장가보내는 일에 마음을 다 빼앗기고 있는 권사님이 예배당에서 지금 찬송을 부르며 예배하고 있다고 하자. 그러면 그 권사님은 결코 '하나님 신앙인'이 아니다. '아들 신앙인'이다. 결혼 적령기의 아들에게 마음을 직선으로 드리고 있기 때문이다.

아니면 예배당 건축에 마음이 직선으로 가닿아서 꽂힌 목사님이 있다고 하자. 그러면 그 목사님은 그 입으로 하나님과 예수님과 성령님과 천국과 죄 사함과 칭의와 구원 등등에 대하여, 어떤 신령한 언어를 사용하여 어떤 설득력 있는 설교를 하든지 절대로 '하나님 신앙인'은 아니다. 새롭고 멋진 '예배당 신앙인'이다.

이런 모든 경우가 바로 다니엘의 예언을 예수님이 인용하신 대로 "멸망의 가증한 것이 거룩한 곳에 선 것"(마 24:15)이다.

이처럼 '야샤르'의 정직을 기준으로 보면 정말 결코 용납될 수 없는 전혀 '다른 신앙'의 사람들이 버젓이 교회라는 이름으로 모이는 예배당 조직 안에서 확실히 구원받은 신앙인들로 묶이고 있다. 다시 한번 잊지 말자. 욥기서가 말씀하는 '야샤르'의 정직을 기준으로 보면 지구 위에 사는 인류 중에 신앙인이 아닌 사람은 없다는 사실을 말이다.

그러므로 엄밀히 말해서 신앙 그 자체 때문이라면 전도할 필요조차 없다. 욥의 정직 '야샤르'를 모르면서 그래서 자신도 이미 다른 신앙인이면서 굳이 이웃에게 신앙인이 되라고 전도할 필요 없다. 구교와 개신교를 아우르는 기독교 종교인을 다 포함해서 심지어 불교나 힌두교나 이슬람교도도, 그리고 종교 일체를 거부하는 무신론자도, 아니면 적그리스도도 예외 없이 신앙인이다. 모두 다 '야샤르'의 의미대로 정직하여 어떤 대상에게든지 하여간 자기 마음을 직선으로 드리고 있는 신앙인이다. 다만 사람 수만큼 다른 정직의 사람들이고 다른 신앙의 사람들이다.

기억하자. 이 세상에는 불신앙인은 없다. 다른 신앙인이 있을 뿐이다. 기독교에 속한 종교인이라는 사실 자체만으로는 하나님을 신앙한다는 사실을 어떤 식으로도 증명할 수 없다. 현재 대다수의 기독교 종교인은 마음과 뜻과 힘을 다 하나님께 쏟는 하나님 신앙인이 아니라, 마음과 뜻과 힘을 온갖 다른 대상에 쏟아붓는 다른 신앙인들이다.

생활화된 신격화와 수많은 다른 신들의 절대성

결국 어떤 대상에게 마음을 직선으로 드리는 사람들의 정직은 이 세상에 유일하신 참하나님 이외에 수많은 다른 신을 만들어 낸다. 마음과 뜻과 힘을 다한 사랑은 누구나 한다. 이런 마음과 뜻과 힘을 다한 사랑이 바로 마음을 직선으로 드리는 '야샤르'의 정직이고 또한 인격의 심장을 드리는 Credo의 신앙이다.

이렇게 마음과 뜻과 힘을 다한 사랑이라 하든, 좌우로 치우침이 없이 직선으로 마음을 드리는 정직이라 하든, 인격의 심장인 마음을 꺼내 주는 믿음이라 하든, 이것들은 본래가 모두 오직 하늘에 계신 창조주이시고 주권자이신 하나님 한 분에게만 해당하는 일들이다.

그런데 죄와 저주에 찌든 상태에서 그렇게 하나님에게만 해당하는 전유물인 '야샤르'의 정직을 하나님 이외의 다른 대상을 향하여 적용하면 무슨 일이 벌어지나? 신격화이다. 그 대상을 하나님의 자리에 하나님 대신 앉힘으로써 신으로 대우하며 관계하는 것이다. 정직하여 마음을 좌우로 치우침이 없이 직선으로 드리는 대상의 자리에 하나님 대신 다른 대상을 세운다는 일이 이처럼 굉장한 일이다.

예를 들어 구약 시대의 이스라엘 선민이 우상숭배에 빠져 '바알'이라는 가나안의 신을 섬겼다. 바알은 소위 풍요와 다산을 관장한다고 여겼던 가나안의 주신이다. 즉 돈 많이 벌어서 부자 되고 싶고 손대는 일마다 번영을 이루고 싶어서 이스라엘 선민들이 가나안의 주신인 바알을 숭배했다는 것이다.

이 상황에서 우리는 선민들이 살아 있지도 않은 가짜 신인 바알을 우상으로 섬긴 것이 잘못이라고 오해한다. 아니다. 근본적인 잘못은 바알 숭배 자체에 있는 것이 아니다. 바알이 신으로서 살아 있건 죽었건 그것은 사실 원초적으로 중요한 일이 아니었다. 왜냐면 이들이 진짜 신으로 대우하여 숭배한 대상은 즉 마음과 뜻과 힘을 다한 대상, 마음이 직선으로 가닿아 머무른 대상, 마음 심장을 꺼내어 드린 대상은 바알이 아니었기 때문이다. 이들에게 진짜 신으로 대우받은 존재는 바알이 아니라 바로 '풍요와 다산'이었다. 그러므로 바알 숭배를 중단하라는 말씀은 실제 내용상으로는 바알을 신으로 여기지 말라는 뜻이 아니라, 풍요와 다산을 신으로 여기지 말라는 뜻으로 받아들였어야 했다. 바알 숭배는 풍요와 다산을 신으로 여기며 섬기는 '불신앙'이 아닌 '다른 신앙'의 한 방편에 불과한 것이었다.

하나님과 재물을 겸하여 섬길 수 없다는 예수님의 말씀은 마음을 직선으로 드리는 정직함을 하나님과 재물에 겸하여 할 수 없다는 뜻이다. 왜냐면 마음을 직선으로 재물에 드리면 피조물인 재물을 신격화하는 것이기 때문이다. 사람들 특히 기독교 종교인들은 마음을 써 가면서 재물을 섬기는 일이 사실은 재물을 신으로 섬기는 일이라는 사실을 애써 외면하려 한다. 마음과 뜻과 힘은 모두 다 하나님에게만 드려야 한다는 말씀이 성경에 있다는 사실을 모르는 사람이 없기에 하는 말이다.

그런데 이런 신격화는 단지 논리적으로만 그 대상을 신처럼 대우한다는 뜻이 아니다. 실제로 신격화된 대상은 당사자에게 신처럼 절대적인 힘을 갖게 된다는 뜻이다. 마음이 직선으로 가닿아 머무르는 정직의 대상이 본인에게 절대적인 힘을 가지는 신이 된다는 사실이 욥의 입에서 다음과 같이 표현되고 있다.

"욥이 일어나 겉옷을 찢고 머리털을 밀고 땅에 엎드려 예배하며 이르되 내가 모태에서 알몸으로 나왔사온즉 또한 알몸이 그리로 돌아가올지라 주신 이도 여호와시요 거두신 이도 여호와시오니 여호와의 이름이 찬송을 받으실지니이다 하고"(욥 1:20-21)

이 말씀의 의미가 절묘하다. 특별히 "주신 이도 여호와시요, 거두신 이도 여호와시오니"라는 표현에 주목하자. 욥 자신에게 주어졌던 것들에 대한 하나님의 주권자 되심을 고백한 것이다. 이 하나님 주권을 고려하여 상황을 정리하자면 이렇다.

욥의 마음은 직선으로 하나님께만 가닿아 있었을 뿐이다. 마음이 하나님께 가닿아 있던 욥의 생각에는 그 외의 재물이나 자녀 등 모든 이 세상에 있는 것들은 애초부터 자기 것으로 주어진 것이 아니었다. 그 대신에 처음부터 줄곧 하나님의 주권적인 손안에 들어 있었다는 것이다. 욥에게 주어져 있을 때도 욥에게서 가져가셨을 때도 그 모든 것은 그냥 줄곧 하나님의 주권적인 손안에 있었던 것들이다.

그러니까 욥의 경우 그 마음이 직접적으로는 오직 주권자이신 하나님 자신에게만 가닿아 있었고 하나님만을 껴안고 있었을 뿐이었다. 그래서 정말 욥이 마음으로 부둥켜안으면서 가진 대상은 하나님 자신뿐이었다. 세상 사람들의 눈에 욥의 소유가 되도록 주어진 듯이 보였던 재물이나 열 명의 자녀나 몸이나 아내나 건강 등등은 욥이 마음으로 가닿아 접촉하면서 가진 대상들이 아니었다.

이처럼 욥의 마음이 오직 하나님 한 분에게만 직선으로 가닿아 있는 상태에서, 그렇게 욥이 붙잡고 있는 하나님께서 직접 당신의 손으로 재물이고 자녀고 몸이고 건강이고 아내 등등 모든 것을 욥의 삶에다가 가져다 놓기도 하셨고 제거하기도 하신 것이다. 그러나 욥은 아예 직접 그런 대상을 마음으로 가닿아 접촉하는 상태에서 붙잡고 가져 본 적은 없었다는 점이 너무 중요한 사실이다.

바로 이런 이유로 해서, 욥의 삶에서 하나님이 직접 손에 쥐고 계시던 모든 것을 하나님 스스로가 남김없이 다 놓아 버리셔도, 그것은 하나님의 주권적인 처리에 속한 일일 뿐임을 욥은 고백할 수 있었다.

욥은 애초에 재물이나 자녀나 자기 몸까지도 마음으로 붙잡고 있지 않았기에, 자기가 밀착하여 붙잡고 있는 하나님이 재물이나 자녀나 몸의 건강 등을 손에 쥐시든 아니면 다 놓아 버리시든 근본적으로는 상관이 없었다. 하나님이 이렇게 하시든 저렇게 하시든 그 일에 상관없이 욥은 오직 하나님 자신만을 붙잡았던 것이었다. 본래부터 욥이 마음으로 가진 대상은 하나님 한 분뿐이었다. 그리고 그 하나님이 재물과 자녀 등 모든 다른 것을 주권적인 손으로 붙잡고 계셨다.

마치 갓난아기를 아기 띠로 가슴에 안은 채 엄마가 두 손으로 아기와 관련된 이런저런 일을 처리하는 상태와도 같다. 엄마가 그 손으로 무엇을 쥐든 놓든 그 모든 일은 엄마 가슴에 안겨 있는 아기의 일이 아니다. 욥의 마음을 가슴에 안으신 채로 하나님은 욥의 삶에서 그 많은 재물과 열 명의 자녀와 욥의 몸과 건강과 아내와 친구와 사회적인 명예를 쥐고 계시다가 의도적으로 사탄의 손에 다 내어주신 것이다.

그러나 욥은 그렇게 하시는 하나님만을 여전히 자기 마음으로 붙잡고 있었다. 모든 것이 다 주어져 있던 처음에도 하나님 한 분만을 마음으로 붙잡고 있었고, 모든 것을 다 잃게 된 나중에도 여전히 욥은 하나님 한 분만을 마음으로 붙잡고 있었다. 그러는 동안에 오직 하나님께서 직접 이것저것을 주시기도 하시고, 가져가시기도 하시고, 이루시기도 하시며, 지우시기도 하신 일들이 바로 욥에게서 실제로 일어난 삶의 내용이었다.

이런 상태에서 궁극적으로 보자면, 욥으로서는 그토록 참혹한 시험이 임하는 중에 잃어버린 것이 전혀 없었음이 사실이다. 없어진 것들이라고 해 봐야 주권자이신 하나님의 손에 쥐어져 있던 것들이 하나님 자신에 의해서 없어졌을 뿐이다. 그 모든 이 세상 가치들이 없을 때건 주어졌을 때건 그리고 다시 모조리 없어졌을 때건, 욥의 마음은 오직 직선으로 하나님에게만 가닿아 있었다.

이렇게 하나님의 존재는 욥에게는 절대적이다. 세상을 사는 동안 몸으로 만나게 되는 다른 모든 것들이 없다가 있다가 다시 없어져도, 그 모든 상황은 본래 가변적이고 일시적이고 상대적이라는 사실이 욥에게는 너무나 당연하다. 그리고 근본적으로 자기 소관이 아니다. 절대적으로 마음을 붙이고 있는 하나님이 주권자로서 알아서 하실 일이다. 욥에게 불변하고 영원하고 절대적인 의미의 존재는 오직 마음을 붙이고 있는 하나님 자신뿐이다. 욥의 마음은 하나님만을 소유하고 있었다.

우리도 마찬가지이다. 몸이 살아 있기에 세상에서 주어져 있던 것들을 이렇게 욥처럼 다 잃게 되어도, 그런 일은 내 마음이 직선으로 가서 붙어 있어야만 하는 유일한 대상이신 하나님 자신의 절대적인 주권 안에서 일어나는 일이다. 내 마음이 안겨 있든, 업혀 있든, 하여간 하나님에게 직선으로 가닿아 있는 동안에는 몸으로 만나게 되는 세상 모든 일은 근본적으로 내 책임 너머에서 일어나는 일이다.

세상에서 몸이 만나는 일에 대한 책임감은 내 마음이 이 세상에 있는 것들에 직선으로 가서 붙어 있을 때 나타나는 현상일 뿐이다. 마음이 창조주요 주권자이신 하나님께 직선으로 가닿아 있는 사람에게 세상은 언제나 하나님의 책임 안에 있음을 보게 된다. 그러므로 정직하게 직선으로 마음을 드린 대상으로 하나님 한 분만 있으면, 세상 것에 대해서는 어떤 상태가 되어도 무엇인가를 잃었다는 상실감이 궁극적인 효력을 내지 못하는 상태가 된다. 이 상태가 바로 하나님께만 정직함의 결과이다.

내 마음을 직선으로 주는 정직함의 대상은 이처럼 내게 절대적인 의미를 지닌다. 이런 절대성은 꼭 진짜 창조주이시고 유일한 주권자이신 하나님이 아니더라도 한 인격 안에서 정직의 대상이 되는 모든 존재가 동일하게 지니고 있다.

예를 들어 좌우로 치우침이 없이 마음을 드리는 정직의 대상이 재물이나 돈이라고 해 보자. 그러면 내 마음은 오직 돈만을 직접 가닿아 붙잡는다. 이렇게 우선하여 마음이 직선으로 가서 돈에 닿으면, 이제 돈은 내 마음에 대해서 절대적인 힘을 가진다. 세상을 볼 때도 사람을 관계할 때도 일을 처리할 때도 마음은 오직 돈을 통할 수밖에 없다. 돈에 유익하다고 여겨지는 대상들은 가깝게 관계하고 돈에 무익하다고 여겨지는 대상들은 멀게 관계하게 된다. 즉 내가 마음을 직선으로 주고 있는 돈이 세상에 있는 어떤 것들을 내게 가까이 끌어오게도 하고 내게서 멀리 내치게 하기도 한다. 나와의 관계에서 세상에 있는 모든 대상은 언제나 내 마음이 직선으로 가닿아 있는 돈에 의해서 그 존재 의미를 심판받아야만 한다.

이렇게 돈에 정직한 상태에서는 돈만 잃지 않으면 근본적인 손해 의식이 생기지 않는다. 내 재정 상태에 손해를 끼치지 않는 한 궁극적인 상실감이 생기지 않는다. 다른 것을 아무리 많이 잃어도 마음이 돈에 가서 붙어 있는 한 무감각하거나 감각이 둔하게 된다. 다른 것의 상실을 근본적으로 상실로 느낄 감각이 없다. 마치 욥이 정말 이 세상에서 주어졌던 모든 가치를 다 잃은 상태에서 견디기 어려운 고통을 겪으면서도 근원적으로는 상실감에 의해서 좌절하지 않을 수 있었던 것처럼. 마음이 직선으로 가닿는 정직의 대상이 하나님인 한 이 세상에서 주어진 그 무엇을 잃어도 근원적인 상실감에 마음이 좌절될 수 없다.

앞에서 인용했던 하박국 선지자의 예도 같은 맥락이다.

"비록 무화과나무가 무성하지 못하며 포도나무에 열매가 없으며 감람나무에 소출이 없으며 밭에 먹을 것이 없으며 우리에 양이 없으며 외양간에 소가 없을지라도 나는 여호와로 말미암아 즐거워하며 나의 구원의 하나님으로 말미암아 기뻐하리로다"(합 3:17-18)

그 당시 사람들에게 있어서 생존을 위한 먹거리이자 동시에 재물이기도 했던 여섯 가지가 모조리 없어도, 하박국 선지자가 마음으로 기뻐하기에는 부족함이 없는 이유가 바로 여호와 하나님이 계시기 때문이라는 뜻이다.

왜 우리는 이런 하박국 선지자와 같은 고백을 늘 하지 못할까? 그 이유는 인간이면 누구나 언제 어디서나 마음으로 행하고 있는 '야샤르'의 정직을 욥처럼 오직 하나님께만 하기를 거부하고 중단하고 있기 때문이다. 그래서 하나님의 절대로 좋으심을 전혀 마음이 체감할 수 없는 상태이기 때문이다.

마음이 실제로 하나님에게 직선으로 가닿지 않는 사람에게는 '하나님의 절대적인 좋음'은 그냥 전혀 무익한 낭설에 지나지 않게 된다. 왜냐면 누구나 자기 마음이 직선으로 가닿고 있는 대상만이 절대적으로 좋게 느껴지기 때문이다.

아니 정확히 말하자면 절대적으로 좋다고 굳건히 확신하며 신앙하기에 그 대상에게 마음을 직선으로 드리고 있다. 물론 하나님 이외에는 절대로 참된 좋음이 될 수 없음에도 불구하고, 그렇게 오해하면서 사람들은 온갖 피조물인 대상들에 마음을 직선으로 드리면서 신격화를 생활화하고 산다. 자기 스스로 신격화한 결과로 생겨난 가짜 신들의 절대성 아래 스스로 무릎을 꿇어 가면서 말이다.

마음이 직선으로 관계한다는 의미

지금까지의 내용에 기반하여 물어보자. 마음이 직선으로 어느 한 대상을 관계한다는 의미는 무엇일까?

첫째, 마음은 자기가 직선으로 관계하는 그 대상의 있음을 가장 먼저 의식한다는 것이다. 있음에 대한 느낌을 우리는 '존재감'이라고 한다. 언제 어디서든 가장 강력하게 느껴지는 존재감의 대상에게로 향하는 내 마음의 궤적은 항상 직선이다. 그리고 그렇게 느껴지는 존재감의 크기에 따라 우리의 마음은 그 '있음'을 순서대로 의식한다. 이때 두 번째 세 번째 이하의 대상들에 대한 마음의 궤적은 항상 직선이 될 수가 없다. 왜냐면 첫 번째로 느껴지는 존재감의 대상에 도착한 상태에서 내 마음은 그다음 크기의 존재감의 대상을 의식하기 때문이다.

욥의 경우 재물과 열 명의 자녀와 건강과 아내와 친구 등은 모두 그 있음의 존재감에서 하나님의 존재감에 밀렸던 셈이다. 욥의 의식 안에서 하나님의 존재감은 그 많은 재물의 존재감에도 이기셨고 무려 열 명의 자녀가 뿜어내는 존재감에도 이기셨으며 자기 몸의 건강이나 아내 그리고 친구들의 존재감에도 이기셨다. 재물과 열 명의 자녀와 자신의 건강과 아내와 친구들을 향한 욥의 마음은 하나님께로 먼저 직선으로 마음이 가닿은 상태에서 그다음으로 느껴지는 존재감의 대상들이었으므로 욥의 마음이 이런 대상들을 향하여 움직인 동선을 보면 절대로 직선이 될 수가 없었다. 하나님 이외의 대상을 향하는 욥의 마음의 움직임은 언제나 하나님의 존재감을 먼저 직선으로 느낀 뒤에 도달하는 꺾인 선이거나 하나님을 거치며 우회하는 곡선이 될 수밖에 없었다.

하나님이 사탄에게 그토록 큰 자부심으로 욥을 자랑하신 이유가 바로 이렇게 당신 있음의 존재감이 유독 욥 안에서는 다른 모든 대상의 존재감을 물리치고 일등이 되실 수 있었기 때문이었다. 욥 당시의 사람 중에는 이렇게 하나님의 존재감이 그 마음에서 일등인 사람이 한 사람도 없었던 모양이다. 이런 상황이 어디 욥의 시대에만 그러하였겠는가? 다윗의 노래를 다시 한번 보자.

"어리석은 자는 그의 마음에 이르기를 하나님이 없다 하는도다 그들은 부패하고 그 행실이 가증하니 선을 행하는 자가 없도다 여호와께서 하늘에서 인생을 굽어살피사 지각이 있어 하나님을 찾는 자가 있는가 보려 하신즉 다 치우쳐 함께 더러운 자가 되고 선을 행하는 자가 없으니 하나도 없도다"(시 14:1-3)

"하나님이 없다 하는도다" 즉 하나님 있음의 존재감이 그의 마음에서 제로인 상태라는 뜻이다. 그리고 이러한 상태에서 예외가 없어서 "하나님을 찾는 자가 … 하나도 없도다"라고까지 노래한다.

이런 다윗의 노래를 자유롭게 인용하며 사도 바울 역시 다음과 같이 단언하였음을 앞에서도 보았다.

"기록된 바 의인은 없나니 하나도 없으며 깨닫는 자도 없고 하나님을 찾는 자도 없고 다 치우쳐 함께 무익하게 되고 선을 행하는 자는 없나니 하나도 없도다"(롬 3:10-12)

참으로 기가 막히는 상황이 아닌가? 오직 하나님만이 "스스로 있는 자"(출 3:14)이시다. 천지에 있는 만인과 만물 만사는 이렇게 스스로 있는 유일한 분이신 하나님에 의해서 '있게 된' 것들이다. 그런데 사람들의 마음은 언제나 유일하게 '스스로 있음'인 하나님의 존재감보다 그 하나님에 의해서 있게 된 것들의 존재감을 먼저 의식한다.

그러니까 욥의 의식 안에서는 하나님에게 일등 자리를 내주고 밀려나야 했던 재물이나 자녀나 건강이나 배우자나 친구 등등이 다른 사람들 안에서는 첫 번째 존재감의 대상들이었다는 말씀이다.

두 번째로, 마음이 어느 한 대상을 직선으로 관계한다는 의미는 '좋음'과 관계한다. 마음은 24시간 좋음을 욕구한다. 왜냐면 마음의 공백을 채워야 하기 때문이다. 그리고 사람의 마음 공백은 오직 하나님이 들어오셔야만 채워질 수 있는 크기이다. 즉 창조주 하나님 사이즈의 공백을 마음은 가지고 있다. 그러므로 이 공백을 채우고 싶어 하는 욕구가 항상 작용하는 마음이, 어떤 대상을 직선으로 관계한다면 이유는 분명하다. 그 대상이 가장 좋음이고 그리고 언제 어디서나 그 대상만이 변함없는 좋음이라고 느껴지는 '궁극적인 좋음'이기 때문이다.

좋음이 무엇인가? 가지면 마음이 채워지리라는 확신이다. 즉 가지면 참된 채움이 이루어지리라는 믿음이다.

우리는 욥이 그 낳은 새불과 열 명의 자녀와 건강과 배우자를 잃고 또 친구들의 정죄를 받으면서 얼마나 괴로워했는가를 잘 안다. 이렇게 참담한 상황에 놓인 욥을 향하여 그 아내는 이렇게 비난한다.

"당신이 그래도 자기의 온전함을 굳게 지키느냐 하나님을 욕하고 죽으라"(욥 2:9)

욥이 이런 참혹한 고통 속에서 자기 생일까지 저주하면서도, 아내의 비난에서 언급된 것처럼 끝내 하나님을 비난하지 않은 이유가 무엇인가? 전 재산을 다 잃고 열 명의 자녀를 하나도 남김없이 다 잃었다. 어디 그뿐이랴? 자기 건강과 아내와 친구와 명예를 다 잃었다. 그런데도 하나님을 욕하지 않은 이유는 이 모두를 모조리 다 잃는 고통보다 하나님을 잃는 고통이 더 컸기 때문이었다. 이런 모든 대상은 남김없이 다 잃었을 경우 비록 지독한 고통이 찾아왔지만 견뎌는 냈다. 그러나 아내가 그러했듯이 하나님을 잃는 일은 욥에게는 자기가 살아 있는 한 있을 수 없는 일이었고 하나님을 잃고서는 도저히 다른 모든 것들을 잃었을 때처럼이나마 견뎌 낼 수 없었던 것이다.

이런 상태가 바로 마음이 하나님을 궁극적으로 좋은 대상으로 여겨 직선으로 가닿으면서 관계하는 것이다. 만약 잃게 되면 더는 살아 있어야 할 이유가 없게 되는 궁극적인 좋음이다. 이런 좋음의 대상을 사람의 마음은 직선으로 가닿아 밀착하면서 관계한다. 그리고 모든 다른 대상에 대한 관계는 이 궁극적인 좋음의 대상에게 마음이 가 밀착하고 있는 상태에 의해서 조종되고 제어된다.

욥에 대한 하나님의 자랑을 생각하면, 이 '좋음'과 관련해서도 당시에 욥 한 사람 말고는 아무도 하나님을 직선으로 관계하는 사람이 없었던 모양이다. 그 시대에 욥 한 사람마저 없었더라면 온 세상을 둘러보고 도착한 사탄 앞에서, 세상 모든 사람으로부터 피조물의 좋음에 밀려 버린 하나님의 입장이 어떠하겠는가? 생각만 해도 민망하다.

마음의 직선(直線)이 경외(敬畏)이다

사탄에게 하신 욥에 대한 자랑을 다시 한번 보자.

"여호와께서 사탄에게 이르시되 네가 내 종 욥을 주의하여 보았느냐 그와 같이 온전하고 정직하여 하나님을 경외하며 악에서 떠난 자는 세

상에 없느니라"(욥 1:8)

정직과 경외는 어떤 관계에 있을까? 경외(敬畏)란 두려워함이다. 이런 경외의 두려움이 나타나는 극단적인 예를 들자면, 변화산에 올라갔던 베드로의 경험이다. 변모하신 예수님의 광휘(光輝)를 접하고 황홀경에 빠져든다. 그런데 황홀경에 빠져든 베드로의 마음 상태를 성경은 다음과 같이 묘사한다.

"베드로가 예수께 고하되 랍비여 우리가 여기 있는 것이 좋사오니 우리가 초막 셋을 짓되 하나는 주를 위하여, 하나는 모세를 위하여, 하나는 엘리야를 위하여 하사이다 하니 이는 그들이 몹시 무서워하므로 그가 무슨 말을 할지 알지 못함이더라"(막 9:5-6)

삭막한 산 위가 무엇이 좋겠는가? 그런데도 예수님의 신령한 모습을 보고는 그곳에서 머물자고 할 만큼 정신없이 황홀경에 빠진다. 그런데 이 좋음의 극단인 황홀경의 상태에서 '몹시 무서워함이' 함께 나타난다. 이 두려움이 바로 경외이다.

이 경외의 두려움을 공포와 비교하면 그 의미가 명확하다. 경외나 공포나 모두 다 두려움이기 때문이다. 그러나 경외의 두려움은 '없을까 봐 가지는 두려움'이다. 혹은 '없어질까 봐 가지는 두려움'이다. 그러나 공포는 '있을까 봐 가지는 두려움' 혹은 '생길까 봐 가지는 두려움'이다.

그러므로 하나님 경외는 하나님이 자기에게서 없어질까 봐 가지는 두려움이다. 한시라도 자기에게서 하나님이 잊히거나 없어지는 일을 가장 두려워하는 마음이 바로 하나님 경외이다. 자기의 의식이 한순간이라도 하나님의 있음과 좋음을 잊어버리는 일을 가장 무서운 일로 여기는 태도이다. 변화산에서 베드로가 그토록 황홀한 모습의 예수님을 잃어버릴까 봐 가지는 두려움과 같다.

이러한 의미에서 경외도 '야샤르'의 정직과 마찬가지이다. 대상을 정하는 일에서 어떤 제약도 받지 않는다. 만약 재물이 내게서 없어지는 일이 제일 두려우면 그런 마음은 재물을 경외하는 것이다. 건강을 잃는 것이 제일 두려우면 그는 건강을 경외하는 것이다. 자녀가 없어지는 일이나 자녀의 성공이 없어지는 일이 제일 두려우면 그 상태는 자녀를 경외하는 상태이다. 그래서 성경은 이런 경외의 태도를 '아깝다'라는 말로 대체하기도 한다.

우리 믿음의 원조이신 아브라함이 하나님의 명을 받고 독자 이삭을 제물로 바치려고 모리아산으로 가서 제단을 쌓고 그 위에 올려진 아들을 향하여 칼을 들었을 때이다.

"손을 내밀어 칼을 잡고 그 아들을 잡으려 하니 여호와의 사자가 하늘에서부터 그를 불러 이르시되 아브라함아 아브라함아 하시는지라 아브라함이 이르되 내가 여기 있나이다 하매 사자가 이르시되 그 아이에게 네 손을 대지 말라 그에게 아무 일도 하지 말라 네가 네 아들 네 독자까지도 내게 아끼지 아니하였으니 내가 이제야 네가 하나님을 경외하는 줄을 아노라"(창 22:10-12)

결국 아브라함의 전 생애도 욥에게 내렸던 것과 같은 의미의 시험의 여정이었다. 다만 욥에게 일시적으로 몰아서 쏟아붓듯이 내렸던 시험이 아브라함에게는 전 생애를 거쳐 길게 펼쳐져 임했을 뿐이었다. 그리고 욥에게서는 빼앗아 가셨던 대상들을 아브라함은 스스로 버리게 하신 점이 다르다. 그러나 빼앗기든 스스로 버리든 이러한 시험의 여정을 그분들이 통과할 수 있었던 이유는 그분들의 마음에서는, 없어지게 되는 경우 견디기 어려운 상실감을 안겨 주는 여러 소중한 대상 중에서 도저히 단 한 순간도 견딜 수 없는 극한의 두려움을 느끼게 하는 '경외'의 대상이 오직 하나님 한 분뿐이었다는 사실이다.

아브라함이 이삭을 바치는 사건에 관한 본문의 말씀 중에서 주목할 부분은 '하나님 경외'와 '아낀다'라는 단어가 같은 의미로 쓰이고 있다는 사실이다. 무엇인가가 내게서 없어지는 것을 견딜 수 없을 만큼 두려워하는 일이 바로 아까워함이다. 경외와 의미가 같다. 다만 같은 의미의 단어를 대상에 따라 선별적으로 사용하였다. 아브라함 자신보다 아래 사람인 아들 이삭을 향해서는 '아까워함'으로, 하나님을 향해서는 '경외'라고 표현된다.

즉 아브라함은 하나님을 아들 이삭보다 더 아까워했다는 것이다. 둘 다 없어지는 경우 아브라함에게는 커다란 상실감이 주어진다. 그러나 하나님 없어짐이 아들 이삭의 없어짐보다 훨씬 더 큰 두려움을 가져다 주는 일이었다는 뜻이다. 이삭의 없어짐은 이를 악물고서라도 견딜 수 있다. 그러나 하나님 없어짐은 도저히 견딜 수가 없다. 이것이 바로 하나님 경외다. 하나님을 독자 이삭보다 더 아까워함이다.

그렇다. '야샤르'의 정직은 어떤 대상에 내 마음을 직선으로 드리는 일이다. 그런데 마음을 직선으로 드리는 이유는 마음에서 가장 아깝게 느끼기 때문이다. 없어지는 경우 가장 큰 두려움을 가져다주는 대상이기에 한시라도 놓칠세라 잊을세라 마음이 우로나 좌로나 치우칠 겨를이 없이 곧바로 직선으로 가서 닿아 있다. 이처럼 '경외'는 곧 '야샤르'의 '정직'함과 함께 일어나는 마음가짐이다.

그러므로 욥이 온전하고 정직하여 하나님을 경외한다는 뜻은 욥이 그 마음을 직선으로 주는 정직함의 대상이 바로 그 누구도 아니고 그 무엇도 아닌 하나님 자신이었다는 사실을 명백하게 밝히는 말씀이다. 왜냐면 '하나님 경외'라는 단어가 없으면 사람이면 누구에게나 무엇에든지 할 수 있는 정직함과 또 그와 같은 의미의 경외함의 대상을 적시할 수가 없기 때문이다.

마음을 직선으로 주는 대상, 그 대상이 무엇이든지 사람은 지금 경외하는 중이다. 그러므로 신앙과 마찬가지로 경외함이 없는 사람은 없다. 단지 지금 세상에서는 하나님 경외를 압도할 정도로 다른 경외함이 판을 치고 있을 뿐이다.

야샤르의 정직과 그리스도 연쇄 과정

그러면 이러한 '야샤르'의 정직과 예수님이 그리스도로서 이루신 십자가 죽음과 부활과 승천의 연쇄 과정은 무슨 관계일까?

우리가 예수님을 그리스도로 믿으며 그리스도로서 이루신 연쇄 과정을 따라가려는 궁극적인 이유가 무엇인가? 바로 우리 마음이 이 세상에 있는 모든 다른 대상을 다 등 뒤로 제쳐 두고 오직 하늘에 계시는 하나님 한 분에게만 마음이 직선으로 가닿기 위해서이다.

예수님의 십자가 죽음에 연합하여 이 세상에 대해서 함께 죽은 자가 되는 이유가 무엇인가? 내 마음이 하늘에 살아 계시는 하나님 이외에 다른 그 어떤 대상에게도 직선으로 우선하여 가닿음을 막기 위해서가 아닌가? 그렇다 십자가에서 예수님과 함께 죽은 자라는 자아의식을 가지는 이유는, 마음이 직선으로 가닿는 대상의 자리에서 하늘에 계시는 하나님 이외에는 모두 다 제거하기 위함이다.

만약에 마음이 직선으로 가닿은 최초의 대상이 하나님이 아니라면 그는 '야샤르'의 정직으로 볼 때 정직함은 맞지만 전혀 그리스도 연쇄 과정 속 예수님을 따르는 자가 아니다. 그는 완전히 다른 대상에게 정직한, 그래서 다른 대상을 아까워하면서 경외하는 다른 종자의 신앙인이다. 마음이 오직 십자가에서 죽고 부활 승천 하여 하늘 보좌 우편에 앉으신 예수님을 따라 하늘 보좌 우편까지 올라가 머무르는 신앙인이라면 그곳에서 시작하는 마음의 동선이 하나님 한 분만을 향하여 직선이 되지 않을 수가 없다.

예수님이 그리스도로서 이루신 연쇄 과정은 사람들의 마음이 실제 하늘에 계시는 하나님께로 도달하기 위한 유일한 직선이다.
"다른 이로써는 구원을 받을 수 없나니 천하 사람 중에 구원을 받을 만한 다른 이름을 우리에게 주신 일이 없음이라 하였더라"(행 4:12)
산헤드린 공회에서 재판받는 중에 사도 베드로의 입에서 나온 이 선언의 의미는 분명하다. 구원받음이란 마음과 뜻과 힘을 다하여 하나님을 사랑하게 된 상태이다. 즉 마음이 하나님 한 분에게만 지속하여 직선으로 가닿아 밀착하여 머무르는 상태이다. 그런데 이렇게 사람의 마음이 직선으로 하나님께 가닿아 머무를 수 있는 유일한 길이 바로 십자가에서 죽고 부활 승천 하여 보좌 우편에 이르시는 그리스도 연쇄 과정이다.

이러한 연쇄 과정의 시작점인 십자가에서 마음이 예수님과 함께 세상에 대해서 죽음을 통하여 연합하여 부활 승천의 여정을 따라가지 않으면, 사람은 하늘에 계시는 하나님에게 '야샤르'의 정직을 할 수 있는 길이 없다.

물론 마음을 직선으로 드리는 '야샤르'의 정직함 그 자체는 어떤 대상을 향해서도 할 수 있다. 마음을 직선으로 드리는 일이니까 마음이 있고 대상이 있으면 할 수 있는 일이다. 그러나 오직 하늘에 계시는 하나님에게는 마음이 있고 대상이 확보되었어도 스스로 마음을 드릴 수가 없다. 왜냐면 드려야 할 마음이 죄악과 저주에 찌들어 이 세상 것에 묶여 있기 때문이다.

이렇게 마음이 죄악과 저주에 찌들어 있으면 하나님과의 관계에서 두 가지를 할 수 없다.

첫째, 죄와 저주에 찌든 마음은 더럽고 부패했기 때문에 절대로 스스로 거룩하신 하나님께 다가갈 수가 없다. 혹시 다가간다고 해도 하나님이 그런 마음을 받아들이실 수 없다. 하나님께 가닿는 밀착 관계가 불가능하다.

둘째, 그러므로 죄와 저주에 찌든 마음으로는 아예 자기 스스로 하나님을 직선의 대상으로 포착조차 할 수 없고 하나님의 이름을 아무리 불러도 실제로 그 부름이 하늘에 실재하시는 하나님을 향할 수가 없다. 오직 내 마음과 하나님 관계는 공회전할 뿐이다. 이 공회전이 기독교 종교의 특징임은 두말할 나위 없다.

'야샤르'의 뜻대로 좌우로 치우침이 없이 직선으로 가는 일은 타락한 상태의 마음으로도 여전히 가능하다. 검은 마음으로도 정직은 된다는 뜻이다. 어떤 대상을 향해서도 죄와 저주에 찌든 검은 색의 마음은 직선으로 가서 닿을 수 있다. 그러나 그렇게 얼마든지 모든 대상을 향하여 직선으로 움직일 수 있는 마음의 속성이 그리스도 연쇄 과정 속 예수님과 함께 십자가에서 연합함으로 인해 흰색의 마음이 되지 않는 한, 하나님에게만은 절대 그대로 적용될 수 없다.

내 마음을 이제까지 재물에 혹은 자녀에게 혹은 내 몸과 건강에 혹은 아내나 남편이나 가족들에게 직선으로 드렸듯이 그렇게 이제는 오직 하나님 한 분에게만 직선으로 드리고 싶은가? 그래서 하나님을 향한 욥의 '야샤르'의 정직함을 내게서도 이루고 싶은가? 그러면 십자가 죽음과 부활과 승천을 지나 보좌 우편에 이르신 그리스도 연쇄 과정 속 예수님과 연합하여야 한다.

즉 십자가에서 예수님과 나를 동일시하여 죽은 자로 여겨야만 한다. 이제까지는 이 세상에 있는 나쁜 대상을 향하여 검은색의 마음을 직선으로 드리던 더럽고 추악한 내가 십자가에서 예수님과 함께 죽어야 한다. 그래서 그 죽음을 통해 정화되어 부활하신 예수님 안에서 흰색의 마음으로 새롭게 태어나야 한다. 그래야 이제 하늘로 예수님을 따라갈 수가 있게 되고, 그렇게 하늘 보좌까지 도달함으로써만 하나님에게 내 마음이 직선으로 가닿으면서 '야샤르'의 정직을 이룰 수가 있다.

혹은 이렇게 물을 수가 있다. 그렇다면 아담 이후 죄와 저주에 찌듦은 마찬가지인데 아브라함과 욥 같은 믿음의 선조들은 어떻게 예수님이 이 땅에 오셔서 그리스도 연쇄 과정을 이루시기 전에 그토록 온전히 하나님에게만 마음을 직선으로 드리는 정직함을 이룰 수 있었을까? 맞다. 그분들도 우리와 마찬가지로 예수님 없으면 하나님에게 마음을 직선으로 드리는 정직은 불가하다. 구약의 모든 믿음의 선조들이 하나님에게 정직할 수 있었음은 우리와 마찬가지로 오직 예수님 덕분이다. 그래서 예수님 스스로 다음과 같이 말씀하셨다.

"너희 조상 아브라함은 나의 때 볼 것을 즐거워하다가 보고 기뻐하였느니라"(요 8:56)

'기대와 기억' 속에서 예수님은 모든 선민과 시대를 초월하여 함께하신다. 즉 구약의 믿음의 선조들은 하나님의 성령과 은혜 안에서 앞으로 오실 예수님을 내다보면서 하늘에 계시는 하나님에게 정직할 수 있었고 신약 시대의 모든 사람은 이미 오신 예수님을 돌아보면서 하나님에게 정직할 수 있다. 즉 모든 사람은 자기 마음을 하나님에게 직선으로 드리는 '야샤르'의 정직함을, 구약 시대에는 예수님에 대한 '기대' 속에서 이룰 수 있었고 신약 시대에는 예수님에 대한 '기억' 속에서 이룰 수가 있는 것이다.

하나님께만 좌우로 치우침이 없이 마음을 직선으로 드림이 '야샤르'의 정직함이다. 그리고 이 정직함이 하나님을 아까워하는 경외이며 또한 마음과 뜻과 힘을 다한 하나님 사랑을 분별해 낼 수 있는 기준이다. 그리고 이러한 '야샤르'의 정직함을 충족시키는 마음과 뜻과 힘을 다하는 사랑을 하나님에게만 할 수 있게 해 주시는 분이 바로 그리스도 연쇄 과정 속 예수님이시다. 그리스도 연쇄 과정은 땅에 사는 사람의 마음이 하나님에게로 도달할 수 있는 유일한 직선이다.

IV.

수양버들의
군락지가 되어 버린 교회

IV. 수양버들의 군락지가 되어 버린 교회

　교회란 무엇인가? 교회를 뜻하는 헬라어 단어는 '에클레시아'이다. 이 단어에는 '밖으로 나오라고 부른다'라는 의미가 담겨 있다. 이 부름이 바로 기쁨의 소식인 복음이다. 그러므로 복음을 받아들였다는 뜻은 하나님이 위에서 부르시는 부름에 응답한다는 뜻이다.

　마음과 뜻과 힘을 다하여 하나님을 사랑하라는 말씀은 마음과 뜻과 힘 모두가 하나님께 직선으로 와야만 한다는 부름이다. 탕자의 돌아옴은 몸이 예배당 출석을 하게 되었음을 뜻하는 것이 아니다. 마음과 뜻과 힘이 하나님 이외의 대상들을 향하여 돌아다니다가 방향을 돌려 오직 하나님께만 직선으로 다 가닿음을 뜻한다. 하나님께 마음이 직선으로 감은 먼저 부르심이 있었기 때문이다. '야샤르'의 정직은 먼저 부르심에 대한 올바른 응답이다. 그리고 바로 이렇게 위에서 부르시는 부름을 듣고 마음과 뜻과 힘의 방향을 돌려 직선으로 응답하는 정직한 사람들 전체가 하나님의 교회에 속한 교인들이다.

　그렇다면 궁금하다. 일단 현재 자타가 인정하는 교인이면 과연 모두 다 이렇게 하나님이 위에서 부르시는 부름에 직선으로 응답하고 있는가? 이 질문에 답하기 위해서 이제부터 명목상 교인이면서 이처럼 위에서 부르시는 부름에 실제로는 전혀 응답하지 않는 상태는 과연 어떤 모습을 띠게 되는지를 알아보려 한다.

직선이 사라진 교회

　하나님이 세상에서 사는 나를 위에서 부르시는 부름은 예수님의 십자가 죽음과 부활의 복음으로 구체화되었다. 누가복음은 예루살렘에서 이루어진 예수님의 십자가 죽음과 부활의 사건을 '하늘 아버지께로 가시기 위한 승천의 과정'이라고 말한다.

"예수께서 승천하실 기약이 차가매 예루살렘을 향하여 올라가기로 굳게 결심하시고"(눅 9:51)

그래서 누가복음은 부름의 사건이자 복음 사건인 예수님의 십자가 죽음을 출애굽 사건을 가리키는 동일한 단어를 사용하여 'Exodus'라고 일컫는다. 예수님의 십자가 죽음은 세상 탈출 즉 "별세(Exodus)"(눅 9:31)의 사건이다. 세상에서 존재가 없어지는 '죽음'이 아니라 마음이 세상을 빠져나가 탈출하는 '출(出)세상'의 사건이라는 뜻이다.

이 의미대로라면 교회는 하늘에 계시는 하나님께서 땅에 사는 사람들의 마음을 세상 밖으로 불러내어 천국 보좌에 계시는 당신께 오라고 하심으로써 성립한다. 이러한 하나님의 부르심은 예수님이 그리스도로서 십자가에서 죽으시고 부활하시고 승천하시어 하나님 보좌 오른편에 이르시므로 구체화되었다. 그러므로 이 그리스도 연쇄 과정은 하나님이 하늘로부터 날 향해 오라 하시는 부르심이다. 모든 생활 현장에서 이 부르심에 응답하는 교인이라면 누구나 이 길 속에 계신 예수님을 따라 마음을 하나님께 드린다. 그리고 이렇게 마음으로 따라가야만 하는 그리스도 연쇄 과정의 길은 좌로나 우로 치우침이 없는 하늘을 향한 직선이다.

이처럼 교인은 언제나 땅에서 일어난 십자가에서 하늘에 있는 보좌 우편까지 이르는 직선의 길을 따라 그 마음을 드림이 지속적인 흐름을 유지하는 자들이다. 즉 그리스도 연쇄 과정 속 예수님과 연합함으로써 하늘에 계시는 하나님께 '야샤르'의 정직함을 지속하는 사람들 전체가 바로 교회이다.

이런 사실을 염두에 두고 보면 지구 위에 있는 하나뿐인 교회는 비유컨대, 땅에서 하늘에 닿도록 곧은 직선으로 줄기를 뻗은 수많은 나무로 이루어진 하나의 거대한 숲이다. 이 시각에도 전 세계 곳곳의 생활 현장에서 예수님의 십자가 죽음을 잊지 않은 채 의식 속에 붙잡고 자기의 죽음으로 받아들이며 삶을 사는 사람들이 있다. 지구 곳곳에서 이런 사람들의 마음의 흐름은 십자가에서 시작하는 그리스도 연쇄 과정을 따라 직선으로 곧게 하늘을 향해서 뻗어 올라가는 한 그루의 나무가 되어, 지금도 자기 자리를 지키고 있다. 이런 사람들 전체가 바로 지금 현존하는 교회이다. 그래서 교회는 좌우로 치우침이 없이 곧게 하늘로 뻗은 직선을 따른 마음의 움직임을 가리키는 '정직' 즉 '야샤르'라 이름하는 나무들로 이루어진 숲이다. 아니 정확히 말하자면 그러한 숲이 되어야만 했다.

그런데 불행히도 이런 아름답고 장엄한 교회의 모습을 소위 교회임을 자처하는 기독교 종교와 그에 속한 예배당 조직들에서는 찾아 볼 수 없다. 사탄이 하나님에게 완패를 안겨 드리기 위해서 욥에게서 그토록 간절히 발견하기를 바랐던 그 모습이 이제는 교인들이라는 사람들의 보편적인 모습이 되어 버린 상황이다.

하늘에 계시는 하나님을 향한 수직상의 '직선'이 사라져 버린 교회, '굽음'으로 가득 찬 가짜 교회, 이 사이비 교회의 모습을 눈앞에 펼쳐 보려 한다.

수양버들 이야기

옛날 중국의 수나라 황제였던 양제가 행궁이라는 궁궐을 지어 놓고 음란과 방탕을 일삼을 때, 그 별궁이 건설되었던 강가 언덕 위에 버드나무를 심었다고 한다. 욕정의 강물에 몸을 띄우고 쾌락을 탐닉하던 수양제는 왜 버드나무를 행궁 주변에 심었을지 의심스럽고 궁금하기가 그지없다.

어쨌든 이 사실이 버드나무를 '수양버들'이라고도 부르게 된 기원에 대한 몇 가지 설명 중의 하나가 된 이유인 것 같다.

여기까지는 그래도 괜찮다.

말 못 하는 나무가 행궁 주변에 심겼다는 사실에 근거해서 그 이름을 얻은 것이니, 아무리 수양제의 행궁이 타락의 온상이었다 한들 나무 자체야 무슨 잘못이 있겠는가? 그러나 참으로 불행한 일은 이 사실을 사람들은 단순히 사실로 받아들이지 않고 상징적인 의미를 부여하여 기억하게 되었다는 점이다.

즉 사람들은 이제 수양버들을 쾌락을 탐닉하는 부패한 마음의 상징물로 여기게 되었다는 것이다. 이렇게 하여 수양버들은 참으로 억울한 불명예를 끌어안게 되었다. 사시사철 푸른빛을 띠고 있는 소나무를 한결같은 절개의 상징으로 본다든지 곧게 뻗어 올라가는 대나무를 곧고 바른 마음의 상징으로 사용하는 것과 비교할 때 참으로 수양버들은 그 처지가 억울하고 불쌍하다.

그러나 이러한 불명예는 따지고 보면 단지 타락한 수양제와의 연관성에만 기인한 것은 아닌 듯하여 더 안타깝다. 나무의 생긴 모양이 생각하기에 따라선 그러한 비난과 혐의에 너무나 잘 어울리는 것을 어찌하랴. 수양버들의 생김새 자체가 수양제의 그릇된 마음가짐에 빗대어 연상하게 하는 점이 있다는 것이다.

나무란 땅에 뿌리를 두고는 있지만 하늘을 향해 힘차게 뻗어 올라가기에 나무다. 수양버들도 하늘로 뻗어 올라간 높이로만 치자면 그다지 열등한 처지에 있는 나무는 아니다.

그런데 어쩌면 그럴 수 있다는 말인가. 하늘 높이 올라간 수백 수천 가지 중 한 가지도 예외 없이 다시금 자기가 출발했던 땅을 향해 굽어 내려와 드리워져 있지 않은가.

하늘과 땅 사이에서 도대체 수양버들의 가지들이 취하고 있는 이 이중첩 같은 태도는 무엇이란 말인가. 하늘을 향해 높이 뻗어 올라간 만큼 그렇게 길게 땅으로 다시 내려오는 이 수양버들을 보며 하늘과 땅의 희비가 엇갈릴 것은 너무나 자명하다. 하늘의 처지에서 보자면 약 오르고 배신감에 몸 둘 바를 모를 지경일 것이다. 땅으로 보자면 하늘로 올라갈 듯 멀어지다가 다시 내려온 가지가지마다 모두가 돌아온 탕자와 같은 땅의 아들과 딸들이다.

수양버들의 생애에 하늘을 향하여 좌우로 치우침이 없이 곧게 뻗어가는 직선의 움직임이란 없다. 즉 하늘을 향하는 '야샤르'의 정직함이 없다는 것이다. 오직 땅에 대한 일편단심의 정직함을 노골적으로 드러내기가 민망한 듯하여 약간 기만적인 자태를 취하고 있을 뿐이다.

결국은 여지없이 아래로 땅을 향해 굽어 내려갈 것이었으면서, 하늘의 섭섭함을 달래려는 심사로, 위로 향해 오르는 척 곡선으로 위장하고 있을 뿐이다. 수천수만 가지가 어우러져 있는 중, 한 가지도 예외 없이 하늘에 대해선 굽어 버린 곡(曲)의 세상을 연출해 내고 있다. 수양버들에도 마음이 있었다면 그 마음이 직선으로 향하여 움직이는 대상은 처음부터 하늘이었던 적이 없었다.

수양버들과 교회

이쯤 되면 창녀들의 세계를 화류계(花柳界)라고 일컫는 이유에 대해 유보 없이 수긍이 간다. 꽃과 수양버들의 세계라는 뜻을 지닌 화류계란 모양과 향기로 마음을 유혹하는 꽃과 이 땅의 쾌락을 향해 굽어 드리워진 버들의 세계라는 풍자적인 뜻을 담고 있다고 한다.

왜 창녀나 기생을 다른 말로 노류장화(路柳墻花)라고 하는지 역시 쉽게 짐작이 간다. 길가의 수양버들이요 담 밑에 핀 한 송이 꽃과 같아서 아무나 손을 뻗어 꺾으면 임자가 되는 서글프고도 불행한 여인들의 운명을 암시하고 있는 단어다.

멀리서 보면 하늘로 올라간 것처럼 보이나 실은 뿌리의 처소인 땅을 향해 굽어져 내려와 바람에 흔들리고 있는 감미롭기 그지없는 수양버들을 보면 저 불행한 여인들 말고도 생각나는 사람들이 없는가?

예수님과 하나님의 이름을 입에 올리는 교인들이다.

도대체 갑자기 웬 당치도 않은 비난일까? 이 비난 아닌 지적이 터무니없는 것이기를 진심으로 소망한다.

그러나 한번 '야샤르'의 정직이 지니는 의미를 따라 '정직하게' 바라보자.

우리가 입으로 찾는 것만을 보면 하나님, 예수님, 천국, 하늘나라 등등 하늘을 향해 올라감이 분명한 것 같다. 누구보다 높이 향한다. 누구보다 하늘을 자주 찾고 심지어는 하늘을 이 땅 위에서 전매특허를 낸 사람들 같다. 소위 진정한 하늘 전문가들이다.

그런데 이것이 웬일인가. 우리 교인들의 마음의 동선이 그려 내는 궤적을 인내를 갖고 조금만 따라가 보면, 참으로 놀라운 상황을 접하게 된다. 교인이라는 사람들의 마음의 궤적이 어쩌면 그렇게 하나같이 하늘로 올라갈 듯 땅으로 굽어져 내려와 있는 것일까? 정말 그 마음이 한결같이 이렇게 땅으로 늘어져 있는 채로 이 땅 위를 휩쓸고 다니는 세상의 바람결에 따라 흐느적거리고 있다.

우리 자신을 스스로 관찰하면 하늘에 계시는 하나님을 찾아 부르짖는 열정이 하늘을 찌른다. 그러나 그 신앙적 행위를 끝까지 따라가면 결국은 아래로 굽어져 땅을 향해 있다. 하나님을 믿음이 오직 입에서만 뜨거울 뿐 마음은 땅을 향하여 늘어져 있다.

하늘을 향하는 듯이 보이지만 결코 하늘에 닿음이 없이 땅으로 돌아가 버린다면, 결국 땅을 향하여 '야샤르'의 직선의 효과를 유지하는 곡선이라는 뜻이 아닌가? 땅을 향한 직선을 하늘에 접촉함이 없이 구부림으로써 곡선으로 위장한 셈이다. 땅을 향한 '야샤르'의 정직함을 하늘을 이용하여 위장하고 숨기는 상태이다.

목회와 선교를 사명으로 받은 목사로서 내가 해 왔던 일이 도대체 무엇인가 하고 나 자신에게 스스로 물어본다.

행궁 주변에 수양버들을 둘러 심고 쾌락의 늪에 빠졌던 수양제는 아닐지라도 수양버들 같은 성정의 교인들이 늘어서서 춤추는 길에 꽃가

마를 타고 가고 싶어 하는 또 하나의 수양버들이 아니었던가. 이러한 수양버들의 곡(曲)함을 따라 영적 화류계로 전락한 듯한 교회와 교인을 사탄은 제일 좋아한다. 하나님에게로 마음을 돌릴 가능성이 지금 당장은 아예 믿지 않고 있는 사람들의 경우보다 더 희박하기 때문이다. 반면 하나님은 당신에 대한 선민들의 마음의 움직임이 아직 몸이 살아 있는 동안 땅을 박차고 뚫고 나와 하늘 보좌를 향해서 곧게 뻗은 직선이 되기만을 바라고 계신다.

예수 이름을 부르는 화류계 사람들

기억하자. 성경이 말하는 '야샤르'의 정직은 마음이 좌우로 치우침이 없이 직선으로 가닿아 밀착함이다. 바로 이 정직의 직선이 마음과 뜻과 힘을 다한 사랑을 하나님에게만 적용하는 참신앙인지 아니면 마음과 뜻과 힘을 다한 사랑을 다른 대상을 향해서 쏟는 거짓 신앙인지 구분하기 위한 기준이었다. 여기서 이러한 정직의 직선을 적용하기 위해 예수님이 한 말씀을 떠올려 본다.

"예수께서 이르시되 내가 곧 길이요 진리요 생명이니 나로 말미암지 않고는 아버지께로 올 자가 없느니라"(요 14:6)

예수님은 우리의 마음이 아버지께로 가기 위해 통과해야 할 길로서 자신을 소개하신다.

교인으로서 정직하여 마음이 좌우로 치우침이 없이 가닿는 대상은 오직 하나님 아버지 한 분이어야만 한다. 그리고 유일한 대상이신 하나님 아버지께 내 마음이 좌우로 치우침이 없이 직선으로 가서 닿으려면 반드시 길이신 십자가의 예수님을 통과해야 한다.

또 거꾸로 말하면 이렇다. 십자가에 못 박히신 예수님을 통과하여야만 다른 어떤 것을 향해서 좌우로 치우치거나 수양버들처럼 굽지 아니하고 하나님 아버지께만 직선으로 가서 머물게 된다는 것이다.

왜냐면 십자가의 죽음은 하나님 이외의 대상들로 충만한 이 땅의 관계에 대해서 죽음을 의미하기 때문이며(갈 6:14), 부활과 승천은 이 세상을 빠져나가는 별세, Exodus를 뜻하기 때문이다(눅 9:31). 즉 예수님이 그리스도로서 이루신 죽음과 그에 이어서 연쇄적으로 일어난 부활과 승천과 보좌 우편에 이르는 일련의 연쇄 사건들은, 그 과정의 끝에서 아버지 하나님 자신 이외는 그 어떤 대상도 만날 수 없는 외통수 길을 이루기 때문이다.

그래서 늘 십자가를 의식으로 붙잡고 사는 삶 속에는, 굽어 땅을 향해 드리워져 세간의 바람에 흔들리는 야리야리하고 뇌쇄적인 수양버들 가지의 모습 따위는 나타날 수가 없다. 십자가를 통해 마음이 이 땅을 떠나서 직선으로 하나님께 보내진 자들의 삶에는, 오직 하늘을 향한 대나무의 직(直)함이 풍기는 신비한 기운이 나타날 수 있을 뿐이다.

하늘에 계신 아버지 하나님을 향한 이러한 직(直)함이 드러나 보이지 않는다면, 아직 우리의 마음이 십자가를 통과하지 않은 상태이거나 한 번 만났던 십자가를 이젠 의식이 등지고 떠나 버린 상태이다.

세상 모든 대상과 관계들을 등진 채 하늘길의 입구인 예수님의 십자가를 바라보아야 한다. 그럼으로써 우리 마음이 그 입구 안쪽으로 들어서서 부활 승천으로 이어지는 연쇄 과정을 통해 하늘로 도망하듯 해야 한다. 그러지 않는 한, 지독하고 끔찍한 죄와 저주에 정복된 우리의 마음은 하늘 아버지 이외의 다른 목적이나 아버지보다 앞서는 어떤 다른 이 땅의 관심거리에 의해 좌로나 우로나 치우치지 않을 수 없고, 땅을 향해 아래로 굽지 않을 수가 없다.

모든 생활 현장에서 오직 믿음으로만 살아야 하는 교인에게 있어서 잠시라도 마음이 십자가 입구를 놓치는 일은 절대로 일어나선 안 된다. 십자가 입구를 놓치면 부활과 승천과 보좌 우편에 이르는 예수님의 길을 따라가지 못하고 그래서 하늘 아버지께로 직선으로 가는 마음의 흐름을 유지하지 못하게 된다. 왜냐면 하나님 이외에 이 땅에 있는 수많은 다른 대상들과 관계들은 여지없이 강력한 중력을 가진 관심거리가 되어, 내 마음을 끌어당기고 흡입하여 땅으로 굽게(曲) 하는 불가항력의 힘으로 작용하기 때문이다.

이렇게 땅으로 잡아당기는 힘이 작용하는 상태에서는 우리가 설령 하늘을 향해 얼굴을 쳐들고 양손을 들어 올리고 하나님의 이름을 불러 대며 교회라는 이름으로 모여서 예배하고 별의별 각종 계획을 세우고 상상도 못 할 충성과 열심과 성실로 그 계획들을 수행한다고 할지라도, 결국은 우리의 마음이 하늘로 올라갈 듯 땅을 향해 굽어져 내려오게 되어 있다.

바로 이러한 예배당 모임이 영적인 수양버들들의 화류계이며 각각의 사람이 다 영적인 창녀인 노류장화인 상태다.

수양버들 가지의 마지막 끝처럼 마음의 끝이 하늘에 가닿는 접촉이 없이 땅을 향해 드리워져 있는 이 상태에서, 사이비 교회가 되어 버린 기독교 종교의 예배당 조직들은 이제 그야말로 겁 없이 주저 없이 아무

말이나 막 쏟아 내고 있다.

　땅 위에서의 번영과 성공과 안정이 하나님의 교회가 진리를 따라 향하고 있는 궁극적 목표이기라도 하듯이 열을 올리며, 교인들의 마음이 땅의 형통한 삶을 향하도록 노골적으로 혹은 교묘하게 이끌고 있다. 쉽게 말해 소위 교회라고 불리는 예배당 조직은 곧고 좌우로 치우침 없이 하늘을 향하는 직선의 교인들 대신, 행궁 주변에 심겼던 수양버들의 군집 장소요 수양버들의 양산 공장이 되어 버렸다.

　지극히 높은 보좌에 계신 아버지를 잠시라도 향하는 듯이 보이는 이유, 거룩하신 아버지가 계시는 하늘을 찾는 이유가 모두 수양버들의 수많은 가지처럼 결국에는 땅을 향해, 또한 땅의 가치관에 먹혀 버린 자신을 향해 다시금 굽어 내려오려는 목적 때문이다. 땅을 향하는 마음의 직선을 하늘에 닿는 접촉이 전혀 없는 상태로 그냥 위쪽으로 구부려 위장하고 있을 뿐이다.

떡잎부터 알아봤다

　주의 깊게 살펴 마음에 새겨야 할 예수님의 말씀을 다시 한번 눈 크게 뜨고 읽어 보자.

　"나로 말미암지 않고는 아버지께로 올 자가 없느니라"(요 14:6)

　그러나 실제 상황을 고려하면 이 말씀을 대하자마자 덧붙여야만 할 고자질(?)거리가 태산이다.

　"주님! 맞습니다. 십자가에 못 박히시어 죽고 부활하시고 승천하셔서 보좌 오른편에 이르신 주님만이, 사람의 마음이 아버지께로 가는 길이 십니다. 그러나 문제는 교인이라는 사람 중에서 아버지께로 가고 싶어 애달파하는 자들을 좀처럼 발견할 수가 없습니다. 이제는 한 사람의 종교인이 된 기독교인 누구도 예외 없이 하늘에 계시는 아버지 자신보다는 땅에 있는 좋음으로 가고 싶어 할 뿐입니다."

당신은 아버지께로 가는 것이 소원인가? 그렇다면 진심으로 사과드린다. 그러나 기분 가라앉히고 좀 더 이야기해 보자.

마음과 뜻과 힘을 다한 사랑의 의미를 지니는 '야샤르'의 정직이 무엇인가? 특별히 교인의 경우 마음이 좌측에 있거나 우측에 있는 다른 대상에 관심해서 치우침이 없이, 바르고 곧게 직선으로 하나님에게 가는 것이다. 이 말을 예수님은 아버지께로 가는 것이라고 표현하셨다. 아버지께로 가 버리는 것이다.

아버지께로 가 버리는 것이란 아버지가 궁극적인 도착 지점이 된다는 것이다. 마음이 아버지께 가닿아 밀착해서 아버지를 만나고 느끼고 좋아서 그곳에 주저앉는 것이다. 마치 변화산 꼭대기에서 황홀경에 빠져 "여기 있는 것이 좋사오니" 초막 셋을 짓고 머물자고 하던 베드로의 입장이 되는 것이다. 예수님을 따라 올라간 하나님 보좌가 있는 자리 이외에는 다른 어떤 곳에도 더 이상의 좋은 가치, 높은 가치, 행복함, 기쁨이 없기에 다시는 다른 곳으로 가려고 하지 않고, 하나님을 아버지로 얻게 된 것이 인생 최대의 유일한 나의 기업인 줄로 알고 그곳에서 붙박이가 되고자 하는 것이다. 그리스도 연쇄 과정 속 예수님을 따라 올라간 그곳 보좌 우편에서 마음잡고 더는 채움의 만족을 위한 좋음을 찾아 이 세상 여기저기를 기웃거리고 헤매며 구걸하는 여정을 끝내는 것이다.

땅을 떠나서 하늘에 계시는 아버지께로 직선으로 가 버린 마음, 그래서 도대체 이 땅에서는 그 어떤 대상에게서도 그 어떤 관계에서도 더는 내 마음의 흔적과 자취와 소재를 찾을 길이 없게 되어 버린 상태, 이 상태가 바로 좌로나 우로 치우침이 없이 직선으로 가닿는 정직이 하나님에게 적용된 것이고 이 상태에서만 마음과 뜻과 힘을 다하여 하나님을 사랑함이 정상으로 온전히 가동하는 것이다.

수양버들처럼 애당초 땅을 향해 드리워질 것을 기약하고 하늘을 향해 올라가는 것, 땅을 위해서 잠깐 하늘을 향해 올라갔다가 다시 땅을 향해 내려오는 것, 땅에 속한 이유가 있어 하늘을 찾은 뒤 결국은 그 땅에 속한 이유의 완성을 위해 하늘 향함을 중단하고 땅으로 방향을 바꾸는 것, 이런 모든 경우는 우리의 마음이 하늘에 계시는 아버지께 가닿아 밀착하는 것이 아니다.

이런 모든 경우는 하나님에 대한 정직이 아님과 같이 마찬가지로 아예 신앙도 전혀 아니다.

아니 또 말을 잘못했다. 당연히 마음을 드린다는 의미에서 어엿한 Credo의 신앙이다. 다만 하나님 신앙이 아닌 다른 대상 신앙이다. 또 마찬가지로 부정직도 아니다. 다만 다른 정직이다. 마음과 뜻과 힘을 다한 사랑 역시도 하지 않는 것이 아니다. 단지 하나님 이외의 다른 대상을 마음과 뜻과 힘을 다해 사랑할 뿐이다.

기독교 종교인들의 신앙을 정확히 묘사하자면 하늘을 향하는 듯 위장된 땅에 대한 정직이다. 좌우로 그 어떤 것에도 접촉함이 전혀 없이 땅으로 되돌아가는 곡선이다. 그래서 직선의 효과를 고스란히 유지하는 곡선이다. 하나님만이 직선으로 마음이 가닿아야 할 유일한 참대상임을 인정한다면 이런 상태의 신앙은 무조건 거짓이다. 그러나 그렇다고 해도 이런 가짜 신앙도 분명히 신앙이고 정직이다. 그러므로 이런 상태는 거짓이라고 하기보다는 차라리 완전히 다른 정직이고 완전히 종자가 다른 신앙이라고 하는 것이 더욱 적절하다.

반드시 기억하자. '마음이 좌우로 치우침이 없이 직선으로 가닿는다'라는 정직의 기준으로 보자면, 기독교 종교인으로서 하나님과 예수님의 이름을 부르면서 예배당 생활에 헌신하는 일은 일평생을 지속해도 믿음과 구원과 천국 그 어느 것과도 무관하다는 사실을 말이다.

여기서 루터 인간론의 유명한 명제를 기억해 보는 것도 괜찮을 듯싶다. "in curvatam in se." 이 말은 '자기 자신 안으로 굽어짐' 안에 있는 인간 존재를 일컫는 말이면서 동시에 그 당시 중세 스콜라주의 신학이나 르네상스 인문주의 인간론으로부터 복음적인 인간론을 확연히 구분하여 주는 명제이다.

하나님을 향한 인간의 직선 관계가 원천적으로 불가능할 정도로 인간의 부패함과 왜곡됨을 선언한 것이다. 이상한 일은 모든 사람의 경우, 이 땅에 있는 다양한 대상 중에 어떤 하나의 대상을 정하여 마음이 직선으로 가닿는 정직함은 너무나 자연스럽게 특별히 애쓰지 않아도 이루어진다. 그래서 세상 것들에 관해서는 저절로 '야샤르'의 정직한 직선의 관계가 가능하다. 즉 그것이 무엇이 되었든지 이 세상 것에 정직하여서 마음과 뜻과 힘을 다하여 사랑하지 않고 사는 사람은 없다.

그런데 유독 하나님에게만은 마음이 직선으로 움직여 가닿는 정직함이 절대로 자연스럽게 저절로 안 된다. 루터는 이 이유를 사람은 선천적으로 마음이 하나님에 대해서만은 정직할 수 없도록 굽어 있기 때문이라고 본 것이다.

그렇다. 바로 그래서 예수님이 이 땅으로 인간이 되어 오셔서 유독 하나님을 향하여서만은 완전히 굽어 버린 사람의 마음을 직선으로 펴기 위한 역사를 이행하신 것이다. 그 역사가 바로 십자가에서 죽으시고 부활하시고 승천하시어 보좌 오른편으로 가신 그리스도 연쇄 과정이었다.

예수님을 주님으로 고백하는 이유도 예수님을 주님으로 따르려고 하는 이유도 다 예수님이 그리스도로서 이루신 연쇄 과정 때문이다. 마음이 이 그리스도 연쇄 과정의 길 안으로 들어와서 예수님을 따라감으로써만 하늘을 향해서 선천적으로 굽어 버린 마음을 곧게 펼 수 있기 때문이다. 하늘을 향하여 이렇게 해서 억지로라도 곧게 펴지지 않는 한 누구도 하나님께 마음이 직선으로 가닿아 머무는 정직함을 이룰 수가 없다.

예수님 전에는, 내 몸의 건강이나 돈에 정직하였듯이 아니면 배우자나 자녀나 다른 가족에게 정직하였듯이, 기업 경영이나 업무의 성과나 승진에 정직하였듯이 그렇게 자연스럽게 하나님께 정직할 수 없었다. 그러나 이제 이 세상 모든 것에 정직할 수 있었듯이 예수님의 십자가와 그에 이어지는 연쇄 과정을 따라감으로써 하나님께도 정직할 수 있는 길이 열린 것이다. 그럴 마음만 있다면 말이다. 예수님을 믿는 이유가 바로, 하나님 계시는 하늘을 향해서만은 선천적으로 굽어 버린 내 마음이 기적처럼 직선으로 펴지면서 하나님께 실제로 가닿고 밀착하여 그곳에서 머무르기 위함이다.

하나님과 예수님의 이름을 부르는 소위 교인이라는 그 어떤 사람도 예외 없다. 목사건 총회장이건 신학교 총장이건 장로건 권사건 집사건, 아니 교황이건 추기경이건 신부건 수녀건 그 직분이 기독교 종교 안에서 무엇이든지 그의 마음이 그리스도의 연쇄 과정 안에 들어와 있지 않는 한 수양버들이다. 수양버들은 그것이 수양버들인 한, 뿌리의 처소인 땅을 향해 굽어지도록 결정되어 있다. 이것은 행위 이전에 존재의 문제요, 종자의 문제다. 인격의 DNA 문제다. 인격성의 종자 자체가 애초부터, 그리고 결국은 자기 자신에게로 굽어져 돌아가게 결정되어 있다. 모든 고상한 동기의 장황한 언행의 결과가 끝내는 "in curvatam in se", 즉 자기 자신에게로 굽어져 들어가게 되어 있다. 하늘에 계신 아버지께로 가는 것이 아니라, 땅에 있는 자기 자신에게로 돌아간다. 루터가 이해하는 아담 이후 타락한 인간은 천성적으로 아무도 아버지께로 직선으로 가닿아서 거기서 모든 여정을 끝내고 머물기를 원치 않는다. 그래서 날마다 마음으로 그리스도 연쇄 과정을 따라가는 십자가 생활화를 중단한 예배당 집단은 이제 일종의 수양버들의 군락지가 되어 버렸다.

수양버들이 노래하는 윤리적인 '정직'

　이렇게 자신에게로 되돌아오는 인격적 유전 형질 때문일까? 수양버들의 군락지가 되어 버린 소위 교회라는 예배당 조직 안에서는 심지어 '정직'을 말해도 언제나 정직함으로 인해서 얻게 되는 세상적인 이득을 계산한다. 이 '정직'이라는 단어가 하나님을 향한 마음의 동선이 직선 상태임을 가리키는 말이라는 사실조차 모른다. 그저 상식적이고 윤리적으로 아는 거짓말하지 않는 정직함이 이 땅에서의 형통한 삶에 훨씬 더 도움이 된다고 선전하는 일에 열을 올리는 경우를 왕왕 접한다. 수양버들의 기질은 '정직'조차 땅에서의 형통을 위한 수단으로 변질시켜서 패전의 전리품처럼 마귀에게 내줘 버린 것이다.

　이 땅 위에서 형통한 삶은 형통이 무엇이라 생각하든 하여간 우리가 다그쳐 요구할 것이 아니다. 그것은 마음이 아버지께로 직선으로 정직하게 가서 그곳에 머무는 자들의 삶 속에서 하늘 아버지 스스로가 뜻하시고 계획하심을 따라서 이루실 아버지 자신의 주권적인 몫이요 일이다. 이 땅의 형통한 삶은 절대로 우리가 마음의 시선을 집중하여 노려야 할 것도, 기억해야 할 것도, 윤리적인 차원의 어설픈 정직의 필요성을 설득하기 위해 동원될 미끼도 아니다.

만약 땅 위의 형통한 삶이 눈앞에 명백하게 약속으로 제시되는 가운데 교인의 정직이 말해질 수밖에 없다면, 그러는 동안 우리는 어쩔 수 없이 수양버들이 된다. 그토록 바라는 이 땅 위의 형통한 삶은 그 자체가 내 마음이 직선으로 움직여 가닿는 첫 번째 대상이 되어 우리 마음에서 하나님을 대체해 버리기 때문이다. 참교인이 되기 위해서 절대 불가결한 '야샤르'의 정직이란 애초에 형통한 삶이라는 미끼를 통해 유혹한다고 실천할 수 있는 일이 절대 아니다. 정직 자체가 지니는 '직선'의 속성과 가치에 눈뜨기 전에는 어떤 다른 미끼로 유혹하고 설득해도 하나님에 대한 정직은 없다.

나는 성경이 말씀하는 '야샤르'의 직선적인 곧음의 의미대로 하나님께만 정직한 자가 이 세상에서 형통한 삶을 살 것을 전혀 믿지 않는다. 그리고 그런 식의 형통을 가능한 것으로 바라지도 않는다. 참신앙에 있어서 정직함은 궁극적으로 땅을 위함이 아니라 하늘을 향함이기 때문이다. 그래서 오히려 나는 야샤르의 의미대로 정직한 자는 그 마음이 이 세상을 떠나 아버지께로 가는 것과 그가 하늘 아버지에게서 마음을 머무르며 지고의 행복을 누릴 것을 믿는다.

참신앙인이라면 마음의 바람은 아버지께로 가는 것으로 끝이 나야 한다. 아버지 하나님 한 분 얻고 끝나는 것이다. 하나님 자신을 넘어서는 그 이상의 바람은 있을 수가 없다. 그러면 하나님께만 정직함은 이미 포기된 것이며 전혀 다른 정직이 작동하는 중이다.

이것이 정직의 논리에 따라 이해되는 교회와 교인의 참신앙이다. 교인임을 자처하는 우리는 교인 아닌 사람들에 비하여 겉으로만 보면 당연히 하나님 아버지께로 간 사람들 같다. 그러나 실제로는 마음이 아버지에게 가지도 않고 머물지도 않는다. 다만 아버지를 부르며 찾을 때 마음에 필요해서 계산해 두었던 세상적인 이득만 챙긴 뒤에는, 다시 삶의 현장에서 그 아버지를 이름만으로라도 찾고 부르는 것조차 중단하고 만다.

선민의 이러한 행태는 어제오늘의 문제가 아니었다. 이사야 선지자를 통한 하나님의 한탄을 다시 한번 들어 보자.

"이 백성이 입술로는 나를 공경하되 마음은 내게서 멀도다"(마 15:8)

선민이라는 사람들의 마음이 직선으로 가닿아 머무르는 유일한 대상이, 지금 입술로 부르는 '하나님'이라는 이름이 가리키는 실제 하늘의 아버지 자신이 아닌 전혀 다른 이 세상의 대상들이 되어 버렸다는 의미이다.

그런데 정말 궁금하다. 과연 그렇게 하늘 아버지를 등지고 떠나 꼭 멀리 가야 할 만큼 좋고 대단한 목적이 이 땅 위에서 우리에게 있을 수 있다는 말인가? 만일 잠시라도 하나님을 등진 채로 그 이름만 부르면서 다른 좋음을 찾아서 마음을 채울 수 있다고 느끼는 상태라면 그 자체가 이미 하나님 신앙의 마음은 아니지 않은가?

어떻게 '하나님을 동원해서 이루고 싶은 하나님 자신보다 더 크고 좋은 것'이 이 땅 위에 있을 수 있단 말인가. 아니다, 바보가 아니면 그럴 수 없다.

비유컨대 지금 기독교 종교가 되어 버린 교회라는 예배당 조직은 일정한 무게의 납을 얻기 위해 수만 배 더 되는 무게의 순금과 물물교환하고 있는 셈이다. 하나님의 이름을 부르면서 창조주요 아버지이신 하나님 자신을 내어주고 이 땅에 있는 피조물과 바꾸려는, 정말 기적이라고 할 수 있을 만큼 어리석은 짓을 자행하는 것이다.

땅을 향한 직선의 정직함이 순조롭게 유지되는 순간, 즉 땅에서 마음을 다해서 관심을 쏟는 일들이 자기가 원하는 대로 잘되는 형통함의 순간에 하늘에 계신 하나님은 소위 교인들에게는 무슨 마라톤 시합의 반환점과 같다. 무슨 말인가? 교인이라는 사람들은 종종 삶의 순탄함을 허락하셨다고 하늘 아버지를 '좋으신 하나님'으로 소개하며 기린다. 이럴 때면 언제나 하나님은 도착하자마자 다시금 달려온 거리만큼을 더 달려가야 도달하는 최종 목적지를 향해 주저 없이 떠나야만 하는 마라톤 시합의 반환점이 되신다는 뜻이다. 왜냐면 하나님 자신은 교인들이 추구하는 최종적인 좋음 자체가 되지 못하고 계시기 때문이다. 언제나 세상 것의 좋음을 추구하기 위해 거쳐야만 하는 반환점이시다.

그러나 하나님은 이 땅에서 얻고 싶은 것이 많은, 그러니까 땅에 대해서 정직한 내 마음에 순탄함을 주셔서 좋은 분이 아니다. 세상을 얻기 위한 나의 바람에 대해서 역할을 잘하시기에 좋은 분이기 전에 아버지 자신이 내게 최고로 좋은 분이시다. 그러나 우리 마음이 향하는 최종 목적지는 애초에 아버지 자신이 아니었다. 루터의 말처럼 하늘 아버지와의 관계에서 내 마음은 이미 처음부터 온갖 땅의 것을 향하여 정직하게 직선으로 관계하고 있다. 그래서 겉으로 보기에 내 종교적인 색채를 띠는 행동이 아무리 하늘을 향하는 것처럼 보여도 결국 내 마음의 움직임은 땅의 것을 좋아하는 나 자신을 향해 되돌아가는 곡선이 되도록 결정되어 버렸다. 그래서 믿음을 가지게 되었다고 하면서도 마음이 절대로 하나님께 직선으로 가닿아서 머물지를 못한다.

이렇게 보면 의심은 한층 더해만 간다. 우리는 탕자의 비유에서처럼 그동안 마음이 멀리 갔다가 하늘 아버지께로 돌아왔다고 생각한다. 그런데 이렇게 우리가 돌아온 탕자라는 생각이 과연 맞는가? 그렇게 좋은 아버지께로 천신만고 끝에 돌아왔다가 그 아버지를 다시 떠난다는 말이 성립되는가 말이다. 그 마음이 하늘 아버지를 만났다면 어떻게 교인이라는 우리의 마음이 그 좋은 아버지를 그리도 쉽게 떠나 이 땅의 온갖 것으로 되돌아올 수 있겠는가?

자기 안으로 굽은 유전된 죄의 체질로 인해서 본의 아니게 그 마음이 빈번히 땅으로 향하려는 기질을 드러내더라도, 일단 하나님 아버지께로 실제로 가 본 적이 있고 그래서 실제로 만난 적이 있는 사람은 이렇게 하나님을 향해서만 굽은 자기의 끈질긴 죄적 체질과 지속하여 격렬하게 싸운다. 이것이 바로 날마다 자기 십자가를 지고 그리스도 연쇄 과정 속 예수님을 따르는 십자가 생활화의 삶이 아닌가? 이것이 바로 예수님의 죽음을 항상 짊어지고 다닌다는(고후 4:10) 사도 바울이 하신 고백의 참의미가 아닌가? 그러나 이런 싸움이 교회의 역사 안에서 교인들에게서 일어났던 적이 얼마나 있었을까?

그렇다, 우리가 교인이라고 여기는 거반의 사람들은 아직 실제로 하늘 아버지를 만나지조차 못하고 있는지도 모른다. 아직도 온전히 하나님께만 직선의 정직함을 적용해 본 적이 아예 없다면 실제로 아버지께 돌아온 적도 없고 만남도 없는 셈이기 때문이다.

다원주의 쌍둥이

예수님이 당신을 '길'로서 소개하시며 언급하신 하늘에 계시는 그 '아버지'만이 우리의 마음이 좌우로 치우침이 없이 직선으로 가둘아 밀착하여 머무를 유일한 대상이어야 한다. 여기서 이러한 정직의 기준을 가지고 반드시 짚고 넘어가고 싶은 것이 있다. 다원주의다.

혹시 이상한 혐의를 갖고 상상의 나래를 펴시게 될까 봐 급한 마음으로 선언한다. 나 자신은 종교적 다원주의에 대해 원수가 되기를 자처한다. 그리고 기독교 종교 안에 수많은 교단이 있지만, 이 모든 다양함을 초월해서 나와 같은 태도를 유지하는 수없이 많은 선후배 동료 목사님들과 교인들이 계신 것이 나는 너무나도 마음이 뿌듯하고 펄펄 뛸 정도로 기쁘다.

그런데 이것이 웬 불행일까? 종교적 다원주의를 철저히 반대하는 한 진영 안에서도 피치 못할 집안싸움이 예감되기 때문이다.

"나로 말미암지 않고는 아버지께로 올 자가 없느니라." 주님의 이 말씀 속에서 다원주의에 대한 지금까지의 비판적 문제의식은, 주로 '나로 말미암지 않고는'에 제한되어 묶여 있는 형편이다. 그래서 바로 여기에 너무나 거대한 함정이 도사리고 있다.

즉 '아버지께로'가 너무 등한시되고 있다는 점이다. '길'의 유일성은 강조하면서 그에 대한 균형을 이루어야만 하는 '목적지'의 중요성에 대한 의식이 사라져 버렸다.

예수님만이 '유일한 길'이라고 믿고 주장하는 교회 안에서 그 길의 '유일한 도착지'에 대한 중요성과 경각심을 너무 느슨하게 풀어 놓아 버렸다. '길' 되심을 언급하신 부분보다 조금도 못지않게 중요한 것이 '아버지께로 올 자가 없다'라는 길의 '도착지'에 대한 언급이 아닌가?

이 후반부의 도착지에 대한 지적을 등한시하는 동안 유일한 길이신 예수 그리스도의 교회 안에는 아버지 이외에 너무나도 많은 이단적이고 이방적인 사이비 목적지들이 생겨 버린 것이다.

예수님은 당연히 유일한 '길'이시다. 천하 인간에게 다른 길을 허락하신 적이 없다. 그러나 그와 똑같이 아버지 하나님은 유일한 '목적지'이시다. 혹은 유일한 '도착지'이시다. 천하 인간에게 다른 목적지를 말씀하신 적이 없다.

그런데 기독교 종교가 되어 버린 예배당 조직의 교회가 앞장서서 그 유일한 길에 연결된 불가분의 유일한 도착지를 혼란과 흑암 속에 밀어 넣어 버리고 말았다. 이제 예수님은 유일한 길이시면서 갖가지 목적지와 연합을 한다.

건강으로 가는 길이고, 부자로 가는 길이고, 높아짐으로 가는 길이고, 순탄한 삶으로 가는 길이고, 일류 대학 입학으로 가는 길이며, 수적 부흥으로 가는 길이며, 이 땅에서 크고 작게 소원하는 모든 다양한 목적지를 향한 길이 되었다. 그러므로 하늘 아버지께로 가는 유일한 길이신 예수님이 교인들에 의해서 땅에 있는 다양한 목적지와의 결합을 위해서 팔아넘겨졌다는 인상을 지울 수가 없게 되어 버렸다.

'도착지의 다원주의!', '목적지의 다원주의!' 예수를 팔아넘기는 가롯 유다의 행위를 반복하는 것이다. 이것이 '길의 다원주의'보다 그 해악이 더하면 더했지 결코 못지않음을 절대로 잊어서는 안 될 것이다.

길의 다원주의와 도착지의 다원주의, 이 둘은 다원주의의 쌍둥이 형제다. 똑같이 치명적으로 위험하다.

예수님이 길이신 이유는 예수님의 십자가와 그에 이어 일어나는 부활, 승천, 보좌 우편까지의 과정 말고는 우리 마음이 달리 하늘 아버지께로 도달할 방법이 없기 때문이다. 예수님은 그 무엇도 그 누구도 아닌 오직 하늘 아버지께로만 가는 길이다. 이 땅 위에서 부자가 되는 길도 아니고, 손대는 일마다 순조롭게 되는 길도 아니며, 좀 더 고상하고 추상적인 가치들인 자유나 박애, 사회 정의, 생명의 경외 따위로 가는 길이 아니시다.

이 모든 종류의 목적지들은 우선 아버지께 가닿아 놓고 나서 그다음에 볼 일이다. 세상 안에서 이루어져야 할 일은 그 어떤 위대하고 가치 있는 일도 내 마음이 직선으로 움직여 도달해야 할 목적지가 아니다. 그렇게 이 세상에서 이루어져야 할 모든 일은 내 마음이 아버지께 직선으로 가닿았을 경우, 내 몸을 통해 아버지가 땅에서 이루고 싶으신 뜻과 계획에 따라서만 의미가 있다. 어떤 것도 교인이라는 사람들이 마음에 담을 정직함의 대상들이 아니다. 그러면 하나님께만 정직한 대신에 다른 정직의 사람이 된다. 전혀 신앙인이 될 수 없는 완전히 다른 신앙의 종자가 된다는 뜻이다.

구약 성경에 보면 이러한 도착지들의 한 예로 풍요와 다산이 자주 등장한다. 이런 도착지로 가는 길로서 표방되고 있는 것이 바로 가나안 족

속들의 문란하기 그지없는 풍요의 주신(主神)인 바알 숭배였다. 물론 그렇다고 그 누구도 이러한 물질적인 요소들이 없어도 삶이 무방하다며 당치 않은 거드름을 피울 처지는 못 된다. 그래도 역시 내 마음과 인격의 주관적인 역량이나 처지와는 상관없이 객관적으로 아닌 것은 아니라고 해야만 한다.

부자로 살건 가난하게 살건, 하는 일이 잘되든 안 되든, 거듭 말하거니와 이 세상일은 엄연히 두 눈 시퍼렇게 뜨고 살아 계시는 하늘 아버지의 주권적인 자유와 아버지의 나를 향하시는 사랑과 약속과 결심에 위임되어야 할 아버지의 일이고, 우리를 향하시는 아버지의 뜻에 속한 일이다. 우리가 마음에 담고 직선으로 가닿아야 할 우리의 관심거리가 아니다.

우리같이 악한 부모들도 자녀만은 잘되기를 바란다. 그런데 하늘 아버지는 마치 의붓아버지라도 되시는 듯 우리가 강압하지 않으면 절대로 주시지 않을 것처럼 생각하여 교인이라는 사람들이 복과 형통 그리고 풍요와 다산을 향한 비전 등에 사로잡혀 난리를 치는 이유가 도대체 무엇인가. 일종의 영적인 고아 콤플렉스이다.

우리가 마음을 다해서 해야 할 일은 우리가 멋대로 그리는 순탄한 삶에 대한 비전을 품는 것이 아니다. 또 당연히 그곳에 도달하려고 길을 찾기 위해서 노력하는 것도 아니다. 또 그런 길의 하나로서 하늘에 계신 아버지를 찾는 것이 아니다. 그냥 우리는 가서 머물려는 목적으로, 마음을 다해 직선으로 하늘에 계시는 아버지께 가는 것이다.

그냥 아버지를 내 마음이 직선으로 가닿아 밀착해야 할 유일한 대상으로 여겨서 일단 도착했으면, 그곳에 머무르고 말아 버리는 것이고 아버지 자신을 얻은 것으로 내 인생의 기업이 완성되었다고 여겨 버리는 것이다. 길의 다원주의가 교회에 미치는 악영향이 무섭다면 그 질과 정도에 있어 도착지의 다원주의 혹은 목적지의 다원주의는 쌍둥이 형제 중에서 아마도 형뻘에 해당할 것이다.

도착지가 다양해지면 길도 다양해질 수밖에 없다

"오직 의인은 믿음으로 말미암아 살리라"(롬 1:17)

하박국서에서 사도 바울을 통해 로마서로 인용되고 다시금 루터의 입에 담기면서 성경의 그 어떤 말씀보다 유명세를 누리고 있는 구절이다. 예수님에 대한 믿음으로 말미암아 산다. 그 길밖에 없다. 땅에서 하늘로 직선으로 뻗은 예수님이 그리스도로서 이루신 연쇄 과정의 길밖에 없다.

그러나 기억하는가. 성경은 처음부터 이 직선의 길에 못지않게 아니 이 길보다 더 먼저, 더 많이, 심지어는 길로서 오신 예수님 본인의 입을 통해서도 끊임없이 그 길의 최종 도착지에 대해 언급하고 있다는 사실을.

"너는 마음을 다하고 뜻을 다하고 힘을 다하여 네 하나님 여호와를 사랑하라"(신 6:5)

마음을 다해 사랑하라는 것은, 더는 하나님 외에 다른 대상을 사랑할 여력이 없을 만큼 그야말로 마음을 모두 다 쏟아부어 사랑하라는 말씀이다. 이 말을 바꾸어 《웨스트민스터 소요리문답서》 제1항에는 이렇게 묻고 대답한다.

"사람의 제일가는 목적이 무엇이뇨? 하나님을 영화롭게 하고 그분을 영원토록 즐거워하는 것입니다."

그렇다. 즐거워한다는 것은 마음이 한 분 하나님께만 가서 기꺼이 머물며 행복해하는 것이요, 영화롭게 한다는 것은 그렇게 하나님으로 인해 얻게 된 기쁨과 행복을 내가 맺는 모든 관계에서 드러내면서 삶을 산다는 것이다. 다시 한번 단계를 정리하자면 먼저 하나님께 마음이 직선으로 가닿고, 그다음에 하나님께 머물러 행복할 것이고, 그렇게 하나님으로 인해 생긴 기쁨의 기운을 이 세상의 모든 삶의 관계에서 드러내라는 말씀이다.

사실 따지고 보면 기가 막힐 따름이다. 길의 다원주의가 어디서부터 지원 사격을 얻고 있는지 아는가? 예수님의 유일한 길 되심을 전매품처럼 고수하며 붙들고 있는 교회라는 예배당 조직으로부터다.

교회들이 불난 집에 기름 붓듯 길의 다원주의의 폭발적인 확장에 적지 않을 정도로 빌미를 제공했다는 의심을 면할 길이 없음이 실제 상황이다. 천지를 지으시고, 그러나 인간 개개인을 개인적으로 인격적으로 관계하길 원하시는 여호와 하나님만이 땅에서 하늘로 직선으로 뻗은 저 유일한 그리스도 연쇄 과정의 길이 도달하는 유일한 도착 지점이 되신다는 사실을 교회는 목숨을 걸고서라도 고수했어야 했다. 그러지 못한 결과로 길의 다원주의가 간접적으로 정당화될 수도 있었음을 부인할 수 없다.

인격적으로 우리를 향해 아버지이시기를 자처하신 바로 그 하나님께로 가는 길이 아닐 바에는, 모든 종교에 구원이 있다는 길의 다원주의를 주장하는 정신 나간 자들의 말도 틀린 말이 아니지 않은가.
'천당'이라는 말을 먼저 사용한 불교의 해탈과 뚜렷이 구분도 안 가는 막연한 구원, 추상적인 무한한 자유, 생명에의 경외, 사랑과 박애, 종교적인 신비주의의 경험, 도덕 지상주의, 인생의 성공적 고지 탈환, 세상의 복, 가정의 행복, 원만한 인간관계, 치유와 다양한 은사, 성공, 출세, 승진, 형통 등등 이런 것들이 기독교 종교인들이 진심으로 도달하고 싶어 하는 도착지들이라면, 길의 다원주의를 주장하는 자들의 생각이 백번 타당하지 않은가?

도달해야 할 길 끝이 이 같은 것들이라면 굳이 예수님만 유일한 길이라고 고집할 필요가 전혀 없다. 이렇게까지 다양한 이 세상 안에 있는 목적지들을 표방하면서 동시에 그리스도 연쇄 과정을 이루신 예수님만을 유일한 길로서 고집한다는 것이 얼마나 우스꽝스럽고 편협한가? 하나님 자신 말고도 다양한 목적지를 주저 없이 떠들어 대면서도 예수님을 유일한 길로서 고집하는 기독교 종교는 그야말로 고리타분하고 편협한 것일 뿐만 아니라 무지하고 정신 나간 자들이다. 유일한 길이신 예수님 이름을 소리 높여 외치면서 동시에 다양한 목적지를 입에 올리는 기독교는 일종의 영적인 변태 집단이다.

세계 100대 재벌 중 진실한 기독교인이 몇 퍼센트나 되는지 누가 좀 조사해서 알려 주면 정말 고맙겠다. 여기서 이런 상상을 해 보자. 대부분의 일본 재벌은 예수를 안 믿는다는 사실을 잘 알고 있는 어떤 사람이 예배당에 발을 들여놓은 첫날 강단에서 울리는 설교를 통해서 재벌 되는 길로 예수를 소개받았다면 그는 당연히 다원주의자가 될 수밖에 없지 않은가. 그가 알고 있는 상식 안에서 꼭 예수님을 유일한 길로서 붙잡지 않더라도 일본에서 이루어지고 있는 방식으로 얼마든지 재벌은 될 수 있으니까 말이다.

　유일한 직선의 길이신 십자가에 달리신 예수님을 통해, 하늘에 계시는 아버지 하나님을 유일한 목적지로 삼아 마음이 가닿아 머물기를 한순간인들 잊고 중단해 버리면 안 된다. 또 천지의 주재이신 창조주께서 예수 안에서 인격적으로 우리와 닿아 밀착하여 함께하길 원하신다는 이 사실을 잠깐이라도 뒤로하면 안 된다. 하늘에 계시는 하나님 아버지 대신 이 땅에 있는 나 자신을 대상으로 삼는 사랑과 관심의 울타리 안에서 구원, 심판, 지옥, 천당, 아무리 떠들어 보아도 다원주의자들은 틈바구니를 찾아 교회 안으로 스며들어 오게 되어 있다. 그러한 자기 사랑은 꼭 그리스도 연쇄 과정 속 예수님을 믿지 않아도 얼마든지 가능하기 때문이다.

　기독교는 종교로서 이론적인 체계를 갖추기 위해 구원, 심판, 지옥, 천당 등등 이러한 단어들을 동원한다. 그런데 이런 단어를 마찬가지로 포함하고 있지 않은 다른 종교가 이 지구상에 있는지 나는 모르겠다. 종교의 이러한 일반적 특성을 잘 알고 있던 독일의 철학자 칸트(Immanuel Kant, 1724-1804)는 그래서 '실천이성의 요청'(Postulate der praktischen Vernunft)이라는 명제를 말한다. 칸트는 이 명제 아래 '요청'하는 세 가지 사항 중 '신'을 그 하나로 인간 세상에 소환하여 고맙게도 인생살이에 끼실 수 있도록 취직까지 시켜 드리고 있지 않았던가. 즉 도덕적인 삶이라는 최종 목적지를 마음에 품게 되면 사람들은 그 목적지에 도달하기 위한 하나의 수단으로 '신'이라는 초월적인 대상을 자기 삶에 '요청' 즉 불러들여 참여시키고 취직시킨다는 뜻이다.

　칸트에 따르면 실천이성의 주도하에 도덕적으로 예쁘고 착하게 살려면 상과 벌을 주시는 종교에서 말하는 신이라는 존재가 최고의 선(summum bonum)으로서 요청된다는 말이다.

요청(要請)이라는 말에는 이런 뜻이 들어 있다. 신이 실제 있다 없다 이따위의 무의미하고 불가능한 논쟁은 그만두자는 것이다. 하나님 자신이 진짜로 있거나 없거나 상관없이 우리가 마땅히 도덕적 생활을 해야만 한다는 당위성은 분명하다는 것이다. 그런데 그러한 도덕적 생활의 당위성에 설득력을 부여하려면 신이라는 존재를 도덕적 의미에 있어 최고의 선이라고 설정해 놓자는 것이다.

다시 말하면, 상 주고 벌을 주는 어른 없이는 아이들이 말썽만 피우고 말을 잘 안 듣는다는 것이다. 인생살이 사는 것은 운동장에서 선수들이 뛰듯 우리 인간들이 알아서 이 세상이라는 운동장에서 '자율적 이성'을 따라 뛸 것인데, 그래도 우리끼리 뛰면 박수도 비난도 함성도 야유도 없는 싱거운 짓거리가 될 테니, 신이라는 이름을 인정해 주는 대신 초청받고 세상에 오셔서 그런 것 좀 해 주시는 관객이 되시거나 아니면 심판의 옷을 입은 허수아비가 되어 달라는 것이다.

나 자신이 마치 무슨 칸트 학파의 아류라도 되는 듯이 도덕적으로 온전한 삶이 길 되시는 예수님을 통해 도달해야 할 다양한 도착지 중의 하나인 것처럼 단 한 번이라도 설교했던 기억이 스스로 역겹다. 일찍이 유럽이나 한국의 선배 목사님들이 나처럼 그러지 않으셨더라면 좋았을 뻔하였다. 그랬더라면 '하나님에 대한 지식에 이르는 길은 오직 도덕적 양심을 통하는 길밖에 없다'라는 등의 불신앙적이고 반(反)복음적인 막말을 신학이라는 이름 아래 마구 토해 내는 릿츨(Albrecht Ritschl, 1822-1889) 학파 같은 칸트의 후예들이 많이 줄어들었을 것이 아닌가.

예배당 강단에서 울려 나오는 설교가 길 되시는 예수님을 통해 도달해야 할 도착지의 유일성을 잃으면서, 예수님의 십자가 복음은 교인들 사이에서, 다른 어디도 아닌 바로 기독교 종교의 울타리 내에서 마구잡이로 유린당하여 왔고 지금도 유린당하고 있다.

기독교 종교가 복음을 무력화한다

그리스도의 교회라는 이름 아래서 왜 사람들은 이 땅 위에서의 풍요와 다산 그리고 형통한 삶과 다양한 인생의 비전 등을 자기들의 마음이 직선으로 움직여 가닿아야 할 대상으로 여기고, 그런 목적지에서 머물며 떠나려 하지 않는 것일까?

도대체 왜 그리스도의 교회가 하나님을 유일한 직선의 대상으로 인정하여 가닿아 머무르는 정직과는 전혀 종자가 이질적인 다른 정직의 사람들의 모임인 수양버들의 군락지가 되어 버린 것일까? 왜 교회는 이 점을 구렁이 담 넘어가듯 은근슬쩍 뭉개고 지나가려고 하는 것인가?

인격이신 하나님 아버지 자신과 땅 위의 형통한 삶이 동급의 대상이라도 된다는 말인가. 이렇게 따지고 든다고 해서 하나님께서 허락하시는 복과 형통, 건강, 재물 등등이 나쁘다거나 불필요하다고 말하자는 것이 아니지 않은가.

그러나 하나님께서 주권적으로 관장하시는 이 땅 위에서 몸으로 사는 짧은 기간 동안 받을 복을 마음을 다해 사랑하는 것과 하늘에 계시는 영원하신 하나님 자신을 이 땅에서부터 마음을 다해 사랑하는 것은 전혀 같은 것이 아니지 않은가?

선민들과 관련하여 풍요와 다산을 주권적으로 어떻게 관장하시든, 그들의 삶을 순탄케 하시든 역경을 뚫고 나가게 하시든, 이 땅을 향하신 아버지의 사랑과 주권과 뜻은 그야말로 아버지 자신에게 속한 것인 만큼 그분의 자유에 맡기고 제발 교인이라고 자처하는 우리 자신들만이라도 마음을 아버지께 첫 번째로 그리고 직선으로 다 드리는 일에 좀 신경을 써야만 하는 일 아닌가?

"나로 말미암지 않고는 아버지께로 올 자가 없느니라"
이 말씀은 사실 아버지께로 가고 싶어 안달이 난 사람들 가운데서나 빛을 볼 수 있는 말씀이다. 아버지께로 가고 싶어 사방으로 그 길을 찾아 헤매며 애가 타서 죽어 가던 사람들에게 해 주셨어야 기쁨의 소리인 복음이 될 수 있었을 것이다.

그러나 교인임을 자처하는 사람들은 애초에 대부분 하늘 아버지께로 마음을 다해서 가고 싶어 안달복달하다가 예수님을 만난 사람들이 아니었다. 아버지께로 마음을 직선으로 보내 드리고 그곳에 마음이 머물고 싶은 열망이 없는 자들에게 십자가 복음은 복음으로서 효과를 거의 낼 수가 없게 된다.

왜냐면 예수님의 십자가 죽음에 이어지는 부활 승천의 그리스도 연쇄 과정 전체를 포함하는 복음은, 그야말로 하늘에 계시는 하나님께로 내 마음이 갈 수 있는 유일한 직선의 길이기 때문이다. 그렇다 복음은 하늘로 가닿을 수 있는 직선의 길이다. 하늘에 계시는 아버지께로 가는 것 말고 다른 목적지를 향한 길로써의 역할은 결코 십자가 복음의 전공과목이 아니며 정말 아무런 상관이 없으니까 말이다.

사업가에게 물어보자. 하늘 아버지께로 가는 것이 소원이었던 적 있는가? 자녀를 둔 어머니에게 묻는다. 하늘 아버지께 가고 싶어 애태워

본 적이 있는가? 목사들에게 묻는다. 마음이 아버지께로 가고 싶은가, 아니면 소위 성공한 부흥하는 목회로 가고 싶은가? 왜 그렇게 열심히 기도하고, 왜 그렇게 열심히 심방하고, 왜 그렇게 설교를 잘하려고 애를 쓰고 있었던가?

'하나님께 맡겨라', '하나님께 순종하라', '하나님께 충성하라'라는 하나님 아버지에 대한 설교조차 목사 자신의 아버지께로 가고 싶은 열망과 교인들에게서 아버지께로 가고 싶어 하는 열망을 불러일으키기 위함인가? 아니면 결국 복음적으로 잘하는 설교라는 칭찬을 바탕으로 목회를 크게 일구어 보고 싶어서인가?

조금 더 다잡아서 한 번만 더 묻자. 힘차게 아버지께로 가야 한다고 설교하는 이유조차 내심 아버지께 가기 위함인가, 아니면 수양버들처럼 하늘에 계신 하나님 아버지라는 이름을 스쳐 지나 다시금 땅으로 굽어 드리워지기 위함인가?

루터가 말한 자기 자신에게로 굽어진 존재(in curvatam in se)라는 말은 목사든 신학교 총장이든 교단 총회장이든 교황이든 추기경이든 예외 없이 하나님과 예수님의 이름을 부르는 모든 사람을 두고 한 말이다. 이것이 무슨 큰 소리로 자랑할 일은 아니지만, 교인을 자처하는 우리는 모두 영적으로 보자면 수나라 양제의 타락과 음탕과 퇴폐를 상징하는 수양버들이요 노류장화다. 그리고 교인들을 수양버들로, 영적 화류계의 인사들로 만들어 예배당 안에 줄줄이 세워 놓고 수양버들 춤추는 길에 꽃가마 타고 시집가는 갑순이가 되고픈 사람들이 바로 기독교 종교의 지도자들이다. 그래서 목사 같은 지도자들은 사실 옛날 수양제보다 더 그 죄질이 나쁘다.

종자가 수양버들이라서 "in curvatam in se"의 자신 안으로 굽은 유전 형질을 지닌 사람들이 그러한 자기 자신에 대한 자각과 아무런 경계심 없이 교인을 자처하게 되었다. 그래서 하늘을 향해 뻗은 직선 길의 시작점인 십자가에서 오히려 예수님과 결별하는 괴현상이 나타난다.

즉 십자가에 못 박히신 그리스도를 믿는다고 하면서 정작 십자가 죽음 이후 연쇄적으로 일어나는 부활과 승천과 보좌 우편에 이르는 과정은 아예 따라가려고 하지를 않는다. 대신 십자가에서 죄 사함의 이득만을 취한 뒤에 다시금 땅에 밀착된 자기 자신에게로 회귀해 돌아오는 굽은 길을 만들어 놓고는 멋대로 그 굽은 길을 믿음이라고 확정해 버렸다. 십자가를 기점으로 예수님은 세상을 빠져나가 부활 승천의 과정을 거쳐 하늘로 올라가시는데, 대부분 예수님을 믿는다는 교인들은 십자가에서 다시 이 땅으로 돌아간다.

하나님을 향한 마음의 움직임이 직선이 되어야 한다는 절대적인 당위성을 우리가 혹시 자각한다고 할지라도 그 자각이 일어나는 내 인격 자체가 이미 모든 생각과 행위의 출발에서부터, 그 동기에서부터 하늘에 계신 하나님이 아니라 이 세상을 너무나 좋아하는 나 자신을 향한 굽음(曲)의 상황 안에 있음이 현실이다.

세상을 돌아보고 나서 방금 하늘나라 회의 석상에 도착한 사탄에게 순전하고 정직한 사람으로 오직 욥 한 사람만을 자랑하실 수밖에 없었던 하나님 아버지의 딱한 심정이나 '내가 아버지께로 가는 유일한 길'이라고 말씀하시면서도 또 한편으로는 "인자가 올 때에 세상에서 믿음을 보겠느냐"(눅 18:8)라고 회의에 가득 찬 어조로 말씀하시던 아들 하나님의 심정이 빼다박은 닮은꼴이었을 것이다.

도착지의 다원주의! 길의 다원주의만큼 이것이 진정하나 하나님의 교회에 대해 원수다. 복음을 위하는 섬김을 전매특허 낸 교회는 길의 다원주의 도전 때문에 망하는 법이 없다. 길의 다원주의는 언제나 정통 교회에 자극이 되었고 경각심을 불러일으키는 긍정적인 기능을 수반하기도 한다. 노골적으로 그리스도를 비난하고 그분의 유일하신 메시아 되심에 흠집을 내려는 사람들은 자기들의 의도와는 다르게 언제나 교회를 자극함으로써 오히려 교회는 더욱 강화되고 더욱 질긴 근성을 키우며 단합해 왔다.

그러나 교회는 '도착지의 다원주의'의 폐해를 감지하지 못함으로 인해서 내부로부터 붕괴하면서 기독교 종교로 전락해 버렸다. 그리고 시간이 지나면서 기독교 종교 자체도 그 자취가 점점 희미해진다. 당연하다. 하늘을 향한 직선을 놓친 교회는 정말 이 땅에서 있어야 할 그 어떤 존재의 의미도 가질 수 없기 때문이다. 하늘에 계시는 하나님 아버지라는 유일한 도착지를 놓쳐 버린 도착지의 다원주의는 교회 외부가 아니라 내부에서 발생하고 그러므로 그것에 대항할 세력이 없다는 점이 정말 무섭다. 유일한 도착지를 다원화해 버림으로써 결국 교회는 스스로 자신의 정체성을 뿌리에서부터 허물어 버린다.

교회가 수양버들의 군락지로 전락한 채로 십자가 복음을 붙잡으면 과연 어떤 일이 일어날까? 직선의 복음이 수양버들의 근성을 지닌 소비자들의 입맛에 맞춰진다. 땅 지향적으로 그릇 해석되고 선포된다. 즉 삶의 현실에서 땅에 마음을 밀착하고 있는 사람들의 필요에 따라 하나님 이외의 다양한 목적지와 연결됨으로써 복음은 그 근원에서부터 철저히 해체되고 무효화된다. 그 결과 선민의 공동체와 교회는 구약 시대에 선민의 나라가 망했던 것처럼 지금까지 망해 왔고 또 앞으로도 망하게 될 것이다.

버스 터미널의 막차 풍경

늦은 시간 경기도에 계신 어머니 댁을 가려고 서울에 있는 시외버스 터미널에서 버스를 타야 할 때가 있었다. 서울에서 일을 보다 보면 막차를 놓치지 않으려고 애를 태우며 터미널을 향해 달려가야 할 때가 종종 발생한다.

그 시간대가 되면 내가 타려는 차편만이 아니라 여러 노선이 막차를 세워 놓고 승객을 기다리고 있는 모습이 눈에 띈다. 버스 회사 종업원들이 이 막차를 놓칠 불행한 손님이 없기를 바라는 마음으로, 또한 한 사람이라도 더 태워야 회사에 보탬이 되어야 한다는 마음으로 각각 최종 종점을 크게 소리 높여 외치는 광경을 접하게 된다. 어떤 때는 빈 차로도 내려가야만 한다. 그럴 때면 기사 아저씨도 버스 회사 종업원도 허전하고 쓸쓸하기 그지없겠다는 마음이 들곤 했던 기억이 난다.

이제 그 쓸쓸함을 예수님의 마음에 오버랩해 본다.

교회라는 종합 버스 터미널에서 예수님은 마치 버스 회사 직원이라도 되신 듯이 외치신다. '아버지께로 갈 손님 안 계세요?'

'기적'이라는 도시로, '형통'이라는 도시로, '문제 해결'이라는 도시로, 또는 더 종교적인 의미의 도시들 예컨대 '사후 천당'이라는 도시, '나의 죄 사함'이라는 도시, '나의 구원'이라는 도시 그리고 연금과 보험 등으로 보장된 '안정된 노후'라는 도시로, 또 비교적 새로 생긴 신도시로 '비전과 꿈'이라는 도시 등등으로 가는 차에는 승객이 바글바글하다.

그런데 마음이 세상 자체를 떠나야 출발이 가능한 하늘 아버지께로 도착하는 길을 달려가야 할 버스에는 승객이 없다. 단지 하나님 이외의 도착지를 향해 간절히 소원하면서 가능한 한 빨리 그리고 순탄하게 그곳에 이르려고 지름길을 찾아 헤매는 자들에게 능력과 지혜를 얻기 위한 잠깐의 경유지로서만 주목받을 뿐, 아무도 그곳을 종점 삼아 내리려는 사람은 없다. 교회라는 버스 터미널에서 하나님 아버지 자신에게로 가는 버스 노선만은 지속하는 적자 운행으로 거의 폐쇄 직전이다.

유일한 길과 유일한 목적지는 불가분이다

여기서 우리는 좀 더 심각한 문제에 봉착하게 된다. 과연 길과 최종 도착지를 따로 떼어서 생각할 수 있겠는가 하는 점이다. 아버지께로만 가는 유일한 직선의 길이 되시는 예수님을 정말 바로 믿었는데 결국 아버지 말고 다른 종점을 향해 있거나 도달해 있을 수도 있는가 하는 점이다. 출발 지점에서 확인되는 목적지로부터 따로 격리된 길이란 있을 수가 없다. 이런 상황은 분명히 목포행 버스에 탑승했으므로 결코 부산에 도착할 수 없는 경우와 같다.

예수님의 십자가는 오직 하늘 아버지께 가닿는 직선 길의 출발점이다. 십자가에서 죽고 부활하시고 승천하신 예수님은 내 마음이 하늘로 가기 위해 올라타야 할 버스다. 그렇다면 마음이 이 세상을 떠나서 하늘 아버지께로 가지 않으면서, 또 가고 싶어 하지도 않으면서 예수님의 유일한 길 되심을 주장하는 것은 참으로 이상하기 그지없는 일이 아닐 수 없다. 이는 마치 부산으로 가고 싶어 하는 사람이 목포 가는 버스를 올라고는 이 버스가 부산 가는 유일한 버스라고 목숨을 걸고 주장하는 것과 무엇이 다를까?

정말로 처음에 목적지를 분명하게 정하고 그에 합당한 길을 바르게 선택했다면 목적지에 도달하는 것은 따로 특별한 노력을 들이지 않아도 되는 일이다. 처음에 목포행 표시를 확인하고 올라탄 버스는 내가 힘쓰지 않아도 목포로 간다.

길과 최종 도착지 사이에 성립하는 이러한 불가분의 관계에 대한 지극히 상식적인 논리를 염두에 두고 가정해 보자. 만약에 아버지께로 간다는 목적의식이 전혀 없는 사람이 정말 길 되시는 예수님을 제대로 믿어서 올라탔다면 어떻게 되겠는가? 결국 그 길에 이끌리어 최종 도착지인 하늘 아버지께 도달하지 않겠는가? 부산 가려는 분명한 목적의식이 없었다고 하더라도 부산행 버스를 탄 사람은 부산에 도착한다. 마찬가지로 혹시 하늘 아버지께 가려는 또렷한 목적의식이 없었더라도 십자가에서 죽으신 예수님을 정말 마음이 제대로 올라탔다면 결국 마음은 하늘 아버지께 가닿았을 것이다. 그리고 그랬다면 아버지 자신의 매력에 빠져 마음이 그 옆을 떠난다는 것이 얼마나 끔찍한 일인가를 실감하게 되지 않았겠는가? 그랬다면 현재 전 세계 교회의 상황은 지금과는 참으로 완연하게 달랐을 것이다.

어떠한 길에든지 바르게 올라섰다면 그 길이 우리를 특정한 최종 목적지로 이끌게 되어 있다.

그러므로 사정은 이렇다. 우리 마음이 하늘에 계신 아버지께로 가지 않고 있다면 그 이유는 예수님을 올라탈 만큼 제대로 믿지를 못하고 있기 때문이다. 즉 우리 마음이 하늘 아버지께 가닿아서 그분 한 분에게만 머무름으로써 주어지는 평강과 만족함이 우리 안에서 발견될 수 없다면, 아무리 예수님을 유일한 길이라고 주장하고 변호하고 외쳐도, 실제로 전혀 예수님이라는 유일한 참된 길 위에 올라서 있는 것이 아니다. 즉 전혀 예수님을 믿는 것이 아니다. 예수님을 정말 믿었다면 무조건 마음은 하늘에 가닿아야만 한다. 예수님은 하늘로 가는 직선 길이시고 동시에 내 마음이 올라타야 할 버스이기 때문이다.

   길과 도착지 사이에 놓여 있는 지극히 상식적인 논리적 연관을 솔직하게 따라오다 보니 소위 교회라고 불리는 단체에 소속된 회원들이 실제로는 대부분 예수님을 전혀 믿고 있는 것이 아닐 수도 있다는 결론까지 도달해 버렸다. 참으로 나 자신도 황당한 느낌을 지울 수가 없다. 아무리 이 지상에 있는 교회의 영적인 상황이 열악해서 무늬만 남았다고 해도 정말 이런 지경까지 이르렀을까?
   그러나 어쨌건 예수님을 십자가 복음이 제시하고 있는 그대로 믿는다는 것이 그렇게 쉬운 일만은 아닌 것이 틀림없는 사실인가 보다. 왜냐면 몸이 아직 살아서 오감을 통해 이 세상 관심거리들이 쇄도해 들어오고 있는 동안에, 마음은 그 모든 관심거리를 뿌리치고 벌써 예수님과 함께 부활, 승천, 보좌 우편까지 이르는 그리스도의 연쇄 과정의 직선 길을 따라서 이 세상을 떠나고 있어야만 하기에 말이다.

천당은 마음이 직선으로 가닿을 대상이 아니다

   '예수 천당! 불신 지옥!'이라는 길거리 전도자들의 우렁찬 외침이 떠

오른다. 길이신 예수님 믿으면 천당 간다. 그러나 우리 자신에게 분명히 해 두자. 천당으로 가려고 예수 믿는 마음은 복음적인 '야샤르'의 정직(正直)이 아니고 그래서 참믿음도 아니다.

천당이라는 단어 자체가 불교에서 나온 것임을 자존심 상해 할 필요는 없다. 그 단어의 속 내용을 복음적인 것으로 채우면 되니까. 천당이라 하거나 천국이라 하거나 여기서는 같은 의미임을 기억하자. 그러나 어쨌든 믿음이 함의하는 직선을 감안할 때 마음이 가닿아야만 할 대상으로 천당을 선택하는 믿음은 전혀 복음적이지 않다. 이 역시 나 자신을 향한 굽음(曲)이다.

예수님은 아버지 하나님 자신께로만 가는 길이지 천당으로 가는 길이 아니다. 내 마음이 머무르는 대상의 문제를 이제는 면도칼로 저미듯이 정확하게 구분해 내어야 한다. 이제 더는 두루뭉술하게 넘어가려 하지 말자. 말하자면 예수님의 아버지이신 하나님께로 간 뒤에 정신 차리고 보았더니 그 아버지의 보좌가 있는 곳이 천당이고 천국인 것이다.

천당 가려고 예수님 믿는다는 말은 완전히 이방 종교적인 그래서 그 종자가 판이한 다른 정직이고 전혀 다른 신앙이다. 천당 가려고 예수님 믿음은, 사후에도 최고로 좋은 환경에 있을 나 자신이 마음이 직선으로 가닿을 대상이 된다는 점에서 그렇다.

천당을 마음이 직선으로 가닿아야 할 대상으로 삼는 한, 극락왕생을 외치는 불교와 다를 바가 없다는 다원주의자들의 말이 힘을 얻게 되어 있다.

우리는 천당이 아니라 하늘 아버지 자신께만 가려고 예수님을 믿는

다. 먼저 그 마음으로 하나님 아버지를 본 자가 천당을 보게 되고 가게 된다는 것은 맞는 말이고 또, 그렇게 될 수밖에 없다. 그러나 마음에서 천당을 먼저 본 자가 하나님을 본다는 것은 거짓이고 실현 불가능하다.

우리의 마음이 하나님 아버지보다 더 먼저 보는 천당은 하나님의 보좌와 주님이 계신 실재의 천국이 아니라 종교적 상상력이 만들어 내는 망상적 희망 사항에 불과하다. 종교가 만들어 내는 유토피아다.

나 자신에게로 심하게 굽어 버린 마음 상태에 대한 아무런 경계심 없이 예수님 십자가의 복음을 받아들이면 결국 믿음의 최종 목적지는 나 자신이 되어 버리고 만다. 이런 경우 마음이 실제로 직선으로 가닿는 대상은 예수님의 십자가 덕분에 '천당 갈 나' 혹은 '천당에 있을 나' 자신이 되어 버리고 마는 것이다. 이 경우 나는 복음의 정직과는 이질적인 다른 정직 안에서 하나님 아버지 자신이 아니라 '천당 갈 나' 자신에게 정직한 것이고 궁극적으로는 하나님이 아니라 바로 '나' 자신을 경외하는 것이 되어 버린다.

그럴 리가 없겠지만, 우리의 생각을 분명하게 할 필요가 있어서 말도 아닌 가정을 하고 질문을 던져 본다.

살아 계신 하늘 아버지가 천당에 안 계신다고 가정해 보자는 것이다. 그런데 천당은 그동안 우리가 알고 있던 대로 실제로 좋고 황홀한 곳이다. 그렇다면 우리는 어떻게 해야만 하는가.

다시 말하거니와 우리의 생각을 분명하게 할 필요가 있어서 가정하는 것이다. 아버지 계신 곳과 영원히 머물기에 그렇게 좋다는 천당이 서로 다른 곳이라면 아버지께 갈 것인가 천당에 갈 것인가? 당연히 예수님을 믿는다면 천당을 포기하고서라도 아버지께 가야 한다. 예수님은 천당이 아니라 아버지께 가는 길이시니까. 이런 가정하에서는, 꼭 천당을 가려면 하늘 아버지도 그리고 그 아버지께 가는 길인 예수님 믿는 일도 포기하여야 한다. 만약 예수님도 하나님도 안 계시는 천당이 눈에 밝히 보여서 그 극단적인 좋음이 속속들이 드러난다면 현재의 추세로는 교인이라는 사람들 대부분은 일말의 주저함도 없이 예수님 하나님 다 등지고 천당으로 곧장 달려갈 것이 분명하다.

일단 이렇게 가정해서 오직 아버지께만 직선으로 정직한 것이 무엇인지를 정확히 하고 분명히 하였다면, 이제 부차적으로 인정해야 할 당연한 사실은 아버지가 계신 곳이 바로 천당이라는 것이다.

천당 간다고? 어디로 가겠다는 것인가. 실천적인 측면에서 우리가 찾아야 할 천당은 따로 없다. 아버지를 찾으면 천당은 바로 그곳에 있다.

이것도 말도 안 되는 가정에 불과하지만, 혹시 하나님 아버지 계신 곳인 천당이 환경적인 측면에서 아주 열악하다면 어쩔 것인가. 천당이 아버지가 있는 곳은 맞는데, 이 세상보다 더 좋은 면이라고는 하나도 없는 곳이라고 하면 갈 것인가 말 것인가? 그래도 하나님께 우리는 가야 한다. 하나님은 예수님과 우리의 아버지이시기 때문이다.

그러니 우리의 영적 이해력이 정말 엄밀하고 정확해야 한다. 하늘 아버지 자신만을 마음이 좌우로 치우침이 없이 직선으로 가닿아야 할 유일한 대상으로 붙잡는 정직함이 없는 한, 천당의 실재함을 믿고 있다는 고백 자체도 신빙성이 거의 없는 낭설이나 자기기만에 불과하다. 비록 아직 내가 이 땅 위에 살아 있는 동안에도 천당이 막연한 희망이 아니라 구체적인 나 자신의 현실로 나의 기업이라고 믿어지고 실감할 수 있는 이유는 길이신 예수님을 믿음으로써 천당에 계신 하나님 아버지에 대한 정직(正直) 즉, 마음을 다하고 뜻과 힘을 다한 사랑이 활성화되고 있기 때문이다. 콕 집어서 하나님 아버지 자신에게만 마음이 직선으로 가서 머무름 없이 천당이 있음을 믿는다고 하는 확신은 다 교회의 타락하고 왜곡된 형태인 기독교 종교에 속은 오류이고 동시에 자기기만이다.

이러한 하나님 아버지께만 직선으로 정직하여 자기의 마음을 다하는 사랑 없이 말하는 천당은 실재의 천당을 실감해서가 아니라, 죽음 이후의 세계에 대한 막연한 두려움과 종교적 망상이 만들어 내는 사후 보험에 불과하다.

그리고 실재하는 천당을 내가 믿고 있는지는 천당을 가기 위해서라면 지금이라도 죽고 싶은가를 스스로 물어보면 정확히 진단할 수 있다. 다른 곳도 아니고 바로 천당을 실제로 느끼고 있는 마음에 어찌 이 땅 위에서의 무병장수가 복으로 느껴지겠는가. 사도 바울의 고백 같은 말씀이 기억난다.

"우리가 담대하여 원하는 바는 차라리 몸을 떠나 주와 함께 있는 그것이라"(고후 5:8)

"내가 그 둘 사이에 끼었으니 차라리 세상을 떠나서 그리스도와 함께 있는 것이 훨씬 더 좋은 일이라 그렇게 하고 싶으나"(빌 1:23)

그러면 여기서 좌우로 치우침이 없이 직선으로 가닿아야 할 유일한 대상으로 아버지 하나님을 붙잡음이 없이는 결코 천당을 실감하는 믿음이 성립할 수 없다는 사실을, 예를 들어 비유적으로 설명해 보자.

천국에 관한 참된 믿음 거짓 믿음

　내가 독일에서 유학한 곳은 당시 남쪽으로는 튀빙겐과 하이델베르크 그리고 북쪽의 뮌스터와 더불어 독일의 4대 대학 도시 중 하나인 당시 인구 13만에 불과한 괴팅겐이라는 도시였다.

　유학을 결정하고 어머니께 알려 드렸더니 물어보신다. 정확히 독일이 유럽의 어디에 위치하며 더구나 괴팅겐은 독일 안에서 어디쯤인가 하는 궁금증이 발동하신 것이다.

　그 뒤로 5년 남짓한 유학 기간 하루같이, 대한민국 할머니 중 십중팔구가 전혀 알지도 못하시고 알 필요도 없으신 독일의 대학 도시 괴팅겐을 어머니는 꿈에도 잊지 않으시고 기억하시며 마음으로 보고 계셨다. 독일 땅 안에 괴팅겐이라는 대학 도시가 존재한다는 사실은 모든 한국의 할머니들에게 동일한 객관적인 사실이다. 그러나 이 작은 대학 도시의 존재가 다른 할머니들에게는 마음을 두어야 할 삶의 현실이 아니라 단지 알 필요도 없는 단순한 사실 그 자체일 뿐이었다.

　그러나 어머니의 경우는 달랐다. 어머니에게 괴팅겐은 단지 하나의 사실이 아니라 특별한 관심의 대상으로 승격한 사실, 즉 현실이었다. 독일도 아닌 옆 나라 프랑스에 폭우만 쏟아져도 어머니는 어김없이 괴팅겐으로 전화하셔서 안부를 묻곤 하셨다. 그러면 왜 어머니의 마음에 유럽의 작은 도시 괴팅겐이 그리도 지속적인 관심의 대상이었으며 당신 자신 삶의 현실로서 편입되어 늘 마음에 뚜렷하게 보였을까? 그곳에 사랑하는 아들이 가 있었기 때문이었다.

　그러나 그 아들이 유학을 마치고 괴팅겐을 떠나온 뒤로, 내 기억이 맞는다면, 어머니는 강산이 몇 번이나 변할 그 긴 세월 동안 이제 더는 아들이 없는 그 대학 도시 괴팅겐을 언급조차 하지 않으셨던 것 같다. 어머니의 의식에서 괴팅겐은 완전히 사라져 버리고 말았다.

  천국에 대한 관계에서도 경우는 동일하다.
  기회만 되면 천국 관련 찬송을 힘차게 불러도, 실은 무병장수가 여전히 지금 당장 죽어 천국 가는 것보다는 훨씬 더 마음에 끌리는 복으로 느껴지는 까닭은 무엇일까? 사도 베드로와 초대 교인들이 보았듯이, 스데반 집사님이 보았듯이, 사도 바울이 보았듯이 그렇게 천국을 우리 마음이 보고 있지 못하기 때문이다.
  그렇다면 왜 천국이 마음에 안 보이는 것일까?
  어머니께서 괴팅겐을 마음으로 보시게 된 이유를 거꾸로 생각하면 알 수 있다. 사랑하는 아들이 그곳에 없었다면 어머니는 괴팅겐이라는 작은 도시를 보실 수도 보실 필요도 없으셨다.
  이처럼 무엇인가 엄연히 실재하는 사실이라도 내 마음이 가서 닿을 이유가 없으면 그 어떤 사실도 단지 무관한 사실일 뿐 내 현실이 될 수가 없다.

  마찬가지로 하나님 아버지께만 정직하여 그분만을 사랑하지 않으면 아버지가 계신 천국이 마음에 안 보이게 마련이다.
  이 땅 위에서 사는 동안 내가 마음으로 못 본다고 객관적인 천국의 실재에 문제가 생기는 것은 아니지만, 못 보는 자에게 천국은 마음과 동떨어진 무관한 사실일 뿐 실감되는 현실이 아니다. 먼저 하나님 아버지께 마음을 드려야 비로소 그 아버지가 계신 천국이 마음에 보이고 나의 현실이 될 수 있는 것이다. 4차원의 천국이 3차원을 사는 우리에게 현실감의 대상이 될 수 있다는 사실이 그저 놀랍지 않은가?

이처럼 마음이 하나님께만 정직하기 때문에 그 결과로 보이는 현실로서의 천국이 아닐 경우, 단순히 교리로 배운 내 생각 속의 천국은 지옥 갈 것이 두려워 채택한 하나의 심리학적 대안이거나 사후 세계에 대한 보험으로서 안개에 덮여 있는 막연한 종교 일반이 제시하는 거짓 소망이다. 그런 천국은 십자가에서 죽었다가 부활하신 주님께서 약속해 주시고 먼저 올라가 계신 그 실재의 천국이 아니다. 즉 천국에 대한 거짓 신앙이 되어 버리고 만다.

종교로 전락해 버린 예배당 조직의 회원들이 교인임을 자처한다. 그런데 요즘 이렇게 자칭 교인들이라는 사람들이 기독교 울타리 밖에서 사는 전혀 다른 신앙과 전혀 다른 정직의 사람들에게 못지않을 만큼 강렬하게 이 땅 위에서의 안정된 삶과 성공에 열광하는 이유는 간단하다.

길이신 예수님을 통해서 하나님 아버지께만 직선으로 가닿는 정직함이 사라짐으로써 하나님 자신을 조금도 좋아하지 않고 사랑하지 않기 때문이다. 따라서 예수님과 하나님이 계신 천국이 교리적으로는 사실임을 인정하더라도 실제로는 마음에 전혀 현실로는 느껴지지도 않고 보이지도 않게 된 것이다.

교인이라는 사람들이, 이 세상의 중력을 뚫고 밖으로 나가 하늘로 향하는 예수님을 따라가야 하는 마음의 직선 길이 차단된 상태에 갇혀 있다. 이런 사람들에게 하늘 아버지가 계신 진짜 천국에 당장 가고 싶은 대신에 이 땅의 안정된 삶이 열망의 대상이 되고 꿈과 비전이 되는 것은 당연한 일이 아닐 수 없다.

이처럼 아버지 자신이 계시는 곳이라는 이유 때문이 아니라 자기 자신의 사후를 위해서 필요한 천당을 얻으려고 예수님을 믿는 것 역시 도착지의 다원주의이다. 이유는 마음의 움직임이 결국에 천당에 가 있게 될 나 자신을 하나님 자신보다 더 우선하여 직선으로 가닿는 한계를 못 벗어나기 때문이다. 이처럼 마음을 다해서 하나님과 천당까지 끌어들여 사랑하는 대상이 궁극적으로 나 자신이 되어 버리기에 복음적인 직선의 정직함이 없는 것이고, 물론 그렇다고 부정직하지도 않지만 전혀 종자가 이질적인 다른 정직의 사람이며 동시에 진정한 믿음이 아닌 다른 믿음의 사람인 것이다.

잊지 말자. 길이신 예수님을 믿음이란 내 마음이 십자가에서 예수님과 연합하여 올라타는 것이고 그럼으로써 하나님 한 분에게만 좌우로 치우침이 없이 가닿아 밀착하여 머무르는 상태라는 것을 말이다. 예수님은 천당이 아니라 아버지께 가는 길이시고 천당은 아버지가 계신 처소임과 동시에 자연히 그 길이신 예수님을 따라 아버지께 가게 된 나의 처소도 되는 것뿐이다.

죄 사함도 마음이 직선으로 가닿아야 할 대상이 아니다

죄 사함도 마찬가지로 우리 마음이 좌우로 치우침이 없이 직선으로 가닿아야 할 대상이 아니다. 죄 사함을 받아 구원 얻으려고 예수 믿는다는 말을 우리는 너무나 아무런 거리낌 없이 되풀이한다. 그러나 그러한 마음인 한 죄 사함 그 자체는 아무런 의미도 효과도 낼 수가 없다. 내가 죄 사함을 받아 구원 얻으려는 간절한 바람 자체가 여전히 죄악에 찌든 상태에 갇혀 있다는 증거이기 때문이다. 즉 하나님이 아니라 죄 없는 나를 사랑함이다.

죄가 도대체 무엇인가? 죄는 공중을 표류하다가 나 자신의 인격이라는 무인도에 도착해 홀로 살아 있는 로빈슨 크루소가 아니다. 관계를 떠나면 죄도 성립이 안 된다. 죄가 무서운 이유는 나 자신에게 주어질 멸망 때문이 아니라 하나님 아버지를 잃게 하기 때문이다. 궁극적인 좋음 되시는 거룩하신 나의 하늘 아버지께로 내 마음이 갈 수 없게 만드는 장애요 더러움이기 때문이다.

내가 심판받고 지옥 갈 것이 두려워 죄 사함을 받고 지옥행을 면했다고 그것으로 기뻐 뛰며 노래함으로 끝난다면, 우리는 죄 사함을 받았다는 확신 안에서조차 현실적으로 역사하고 있는 죄의 속박 속으로 또다시 빠져들어 가게 된다. 죄에서 나와 다시 죄로 점프해 들어가는 셈이다. 넓게 흐르는 썩은 시궁창에서 왼쪽에 있다가 살짝 오른쪽으로 위치를 바꾸는 것과 다름없다.

죄 사함이 예수님의 십자가 사건을 통해 일어나고 주어지는 이유는 나의 죄 사함 그 자체를 위해서가 아니다. 하나님 아버지께만 갈 수 있기를 위한 것이다. 다시 말해 하늘 아버지와의 실제적인 만남이 우리 쪽에 죄가 있어선 이루어질 수 없는 일이기에 죄 사함이 은총으로 주어지는 것이다. 십자가 보혈로 죄의 더러움이 깨끗이 씻겨야 거룩하신 하늘에 계신 하나님 아버지께만 마음이 가서 안길 수 있고, 그러한 마음으로만 내가 하나님을 안을 수 있기 때문이다. 하나님께 가닿을 수 있기 위해서만 죄 사함은 절대로 필요하다.

우리는 죄 사함을 받은 후에도 여전히 여기 땅에서 살아 있다. 그러면서 마음이 직선으로 가서 만나고 가지기를 간절히 열망하는 대상 모두가 여전히 이 땅에 있는 것들이라면 도대체 죄 사함이 무엇 때문에 필요한 것인가? 마음이 다른 대상을 향하느라 아버지한테서 떨어져 있는 것이 죄가 아니던가? 마음이 하나님이 아니라 다른 대상으로 직선으로 가 닿아 접촉하는 상태가 죄가 아닌가?

수양버들처럼 올라갈 듯 다시 굽어져 땅 위의 성공과 출세와 형통 등으로 돌아가는 데에는 전혀 죄 사함이 필요 없다. 대통령 되고 장관 되고 판사 되며 총장 되고 사장 되는 등 이 세상에서 출세하는 일에는 죄 사함이 필요 없다. 사업가 되어 돈 잘 버는 일에 죄 사함이 왜 필요한가? 일류 대학 들어가는 데에 왜 십자가 죄 사함이 필요한가? 또 죄 사함을 받지 않은 자들이라고 반드시 돈을 벌지 못하거나 혹은 부정한 방법으로 버는 것만도 아니다. 죄 사함 없다고 모두가 질병에 걸리고 단명하는 것도 역시 아니고, 일류 대학 못 들어가는 것은 더더욱 아니다. 십자가를 통한 죄 사함이 없어도 온갖 종류의 위인과 영웅이 다 될 수 있다. 이 땅에서 위대한 사람이 되는 일에는 십자가 죄 사함이 전혀 필요 없다.

그렇다면 우리가 그토록 땅에 있는 것들을 향하여 다른 정직의 상태를 유지하면서도 되풀이하여 외쳐 대는 죄 사함은 결국 무엇을 위함인가? 결국에는 수양버들처럼 하늘로 올라간 듯 땅으로 내려오는 나 자신의 속임수를 의롭다고 여김을 받았다는 기만적인 확신으로 감추고 정당화하기 위함인가?

아! 이 질기고 무서운 인간의 악한 굽음(㎉)이여! 하나님을 향한 듯 다시 땅을 향해 드리워지는 수양버들의 유전자여!

루터는 또 다른 말로 이처럼 지독히도 자기 자신에게로 회귀하는 이 고질적인 굽음을 탄식한다. "sibi inflectere", '자기 자신에게로 굴곡 된 존재'라는 것이다.

새삼스럽게도 '좌우로 치우침이 없이 직선으로 가닿음'이라는 '야샤르'의 정직이 너무나 고맙다. 이렇게 집요하고 끈질긴 나 자신 안에 있는 굽음의 체질을 정말 투명하고 정확하게 들여다볼 수라도 있게 해 주니 말이다.

축복과 형통도 마음이 직선으로 가닿아야 할 대상이 아니다

예수님 믿으면 생사화복의 주권자이신 하나님을 아버지로 모신다. 여기서 복이 무엇이라고 생각하든 하여간 축복은 하나님이 우리를 사랑하심 안에서 뜻과 필요를 따라서 주시기도 하시고 거두시기도 하신다. 그러나 자기 주도적으로 축복 자체를 겨냥하며 받기를 목적하여 예수님 믿는 사람에게는 진정한 축복이란 주어질 수가 없다. 즉 축복이 마음이 직선으로 가닿는 목적지가 되어서는 그 자체가 이미 죄악과 저주받음의 온전한 활성화 상태이다.

아버지께로 가는 직선의 길이신 예수님을 믿고 따른다면서 하나뿐인 내 마음이 직선으로 도달하고 싶은 목적지가 아버지 자신이 아니라 이 세상의 축복이라면 이보다 더 큰 저주와 손실이 어디 있는가? 정말이지 창조주요 주권자이신 나의 하나님 아버지 팔아 기껏 이 땅의 축복 따위를 사 먹는 것보다 더 큰 어리석음과 망조가 이 세상에서 사는 동안에는 다시 없을 것이기 때문이다.

왜 우리의 마음은 예수님이 시원하게 뻥 뚫어 놓으신 연쇄 과정의 직선 도로를 따라 하늘로 가서 아버지에게 밀착하도록 닿고 머물면서 그분 하나로 만족하지를 못할까? 어차피 이 세상 모든 만사는 아버지의 주권 밖에서 일어나는 일이 없다. 내가 아무리 축복과 형통을 내 나름대로 그림 그리고 간절히 바라고 있어도, 아버지 주권의 판인 생활 현장에서 내가 그려 놓은 축복과 형통의 그림대로 이루어지는 법은 절대로 없다.

그런데도 우리는 아버지의 주권이 물샐틈없이 실시간으로 내려와 결국 아버지 자신이 다 책임지실 일상의 생활 현장을 죽을힘을 다해 끌어안고 떠받치고 있다. 그냥 마음이 그 생활 현장을 등지고 십자가를 통해서 세상 밖으로 나가 직선으로 가면 되는 아버지 계시는 하늘을 죽기보다 싫어하는 마음가짐이다. 이 세상 삶의 현장에서 축복과 형통의 주권자이신 하나님의 주권을 인정하지도 못하고, 하나님의 주권에서 나오는 뜻을 따라 이 세상 생활 현장을 살아가는 법도 모른다.

아버지 한 분으로는 기쁨과 행복이 불가능하다는 듯 꼭 그렇게 재물로 세상의 형통 등으로 보충이 되어야만 하는 듯 입만 열면 축복과 세상일의 순탄함을 노래 불러야만 하는 것일까? 정말 세상의 복이 그렇게 고프고 목말라 죽겠는가 말이다.

나 자신 역시 이 세상적인 복에 대한 굶주림으로부터 전혀 자유롭지 못하다. 그러나 그렇더라도, 날마다 입으로만 고난과 충성과 헌신을 외쳐 대는 신앙의 낭만주의적 성향만큼이나 비전과 축복과 형통을 노래하는 신앙의 실용주의적 성향 역시 이제는 너무 식상하여 대하여 듣고 있는 자체가 힘들고 버겁다.

그리고 세상 안에서 자꾸 새롭고 더 많은 복을 바라면서 달라고 졸라 대기 전에 먼저 잠깐이라도 생각이라는 것을 좀 해 보자. 신앙의 논리상 이런 마음 상태가 과연 가능한가? 믿음의 솔직성 안에서 반추할 때 예수님을 믿어서 하늘 아버지를 실제로 만나고 관계하는데도 이 땅 위에 있는 무엇인가에 대해서 결핍함이 느껴진다는 것이 도대체 가능한가?

다윗은 노래한다.

"여호와는 나의 목자시니 내게 부족함이 없으리로다 그가 나를 푸른 풀밭에 누이시며 쉴 만한 물 가로 인도하시는도다"(시 23:1-2)

이러한 다윗의 노래대로 주권자이신 창조주 여호와가 아버지로서 전지전능하심으로 나를 이끄시는 목자이시다. 하나님은 교리상 내 아버지이시고 내 목자 되시는 것뿐이 아니라 실제로 아버지로서 주권자로서 목자로서 지금도 나를 그 전지전능하심으로 이끌고 계시는 중이다. 만약에 이런 사실을 믿지 않는 그런 사람과는 아예 지금의 대화는 할 필요도 없다. 그러나 만약 이런 엄연한 사실을 믿는다고 고백한다면, 그런데도 부족함을 느끼는 양이 있다는 일이 말이나 되나? 만약 그런 양이 있다면 그 양은 그야말로 기적적으로 희귀하고 변태스러운 양이 아닐 수 없다. 다른 누구도 아니고 천지를 지으신 전지전능하신 여호와 하나님께서 목자라면서, 목자가 '잃어버린 양 한 마리'조차 얼마나 사랑하는가를 잘 알면서 어떻게 '부족함'이라는 느낌 자체가 마음에 가능한 것일까? 하나님이 목자로서 혹시 파업이라도 했으면 모를까 말이다. 목자인 하나님 쪽에 문제가 없다면 문제는 내 쪽에 있다. 내가 양이 아니기에 하나님을 목자로 두고도 부족함이 느껴지는 것이다.

그렇지 않겠는가? 내가 양이 아니고 표범이나 하이에나 악어라면 어떻게 살아 움직이는 사냥감이라고는 없는 푸른 초장과 쉴 만한 물가에서 부족하지 않음을 느낄 수가 있겠는가? 이런 동물들에게 푸른 초장과 쉴 만한 물가는 일종의 감옥이고 저주의 장소이다. 양만이 푸른 초장과 쉴 만한 물가를 즐기고 누릴 수가 있다.

하나님은 목자로서 단 한시도 내게서 푸른 초장과 쉴 만한 물가를 포기해 보신 적이 없다. 하나님 여호와가 내 목자이신 사실이 분명하다면 세상 사람들의 눈에는 어떻게 보이든지 지금 내 형편은 반드시 푸른 초장과 쉴 만한 물가이다. 지금의 형편이 아무리 뜯어보아도 내 눈에는 열악하게만 보일지라도, 그런 형편을 내게 허락하시기 위해서 하나님은 전지전능하심과 독생자까지 십자가에 내어주시는 사랑을 온전히 가동하고 계신다. 그러므로 내가 진정으로 한 마리의 양이기만 하면 내 삶의 형편은 내게 축복 아닌 것이 없다.

그렇다면 내가 양이 되지 못하는 이유가 무엇일까? 양은 스스로 푸른 초장과 쉴 만한 물가에 대한 비전(Vision)을 마음에 품는 법이 없다. 양은 언제나 목자만을 바라본다. 양의 비전은 목자다. 그리고 푸른 초장과 쉴 만한 물가는 오히려 목자의 비전이다. 즉 양은 오직 목자에게만 직선으로 정직할 뿐이다. 양에게는 오직 목자 자신이 결정적으로 축복이다.

그리고 사실 세상 사람들이 말하는 부귀영화와 같은 축복과 삶의 형통도 그 자체가 나쁜 것은 아니다. 그것들을 마음이 가닿고 밀착하여 붙잡게 되는 상태가 악하고 무서운 것이다. 표범이나 사자나 호랑이나 하이에나나 악어와 같은 사람들이나 할 수 있는 일이다. 양인 사람의 마음은 오직 목자이신 하나님에게만 직선으로 가닿을 뿐이다. 부귀영화를 좋아하면 이미 그 자체로 다른 신앙이요 다른 정직이고, 아예 예수님을 믿지 않는 상태이고 파멸로 귀결되는 악이라는 말이다. 이 세상의 부귀영화나 축복이나 형통을 좋아하여 마음이 가닿은 상태에서 예수님을 믿고 하나님을 아버지로 관계할 수 있는 길은 없다.

혹시 진정한 내 것과 내 것이 아닌 것을 가려내는 방법을 알고 있는가? 꼭 기억하자. 죽음을 통과할 때 내 옆에 끝까지 남아 있을 것만이 진정한 내 것이다. 이 땅 위의 어느 것도 내가 죽음을 지나면서 육체가 소멸할 때 나를 따라붙을 수 없다면 내 것이 아니다. 그러므로 부모, 아내, 남편, 자식, 돈, 지위 등 모두 다 내 것이 아니다.

하나님께만 드려야 할 마음을 이런 세상의 대상들에게 영원히 같이할 동반자나 된 것처럼 생각하여 함부로 선심 쓰며 줄 일이 아니다. 내 몸이 죽을 그때에는 오직 예수님 자신과 예수님을 내가 반드시 가야 할 유일한 길로 허락하신 하나님 아버지만이 내 곁에 남아 계실 뿐이다. 바로 그 아버지 한 분이 내가 죽기 전에도 이미 이 세상의 삶 속에서 나의 기업이요, 내게 허락된 유일하신 내 소유이시며 축복이시다.

그러므로 내 마음이 아버지께로 하늘을 향해 좌우로 치우침이 없이 가 버리는 것은 하늘에 가서 아버지를 내 기업으로 얻게 됨으로써 더 보탤 수도 없고 보탤 필요도 없는 현실적인 기쁨과 만족을 마음에 얻는 상태를 말하는 것이다.

비전?! 목적?! 갈증?! 쓰임받는 사람?! 열심?! 형통?! 성공?! 이런 구호들, 아무리 교회가 수양버들의 군락지로 변절하였다고 해도 이제는 지겨워서라도 예배당 모임에서 사라질 때도 되지 않았나? 경이로운 것은 그러한 구호를 외쳐 대는 사람들, 정말 힘도 좋다. 이런 다른 정직과 다른 신앙의 사람들이 모여 우렁차게 구호를 외쳐 대는 소리가 안 들리는 지구가 어디에 또 하나 없을까? 이제는 우리 모두 제발 잠시라도 하나님 아버지 이외의 것을 향한 외침을 잠잠히 쉬는 법을 배웠으면 좋겠다.

이 땅 위에서의 무슨 비전 따위를 운운하며 외쳐 대기 전에 그런 미래의 비전들 백 개를 모아도 상대도 안 될 만큼 크고 크신 더구나 이미 주어져 있어서 가지기만 하면 되는 나의 영원한 기업이 있음을 잊지 말자. 이미 자신을 허락하시고는 내가 가지기만을 기다리시는 하나님 아버지가 우리에겐 있지 아니한가.

전라남도 사람들이 즐겨 먹다 전국적으로 유행이 된 잘 삭힌 홍어회의 코를 쏘는 강렬한 맛을 알려 해도 적지 않은 세월이 필요한데, 나의 영원하신 기업으로 주어져 있는 광대무변하신 우리 하늘 아버지의 맛을 그렇게 바쁘게 땅의 것들을 침 흘리며 쫓아다녀서야 어디 끄트머리라도 알 수 있겠는가? 내 육체의 정하신 기간이 끝나기 전에 하늘 아버지의 맛이라도 알아야 하지 않겠는가? 아버지 자신이 진짜 유일한 축복이라는 사실에 최소한 눈이라도 뜨고 죽어야 하지 않겠는가? 왜냐면 살아 있는 동안 예수님 믿는다고 하면서도 하나님 아버지만이 유일한 축복 되시는 그 맛을 전혀 느끼지 못한 채로 죽으면 그는 아버지 계시는 천국에 절대로 못 들어가기 때문이다.

어쨌든 하늘 아버지께로 가는 노선버스에는 마음이라는 손님들이 없다. 아버지께 직선으로 가서 마음이 머물고 싶어 좌로나 우로 치우침이 없이, 그래서 이 세상에 대한 미련 없이 마음이 깨끗하게 하늘로 가 버리는 사람을 참으로 찾아 보기 어렵다.

나라도 마음이 직선으로 가닿아야 할 대상이 아니다

교회는 참으로 자주 그리고 아주 크게 광고하면서 나라의 정치와 사회의 안정 그리고 경제 부흥과 나라의 평안을 위해 예수님 이름으로 하나님께 기도한다. 누가 뭐라 하겠는가. 그러나 예수님은 말씀하신다.

"나로 말미암지 않고는 아버지께로 올 자가 없느니라"

예수님은 사회 안정으로 가는 길이 아니시다. 예수님은 나라의 평안으로 가는 길도 역시 아니시다. 예수님은 국가의 부국강병으로 가는 길이 아니시다. 예수님은 애국으로 가는 길이 아니시다.

오직 한 사람의 마음이 하늘 아버지께만 가는 길이시다.

혹시 예수님을 길 삼아 오직 아버지께만 마음이 직선으로 가는 참교인들이 함께 사는 바람에, 하나님께서 주권적으로 그 나라를 평안하게 이끄실 수 있을는지는 몰라도, 예수님 자신은 나라의 평안과 부국강병으로 가는 길이 아니시다.

예수님 믿는 사람들이여! 제발 애국자 좀 덜 되자. 그래도 된다.

교회가 나라를 위한 기도를 한답시고 다양한 형태로 대형 집회를 계획하고 모일 때마다 감초처럼 들리는 성경 본문이 사무엘의 이스라엘을 위한 기도의 다짐이다.

"나는 너희를 위하여 기도하기를 쉬는 죄를 여호와 앞에 결단코 범하지 아니하고"(삼상 12:23)

그러나 교회 내에서 횡행하는 이런 식의 나라 관련 생각은 정말 코미디 중에서도 웃지 못할 코미디다. 사무엘이 '너희'를 위한 기도를 쉬는 죄를 범치 않겠다고 했을 때, 그 '너희'가 지금 우리가 생각하고 있는 바로 그 나라와 민족을 말하는 것인가?

또한 참으로 사무엘 선지자가 말한 '너희'가 백성과 나라를 뜻한다고 하더라도 소위 그 나라를 위한 기도의 내용이 정치 안보상의 안정을 위한 것인가? 혹은 이념 간의 충돌에 돌파구를 찾으려는 기도인가? 아니면 불안한 나라의 경제 현실을 위한 기도인가? 어쩌면 그 정도로까지 아전인수 격으로 성경을 이해할 수 있는지 기절할 일이다.

위하여 기도해야 할 나라는 제시한 성경 본문에서 혈연과 지연을 중심으로 한 단순한 조국의 의미를 넘어 출애굽의 구원 역사를 통해 태동하고 율법과 할례로 맺어진 언약을 정체성의 근간으로 삼는 선민 이스라엘을 일컫는다.

그러므로 사무엘이 말한 나라라는 단어를 요즈음 말로 정확히 번역하자면, 대한민국이 아니라 전 세계를 통해 하나뿐인 인종과 국경과 문화를 초월한 예수 그리스도의 공(公)교회를 말한다. 따라서 당연하게도 소위 그 나라를 위한 기도의 내용은 다름이 아닌 선민 이스라엘 백성이 오직 하나님께만 마음을, 그것도 좌우로 치우침 없이 직선으로 다 드려 가닿을 수 있는 백성이 되도록 해 달라는 기도였다.

바로 앞서서 "오직 너희의 마음을 다하여 여호와를 섬기라"(삼상 12:20)라고 한 당부를 사무엘 선지자는 또다시 되풀이하며 바로 다음 구절에 이렇게 요청한다. "너희는 여호와께서 너희를 위하여 행하신 그 큰일을 생각하여 오직 그를 경외하며 너희의 마음을 다하여 진실히 섬기라"(삼상 12:24).

다시 말해 내가 속한 대한민국이라는 나라의 백성이 모든 면에서 안정되고 편안하게 살도록 기도한다는 뜻이 아니다. 사무엘 선지자의 기도는 지금으로 말하자면, 지구 위 전체에서 십자가에 못 박히신 예수님을 믿는 사람들이 어떠한 역사적 상황이 다가와도 출애굽과 같은 출세상의 은혜를 경험한 선민으로서, 두려움에 휩싸이지 말고 하나님 한 분만을 경외함으로 마음을 직선으로 드리면서 섬기는 공동체가 되도록 기도한다는 것이다.

그리고 이 사무엘상 12장, 사무엘의 가르침은 백성들 스스로 나라의 안정을 꾀하기 위하여 이방 나라를 본받아서 생각해 낸 왕 제도를 도입하기를 원하는 상황에서 주어졌다. 즉 이스라엘 백성들이 여호와 하나님 한 분보다 제도적인 왕을 더 의지하려는 태도를 나무라며 주신 말씀이었다. 왜냐면 이방 모든 나라의 백성과는 달리 선민은 오직 왕이 아니라 하나님에게만 마음을 직선으로 드려야 하는 사람들이었기 때문이었다. 왕을 두면 선민의 정직과 신앙이 다른 정직과 다른 신앙이 될 가능성이 높아질 수 있었기 때문이었다.

  소돔과 고모라 심판 전에 의인 열 명을 찾으시던 아버지 하나님께서 길이신 예수님을 통해 그 마음이 세상을 탈출하여 아버지께로 온 열 명의 교인들을 보시고 그러한 교인들이 섞여 사는 사회와 나라에 부흥과 안정과 평안은 주셔도 안 주셔도 아버지의 일이요, 독생자까지 아끼지 아니하신 아버지의 사랑 안으로 회수되어야 할 하나님 주권에 속한 일이다. 제발 하늘 아버지께서 인간의 삶과 역사에 대해서도 스스로 자발적인 사랑과 생각이 있으신 살아 계신 주권자이심을 믿자.

  사회가 불안하고 국가에 위기가 초래될수록 교회는 안정된 나라가 아니라 하나님 아버지 자신을 길이신 예수님을 통해 도달할 수 있는 유일한 도착지로 소개해야 한다. 왜냐면 국가의 위기는 하나님의 주권 안에서 좌우되는 것이고 하나님의 주권은 하나님께만 정직한 선민의 상태를 중심으로 이 땅에 펼쳐지기 때문이다. 교인에게 국가의 위기는 시험이다. 마음을 직선으로 드리는 정직을 국가에 대해 할 것인지 아니면 하나님에 대해 할 것인지를 결정해야 하는 시험이다.

  우리가 하나님 아버지가 참으로 살아 계신 분이며 역사의 주권자라고 믿는다면, 이 사실이 단순히 교리상의 지식이 아니라면, 온 세계를 향하시고 우리나라를 향하시는 하나님 아버지의 통치 행위와 행보는 아버지의 주권적인 자유에 맡기고 교회는 오직 아버지 자신만을 향한 직선의 길을 국가라는 대상에 치우침이 없이 걸어 내야 한다.

마음에서 나라를 깜박 잊을 정도로 하늘 아버지만을 마음과 뜻과 힘을 다해 사랑하는 것이 지상에 흩어져 있는 예수님의 교회가 각자 자기가 속한 나라를 가장 잘 사랑하는 방법이다.

이런 태도가 현실을 외면하는 언급처럼 들리는가?

구약 성경 전체를 관통하는 주제가 무엇인가?

하나님을 마음을 다하고 뜻을 다하고 힘을 다하여 사랑하면 허락하신 땅에서 세월이 장구하리라는 것이다. 여기서 하나님을 사랑하는 일은 우리 선민의 몫이고 복지를 허락하시고 장구한 세월의 역사를 허락하시는 일은 하나님 자신의 몫임을 잊지 말자.

도대체 교회가 스스로 나서서 하나님 아버지께로 가는 길인 예수님을 도착지의 다원화를 추구함으로써 방해하고 저항하며 생난리를 치는 이유가 무엇인가. 왜 교회가 교인들에게 예수님을 엉뚱한 목적지를 위한 길로 소개하고 있는가? 이 질문은 그 답을 몰라서 묻는 것이 아니다.

수양버들의 군락지로 전락한 교회에 깊이 뿌리를 내리고 있는 심각한 문제는 역사의 지평 위에 살아서 역사하시는 주권자 하나님을 실제 살아 있는 분으로 실감하고 기대하며 믿지 못한다는 데 있다. 이 땅에서 벌어지는 삶에 관련된 일 모두 다 인간인 내가 나서서 해야 한다는 강박 관념이 지배적이다. 일종의 지독한 역사 참여 트라우마다. 인간으로서 스스로 내린 결론과 세운 계획 중에서, 하나님이 인간의 부름을 받고 땅으로 달려오셔서 부지런히 수행하실 일을 지시하는 것까지도 포함해서, 교인들은 자기 삶과 자기 나라를 책임지기에 너무너무 바쁘고 분주하다. 인간의 주체적인 의욕과 소위 역사에의 참여가 애국 애족이라는 명분 아래 하나님이 주신 사명인 것처럼 떠들어 대는 동안, 나라 안에서 일어나는 영적인 혼란만 가중되고 있을 뿐이다.

예수님은 역사에의 참여로 가는 길이 아니시다.
우리가 예수님을 통해 가게 될 유일한 목적지는 역사가 흐르는 땅이 아니라 하늘에 계신 아버지 하나님이시며, 그 하늘에 계신 하나님이 내 머리털 개수부터 땅에 떨어지는 새를 포함하여 이 땅 위의 모든 나라와 민족의 역사까지 남김없이 주관하신다는 사실을 이젠 제발 좀 믿자.
그리고 동시에 잊지 말자. 길이신 예수님을 믿으므로 우리의 마음이 하나님께 도착한다. 그러면 하나님은 그 사람들 안에서 그들이 몸으로 맺고 있는 이 세상의 모든 관계를 당신의 다스리심을 위하여 사용하신다. 즉 이 관계들을 통로 삼아서 하나님이 주도적으로 인간 역사에 관여하신다는 사실을 잊지 말자는 것이다.
그러나 바로 이 지점에서 정직(正直)하자. 내가 진정 하나님을 사랑하는가, 아니면 역사를 아니 더 정확히 역사에 참견하기를 사랑하는가. 나라의 역사가 아니라 먼저 하나님을 사랑하는 자의 마음은 하박국 선지자의 노래로 증명될 수 있을 것이다.
"무리가 우리를 치러 올라오는 환난 날을 내가 기다리므로 썩이는 것이 내 뼈에 들어왔으며 내 몸은 내 처소에서 떨리는도다 비록 무화과나무가 무성하지 못하며 … 외양간에 소가 없을지라도 나는 여호와로 말미암아 즐거워하며 구원의 하나님으로 말미암아 기뻐하리로다"(합 3:16-18)

뼈에 사무칠 정도로 강렬한 두려움을 가져다주는 나라와 민족에 닥친 환란이 제아무리 커도, 아버지로서 내 옆에 와 계신 창조주 하나님 자신보다 더 크지는 않다. 바로 가까이에 계신 하나님께만 직선으로 마음을 드리는 정직을 포기하며 지나쳐 버린 상태에서, 하나님으로 인한 기쁨과 즐거움이 전혀 없는 마음으로 역사에 대한 인간적인 관심과 열망을 역사에 대해 하나님이 주신 교인의 사명인 양 목청을 돋우지 말자. 하나님 자신보다 역사를 더 좋아하는 '세상 마니아' '역사 마니아' '정치 마니아'들의 광기에 불과하다.

나라를 위한 기도가 하나님으로부터 사명으로서 주어지는 일은 아마도 전혀 나라에 대한 염려도 관심도 없이 하나님 한 분만이 좋아서 기뻐하며 세상모르고 지내는 어느 산골 촌부에게 일어나면 났지, 나라 사랑을 목청 돋우어 세상을 향해 외쳐 대면서 하나님 아버지께 가야 할 교인들의 마음을 온통 나라와 민족이 처한 상황으로 쏠리게 하는 그 어떤 목사나 애국자 교인에게도 결단코 임하지 않을 것임이 분명하다. 그들은 실제 하나님과 아무런 관련이 없이 그냥 하나님의 이름을 들먹거리며 자기 비즈니스를 하고 있을 뿐이다.

다시 말한다. 역사에의 참여 활동이 참사명인지 알려면, 즉 하나님의 일로서 하나님 자신이 우리를 통해 행하시는 것임이 분명해지려면, 역사의 일과 연관하여 완전히 내 일이 아닌 듯 여기며 하나님 한 분으로 완전히 행복한 마음으로 머무는 시간이 반드시 선행되어야 한다.

이렇게 하나님께만 마음이 직선으로 가는 일에 전념하느라 나라의 상황이 완전히 내 일이 아닌 상태가 전제되지 않고, 나라와 민족의 처지로 인해 생긴 걱정과 염려와 분노와 격정에 쫓기며 출발하는 모든 나라 사랑은 아무리 하나님의 사명 운운해도 그것은 단지 인간의 일이요 거짓말이고 속임수이며 다른 신앙이고 다른 정직일 뿐이다.

가장 안정적으로 모델이 될 만한 영적 환경을 조성했던 예루살렘 교회가 일곱 집사 선출을 시작으로 조직화되려고 할 시점에, 하나님은 그런 조직화를 통한 교회의 안정과 평안 대신에 핍박을 통해 조직화의 길을 차단하시고 교인을 흩어 버리셨다. 또 중세 시대의 교회는 사회적으로 정치적으로 국가 권력 위에 설 만큼 세력을 확보하고 안정적인 위치에 서게 되었을 때, 종교 개혁을 통해 통째로 깨져야만 하는 영적 화석화 현상에 빠져들었었다.

우리가 말하고 원하는 국가와 교회와 가정의 안정이 대체 무엇인가? 순탄함이 무엇인가? 솔직히 무엇이, 어떤 상태가 우리 교회와 그다음 세대에 영적으로 도움이 되는지 판단할 수나 있는가? 도대체 우리는 국가와 사회와 가정과 교회와 이웃과 나 개인의 상황이 어떠한 것이 좋고 나쁜지를 어떻게 알 수 있다는 말인가. 영적으로 볼 때 정말 나라의 경제적이고 정치적인 안정이 무조건 좋기만 한 것일까? 구약 성경 시대의 교회이면서 금송아지 숭배로 만연되었던 북 왕국 이스라엘이 여로보암 2세 때 역사상 전대미문의 최고 번영을 이룬 역사적 사실을 우리는 알고 있다. 그런데 그런 최절정의 번영 뒤 북 왕국은 불과 30년 만에 지상에서 완전히 자취를 감추어 버리고 만다.

교회가 예수님께서 가라 하시는 하늘 아버지께만 갈 생각도 안 하면서, 또 심지어는 이 땅을 사는 동안 매일의 일상에서 마음을 다해 하나님을 사랑한다는 것이 무엇을 뜻하는지에는 관심조차 없으면서, 스스로 너무나 자의적으로 붙잡은 땅을 향한 소위 거룩한(?) 사명감에 도취해, 나라의 정의와 안정 운운하며 온통 교인들의 마음을 다 모아다가 엉뚱한 구덩이로 인도하는 것은 아닐까?

다시 말하거니와 이 땅을 위해 필요한 것들을 준비하시고 채우시는 길은, 하늘에서 땅으로 내리뻗어 있는 아버지가 걸으셔야 할 아버지 자신의 길이다. 우리의 창조주 하늘 아버지가 연로하셔서 돌아가시거나 아니면 졸음에 겨워 지금 역사의 상황을 깜빡하시거나 아니면 기운이 빠지셔서 역사를 주관하시는 일을 폐업 정리하지 않으셨다. 역사의 주관자는 과거도 현재도 미래도 살아 계신 하나님 아버지이시다.

반면에 우리는 마음을 다해서 하늘 아버지 자신을 향한 하늘길을 걸어야 한다. 그리고 교회는, 이 땅에서 사는 동안 하늘을 향해 사는 일이 무엇이며 어떠한 것인지를, 그리고 또한 하늘에 계신 하나님 아버지께서 이 땅을 사랑하시어 이끌어 주시는 역사는 어떻게 이루어지는 것인지에 대한 구체적이고 현실적인 체험을, 교인들에게 가르치고 제시할 수 있어야 한다.

이것이 되지 않는다면 하나님이라는 이름도 그 이름에 대한 신앙도, 단지 추상화된 이념이나 심리학적인 대체물에 지나지 않거나 종교적인 구색 갖추기와 제스처에 불과하게 된다. 예수님은 어디로 가는 길이신가. 스스로 말씀하신다.

"내가 곧 길이요 진리요 생명이니 나로 말미암지 않고는 아버지께로 올 자가 없느니라"(요 14:6)

하늘과 땅을 잇는 양방 통행

번영과 쇠락, 또는 순탄함과 환란, 성공과 실패같이 세상살이 중에 우리가 만나는 이 모든 상황은 실제로 살아 계신 하나님 아버지의 결정권 안에 있는 일이다. 철저히 아버지 자신의 업무요 과제다. 우리를 이끄시는 아버지의 주권적인 뜻이 이루어지는 길이요, 그분 나름의 다양한 사랑의 표현 방식이다. 반면 우리의 길은 아버지만을 향해 있다.

요한복음 3장 16절 말씀을 보자.

"하나님이 세상을 이처럼 사랑하사" 분명히 말씀하신다.

우리가 살아 있는 세상은 하나님이 사랑하신다. 우리도 같이 세상을 사랑하면 하나님 우리 아버지는 누가 사랑하겠는가?

주권자이신 하나님이 쓰시는 마음의 길은 세상을 향하신다.

그러나 우리가 쓰는 마음의 길은 세상을 떠나 하늘에 계신 하나님 아버지를 향해야 한다.

그리스도 연쇄 과정 속 예수님은 그런 의미에서 하나님 아버지께도 길이 되신다. 이 연쇄 과정 속 예수님을 통해 아버지는 우리에게로 오시고 같은 예수님을 통해 우리는 아버지께로 간다. 우리의 사명은 예수님을 통해 하늘의 아버지를 향해 실현되고, 아버지의 사랑은 예수님을 통해 우리가 살아 있는 이 땅에서 구체화된다. 서로 다른 방향의 이러한 두 가지의 삶이 오직 유일한 길이신 예수님을 통해 성취된다.

상반된 방향으로 움직이는 내 마음과 하나님의 주권적인 사랑과 뜻이 하늘과 땅 사이에서 오직 직선으로 뻗은, 예수님이라는 한길을 위로 아래로 통과하고 있다. 다시 말하거니와 한 분 하나님께 마음을 드리는 하늘과 땅을 위아래로 잇는 길은 직선이다. 수양버들의 회귀하는 곡선이 아니라 마음을 드려 버리고 말고, 가 버리고 말아야 하는 직선의 길이다. 기존의 땅에서 이룬 소유를 강화하고 확장하기 위해 하나님을 찾는 것이 아니라 마음에서 다 팔아 버리는 것이고, 그 빈자리에 하나님 한 분만 많이 버는(?) 것이 바로 믿음이다. 심지어 아직 희망과 소원의 형태로 가지고 있는 것들조차 다 마음에서 팔아 버려야 한다.

"천국은 마치 밭에 감추인 보화와 같으니 사람이 이를 발견한 후 숨겨 두고 기뻐하며 돌아가서 자기의 소유를 다 팔아 그 밭을 사느니라 또 천국은 마치 좋은 진주를 구하는 장사와 같으니 극히 값진 진주 하나를 발견하매 가서 자기의 소유를 다 팔아 그 진주를 사느니라"(마 13:44-46)

이렇게 이 땅에서 실제로 가진 것, 아직은 희망의 형태로 가진 것 등 모든 소유를 다 팔아 버리는 일이 바로 십자가에서 예수님과 함께 이 세상에 대해서 죽는 일임은 새삼스럽게 말할 필요도 없다.

아버지! 아버지! 나의 아버지!

언젠가 이산가족 상봉 프로그램에 관하여 어떤 보고를 접한 적이 있었다. 20대 나이에 두 어린아이와 배 속 아기를 데리고 남편과 생이별하게 된 여인의 이야기였다. 남쪽으로 피난 와서 세 아이를 데리고 40년 동안이나 수절하시면서 38선으로 인해 잃어버린 남편을 마음에 담고 살다가 먼저 세상을 떠나셨다. 그렇게 한 많은 여인이 세상을 떠난 지 10년이 지난 어느 날, 북한의 작은아버지가 찾는다는 소식을 남한에서 장성한 세 자녀가 듣게 된다. 그리고 우여곡절 끝에 작은아버지를 만나고, 그리고 두근거리는 가슴을 안고 작은아버지에게 물었다.

"우리 아버지 살아 계셔요?"

"1년 전에 돌아가셨단다."

혹시나 했던 50년의 기대가 무너지며 모두가 그 자리에 주저앉아 목

놓아 울었단다. "1년만 더 살아 계셨어도…."를 반복하면서 말이다.

이제 나이 50세가 넘은 자녀들, 만일 아버지께서 살아 계셔도 80세가 훌쩍 넘으신 노인이시며 더구나 이북에서 사셨던 분이다. 사정이 이런데 이들 삼 남매는 뭐가 그렇게 슬프다는 것일까?

그 아버지가 전지전능하신가? 아니면 아버지에게 명성이 있으신가? 이북에서 재산을 모았을 리도 만무하지 아니한가? 그동안 연락이 있어서 정이라도 들었는가? 만나 뵈어야 집밖에 안 될 무용하신 노인네에 불과하지 않은가? 왜 그렇게 슬퍼하며 우는 것인가? 뭐가 그렇게 아쉽다는 것인가? 아직 그 아버지에게 무슨 볼일이 남았다고 그렇게 슬피 우는가?

계속해서 나 스스로 질문을 해 보았다. 그러나 모두가 다 바보 같은 질문이다. 아버지라고는 하지만 만나 봐야 조금만치도 득이 될 상황이 아니다. 집밖에 안 되신다. 그러나 그래도 그분이 바로 1년 전에 돌아가셨다는 사실이 마음이 찢어지게 슬프다.

왜? 아버지니까.

아무 도움이 안 되신다. 그러나 미치게 보고 싶다.

왜? 아버지니까.

다른 이유가 더 필요한가?

예수님은 말씀하신다. 하늘의 하나님은 기독교라는 종교의 신이 아니라, 우리의 하늘 아버지이시라고. 종교 울타리 안에 들어가야만 만날 수 있는 아버지가 아니다. 아버지란 공부하고 연구하고 정의를 내려야 하는 대상이 아니다. 하나님은 아버지이시기에 만나야 하는 대상이시다. 그것도 우리의 마음이 제일 처음으로 직선으로 달려가서 만나야 할 대상이시다. 남북으로 갈려서 50년 헤어져 살던 아버지에 대해 당연히 아무것도 모른다. 그러나 단지 아버지라서 만나고 싶어 한다. 세상에서조차 아버지와 자녀는 그런 관계이다.

  하나님 아버지의 전지전능하심과 무소부재하심, 창조주 되심, 그분의 나를 향하여서 갖고 계시는 복된 구원과 죄 사함과 인생의 다양한 계획들과 천당 심판 등등 아버지와 관련된 너무 많은 것들을, 나 자신을 향해 굽은 마음으로 너무나 열심히들 공부하고 반복하여 기억하며 붙잡고 있다. 그렇다. 그 누구도 아닌 바로 나 자신에게로 그리고 이 땅으로 수양버들처럼 구부려져 되돌아가면서 말이다.

  그러나 이제 이런 우리의 영적인 오류를 알고 인정한다면 이 땅의 모든 크고 작은 마음 쓸 거리를 무조건 다 십자가로 잘라 내고 우선 하나님 아버지를 만나고 보자.

  우선 아버지께로 가자.

  우리 마음이 첫 번째로, 직선으로 가서 만나 뵙고 난 뒤에 그분의 능력과 무한하신 지혜에 관해 이야기해도 늦지 않다. 다시 말하지만 그래도 전혀 늦지 않는다. 생활 속 한계 상황이나 어려움을 맞닥뜨린 사람이, 그것을 극복하고 싶은 소원을 위해 신을 찾듯이 종교인으로 하나님 아버지를 찾지 말고, 오랜 종교 생활의 습관을 따라 하나님 아버지를 찾지도 말고, 이제 우리의 아버지를 나의 친아버지로서 찾아야만 하겠다. 이 일을 위하여 예수님의 십자가 죽음과 그에 이어 연쇄적으로 발생한 부활과 승천과 보좌 우편으로 이르신 일련의 사건들이 하나로 연결되어 길이 되어 준다. 마음을 직선으로 드리는 정직을 오직 하나님께만 할 수 있게 해 주는 유일한 길이다.

우리 자신에게 물어보자. 좀 극단적인 가정이긴 하지만 말이다. 만일 우리 하늘 아버지가 전능하신 하나님이 아니라 이북에서 지내시던 아버지와 같은 분이라면 안 찾겠는가? 만일 아버지 하나님이 우리의 삶에 전혀 보탬이 되는 분이 아니라면 그 아버지 찾지 않겠는가? 만일 하나님이 천당의 주인이 아니라면 그런 아버지가 우리에겐 필요 없는가? 아니다. 만일 사정이 정말 그렇다면 우리는 천당을 버리고서라도 아버지께로 가야 하지 않나?

남한과 북한으로 나뉘어 50년을 헤어져 살다가 1년 전에 돌아가셨다는 소식 앞에 아버지를 향한 그리움으로 목 놓아 울었다는 그 세 남매의 심정으로 단 한 번이라도 마음을 다해서 살아 계신 아버지를 보고 싶어서 울어 본 적이 있는가? 내 신세 때문에 울었고 내 남편과 아내 때문에 울었고 자식 때문에 목이 쉬도록 울어 본 적은 있다. 불합격했다고 울고, 승진 못 했다고 울고, 큰 병이 났다고 울었던 적은 있다. 내 나름대로 나라 사랑하는 마음에 대통령과 정치인들을 비난하며 국정에 참여(?)하느라 목이 쉬어 본 적은 있다. 그런데 하나님 자신과 관련하여서는 이런 정도로라도 진지하게 내 마음을 표현해 본 적이 한 번도 없다면 도대체 우리의 하늘 아버지는 현실적으로 우리 자신에게 어떤 의미의 존재이신가?

"나로 말미암지 않고는 아버지께로 올 자가 없느니라"

이 한마디 말씀을 하시기 위하여 이 낮고 낮은 땅에 내려오실 때 하늘에서 하나님과 천사들은 감격스러운 상봉을 기대하면서 얼마나 기뻐했을까? 태초 이전에 예정하셨던 가족들, 그러므로 태초 이래 헤어져 있던 이산가족들이다. 이 이산가족 상봉의 길이 예수님을 통해서 열린 것이 아니겠는가. 이 땅에서 헤어졌던 가족들이 50년 만에 만나는 상황에서도 기대의 기쁨과 좌절의 슬픔이 그토록 골이 깊을진대, 하물며 하나님 아버지와 그 자녀들의 만남이랴!

그런데 놀랍게도 아버지께로 가는 길이신 예수님을, 바로 그 유일하고 절대적인 도착지를 향한 길로 기뻐하며 맞이하는 사람이 없다는 것이다. 모두 다 수양버들의 가지이기 때문이다. 그래서 하늘 아버지를 만나지 못하면서 살아도 아무런 아쉬움이 없다. 터미널의 승객 없는 막차 옆에서 외치는 버스 회사 종업원처럼 예수님은 외치고 계신다.

'하늘에 계신 아버지께로 갈 사람 없느냐?'

V.

**마음과 뜻과 힘을 다한 사랑은
동시에 학살이다**

V. 마음과 뜻과 힘을 다한 사랑은 동시에 학살이다

　마음과 뜻과 힘을 다한 사랑은 '야샤르'의 정직에 포함된 직선의 논리로 진단하여 오류가 없는 상태이다. 정직은 마음이 어떤 첫 번째 대상에 좌우로 치우침이 없이 직선으로 가닿아서 머무는 것이다. 그럼으로써 채움을 위해 중단 없이 흡입하려는 마음과 그런 마음에 종속하여 움직이는 뜻과 힘을 다하여 그 대상을, 쉽게 예를 들어, 돈을 대하듯이 좋아하며 사랑하는 일이다. 이렇게 좌우로 치우침이 없이 마음과 뜻과 힘을 모두 다 한 대상에게 쏟아붓는 정직은 그러므로 지독할 정도로 배타적이다. 즉 어느 한 대상을 향하여 직선으로 움직이는 정직이 작동 중인 마음 안에서, 다른 모든 대상은 마치 대학살이 휩쓸고 지나간 것처럼 그 존재가 흔적조차 없게 된다. 즉 마음에서 그 한 대상을 제외하면 다른 모든 대상은 아예 존재감 자체가 없어져 버리고 만다. 이런 마음의 활동인 '야샤르'의 정직을 삶의 현장에서 수행하지 않는 사람은 없고, 수행하지 않는 순간도 없다. 다만 무엇에 정직한가? 이것만이 문제다. 무엇에 정직하든 사람은 그 대상 말고는 자기 마음에서 모조리 다 죽이는 학살을 날마다 감행하며 산다. 이처럼 마음 안에서 다른 모든 대상에 대한 학살이 있어야만 한 대상을 마음과 뜻과 힘을 다한 사랑이 이루어질 수가 있다.

죽이지 않으면 곧을 수 없다

　참신앙을 구분해 낼 수 있는 성경적 '야샤르'의 정직은 형식적인 차원 즉 그 논리의 측면에서는 일반 세상에서도 차이 없이 적용된다. 즉 누구나 다 마음은 어떤 특정한 대상을 향하여 직선으로 가닿고 머무른다. 다만 성경이 말하는 정직은 그 첫 번째 직선의 대상이 예수님이 십자가를 통해 계시하신 하나님 아버지라는 점이 다를 뿐이다.

그러나 이 한 가지 차이가, 결과적으로 실제 현장에서 삶을 대하는 마음가짐이 너무나 다르게 나타나도록 한다. 하나님께만 정직한 마음이 생활 현장에서 겉으로 드러날 때와 하나님 이외의 대상에 정직한 마음이 생활 현장에서 겉으로 드러날 때는 전혀 유사점이나 같은 점이라고는 찾아볼 수가 없게 된다.

하나님에 대해 좌로나 우로나 치우침이 없이 직선으로 관계하는 것이 복음적 의미의 정직이다. 그러면 이러한 정직 위에 서 있는 참신앙은 어떤 모습일까? 특히 하나님 이외의 다른 대상들에 정직한 자의 시각에서 보자면 어떨까? 또 다른 말로, 우리 마음이 하나님 아버지에 대해 첫 번째로, 그리고 직선으로 관계하는 참신앙의 상태가 된다면, 그때 신앙하는 마음 상태는 하나님 이외의 대상들에 대해선 어떤 태도로 관계하게 될까?

이런 비슷한 뜻의 질문을 반복하는 이유는 한번 전혀 다른 각도에서 참신앙을 바라보자는 것이다. 참신앙이 작동되는 정직한 마음 상태를 하나님을 기준으로 하는 대신에, 그 하나뿐인 자리를 놓고 하나님과 경쟁하는 다른 대상들의 기준에서 그림 그려 보자는 것이다.

유명한 프로골퍼의 잘 알려진 에피소드 하나를 여기서 생각해 본다. 우승과 준우승을 판가름하게 될 어느 대회의 마지막 퍼팅을 앞두고 이 골퍼는 클럽을 두 손에 받쳐 들고 머리 숙여 기도했다고 한다. 되게 긴장이 되기는 했었나 보다.

어쨌든 밀레의 만종을 연상케 하는 보기에도 경건한 느낌이 들 정도로 비장한 짧은 기도의 시간이 끝났다. 이제 이어서 시도한 마지막 퍼팅에서 하얀 골프공은 파란 잔디 위를 굴러 홀 안으로 들어가게 되었다고 한다. 우승이 결정되는 순간이었다. 그런데 바로 이러한 환희와 감격과 환호성의 순간이 찾아왔을 때 절친한 친구가 다가와 질문했다고 한다.

"축하하네, 그런데 아까 진지하게 기도할 때 우승할 수 있게 해 달라고 기도했나?"

그의 대답이다.

"아니야, 반대로 기도했네, 하나님! 우승컵을 갖고 싶어 하는 이 마음의 욕심을 없어지게 하여 주시옵소서라고 기도했지!"

막상 해 놓고 보니 뭐 그다지 눈여겨봐야 할 특별한 구석이 있는 이야기도 아니다.

욕심을 없애고 마음을 비우면 온몸이 긴장하여 불필요하게 힘이 들어가는 일이 생기지 않게 되고, 그래서 더 효과적으로 자세를 취하고 필요한 동작을 적절하게 수행할 수 있다는 것은 스포츠 전 종목에서 통하는 상식이다. 그리고 이 상식이 어찌 운동선수에게만 해당하는 것이겠는가? 정치인 사업가 예술인 등 모든 분야에서 적용되는 원리 아니겠는가?

전 세계적으로 명상과 요가가 대중적으로 주목을 받는 것도 아마 그 이유 때문일 것이다. 요가의 효능과 목적을 긴장된 마음의 왜곡 상태를 이완 동작을 통해 곧게 펴서 수정하는 데 둔다고 해도 크게 잘못은 아니라는 말이다.

어쨌든 이 프로골퍼의 기도는 자신의 마음이 우승컵이라는 자석의 자력에 끌려, 굽어 버린 것을 곧게 펴려는 의도를 담고 있었던 것으로 여겨진다. 아무런 장애와 오차 없이, 좌로 우로 치우치지 않고 파란 잔디 위를 굴러가서 홀 안으로 골인한 하얀 골프공의 궤적은 기도를 마친 그 마음의 궤적을 겉으로 옮겨서 드러나도록 표현한 것에 불과하다. 단 한 번의 퍼팅에 홀 컵 안으로 골인하기 위한 골프공의 궤적은, 홀과 클럽의 두 지점 사이에 역시 단 하나가 있을 뿐이고, 바로 그 선상에서 좌우로 비껴가는 오차 없이 공이 굴러가게 하도록 기도하였다. 이 기도의 구체적인 기능은 우승컵에 대한 마음의 소원과 집착을 잘라 내고, 조금 심하게 말해 죽여 버리는 것이었다.

조용하고 경건해 보이는 그 기도의 순간은 그러므로 조용한 것도, 평화스러운 것도 아니었다.
그 순간은 전쟁이고 학살이었다.
죽이는 전쟁이었다.

골퍼로서 마지막 퍼팅 그 자체에 마음을 직선으로 다 쏟으려 하는데, 그의 마음을 좌로나 우로 빼앗고 끌어당겨서 그 길을 굽게 하려는 원수가 그때 그 순간에는 누구냐? 두말할 나위 없이 다름 아닌 우승컵이다. 그는 바로 이 우승컵을 마음에서 죽여 버린 것이다.

이런 의미에서 그 옛날 지혜의 왕 솔로몬은 말했나 보다.
"노하기를 더디하는 자는 용사보다 낫고 자기의 마음을 다스리는 자는 성을 빼앗는 자보다 나으니라"(잠 16:32)
이 잠언에서 사용된 용어, '용사'도 싸우는 자요, '성을 빼앗는 것'도 전쟁을 말한다. 마음을 다스리는 것, 그것은 성을 빼앗는 전쟁의 경험이 직접 간접으로 풍부했을 왕으로서의 솔로몬에겐, 실제의 전쟁보다 훨씬 더 치열한 마음 안의 전쟁을 통해서만 가능한 것을 알았기에 그렇게 이야기하지 않았겠는가. 그 옛날 칼과 창으로 적들을 도륙하는 참혹하고 잔인한 전쟁이 자기 안에서 치러지지 않으면 자기 마음을 다스릴 수가 없음을 경험적으로 밝힌 말씀이다. 그런데 실제 전쟁보다 자기 마음 속 전쟁이 훨씬 더 어렵기에 성을 빼앗는 자보다 마음을 다스리는 자가 더 낫다고 한 것이다.

마음 안에서 벌어지는 연쇄 살상

그렇다. 죽음 혹은 죽임이 연쇄적으로 벌어짐이 없이는 정직에 포함된 직선의 논리 기준을 만족할 수 있는 신앙이 불가능하다. 프로골퍼가 우승과 준우승을 판가름하는 초긴장의 순간에 자기 마음에서 우승컵을 죽였던 것처럼, 실제 삶의 현장에서 내 마음을 잡아끄는 것들은 마치 게릴라처럼 나타나 끊임없이 내 마음을 공략한다. 이때 이 모든 것을 끊임없이 죽여 가는 연쇄 살상 없이 하나님께만 직선으로 마음을 드리는 정직한 신앙이 유지되는 다른 법은 없다.

이처럼 마음과 뜻과 힘을 다한 하나님 사랑은 하나님 이외의 모든 대상을 마음 안에서 죽이는 참혹하고 잔인한 전쟁이다!

마음이 어느 하나의 대상에 직선으로 가닿고 머무르려면, 내 마음을 끌어당기는 힘을 지니어 직선의 길을 굽게 만들 수 있는 다른 대상은, 나타나자마자 마음에서 모조리 가차 없이 죽이기를 계속하여야만 한다. 어감이 확실히 살벌한 것은 틀림없다. 그러나 순전히 노파심으로 덧붙이는 말이지만, 내 밖에 있는 실재 대상을 죽이라고 말하는 것이 아니라, 내 마음 안에 들어와 있는 대상들의 내 마음 안에서의 죽음을 말하는 것이다.

어떤 대상이든 내 마음을 잡아끌지 않고 가만히 내버려두기만 한다면, 다시 말해 무엇엔가 그 하나의 대상을 향해 가야만 하는 내 마음의 곧은 직선의 궤도를 굽게(曲) 하지만 않는 대상이라면, 내 마음 바깥에서야 별의별 것들이 다 존재하면서 온통 별나게 요동치며 뛰어놀지라도 무슨 상관이 있겠는가?

마음의 움직임이 직선이라는 말 자체가 이처럼 철저한 감시를 통해서 타자(他者)의 접근과 침입을 막아 내야만 이루어질 수 있음을 의미한다. 즉 끊임없이 중력이라도 지니는 듯이 이 직선을 굽게 하려는 방해와 장애를 죽여야만 한다는 뜻이다.

예를 들어 보자. 사람들은 왜 탈세하는가? 법적으로 마땅히 내야 할 세금을 안 내는 이유가 무엇인가. 말할 것도 없이 돈에 정직하기 때문이다.

돈이라는 하나의 대상에 마음이 직선으로 가닿아 머무르려고 한다. 돈이 너무 좋아서 마음과 뜻과 힘을 다해 사랑한다. 돈과 내 마음의 관계에 다른 어떤 대상도 중간에 끼어들어 오지 않기를 바란다. 그런데 이처럼 좌로나 우로나 치우침이 없이 마음을 돈에 직선으로 쏟아붓고 있는데, 조세법이 끼어들어 각양각색의 형태를 띠고 나타나 이리 뜯어내고 저리 뜯어 가며 돈을 향한 내 마음의 길을 방해하며 굽게 만들려 한다. 그래서 그 세법을 마음에서 죽여 버린다. 이 죽임이 바로 돈에 대한 정직이 완전히 가동하는 상태이면서 동시에 탈세다. 그러므로 탈세는 범법이기는 하지만 절대로 부정직하다고 하면 안 된다. 오히려 돈이라는 하나의 대상에 대해서 순교적 각오로 정직하기 때문에 벌어지는 일이라고 말할 수 있고 말해야만 마땅하다.

돈 좀 모으려 하는데 부모님께 용돈을 드려야 한다는 윤리적 문화적 통념이 마음을 끌어당기면서 귀찮게 한다. 그래서 마음 안에서 부모님의 존재감을 지워 버린다. 이것이 바로 돈에 대한 정직이며 동시에 불효다. 그러므로 이 경우의 불효자식도 잘못이 있다면 직선으로 마음을 드리는 정직함의 대상이 돈이라는 잘못(?)밖에는 없다.

우리의 믿음은 무엇인가. 그리고 우리의 하나님 사랑은 무엇인가. 그리스도 연쇄 과정 속 예수님을 유일한 마음의 길로 믿음으로써 내 마음을 그 길을 따라 직선으로 드리면서 하나님만을 관계하는 것이다. 그러나 하나님께 내 마음이 직선으로 가닿아 머무르는 일이 전혀 쉽지만은 않다. 그렇다고 무슨 피땀 흘리며 수고롭게 몸을 움직여 행위를 해야 한다는 뜻은 아니다. 그렇지만 마음에 대해 흡인력을 지니는 온갖 종류의 우승컵들을 마음 안에서 모두 다 죽이는 마음속 전쟁을 치르지 않으면 안 된다. 눈에 보이고 귀에 들리는 이런저런 다양한 우승컵들이 펄펄 살아서 마음을 잡아당기고 있는 한, 눈에 보이지도 귀에 들리지도 않으시는 하나님을 향해 마음이 직선으로 가닿아서 머무르기는 애당초 불가능하다.

그러므로 어느 하나의 대상에 대해 첫 번째로 직선으로 관계하는 정직은, 그 마음의 궤적을 굽게 하는 모든 강력한 인력(引力)을 지닌 대상들이 죽어 버린 현장, 즉 다양한 우승컵들의 죽음이 쉬지 않고 연쇄적으로 일어나는 과정을 통해서만 성립하고 지속한다.

한 번뿐인 인생의 모든 상황에서 파란 잔디 위를 지나서 하나님께로 골인할 수 있는 선은 좌우로 쏠림 없이 가야 하는 하나의 선이 있을 뿐이다. 어제까지 그 선을 지나오지 못했다면 오늘이라는 달라진 지점으로부터 새롭게 또 하나의 선이 주어져 있고, 내일 또한 마찬가지일 것이다.

십자가에서 죽고 부활하시고 승천하셔서 아버지 우편에 이르러 계시는 예수님이 길이 되어 주시는 한, 언제나 아버지께만 직선으로 마음이 가닿아 머무르는 정직의 길은 날마다 새롭게 주어져 있는 셈이다. 언제든지 거듭거듭 십자가 예수님을 바라보면서 그 죽음을 나의 죽음으로 동일시하면 되니까 말이다. 즉 우리는 우리만의 '우승컵'들을 예수님의 십자가로 죽이는 것이다.

그러나 구체적인 삶의 현장에서 내가 실제로 이 길을 걷는다는 것이 무엇을 뜻하는 것일까? 혹은 달리 말해 모든 우승컵을 마음에서 연쇄적으로 죽이는 일이 실제 삶의 현장에서 일어나면 그 상황은 과연 어떤 그림으로 나타날까?

야간 촬영

복음서에 보면 자그마치 열두 해를 혈루병으로 고생한 여인의 이야기가 나온다. 그 속에 소개되는 사건의 개요를 보면 이렇다. 예수의 소문을 듣고 몰려온 큰 무리가 서로 밀고 밀치는 가운데, 이 여인 그 큰 무리 사이를 비집고 예수님께로 다가와 옷자락에 손을 대었더니, 그 뿌리 깊던 혈루의 근원이 말라붙듯이 싹 나았다.

여기서 눈에 띄는 것은 예수님의 의도적이고 능동적인 행위나 별도의 승낙 없이 치유의 기적이 일어났다는 점이다. 단지 여인 쪽에서 시도한 접촉을 통해 능력이 예수님에게서 여인에게로 저절로 빠져나갔다. 그리고 당신에게서 능력이 빠져나간 것을 아신 예수님은 그 많은 무리 중 유독 이 한 여인만을 찾으시고는 여인이 예수님 앞에 나서며 사정을 털어놓자, 평강을 빌어 주시고 보내셨다.

수많은 무리가 예수님의 소문을 듣고 몰려와서 법석을 떨며 많은 사람이 예수님의 몸에 접촉하고 부딪혔어도 예수님과의 실제 만남이 이루어지도록 진정으로 접촉한 사람은 혈루병을 앓고 있던 이 여인 한 사람 뿐인 셈이었다. 하나님께서 온 세상을 두루 돌며 살피고 천상의 회의에 참석한 사탄 앞에서 오직 욥 한 사람만을 자랑하셨던 장면이 생각난다.

이렇게 '유일한 만남의 여인'을 탄생시킨 이 이야기 속에서, 이 여인의 병을 낫게 한 능력이 예수님으로부터 결재 없이 빠져나온 것은 생각할수록 특이하다. 왜 그랬을까? 여인이 자기의 환부를 부끄럽게도 공개적으로 드러내 언급하면서 치유를 간청할 처지가 못 되는 딱한 사정이 있음을 이미 헤아리셨기에 하나님 아버지께서 상황을 그렇게 주도하셨을까? 궁금하기 짝이 없고 게다가 그렇게 결정적인 예수님과의 만남을 단 한 번에 이루어 낸 여인이 무척 샘난다.

예수님의 말씀은 이러했다.

"딸아 네 믿음이 너를 구원하였으니 평안히 가라"(막 5:34)

'네 믿음'이라고 하신다. 그러면 이렇듯 예수님의 능력을 결재 없이 인출해서 자기 안으로 끌어들인 이 여인의 믿음이란 도대체 무엇일까? 마치 몰래 뒤로 와서 예수님에게 빨대를 꽂고 그 안에 운행하던 하나님 아버지의 능력을 쏙 빨아먹은 듯한 느낌이다.

그런데 이런 상황이 바로 살상의 현장에서만 피는 '정직'이라는 꽃이요, 또한 '정직의 논리'에 모순이 없는 참믿음이 실제 생활 속에서 가동하는 상태이다.

아! 이러한 하나님을 향한 '정직'과 참신앙의 희귀함이여. 모두가 모든 것에 정직한데 유독 하나님을 향한 정직만 없다. 세상에 정직한 자가 하나도 없다는 구약 미가 선지자의 탄식은 주관적인 편견이 아니었나 보다. 보편타당한 객관적인 진술이었다는 사실을 이리저리 미루어 알 수 있을 것 같다.

"경건한 자가 세상에서 끊어졌고 정직한 자가 사람들 가운데 없도다"(미 7:2)

당연히 하나님께 정직한 자를 말씀하심이다. 실제 생활 현장에서 하나님께만 정직한 사람답게 말하고 행동하는 자가 없다는 뜻이다.

욥의 시대엔 욥 한 사람이 하나님께만 정직하더니, 소문을 듣고 몰려온 큰 무리가 모두 예수님을 주목하며 야단법석을 떨고 있는 가운데 이 여인만 예수님께 정직했다. 곧게 뻗은, 굽지 않은 마음의 길이 이 여인 한 사람과 예수님 사이에서만 열렸기에, 예수님 안에 계시던 하나님께서 당신의 능력이 막힘없이 콸콸 쏟아져 들어가게 하신 것이었다. 즉 이 여인은 이 순간 예수님 안에 거하시던 하나님에게 정직한 셈이었다.

이 여인이 군중 사이를 비집고 다가와 예수님을 터치하는 그 순간을 스냅 사진으로 찍어 보면 어떻게 보였을까?

하늘과 땅을 구분할 수도 없을 만큼 온통 칠흑 같은 어둠이 덮인 야간 배경에 예수님이 홀로 조명을 받으며 서 계시는데, 그 칠흑 같은 어둠 속에서 앙상하고 창백한 여인의 손 하나가 툭 튀어나와 예수님의 옷자락을 스치는, 다분히 엽기적인 모습으로 나타날 것이다.

부정(不淨)해서 정직(正直)할 수 있었다

그러나 이 엽기적인 느낌의 그림이 바로 하나님께만 정직한 참신앙이 삶의 현장에서 실제 가동 중인 상황을 사진으로 찍었을 때의 모습이다. 이제부터 정직함의 X-ray나 CT 촬영과도 같은 이 사진의 내막을 한번 깊이 살펴보자.

왜 배경이 그토록 새까만 어둠이었을까? 이 여인의 삶이 그랬다. 혈루병이 그 당시 이스라엘 선민 사회 내에서 갖는 의미가, 그러한 칠흑 같은 어둠을 담고 있었다. 구약 성경 레위기 15장에 이 혈루병에 대한 규정이 자세히 나온다. 유출병이라고도 부르는 이 병을 앓고 있는 환자가 발생한 상황에 관한 규정이다.

그 유출병 환자가 누웠던 상도, 앉았던 자리도 모두 다 부정(不淨)하고, 만지는 것도 모두 부정하며, 더구나 일단 그 환자가 접촉한 상이나 자리나 물건에 닿는 멀쩡한 사람도 다 부정하다고 율법으로 규정해 놓았다. 그러므로 유출병자가 만진 질그릇은 다 깨뜨려서 버려야 했고 목기는 빡빡 씻지 않으면 그 목기를 만지는 모든 사람이 모두 다 부정했다.

사정이 그렇다면 부정(不淨)하다는 율법적 규정이 뜻하는 바는 무엇인가. 이스라엘 선민이라면 누구에게나 주어져 있던 성전에 나가 하나님께 예배할 수 있는 자격을 박탈당하는 것이었으며 하나님의 이름으로 열리는 회당 모임을 비롯하여 모든 모임과 행사에서 배제되어야만 했다. 왜냐면 하나님께 나갈 수 있을 만큼 깨끗하지 못하기 때문이다. 그러므로 하나님이 택하신 선민인 이스라엘의 공동체 안에서 선민으로서 누릴 수 있는 특권뿐만 아니라 선민들 속에 섞여 살아야만 하는 한 여인으로서는 일상적이고 기본적인 삶의 가능성조차 모두 정지되는 것이었다.

한마디로 부정(不淨)하다는 것은 그 당시 성전 중심의 여호와 하나님 신앙을 기본 축으로 해서 돌아가던 유대 사회의 삶의 서클 안에서는 '당신은 선민으로서 복지를 누리며 행복할 자격이 없다' 혹은 '당신은 선민의 사회 구성원으로 일상을 함께 살아갈 자격이 없다'라는 낙인인 셈이었다.

이 낙인을 풀어 버릴 수 있는 장치로써 유출이 멈춘 상태에서 부정함을 씻어 내는 합당한 제사법이 없었다면 이것은 헤스더의 가슴에 새겨진 '주홍 글씨'보다 더 혹독한 굴레가 될 수도 있었을 것이다.

그런데 이 무서운 낙인의 이유가 되는 유출병을 무려 12년 동안 몸에 달고 살았던 이 불행한 여인의 경우를 생각하면 무엇인가 느껴지는 감이 특별하다. 계속 유출이 되는 동안에는 부정함이라는 굴레를 해제하는 제사법이 100가지가 된들 무슨 소용이 있었겠는가.

12년 동안 어느 가정에서 딸로서 살았다면 그 집안에 그릇이 남아났을 리가 없다. 그 여인과의 직접적인 접촉은 고사하고 그 여인이 만졌거나 앉았거나 닿았던 모든 물건을 통해 간접 접촉만 일어나도 함께 부정한 자가 되어, 예배고 제사고 모임이고 행사고 모든 핵심적인 공적 생활이 금지될 판인데, 무슨 수로 누가 12년을 이 여인과 몸을 부딪치며 그 좁은 집에서 함께 생활할 수 있었겠는가.

이 여자와 함께 사는 한 이 여자뿐 아니라 동거 동숙하는 전원이 종교, 사회, 경제 등 제 분야에서 아예 삶이 막혀 버리고 말 일이다. 그러니 이 여인의 당시 나이가 몇 살인지 모르겠지만 함께할 수 있는 가족이 있었겠는가. 친구가 있었겠는가. 하다못해 자신의 형편이 좋지 못해 할 수 없어서 이런 여인이라도 고락을 함께하겠다는 애인이라도 한 사람 있었겠는가.

그야말로 삶 자체가 죽어 버린 여인이었다. 목숨은 있었으나 삶이 없었다. 모든 관계가 사라져 버린 칠흑같이 어두운 '죽은 삶'으로 둘러싸여서, 아직 죽지 않은 병든 육체의 목숨을 하루하루 연장해 나가야 하는 상황이 곧 이 불행한 여인의 실제 생활의 전체 내용이었다. 모든 여자가 어떻게 더 예뻐질까를 생각하면서 누구를 만나 결혼할 것인가를 꿈꾸며 고민할 때 이 여자는 애당초 상상으로라도 여자로서의 인생을 시작할 처지조차 되지 못하고 있었다. 이 여인의 삶은 보통의 여자들에게 가능한 삶의 모든 분야에서 진행 상황 제로(0)였다.

도대체 이 처지에 무엇을 계획하며 꿈이라도 꾸어 보겠는가. 누구를 사랑하겠으며 누구를 만나겠는가. 프로골퍼에게 있었던 우승컵 같은 대상은 아예 이 여자에겐 그림자조차도 없었다. 아니 생사화복의 주관자이신 하나님께서 앞서서 이 여자에게서 '프로골퍼의 우승컵'들이 될 수 있는 대상들을 모조리 다 죽여 버리신 셈이다. 그래서 마음을 잡아끌어 굽게 만드는 대상을 마음에서 죽이기 위한 골퍼의 기도 같은 것은 처음부터 필요조차 없을 만큼 이 여인은 이미 마음속에 이 세상 모든 것에 대한 죽음이 12년 동안이나 자리 잡고 있었다.

삼라만상이 눈앞에서 제 자리를 지키고 현실의 파노라마가 전개되고 있기는 그 여자에게나 혈루병이 없던 여자들에게나 마찬가지였다. 그러나 이 여인, 그런 것 중 어느 하나의 작은 부분도 마음 안에 들여놓고 실제로 관계를 맺을 수가 없었다. 왜냐면 모든 대상이 자기로 인해 부정해지니까. 자신은 부정함이 샘솟는 옹달샘과도 같으니까. 그래서 그 모든 대상에 대해 마음이 죽었다. 칠흑 같은 밤처럼 새까맣게 말이다. 이렇게 삶 자체가 철저하게 죽어 버렸다.

그런데 이제 그 길을 굽게 할 정도로 마음을 잡아끄는 모든 '우승컵들'의 존재가 죽어 버리고 흔적도 없이 지워진 이 여인의 마음 안으로, 사람들의 입에서 입으로 전해지는 소문을 통해 한 사람의 이름이 들어온다.
'예수!'
그 안에 창조주 하나님이 아버지로서 거하시던 유일한 인간 '예수!'였다.
그리고 삶에 대해 이미 완전히 차단된, 살았으나 죽은 한 여인이 그 소문의 주인공이신 예수님을 찾아간다. 그리고 그 낯선 청년 예수님께 손을 댄다. 그러나 손을 댄 접촉이라고 해 봐야 손에 손을 맞잡은 정도도 아니다. 그냥 군중이 예수님을 둘러싼 채, 가까이 있던 사람들은 서로 밀리고 밀치느라고 의지와는 상관없이 예수님과 접촉이 불가피한 상태에서, 여인이 군중 틈을 비집고 들어와 그저 옷자락에 손을 댔을 뿐이다. 이 상황에서 수없이 발생하는 접촉 중 아마 가장 미약한 접촉이 아니었겠는가? 그러나 수없이 많은 접촉 중 유일하게 의도가 담긴 접촉이기도 하였다.

바로 이 순간, 이 장면을 놓치지 말자.
이 장면이 바로 성경과 복음이 말하는 정직함이요 마음과 뜻과 힘을 다하는 하나님 사랑이고 참신앙을 찍은 사진이다.
삶이 벌어지는 현장에서 만나게 되는 이 세상의 모든 대상에 대한 죽음이 유지되는 동안, 그 어떤 것에도 빼앗기거나 지급되지 않던 마음이

처음으로 접촉한 대상이 바로 하나님을 안에 모시고 있던 예수님이었다. 마치 예수님은 이 여인과 당신 속에 계신 하나님이 만나는 일에서 잠시 제외된 듯한 느낌마저 든다. 예수님은 이 여인이 만날 수 있게 하나님을 옮겨다 주신 무슨 배달부가 되셨다는 느낌이다. 이렇게 하나님을 안에 모신 예수님과 이 여인 두 사람의 접촉을 관통하는 마음의 길은 굽지 않은, 아니 굽게 만드는 모든 대상과 이유가 죽어 버려 굽을 수도 없는 직선이었다.

12년간 지속하는 혈루병이 곧 자기의 정체성이 되어 버린 상태, 그래서 혈루병과 자기가 구분될 수 없는 상태, 모든 대상과 관계의 단절을 뜻하는 혈루병에 의해 침투되고 정복되어 버린 삶. 그래서 무엇도 누구도 붙잡고 사랑하며 관계할 수 있는 대상 자체가 없는 그 상태, 바로 그곳에 천국 능력이 결재 없이 들어갈 수 있는 직선 도로가 예수님과의 접촉을 통해 열린 것이다.

그리고 예수님이 그리스도로서 십자가를 지신 이유도 바로 이렇게, 십자가에 못 박혀 죽은 예수님 자신에게 마음이 접촉하는 모든 사람에게서 날마다, 이 사진 같은 한 장면이 동영상처럼 지속하기를 바라셨기 때문이다.

바로 이 시점으로부터, 예수님에게 접촉함을 통해서 만난 하나님이 첫 번째 대상이 되신 상태에서, 비로소 이 여인의 삶은 시작된다.

예수님 안에 계시던 하나님이 여인의 삶을 시작하게 하신 제1 원인이시다. 그 누구도 아닌 그리고 그 무엇도 아닌 하나님에게서 시작이 된 삶을 살기 시작한다.

마음이 이미 무엇인가 다른 대상과 만나고 접촉함에서 시작하여, 진행 중인 기존의 삶의 틀과 내용을 고스란히 유지하며, 그 위에 하나님 관계를 덧대듯 만나고 모셔 오는 것이 아니라, 이 여인처럼 하나님 때문에 비로소 시작하게 된 삶, 그래서 오히려 거꾸로 세상 관계를 하나님과의 만남에 덧대어 나가는 삶, 그 자체가 바로 복음 안에 들어 있는 정직함에 근거 된 참신앙의 원형적인 모습이다.

혈루병에는 남녀 구별이 없다

그러면 이 여인에게서 일어난 삶의 죽음, 모든 대물(對物) 대인(對人) 관계가 죽어 버린 상태 즉, 하나님만을 유일한 대상으로 삼아 마음을 직선으로 보내는 정직함을 꽃피울 수 있는, 마음속 동공 상태가 나에게는 어떻게 현실적으로 일어날 수 있을까. 이 질문에 답하기 전에 우리는 우선 나 자신의 상태가 이 여인과 비교할 때 어떤 상태인지부터 알아야 한다.

나는 12년을 앓던 그 여인처럼 혈루병자가 아니지 않은가. 맞다. 우리는 서로 만나 본 적은 없지만 대부분 혈루병자는 아닐 것이다. 그런데 그래서 우리는 모두 더 무서운 혈루병자다. 표시가 안 나거나, 혈루병을 앓고 있는지를 자각하기가 너무나, 정말 너무나 힘든 혈루병자이다. 실상은 만지는 것마다 접촉하는 것마다 다 부정하게 만들어 놓았으면서, 또 앞으로도 그럴 것이면서도 전혀 그 해악을 눈치채지 못한 채, 온갖 관계를 아무런 주저함 없이 맺고 발전시켜 나가는 이 이상한 혈루병의 상태를 사도 바울은 이렇게 탄식했다.

"오호라 나는 곤고한 사람이로다 이 사망의 몸에서 누가 나를 건져내랴"(롬 7:24)

예수님을 믿고 죄 사함을 받은 사실을 알고 있음에도, 여전히 사망의 몸을 본부로 삼아 실제로 힘을 발휘하는 죄의 줄기찬 활성화 상태 앞에서 내뱉은 탄식이었다.

그러면 죄가 활성화되는 상태에서는 도대체 무엇이 유출된다는 뜻이냐? 마음이다. 마음과 뜻과 힘이다. 마음과 뜻과 힘은 한 방울도 남김없이 모두 다 하나님께만 흘러가야 한다. 마음이 하나님께만 흘러가는 상태가 '야샤르'의 정직함이 아니었던가.

그런데 사도 바울의 탄식에 따르자면, 마음이 계속하여 육체로 만나는 대상들에게로 흘러간다는 것이다. 이런 경우는 마음을 쓰는 것이 아니라 마음이 유출되는 상황이라는 말씀이다. 즉 모든 사람은 하나님께만 마음을 직선으로 드리는 정직함을 이루지 않고 있는 죄인으로서, 마음도 뜻도 힘도 사방팔방으로 이런 일 저런 일, 이 대상 저 대상에게 줄줄 흘리고 다닌다. 그러면서 마음을 유출하여 접촉하는 모든 대상에 죄악으로 인한 자기 자신의 부정함과 저주를 전염시키며 불러들이고 있다.

그런데 문제는 12년 혈루병을 앓고 있던 여인과 같은 처지에 놓인 사람들이 자신에 대해서 전혀 모르고 있다는 사실이다. 알았다면 이 여인처럼 몸은 살아 있어도 삶은 죽어야 마땅했다. 자신이 유출병자라는 사실을 모르기 때문에 그 부정함을 사방에 흩뿌리고 다니며 삶을 극단적인 활성화 상태까지 밀고 나간다.

그래서 성경은 말씀하신다. 우리가 마음과 뜻과 힘을 다하여 하나님을 사랑하라는 말씀을 떠나, 좌로나 우로나 치우쳐 하나님께만 정직하기를 이루지 못하기에, "하나님 여호와의 말씀을 순종하지 아니하여 … 네가 성읍에서도 저주를 받으며 들에서도 저주를 받을 것이요 또 네 광주리와 떡 반죽 그릇이 저주를 받을 것이요 네 몸의 소생과 네 토지의 소산과 네 소와 양의 새끼가 저주를 받을 것이며 네가 들어와도 저주를 받고 나가도 저주를 받으리라"(신 28:15-19)라고 말이다.

 우리의 마음은 본래부터 하나님 아버지 말고는 다른 대상을 향하여 흘러가면 안 되는 것이었다. 왜냐면 내 마음의 흐름은 영적인 피이기 때문이다. 아버지 하나님과 맺는 살아 있는 연결 관계는 나의 마음이라는 피가 끊임없이 흘러야 하는 유일한 혈관이다. 그러므로 내 마음이 하나님과 맺은 관계의 혈관 밖으로 유출하여 하나님 이외의 대상에 가닿을 때, 그 모든 대상에는 병에 걸린 여인에게서 유출된 피가 묻듯이 그렇게 내게서 유출된 마음인 영적인 피가 묻는 것과 같다.

 그런데 우리는 무엇을 믿고 그러는지는 몰라도 정말 겁이 없다. 죄의 혈루를 그대로 지닌 채, 바울에게서와 같은 '나는 곤고한 자'라는 뼛속 깊이 아로새겨진 자각도 탄식도 일상의 삶에서 표현되지 않고 있다. 그리고 그러한 상태에서 버젓이 유출되는 영적인 피인 마음으로 남편을 만지고, 아내를 만지고, 자녀를 만지고, 친구를 만지고, 이웃을 만지고, 내 돈을 만지고, 내 건강을 만지고, 내 일을 만지고, 내 미래를 만지고 있다. 이 모든 대상에게 흘러가 접촉을 일으키는 내 마음은 다 유출된 피다.

 그래서 나타나는 결과가 무엇이냐? 부정(不淨)함이다. 즉 내 마음이 유출되어 신경을 쓰면서 만지는 모든 대상에게서 부정함이 발생하면서, 그 결과 내가 마음으로 만지는 대상마다 생명과 복의 근원이신 하나님의 창조적이고 복된 사랑과 계획과 뜻에서 단절된다. 내가 마음을 써서 깊이 개입하는 모든 대상을 향한 하나님의 본래 가지고 계시던 뜻과 계획이, 나로 인해서 부정해짐으로써 끊어져 버린다.

"네가 성읍에서도 저주를 받으며 들에서도 저주를 받을 것이요 또 네 광주리와 떡 반죽 그릇이 저주를 받을 것이요 네 몸의 소생과 네 토지의 소산과 네 소와 양의 새끼가 저주를 받을 것이며 네가 들어와도 저주를 받고 나가도 저주를 받으리라"라는 말씀은 그냥 겁먹으라고 하시는 괜한 소리가 아니다.

마음이 모두 다 하나님께로 드려지지 못한 채 다른 대상에게로 유출되고 있는 상태에서는 이렇게 나와 접촉을 이루는 주변의 모든 존재가 저주받아 초토화된다. 즉 나 때문에 불행해진다.

도대체 누구를 막론하고 우리가 뭘 안다고, 아내든 남편이든 자식이든 이웃이든, 그들과 관련된 일에 끼어들어 영적인 피인 마음을 쏟아 유출하면서 왈가왈부 가르치고 참견하고 판단하고 있는 것일까?

하여간 기억해 두자. 생각과 말을 통해서든지 행동하면서든지 하여간 하나님 이외에 내 마음을 유출하면서 가닿는 모든 대상이 부정해지고 생명과 복의 근원으로부터 단절되고 있다는 사실을. 어디 이러한 사정이 사람에게만 해당할 뿐인가? 일이나 사업에 관해서도 마찬가지다.

다시 한번 말씀을 보자.

"네가 네 하나님 여호와의 말씀을 청종하면 … 성읍에서도 복을 받고 들에서도 복을 받을 것이며 네 몸의 자녀와 네 토지의 소산과 네 짐승의 새끼와 소와 양의 새끼가 복을 받을 것이며 네 광주리와 떡 반죽 그릇이 복을 받을 것이며 네가 들어와도 복을 받고 나가도 복을 받을 것이니라 … 네 창고와 네 손으로 하는 모든 일에 복을 내리시고 … "(신 28:2~)

모든 복의 전제 조건인 여호와의 말씀을 진정으로 순종하는 일은, 복을 얻겠다는 목적의식하에 행하는 우리의 인위적이고 의도적인 행위를 통해 이루어질 일이 아니다. 여호와이신 하나님 아버지 자신을 좋아함으로써 하나님만을 그리워하며 열망함이 없으면 순종은 절대 불가능하다.

그러므로 말씀에 대한 행위의 순종은 하나님께만 마음이 직선으로 가 닿아서 머무르며 하나님이 정말 좋을 때, 그래서 그렇게 좋아하는 하나님의 뜻이 일점일획이라도 이루어지지 않고 버려지는 것이 너무나 아까워서 견딜 수 없을 때 나타나는 결과이며 증거다. 그러므로 순종하라는 말씀의 근본적인 뜻은 그런 행위가 나올 수 있도록 존재의 뿌리를 바꾸라는 의미이다. 마음을 직선으로 드리는 대상을 하늘에 계시는 하나님으로 바꾸라는 요구이다. 수양버들처럼 결국에 나 자신이 받을 이 세상 복으로 돌아올 것을 목적으로 하늘을 향해 출발한, 속이 뻔히 들여다 보이는 전혀 다른 종자와 뿌리를 유지하는 그런 마음으로는 순종은 결코 실현될 수 없다.

즉 하나님께만 마음을 직선으로 드려 가닿고 머무는 정직함이 없으므로 참순종이 일어나지 않는 죄의 상태에서는, 이렇듯이 내 마음으로 만지는 대상마다 내가 만졌다는 그 이유 하나로 저주의 대상이 되어 버려 불행에 빠지고 마는 것이다.

그러므로 하나님께만 마음을 직선으로 드려 가닿고 머무는 정직함의 상태가 이루어졌음이 분명히 확인될 수 없다면, 그래서 내 마음의 유출병이 치유되었다는 증거를 확보할 수 없다면 차라리 다짐해야 한다. 사랑하는 모든 대상에 대해서는 저 12년간 혈루병을 앓던 여인처럼 속수무책의 상태로 무조건 마음의 손을 떼야 한다고 말이다. 이러는 것이 절대로 더 현명한 일이다. 그래도 되는 이유가 무엇인가? 그렇게 내가 손을 뗀 모든 대상을 향한 하나님의 주권은 오히려 어쭙잖은 나의 관심으로 인해 방해받음이 없이 여전히 실시간으로 임하게 되기 때문이다.

생의 목표는 삶이 아니라 죽음이요, 죽임이다

　위대한 바울 사도와 우리의 차이는 정말이지 종이 한 장의 차이같이 여겨진다.

　그는 우리 사람이 만지는 대상마다 부정해질 수밖에 없게 하는, 사람 안에서 생생하게 꿈틀거리는 유출병의 현실적인 힘을 보고 있었다. 그 반면에 우리는 죄 사함에 대한 알량한 성경 공부 지식과 그런 지식에 이끌려서 하는 죄 사함을 받았음에 대한 기계적인 고백 안에서 죄의 문제는 끝난 것쯤으로 여겨 버린다. 그 결과 실제 생활 현장에서 일어나는 이토록 심각한 유출병의 활성화 상태를 자각하지 못하고 있다는 것이다.

　죄의 사함을 받았다는 입술의 고백은 있으되, 현실의 구체적인 삶 속에서는 죄가 여전히 살아서 역사하는 수양버들의 근성에 묶인 채로, 하나님 이외의 엉뚱한 대상들을 첫 번째 직선으로 상대하여 마음을 유출하면서, 그 대상을 봉사하고 섬기기 위해 하나님의 능력을 찾고 요구하며 산다. 게다가 마음 유출병 상태에서 부정하게 됨에 대한 아무런 깨달음이나 두려움이나 조심성 없이, 내 몸에서 난 소생과 떡 반죽 그릇과 광주리와 창고를 마구 만져 대고 있었다는 것은 정말 소름이 돋을 만큼 끔찍한 일이다. 이렇게 살아 놓고도 삶의 불행과 원망의 이유를 타인이나 환경으로 돌린다면 우리는 구제 불능의 자기기만에 빠진 상태이다.

　바울 사도의 솔직한 탄식을 나의 탄식으로 받아들이고, 여기서 우선 급한 대로 우리 삶의 목표부터 좀 바꾸어야 한다.

　세상 사람들의 기준을 따라서 안정되고 성공적으로 잘 살겠다고 애쓰며 수고하는 삶이, 마땅한 신앙인의 일상적인 생활로 받아들여져서는 안 된다. 왜냐면 이 자연스럽고 마땅하게 여겨지는 일상을 사느라 진짜 우리는 제대로 하나님의 자녀답게 살아 보지도 못한 상태로 끝내 망하고 말 것이기 때문이다.

우리 삶의 목표를 이제, 어찌하든 버둥거리면서라도 이 세상 사람들의 대열에서 뒤처지지 않고 살아남겠다는 목표에 두어서는 안 된다.

이제 우리 삶의 수정된 목표는 삶이 아니라 죽음이다.

자살하자는 말이 아니라 마음에서 이루어져야 하는 삶의 죽음을 목표로 삼자는 것이다.

예를 들어 보자. 자녀를 둔 부모 같으면 죄인이라는 마음 유출병자 처지에 겁 없이 함부로 유출하는 마음으로 자녀에게 접촉하지 말고, 자녀에 대하여 마음이 가닿아 머무르는 상태를 통째로 죽여서 없애 버리는 것을 목표로 하는 것이다. 이처럼 남편, 아내, 부모, 사업, 일 등 모든 하나님 이외의 관계에 침투된 마음을 통째로 죽이자는 것이다. 즉 12년 동안 혈루병으로 인해서 그 여인에게 부득불 벌어진 삶의 죽음을 이제 의도적으로 나에게 행하자는 뜻이다.

내 마음으로 이 모든 대상을 붙들고 있어 봐야 삼중의 상실만 주어진다. 첫째, 마음이 직선으로 가닿아 머무는 대상이 하나님 이외의 것이어서 하나님을 잃어버린다. 둘째, 내가 유출병자이면서 접촉하는 바람에 모든 대상을 부정하게 만들어서, 은총과 창조적인 뜻으로부터 떨어져 나와 불행 안으로 빠져들게 만든다. 마지막으로 셋째, 더러운 마음 유출병으로 내 생애의 모든 순간을 먹칠한 나 자신을 결국에는 스스로 멸망의 심판 속으로 던져 버리고 말 것이다.

너무 살벌한가? 실제 삶의 상황에서 죽이자는 것이 아니라 실제 삶의 상황에 있는 동안 내 마음에서 죽이자는 것인데도? 맞다. 살벌하다. 그런데 죄송하지만, 이 살벌한 말씀의 원조가 누구인지 우리는 알고 있는가? 다음의 말씀들이 누구의 말씀인지 생각해 보자.

"내가 세상에 화평을 주러 온 줄로 생각하지 말라 화평이 아니요 검을 주러 왔노라 내가 온 것은 사람이 그 아버지와, 딸이 어머니와, 며느리가 시어머니와 불화하게 하려 함이니 사람의 원수가 자기 집안 식구리라"(마 10:34-36)

칼을 들고 원수로 여겨 불화하며 싸울 대상이 집안 식구라는 말씀이다. 내 마음 안에 들어와 있는 모든 가족을 마음 안에서 칼로 죽이려는 각오가 없으면 예수님을 믿을 수가 없다는 뜻이다. 예수님을 믿는 이유가 결국 하나님께만 직선으로 정직하여 내 마음과 뜻과 힘을 모두 다 하나님 한 분께만 쏟으려는 것이 아닌가? 그러므로 이 땅 위에서 만나고 맺게 된 관계 일체에 대해 예수님이 주시는 '십자가 검'을 휘두르며 마음속에서 그 모든 존재를 죽여 없애기 전까지는, 하나님을 첫 번째 대상으로 삼아 직선으로 마음을 드리며 관계하는 일이 불가능하다는 말씀이다. 모든 가족 구성원이 내 마음을 잡아낚겨 굽게 하는 저 '프로골퍼의 우승컵'이 될 수 있어서이다.

하나하나가 '우승컵'으로서, 내 마음을 굽어지도록 하는 내 가족 모두는 하나님을 내게서 빼앗아 가는 원수다. 왜냐면 어떤 사람이 내게 원수인 이유는 내게서 소중한 대상을 빼앗아 가기 때문인데, 가족은 내게서 첫 번째로 그리고 직선으로 대할 때만 만날 수 있는 가장 소중한 하나님을 빼앗으면서, 그럼으로써 동시에 내게서 영원한 생명과 평강, 행복 등 모든 것을 빼앗아 가 버리기 때문이다.

바로 이러한 이유로 벌어진 사건이 다름 아닌 아브라함이 이삭을 번제로 드린 일이다. 약속을 받은 지 25년이 지난 뒤 100세가 되어서야 낳게 되어 청년으로 잘 자란 외아들 이삭을 번제를 위한 장작더미 위에 올려놓고 칼을 들어 죽이려 했던 살인 미수 사건이었다. 그런데 바로 이렇게 외아들을 죽이려 했던 살인 미수의 현장에서 아브라함은 믿음의 선조라는 영구불멸의 타이틀을 획득하게 된다. 왜냐면 마음 안에서는 이미 진짜로 아들 이삭을 죽였기 때문이었다. 그렇게 함으로써 아브라함은 여호와 하나님에게로 직선으로 가려는 자기의 마음을 굽어지도록 잡아당기는 가장 강력한 원수인 아들 이삭을 마음에서 제거한 셈이었다.

하나님께만 직선으로 마음을 드리는 정직한 상태인 믿음이란 무엇인가? 하나님만을 마음과 뜻과 힘을 다해 사랑하는 이어지는 과정이다. 그러므로 믿음은 반드시 살상의 과정과 함께 간다. 내 마음에 끼치는 힘이 강력하여 내 마음을 하나님에게서 조금이라도 빼앗아 가는 원수들을 계속해서 마음에서 제거해 나가는 살상의 과정이 없으면 하나님을 믿을 수가 없다. 정리하자면, 믿음은 마음과 뜻과 힘을 하나님께만 드리기 위해, 다른 모든 대상을 마음 안에서 예수님이 주신 '십자가 검'으로 지속하여 죽여 나가는 연쇄 살상의 과정이다.

말씀의 살벌함에 이유 있다

"사람의 원수가 제 집안 식구니라." 이 말씀을 설교했다가 정말 난감하고 죄송한 경우를 경험한 적이 있다. 캐나다에 와서 길지 않은 세월이지만, 수없이 많은 사람을 만났다. 그런데 내 주관적인 느낌으로 젊은 분이 이처럼 신실하고 훌륭한 가장답다고 생각했던 사람은 그리 많지 않다. 어느 젊은 남편이자 아빠인 교인의 이야기이다. 그런데 이 설교를 들으시고 시험에 드셨다는 것이 아닌가. 사실 "사람의 원수가 제 집안 식구니라"라고 하신 당사자는 설교한 목사인 내가 아니라 주님이신데도 말이다.

이혼율이 급증하고 문제아가 속출하며, 집은 있어도 가정은 없다는 생각이 상식이 되어 가는 세상에, 교회가 가족 간의 돈독한 사랑을 외치며 가정의 화목을 선도해 나가도 시원치 않을 판에 '사람의 원수가 제 집안 식구'라는 주제로 설교로 하는 일은 도저히 용납할 수 없다는 반발이었으리라.

처음에 이 소식을 접하고는 그저 믿음이 약하신 성도님들에게서 흔히 나타날 수 있는 불평 정도로 생각했다가 얼마 뒤, 뒤통수를 얻어맞은 듯한 소식을 듣게 되었다.

그 청년 집사님이 고아로 자라신 분이라는 내용이었다. 당시 그 집에는 너무나 참한 젊은 아내와의 사이에 보기만 해도 마음이 기뻐져서 웃지 않고는 못 견딜 만큼, 깨물고 싶은 귀엽고 사랑스러운 어린 두 딸이 함께 살고 있었다.

고아 출신으로 자라면서 정상적인 가정의 모습이 인생의 꿈이었을 젊은 집사님의 마음에 사람의 원수가 제 집안 식구라서, 서로 불화하게 하려고 검을 주고자 오셨다는 예수님의 말씀이 도대체 어떻게 들렸을까를 생각하면 너무너무 미안해서 현기증이 날 지경이었다. 그 성실한 젊은이의 어릴 적 상처에서 돋아났을 인생의 꿈에 다시 한번 칼을 꽂은 셈이 되어 버린 것이다.

20세기의 교부라 불리는 독일의 신학자 칼 바르트가 인간의 언어로 수행해야 하는 신학이나 설교를, 인간의 죄성을 고려할 때 "불가능한 가능성(Die unmögliche Möglichkeit)"이라고 말한 이유를 생의 현장에서 실감하게 되는 순간이었다.

그 뒤로 우여곡절 끝에 결국 집사님께서는 설교의 본뜻을 바로 이해하시고 그 취지를 흔쾌히 받아들이시게 되었고, 다시 누구보다 성실히 사시며, 누구보다 신실하게 믿음의 길을 가시게 되었다. 그러나 상처는 오히려 내게 더 깊이 남게 되었다. 너무나 지독하게 미안했던 것이 마음에 상처가 되어 버렸다. 그러나 그 상처를 끌어안고 흘린 마음의 진액이 그만 진주로 변하기라도 하듯, 마음에 참 중요한 사실을 한 가지 깨닫게 되었다.

설교를 들을 때 그 집사님이 가족들 관계에 대해 가지셨을 아픈 마음과 하나님 아버지의 마음을 오버랩하면서 얻게 된 깨달음이었다. 예수님께서 저 살벌한 말씀을 하실 때, 내가 저 집사님의 마음을 생각하며 아파한 것보다 몇 배, 몇백 배 더 아파하시며 우셨을 것이 틀림없다는 사실이다. 하늘 아버지의 마음을 생각하시면서 말이다. 만약에 이처럼 예수님의 마음에서 눈물이 흘러나왔다면 그 참이유가 무엇이었을까. 그처럼 눈물을 나오게 했을 수도 있었을 예수님 마음의 아픔을 같이 생각해 보면 좋겠다.

예수님을 우시게 한 우리는 정말 나쁘다

남자가 결혼해서 아내가 아이를 갖게 되면, 예비 아버지의 사랑은 태어나기 전부터 이미 시작된다. 아니 그보다 앞서서 아기를 기다리는 경우, 아내가 임신하기 전부터 아버지는 잉태되지도 않은 아기를 벌써 사랑하기 시작한다. 아직 실제로는 없는 아이를 사랑하며, 세상에 태어나기를 기다리는 아버지의 안타까운 자녀 사랑의 심정으로 말하자면 나보다 더 깊이 체험한 사람은 흔치 않으리라.

나는 안다. 결혼하자마자 다음 달부터 기다린 아기가 결혼 후 17년 만에야 세상의 빛을 보게 되었으니까. 그 아이는 방금 태어났어도 이미 17년 동안 아빠의 사랑과 관심을 받아 오던 중이었다. 이렇게 계산하면 이삭은 태어나는 그 순간 이미 아버지 아브라함의 사랑을 무려 25년간이나 받아 오고 있던 존재였다.

이런 방식으로 또 계산해 보자. 무엇을 말인가? 하늘 아버지로서 나를 향하신 하나님 아버지의 부성애 역사를 말이다. 나를, 그리고 우리 중 하나하나를 하나님 아버지가 사랑하시기 시작한 시점은 도대체 언제쯤일까?

태씨 문중에 들리는 말에 의하면 이순신 장군이 쓰던 칼을 태씨 조상 중 대장간을 하시던 어느 할아버지가 만드셨단다. 이순신 장군의 성이 이씨가 아니라 태씨라면 모를까, 그것도 무슨 자랑거리라고 얼마나 떠들어 댔으면 문중 모임에 한 번도 참석하지 않은 내 귀에까지 다 들려왔을까. 하여간, 그 대장간의 할아버지 안에 내가 태어날 것이 하나님 편에서는 계획이 되어 있었을까 아닐까?

아무래도 더 거슬러 올라가야 할 것 같다. 태씨의 시조가 발해를 세운 대조영이란다. 그러면 그 대조영 할아버지가 세상을 살 때 그 몸의 핏줄을 통해 이 땅에 태어나 지금껏 살게 된 나는 하나님 아버지의 계획에 있었을까 없었을까?

하나님의 전능하신 창조주 되시고 섭리의 주관자 되심과 전지하심에 대한 우리의 믿음 안에서 양심껏 말해 당연히 '있었다'로 답할 수밖에 없다. 그러면 삼국 시대 말기의 대조영 할아버지까지만 따져도 하나님 아버지가 나를 사랑하신 햇수가 도대체 몇 년이냐? 어림잡아도 1,300년은 족히 되지 않겠는가. 신령한 일은 혈과 육에 속한 것이 아닌데, 혈의 역사를 따라 계산해 보려는 태도에 거부감이 일어난다면 정말 죄송하다.

그러면 이제 우리 믿음의 선조 아브라함을 생각해 보자. 하나님이 찾아오셔서 아브라함을 이끌어 집 밖에 세우시고 밤하늘의 별을 보게 하셨다. 그리고 그 하늘의 별처럼 많은 자손의 조상이 될 것이라고 약속해 주셨다.

"그를 이끌고 밖으로 나가 이르시되 하늘을 우러러 뭇별을 셀 수 있나 보라 또 그에게 이르시되 네 자손이 이와 같으리라"(창 15:5)

그러면 아브라함이 지금으로부터 4,000년 전 바라보던 그 밤하늘의 별 중에, 나는 그리고 당신은 있었을까 없었을까? 있었다. 그래서 우리는 하늘에 떠 있는 스타다. 사정이 그렇다면 하나님 아버지가 우리 중 각자를 사랑하신 햇수가 대충 계산해 봐도 몇 년이냐? 약 4,000년이 된다.

그리고 이 계산을 머릿속에 담고 한 번 더 계산해 보라. 그토록 애지중지해서 우리 마음 안에, 하나님 아버지가 들어서실 수도 없을 만큼 빽빽하게 채우고 있는 우리의 아내들과 남편들을 만나 산 햇수는 이제 몇 년째인가. 그리고 생명처럼 귀하게 생각하는 우리의 자녀를 낳아 기른 것이 몇 년인가. 우리 각자가 자녀를 만나 지낸 시간이 정말 그리도 굉장한가?

자식을 둔 부모 마음이라면, 또 부모가 아직 안 되었더라도 자식 된 자로서 부모의 마음을 헤아려 보면, 아브라함 때의 4,000년 전, 아니 정확하게는 아담을 지으실 태초에 이미 우리 각자의 얼굴 생김새까지 지금의 모습으로 확정하시고, 그동안 줄곧 마음을 쏟으셨을 아버지의 입장을 얼마든지 헤아려 볼 수 있지 않겠는가.

　우리끼리 은혼식이네, 금혼식이네 해 봐야 하나님 아버지와의 인연이 지속해 온 세월에 비하자면 새 발의 피도 안 될 기간이다. 그런데 상대적으로 그렇게 짧은 인연을 기념하여 별의별 의미를 부여해 가며 그 비싼 세계 여행이니 크루즈니 하며 난리들을 떨어 댄다. 그러면서 나를 향하는 하나님 아버지의 부성애의 긴긴 여정에 대해선 어쩌면 그렇게들 나 몰라라 안면을 몰수할 수가 있을까.

　이런 상황에서 하나님 아버지가 우리가 서슴지 않고 드러내는 하나님에 대한 용납 불가한 태도에 대해서 도대체 뭐라고 하셔야 우리 인간들의 염치없는 마음이 편하겠는가? 하나님을 직선으로 첫 번째로 관계하지 못하도록, 그 몇 년 되지도 않는 이 땅 위의 그리고 대단한 인연들이, 마음을 빼앗고 마음을 굽어지게 하는 상황을 보시며, '사람의 원수가 제 집안 식구니라'라고 하신 것이 우리 마음에 상처가 되어야 하나? 하늘 아버지는 나를 아주 적게 잡아 아브라함 때부터 4,000년을 마음에 품으셨다. 내가 태어나기까지 무려 4,000년 동안 한시도 하나님 아버지는 나를 잊으신 적이 없었다. 그런데 나는 만난 지가 기껏해야 몇십 년이 고작인 가족들에 끌리느라 그 하나님 아버지께만 마음을 직선으로 다 드리는 일을 하지 못한다.

　아담 때부터 지금까지 줄곧 사랑해 오셨던 자식들이다. 그리고 아주 길어 봐야 80년이나 90년에 지나지 않을 이 세상 삶이 끝나면, 다시금 영원히 함께 살기를 원하시는 자녀들이다. 하늘 아버지의 처지에서 보실 때, 영원에 비교해 한낱 일개 점에 지나지 않는 몇십 년을 사는 동안, 내 마음을 송두리째 빼앗아 하나님을 아버지로 마음을 다해 직선으로 관계하지 못하게 하는 내 집안 식구는 모두 어떤 자들일까? 그들이 하나님 아버지에게도 나에게도 원수가 아니면 도대체 무엇인가? 원수의 두목들이 아닌가?

　돈 몇 푼 내게서 빼앗아 가도 원수고, 내 명예나 자존심을 상하게 해도 원수가 된다. 그대로 된다고 해도 정말 좋을지도 보장할 수 없는 내 미래에 대한 꿈을 방해하는 사람도 내 원수다. 그런데 이상하게 우리는 내게서 마음과 뜻과 힘을 다해서 사랑해야만 하는 창조주 하나님 아버지를 빼앗아 가는데도 그런 가족이 원수가 아니란다.

　그리고 이렇게 놓고 보면, 아브라함이 자기 마음을 가장 강력하게 굽어 버리게 할 외아들 이삭보다 하나님을 더 먼저 직선으로 마음을 드리면서 사랑하고 있음을 보이기 위해, 아들 이삭을 묶고 칼을 들어 치려 한 것이 그렇게나 대단하고 굉장한 일이었나 하는 마음까지도 생길 지경이다. 당연한 도리이고 정확하게 이익을 따진 계산의 결과가 아닌가.

　유비의 일화가 생각난다. 장판교에서 조조의 10만 대군의 포위망을 뚫고 아들 아두를 구해 온 조자룡의 충성을 보고 유비는 아들 갓난쟁이 아두를 "이까짓 놈이 무어라고" 하면서 땅바닥에 내동댕이쳤다. 충성스러운 동료이자 신하인 조자룡의 목숨을 위태롭게 하였다는 이유에서였다.

　우리에게 하나님 아버지는 아들 아두를 내동댕이치던 유비에게 있어서 조자룡이 갖는 소중함만큼도 못한가? 하나님 아버지를 굽지 않은 직선의 마음으로 만나고 모시는 일을 방해함으로써, 내가 하나님을 잃게 만드는 배우자나 자녀 등 가족을, 단지 마음으로부터 온전히 쫓아내어 마음의 영역에서 죽이라는데, 그 일도 하지 않겠다는 말인가. 실제로 아들이나 딸을 호적에서 지워 버리거나 집 밖으로 내동댕이치라는 것도 아니지 않은가?

하나님 아버지를 정직하게 믿기 위해 길어 봐야 20년 30년 길러 놓은 내 자식을 마음에서 놓기가 그리도 아까우면, 나를 자녀 삼으시어 오래 전 태초에 지금의 모습으로 계획하시고 그 긴긴 세월 사랑해 오신 하나님 아버지의 마음은 어떤 것일지 생각해 보았는가. 이렇게 볼 때 우리는 정말 몹쓸 불효자들이고 패륜아들이다.

이렇게 말에 말을 이어 오다 보니 걱정이 슬그머니 살아난다. 지금 우리가 왜 이런 말을 하고 있는지를 잠시 잊고 있지나 않나 해서 말이다. 우리는 지금 마음이 삶의 모든 관계에 대해 죽어 버린 새까만 상태에서 하나님을 처음으로 접촉하는 상태가, '야샤르'의 정직에 담긴 직선 논리에 부합하는 참신앙이라는 말을 계속하고 있다. 마음속에서 벌어져야 할 연쇄 살상에 관한 이야기이다.

그래서 하나님께만 마음을 직선으로 드리는 정직한 삶은 모든 생활 현장에서 그 제1 원인이 이 땅 위의 가족이나 다른 사람, 혹은 다른 일이어서는 절대로 이루어질 수 없다는 것을 밝히는 중이다.

그리고 이 상태를 지향하는 예수님의 말씀들이 '살벌하다 비현실적이다 혹은, 할 수 없는 것이다'라는 우리의 생각들이 믿음의 양심으로 조금만 깊이 생각해 보면, 얼마나 염치없는 속 좁은 불평인가를 함께 들여다보고 있다.

"사람의 원수가 제 집안 식구니라."

예수님은 아버지의 심정을 헤아리시면서 분명히 마음으로 우시면서 이 말씀을 하셨을 것이다. 뒤로 돌아보아 창세 전부터 사랑한 자녀, 앞으로 내다보아 영원히 옆에 두고 데리고 살기를 원하시는 자녀, 하나님 아버지께 그 귀한 보석들을, 마귀가 꾀여서 그 마음이 하나님 아버지를 첫 번째로 사랑하지 못하도록 만들어 놓아 버린, 통탄할 구절양장(九折羊腸) 같은 마음 굽음의 상태, 어느 아버지가 이 상황에서 울지 않으시겠는가?

조강지처불하당(糟糠之妻不下堂)이라는 말을 우리는 모두 알고 있다. 그런데 여기서 조강지처가 조강지처 되는 이유는, 첩과 비교해 그 미모나 성격 혹은 하다못해 음식 솜씨 등에 있는 것이 아니지 않은가. 순전히 순서와 연수에 있는 것이다. 제일 먼저 제일 오래 같이했기 때문에 조강지처는 내치지 않는다.

하나님 아버지를, 누구 때문에도 어떤 이유에서도 마음으로부터 몰아내서는 안 된다.

이제 겨우 20년 기른 자식 때문에, 이제 겨우 3, 40년 같이 산 배우자 때문에 하늘 아버지가 우리 마음에서 쫓겨나신다면, 정말 우리는 영적 패륜아들이다.

우리의 여성들을 부당하게 하대(下待)하던 그 옛날로 돌아가서 그때 식으로 말해, 아녀자도 먼저 알고 오래 같이 산 경우 내치지 않는 것이 이처럼 도리였다. 그런데 지금의 내 모습과 겉으로는 보이지 않는 오장 육부에 이르기까지 디자인해 놓으시고, 헤아릴 수 없는 긴긴 세월 동안 을 마음에 품고 계획하시다, 비로소 내 출생일에 이 땅 위에 내보내신 하나님 아버지를 마음의 첫 번째 대상의 위치에서 내치는 모든 사람은 나까지 포함해 다시 말하지만, 불효자식이고 패륜아다.

VI.

흑암의 동토에 뜨는
유일한 태양

VI. 흑암의 동토에 뜨는 유일한 태양

누구나 다 하는 마음과 뜻과 힘을 다한 사랑. 누구나 다 하는 마음이 직선으로 가닿아 머무르는 정직. 이 사랑이자 정직을 사람은 모든 대상을 향해서 행하면서 왜 하나님께만은 스스로 할 수가 없을까? 죄와 저주에 찌들었기 때문이다. 그렇다면 죄와 저주에 찌들면 왜 여전히 모든 대상을 향해서는 사랑도 정직도 할 수 있는데 유독 하나님께만은 안 될까?

가장 먼저 떠오르는 이유는 다른 모든 대상과는 달리 하나님은 눈에 보이지 않으시기 때문이 아닐까 생각한다. 바람 같은 영이시며 "빛들의 아버지이시고" "회전하는 그림자도 없으시니라"(약 1:17)라고 할 정도로 형체가 없는 분이시기에 당연하지 않나 싶다. 볼 수 없는데 어떻게 마음과 뜻과 힘을 다해 사랑하는 대상으로 붙잡을 수가 있겠는가? 지당하다. 만약 볼 수 없어서 대상으로 상대할 수 없다면 사랑도 할 수 없다.

이런 사실과 관련하여 예수님은 못 박아 말씀하신다.

"마음이 청결한 자는 복이 있나니 그들이 하나님을 볼 것임이요"(마 5:8)

내 마음이 더럽고 불결하기 때문이지, 영이시고 형체가 없으시다는 사실 때문에 하나님이 보이지 않으시는 것은 절대 아니라는 말씀이다.

마음의 정직은 마음의 청결이다

그러면 영이시고 빛이시고 형체가 없으셔도 하나님을 볼 수 있게 하는 조건인 청결이 무엇인가? 청결은 있어야 할 것이 있어야 할 곳에 있는 상태이다. 거꾸로 말하면 청결은 없어야 할 것이 없어야 할 곳에 없는 상태이다. 있어야 할 것들이지만 없어야 할 곳에 있게 되는 것이 불결이고 더러움이며, 없어야 할 것들이지만 없어야 할 곳에 버젓이 있는 상태가 또한 불결이고 더러움이다.

금방 지은 하얀 쌀밥 한 무더기가 깨끗한 거실 바닥에 떨어져 김이 모락모락 피어오르고 있다고 상상해 보라. 그러면 쌀밥도 위생적이고 거실 바닥도 깨끗하지만, 이 둘의 만남과 접촉은 불결함을 발생시킨다. 지극히 위생적임과 지극히 깨끗함이 만나도 이렇게 불결함이 나타난다. 그러나 오물조차도 정해진 오물통에 단정히 담겨 있으면 그 상태는 청결이다. 있어야 할 것이 있어야 할 곳에 있기 때문이다.

마음은 오직 하나님 한 분만이 들어와 계셔야 하는 장소이다. 하나님 이외에는 그 어떤 대상도 들어와 있어선 안 된다. 그런 마음에 이 세상에서 육체로 만나는 대상들이 마구 들어와 있는 상태가 바로 인격이 통째로 더럽게 되고 부패하게 되는 이유이다. 세상에 있는 것들은 그 자체로 더러운 법이 없다. "하나님께서 지으신 모든 것이 선하매"(딤전 4:4) 마음 밖에만 두고 관계한다면 그 무엇도 더럽지 않고 마음도 더럽혀지지 않는다. 그러나 하나님 이외에는 마음 안으로 들여놓기만 하면 모든 대상이 다 더러움과 부패를 발생시킨다.

예를 들어 돌 지난 아들딸이나 손자 손녀가 얼마나 사랑스럽고 소중한가? 하지만 그토록 사랑스러운 자녀가 내 마음에 들어오면 내 마음은 불결하고 더러워진다. 마음 안에 들어온 자녀는 거실 바닥에 떨어진 밥 한 무더기가 된다. 하나님이 아브라함에게 이삭을 바치라는 시험을 내리신 이유도 다르지 않다. 내 마음은 절대로 자녀가 들어와 있을 곳이 아니기 때문이다. 자녀를 마음 밖에 두는 일에서 아까워하거나 주저하면 안 된다. 자녀뿐만 아니다. 그 무엇이라도 내 마음에 대해서는 다 마찬가지이다. 일단 들어오면 마음을 더럽힌다. 마음이 더러워지면 하나님을 볼 수 없다. 하나님을 볼 수 없으면 하나님을 잃는다.

이처럼 내 마음은 절대적으로 하나님 한 분만을 위한 장소이다. 마음이 청결한 자가 하나님을 보는 복을 누린다고 하신다. 마음이 청결함은 그러므로 우선 마음 안에 이 세상 그 어떤 대상도 들어와 있지 않은 상태가 되어야만 이루어질 수 있다. 그래서 하나님을 볼 수 있는 마음의 청결은, 마음이 좌로나 우로나 그 어떤 대상으로도 치우침이 없이 직선으로 하나님께 가닿아 머무는 정직함의 또 다른 측면이다.

그렇다, 하나님은 영이시고 "빛들의 아버지"이시며 "변함도 없으시고 회전하는 그림자도 없으시니라"(약 1:17)라고 묘사되는 분이시다. 그러나 그렇기에 내게 안 보이는 것은 아니다. 안에 들어 있으면 절대로 안 되는 하나님 이외의 세상 것들을, 내 마음이 담고 있음으로써 더러워졌기 때문에 내가 볼 수 없을 뿐이다. 이것이 하나님께만 마음을 직선으로 드리는 정직함이 마음의 청결을 동반하게 되는 이유이기도 하다. 마음으로 볼 수 없는 분에게 어떻게 마음이 직선으로 가닿아 머무를 수가 있겠는가?

그러면 실제로 내 마음의 청결함을 어떻게 이룰 수 있을까? 마음의 청결함이란 십자가에서 예수님과 함께 이 세상에 대해서 죽은 자가 됨으로써만 이루어질 수 있다. 즉 마음의 청결은 하나님 아버지보다 먼저 들어와서 마음 안쪽을 마구 더럽히는 모든 대상을 품은 채, 마음이 통째로 십자가에서 예수님과 함께 못 박혀 죽어 버릴 때만 도달할 수 있다.

마치 의기(義妓) 논개가 임진왜란 중에 왜군들이 진주를 함락한 뒤 향연이 베풀어진 촉석루에서 왜장을 부둥켜안은 채 남강으로 떨어져 함께 죽은 것과 같다. 이렇게 마음 안으로 들어와 있는 모든 세상의 대상을 다 끌어안은 채 십자가로 나를 통째로 던져, 예수님과 연합하여 함께 죽음으로써 부활하신 예수님 안에서 다시 태어나야만, 마음은 하나님을 볼 수 있고 또한 하나님이 들어오실 수도 있는 청결한 상태에 도달할 수가 있다.

예수님의 십자가에서 날마다 죽는 이유는 이처럼, 이 세상 것이 날마다 내 마음 안으로 들어와 내 마음을 점령하고 유린하고 더럽히고 그럼으로써 하나님을 볼 수 없게 하기 때문이다. 세상과의 관계에서 마음은 오직 이렇게 정들고 소중하고 아까워서 품고 있는, 혹은 밉고 싫어서 품고 있는 모든 대상이 죽어서 없어져 버린 흑암의 동토가 되어야만 비로소 청결할 수 있다.

어둠이 짙게 드리워진 동공(洞空)의 마음. 그 자체로는 상상 속에서 주어지는 느낌이 무섭고 춥다. 아무것도 보이지 않는 흑암이 짙게 드리운 동토 같은 느낌이다. 그러나 이렇게 이 세상 모든 대상에 대해서는 어둡고 춥고 무섭게 느껴지는 마음의 상태에서만 비로소 사람은 하나님을 향하여 관계를 시작할 수 있도록 준비된다.

왜냐면 이러한 청결의 상태에서만 내 마음은 보이지도 들리지도 만질 수도 없는 영이신 하나님을 실제로 볼 수 있고, 그래야만 하나님을 대상으로 상대하여 마주하면서 관계할 수가 있기 때문이다. 즉 이런 마음의 청결 상태를 실제로 가져다주는 십자가의 죽음과 부활을 통해서만 내 마음은 비로소 승천하셔서 보좌 우편에 이르신 예수님을 따라 올라갈 수 있고, 그래야만 보좌 우편의 예수님 안에 머물면서 하나님을 직면하여 상대할 수가 있게 된다는 뜻이다.

여기서 알 수 있는 것은, 이렇게 그리스도 연쇄 과정 속 예수님을 따라서 마음이 하늘로 직선으로 가는 정직의 과정에는 반드시 마음이 세상 모든 것으로부터 온전히 분리되는 청결함의 상태가 수반된다는 사실이다.

마음이 하나님께만 직선으로 가닿아 머무르는 상태가 정직함이다. 그리고 이 정직함이 바로 마음과 뜻과 힘을 다한 하나님 사랑의 실행이며, 예수님을 믿음으로써 받은 구원을 온전히 이루는 일이기도 하다. 그런데 이러한 하나님께만 정직함은 동시에 마음이 청결하게 됨을 반드시 동반한다. 그렇기에 마음과 뜻과 힘을 다한 하나님 사랑은, 마음의 청결함을 통해서 하나님을 마주하여 보면서 하게 되는 사랑을 뜻하는 말씀이다. 그러므로 그리스도 연쇄 과정 속 예수님과 연합함으로써 하나님께만 마음이 직선으로 가서 머무르는 정직의 상태는 아주 분명한 특징을 드러낸다. 빛과 어둠의 선명한 대비가 일어난다.

빛과 어둠의 선명한 대비

마치 새까맣게 어둠이 덮인 극장 안에서 무대 위 배우에게만 조명이 비치듯이, 또 이 세상에 있는 모든 대상이 죽어 버린 흑암의 동토에 태양이 뜨듯이, 내가 육체로 만날 수 있는 이 세상의 모든 대상 위로 짙은 흑암이 드리워진 내 의식의 무대에서, 오직 하나님 한 분만이 빛을 발하며 밝히 보이게 되는 상태가 하나님께만 정직함이며 동시에 마음에 청결이 이루어진 상태이기도 하다.

그렇다. 본래가 우리 마음에서는 하나님 한 분만이 빛이시고 동시에 모든 다른 "빛들의 아버지"(약 1:17)이시다. 빛들의 아버지란 무슨 의미일까? 달이 해의 빛을 받아 반사하여 달빛을 비춘다. 이 경우 햇빛은 달빛의 아버지이다. 이렇게 보자면 햇빛이 어디 달빛의 아버지만 되겠는가? 햇빛이 비침으로써 모양과 모습을 드러내는 모든 반사체의 아버지인 셈이다.

이처럼 하나님은 유일하신 발광체(發光體)로서 천지 만물이 각각 자기만의 독특한 모습과 모양을 드러내게 하시는 빛들의 아버지이시다. 그러므로 하나님께 직선으로 마음을 드리는 정직을 통해서 청결함이 이루어지고 유지되면 내 마음속에서는 하나님만이 유일한 발광체가 되신다.

하나님은 창조주이시고 주권자이시다. 그래서 내 마음에 오직 하나님만 보이고 그래서 하나님의 빛이 가득 차면 우리는 육체로 만나는 모든 대상을 창조주요 주권자이신 하나님의 빛 아래서 비로소 바르게 볼 수 있게 된다. 이 상태가 바로 진리 안에 거하는 것이다. 내가 만나는 사람도 사물도 사건도 다 이렇게 내 마음을 가득 채운 창조주요 주권자이신 하나님의 빛이 비치어 드러나는 모양과 모습대로, 그에 상응한 생각과 말과 행동을 하는 것이 진리를 따라 사는 삶이다.

사정이 이렇기에 절대로 안 되는 일이 있다. 내 마음 안에서 이 세상 것이 하나님을 제치고 일종의 발광체가 되어 들어서는 일이다. 내 마음 안에서 그것이 무엇이든지 하나님 이외의 세상 것이 연극 무대 위 배우처럼 조명을 받아 환하게 의식되어 보이면 안 된다.

　예를 들어 하나님과 재물을 겸하여 섬길 수 없다고 하신 예수님의 말씀을 다시 기억하여 보자. 재물을 섬긴다는 뜻은 마음 안에서 돈이 발광체가 된 상태를 말한다. 돈이 내 의식의 무대 위에서 조명을 받은 배우처럼 환하게 보인다는 뜻이다. 그러는 가운데, 살면서 만나는 모든 대상은 오직 그 돈의 빛 아래서 바라보며 파악하면서 그 대상의 용도와 중요성을 가늠하게 된다. 심지어는 하나님이라는 이름조차도 돈의 빛 아래서 평가받아야만 하는 지경이 된다. 하나님도 돈을 버는 일에 유용한 신이 되어야만 하는 과제를 떠맡게 되신다.
　이런 사정은 꼭 돈이 아니라도 마찬가지이다. 내 마음에서 하나님을 제치고 가장 밝히 보이는 대상이 있으면, 그 대상에 대해서 내 마음은 정직한 것이다. 그러면 이러한 정직의 대상은 이처럼 내 마음속에 자리 잡고 내 삶 전반에 빛을 발하는 근원적인 발광체가 된다.
　물론 이런 하나님 이외의 대상이 발광체가 되어서 비치는 빛 아래서, 사람과 사물과 사건을 바라보면, 그렇게 보는 중에 하는 모든 생각과 말과 행동이 다 거짓이고 오해고 오류가 된다. 마치 정육점이나 과일 가게 조명을 붉게 하여 진열된 고기나 과일들의 색깔에 붉은빛을 더하는 것과 같다. 그러나 어쨌든 그런 거짓된 것이라도 빛으로 작용하는 것은 실제 상황이다.

　바로 이런 이유를 근거로 사도 바울은 마음속에서 환하게 보이는 이 세상 것들을 어둠에 묻어 버리는 유일한 길을 제시하신 것이다. 오직 하늘에 계시는 하나님 한 분만이 환하게 보이면서 유일한 마음속 발광체가 되도록 하려면 내 의식으로 중단 없이 예수님의 십자가를 바라보아야 한다는 것이다. 내 의식이 십자가 바라보기를 그치지 않는 일 말고는 이 세상의 대상들을 내 의식에서 안 보이게 어둠 속으로 몰아 쫓아 버릴 다른 방도가 없기 때문이다.

"내가 너희 중에서 예수 그리스도와 그가 십자가에 못 박히신 것 외에는 아무 것도 알지 아니하기로 작정하였음이라"(고전 2:2)

'오직 예수 그리스도가 십자가에 못 박히신 것 외에는 아무것도 알지 아니한다'라는 말씀은 그 의미가 사도 바울의 이론과 사상이 십자가 중심으로만 이루어진다는 사실에 국한되는 것이 아니다. 실제 삶에서 "항상 예수의 죽음을 몸에 짊어짐"(고후 4:10)의 상태를 유지한다는 뜻이다. 그러려면 항상 예수님의 십자가를 의식의 눈을 떼지 않고 바라보아야 한다.

그래서 갈라디아 교인들에게는 다음과 같이 질책하신다.

"어리석도다 갈라디아 사람들아 예수 그리스도께서 십자가에 못 박히신 것이 너희 눈 앞에 밝히 보이거늘 누가 너희를 꾀더냐"(갈 3:1)

갈라디아 교인들이 각자의 생활 현장에서 사는 동안 의식이 반드시 십자가에 못 박히신 예수님만을 지속하여 바라보아야만 했었다는 말씀이다. 그런데 갈라디아 교인들이 그렇게 십자가에 못 박히신 예수님을 바라보기를 '어리석게도' '꾐'을 당해 중단했다는 것이다. 그러니 그들의 의식에서 세상 대상이 밝히 보이면서 그 대상이 마음을 끌어당기고 더럽혔다는 말씀이다. 그러면 마음이 직선으로 가닿아 머무르는 정직도 없고, 따라서 마음의 청결도 없으며, 결과적으로 하나님을 볼 수도 없어서, 하나님을 상대로 마음과 뜻과 힘을 다한 사랑도 불가능하게 되었다는 뜻이다.

이렇듯이 예수님의 십자가를 줄곧 의식의 눈으로 바라보며 붙잡아야만 내 마음은 부활 승천하신 예수님을 따라 하늘 보좌에 계신 하나님에게 직선으로 가닿아 머무름을 유지할 수 있다. 그러므로 십자가에 못 박힌 예수님을 중단 없이 의식하는 일은, 반드시 내가 예수님과 함께 십자가에서 죽은 자라는 자아의식으로 발전하여 유지되어야만 한다. 왜냐면 세상에 대해서 죽은 자라는 자아의식 속에서만 실제로 내 마음은 하나님께 직선으로 가닿게 되고, 청결함 속에서 하늘에 계신 하나님을 밝히 볼 수 있기 때문이다.

이처럼 세상에 대한 관계에서는 외롭고 춥고 캄캄한 흑암이 덮인 동토 같은 상태의 마음으로만, 또 이 땅 위의 삶에 대해선 마치 12년 동안 혈루병을 앓던 여인만큼 깜깜한 마음으로만, 하나님과의 관계는 실제로 만남과 접촉이라는 실효성을 거둘 수 있다. 그래야 조명이 하나님께만 비침으로써 하나님만을 밝히 볼 수 있기 때문이다.

누구든지 자기 마음에서 하나님이 아닌 다른 모든 존재는 십자가의 죽음으로 그 흔적마저 말끔히 사라져야만 한다. 그러지 않는 한, 하나님이라는 단어를 끊임없이 입에 담고 부르고 외침도, 그 이름을 향해 쏟아놓는 모든 고백과 지식의 장광설도, 문턱이 닳도록 예배당 문을 들락거리는 헌신적인 종교 생활도, 오직 영이신 하나님의 실재를 빗나가는 공염불에 지나지 않게 된다.

그렇다면 여기서 궁금하다. 왜 반드시 하나님을 볼 수 있어야만 하는 것일까? 왜 하나님을 보기 위해서라도 반드시 하나님께만 직선으로 가닿아서 머무는 정직과 청결의 상태를 유지하여야만 하는 것일까? 그냥 지금까지처럼 이 세상 것들이 내 마음에서 환하게 보이는 발광체가 되면 안 되는 이유는 무엇인가? 앞에서 말한 대로 왜 하나님 말고 다른 대상들이 비치는 빛 아래서 바라보면 내 생각과 말과 행동이 오류가 된다는 것일까?

이런 질문에 답하기 위해서라도 그동안 내 마음에서 태양처럼 환하게 빛을 발하던 대상들과의 사이에 새로운 관계 정립이 필수적이다. 그러려면 마음이 정직하고 청결하여 하나님이 내 마음속 발광체가 되실 때와 마음이 다른 정직함과 불결함 가운데 이 세상 것들이 내 마음속 발광체가 되는 경우는 어떠한 차이가 나는 것일까? 이 차이를 분명히 눈으로 보듯 파악해야만 할 필요가 있다. 그래서 하나님 이외의 대상이 내 마음에 환하게 보이면 기겁하면서 소스라치게 놀라 중단해야만 한다.

먼저 급한 대로 사실을 말하자면 이렇다. 우리의 삶이 그동안 왜 그렇게 힘들었을까? 도대체 왜 그렇게 고단하고 지치고 우울해야만 했을까? 비유적으로 말해 바로 이런 태양 같은 내 마음속 발광체들 때문이었다. 하나님 대신에 내 마음 안에서 발광체로서 자리를 잡고 있었던 태양들 때문이었다. 내 의식의 무대 위에서 조명을 받아 태양처럼 밝게 빛을 발하던 대상들이 내 삶을 저주가 넘치는 상황으로 몰아갔기 때문이었다.

그동안 내 마음속에서 빛나던 태양들

태어나서 처음으로 '태양(太陽)'이라는 단어를 국어사전에서 찾아보았다. 사전에 기록된 첫 번째 풀이는 태양계의 중심 항성이라는 것이었다. 지당한 말씀이다. 두 번째 풀이는 "길이 자랑스럽고 희망을 주는 존재"라고 되어 있었다. 즉 자랑과 희망의 근거라는 뜻이다. 많은 의미를 함축하는 비유이다.

알다시피 태양은 이 지구 위의 모든 생명체에게 필요한 에너지의 근원이다. 태양(太陽)이라는 말 자체가 가장 커다란(太) 불덩어리(陽)라는 뜻이 아닌가. 이 커다란 불덩어리가 없으면 지구 위에 생물도 없다. 그런데 이 태양이 지구에 대해 이렇게 필수 불가결의 에너지원이 될 수 있는 이유는 무엇인가? 바로 거리다. 지구에 대해 거리를 두고 있기 때문이다.

태양의 표면 온도는 섭씨 6,000도라고 한다. 100도로 끓는 물에 접촉이 되어도 모든 생물의 살이 익어 버리는 판국에, 6,000도의 태양이 지구와 접촉했다면 지구와 그 안에 거하는 모든 생명체는 새까만 숯덩이가 되어 버린 지 오래일 것이다.

태양 자체가 생명 유지를 위해 필수적인 만큼 지구에 대한 태양의 거리도 필수적이다. 이 거리가 상실될 때 태양은 생명 에너지의 근원이 아니라 만물을 태워 죽이는 재앙의 화염 덩어리가 되어 버린다.

이것이 물리학적인 차원에서의 태양에 대한 이해이다. 이제 이러한 이해를 심리학적인 측면에서 풀어 놓은 두 번째 설명에 연결하여 하나의 비유로써 태양을 생각해 보자.

'태양'은 '마음에 길이 자랑스럽고 희망을 주는 존재'를 상징적으로 일컫는 말이다. 길이 자랑스럽고 희망을 주는 존재란 마음이 직선으로 가닿는 대상이며, 그래서 늘 마음 안에서 환하게 보이는 일종의 빛 덩어리이다. 그런데 내 마음에 자랑과 희망을 안겨 주는 근원적인 빛이기에 적어도 내 마음 안에서는 ─ 사전의 상징적인 의미대로 ─ 태양이다.

실제로 이런 태양이 우리에겐 누구인가? '오! 나의 태양이여!'라고 할 대상이 내겐 누구며 무엇일까? 어릴 때는 아빠 엄마가 태양일 것이다.

그리고 자라면 동성의 친구가 태양이고 더 자라면 이성의 친구가 '오! 나의 태양'이다. 그리고 남편, 아내, 자녀, 형제, 직업, 신분, 건강, 재능, 재산, 지위, 아니면 유명 연예인, 스포츠 선수, 정치가 등등 사람에 따라 나이와 성별에 따라 유형무형의 대상 중 무엇이든지 태양이 될 수 있다. 실제 지금 당장 내게는 어떤 대상이 태양인가를 가장 쉽게 아는 방법은, 지금 내 마음 안에서 가장 환하게 보여 내 의식과 생각이 집중되고 있는 것이 무엇인지를 살피면 된다.

어쨌든지 이런 다양한 존재들이 사람에게는 일시적이든 지속적이든 태양이다. 왜냐면 물리적인 태양이 삶의 에너지를 제공하듯이 이런 상징적인 의미의 태양들도 '마음에 길이 자랑스럽고 희망을 주는 존재'로서 내게 희망, 사랑, 긍지, 보람, 의욕 등 다양한 형태로 삶의 에너지원이 돼 주고 있기 때문이다. 늘 채움을 갈망하는 마음은, 채움과 만족을 향한 희망에 아무런 도움이 안 되는 무관한 대상을, 환하게 보는 일이 절대 없다. 아주 일시적으로라도 무엇인가를 환하게 본다면, 그렇게 보는 대상에서 마음 채움의 희망을 두고 있기 때문이다.

쉽게 예를 들어서 내 마음에 태양 같은 존재가 내 배우자나 내 자녀일 경우 그들과 관련된 일들이 잘되면 그냥 밥 안 먹어도 배부르고 활력이 넘치지 않는가? '마음에 길이 자랑스럽고 희망을 주는 존재'들이 잘되면서 내가 넘치는 활력을 얻는 일은 그냥 우리의 일상적인 체험이다. 또 반대로 그 태양인 존재들에게 무슨 문제라도 생기면 당장 부정적인 기운이 내 마음과 삶 전체를 지배하는 것도 얼마든지 일상적으로 만날 수 있는 경험이다. 그래서 사람들은 이런 마음속 태양의 상태에 따라 삶의 상황을 '화창한 봄날'이라고도 하고 '먹구름이 잔뜩 끼었다'라고도 한다.

그런데 그것이 무엇이든 내게도 하나님 이외에 태양으로 일컬어질 수 있는 대상이 있다면, 이제 조심해야만 한다. 사랑과 긍지와 자랑과 희망의 원천인 그 태양이 내 생애에 활력을 주는 존재로 태양답게 남아 있으려면 거리가 절대적으로 필요하다. 거리가 사라져 버린 태양은 마음의 자랑과 사랑과 희망의 원천이 아니라 그 태양을 담고 있는 마음을 태워 죽이는 재앙의 불덩어리가 되어 버리고 만다.

태양을 끌어안는 미련한 초인(超人)들

성경의 창세기에 나오는 타락 이야기를 보면 에덴에서 쫓겨나는 아담을 향하여 하나님이 내리신 심판의 선언 중에 이런 말이 나온다. "땅은 너로 말미암아 저주를 받고 너는 네 평생에 수고하여야 그 소산을 먹으리라 … 네가 흙으로 돌아갈 때까지 얼굴에 땀을 흘려야 먹을 것을 먹으리니"(창 3:17-19)

'종신토록 하는 수고', '얼굴의 땀', '돌아갈 흙' 등에 주의를 기울여 보자. 같은 지구 위에서도 태양과의 거리가 가까운 적도 인근일수록, 무더워서 진이 빠지도록 수고롭고, 땀이 물처럼 줄줄 흐르고, 바싹 마른 모래로 가득한 사막이 환경의 특징을 이룬다. 이렇게 생각할 때, 기쁨이라는 뜻의 에덴을 상실한 죄와 저주로 찌든 세계는, 그 특징이 다만 기쁨만 없는 곳이 아님을 알 수 있다. 적도 인근 지역처럼 태양이 가까운 곳에서 나타나는 특징을 고스란히 담고 있다. 타는 듯이 작열하는 햇볕의 살인적인 더위 속에서, 땀이 물처럼 흐르는 가운데 탈진할 정도로 수고롭게 살다가, 그렇게 시달리던 육체가 죽으면 흙으로 돌아가 바싹 말라붙은 한 줌의 모래가 되는 삶. 이것이 아담이 온 인류에게 물려준 죄와 저주로 가득 찬 타락한 세상 속에서 인간이 영위하는 삶이다.

이렇게 하나님이 직접 묘사하신 죄와 저주에 찌든 인간의 삶이 뜨거운 햇볕에 노출된 환경의 특징을 고스란히 담고 있는 이유는 무엇일까? 그렇다. 저주받은 인간의 삶에도 인격적인 의미에서 태양이 있기 때문이다. 게다가 인격적인 의미에서의 태양이 지독하게 가까이 있기 때문이다. 아니다, 아예 마음 안으로 그 태양을 품어 버리기 때문이다.

그렇다면 죄와 저주로 가득 찬 세상에서 삶을 사는 사람에게 인격적인 의미에서 태양이 무엇인가? 바로 '마음에 길이 자랑스럽고 희망을 주는 존재'이다. 자랑과 희망의 근거가 되는 것들이 바로 이런 태양이다. 마음에서 가장 밝히 보이는 것들이다. 지금 당장 그리고 지속하여 최우선으로 생각하게 되는 대상이다. 그래서 사람들은 이렇게 자기 마음에서 가장 밝히 보이는 이런 존재를 향하여 '오! 나의 태양!'이라고 하지 않는가. 지금 나에게는 태양처럼 가장 밝히 보이는 대상이 누구인가?

이제 내 인생의 거의 모든 문제는 그것이 무엇이든 바로 그 태양으로부터 발생한다. 내게 태양인 것이 도대체 무엇이 문제라는 말인가? 저주받은 세상의 삶은 모든 사람이 이런 태양들을 너무 가까이에 두고 사는 세계라는 사실을 알 수 있다. 그렇다. '종신토록 하는 수고', '얼굴의 땀', '돌아갈 흙' 등의 요소들은 태양에 가까울수록 나타나는 환경적 특징이다. 마음에 길이 자랑스럽고 희망을 주는 존재들인 태양, 마음에 가장 밝히 보이는 '오! 나의 태양!' 같은 존재를 너무나 가까이 끌어안고 사는 세계가 바로 에덴의 기쁨을 잃어버린 저주받은 삶이다.

자랑과 희망의 근거가 되는 태양 같은 존재를 마음에 끌어안고 산다는 것은, 너무나 당연한 일이 아닌가. 자랑과 희망의 근거를 끌어안지 않으면 도대체 무엇을 우리 마음에 끌어안겠는가? 그런데 자랑과 희망의 근거인 태양을 마음 안에 끌어안고 사는 삶이 그 무엇도 아니고 바로 그 태양 때문에 실제로는 자랑할 만큼 신나는 일도 없고 그토록 간절한 희망이 이루어지는 법도 없다는 것은 정말 지독한 아이러니이다. 그런데 이런 아이러니가 바로 성경에서 예견되었다.

"이같이 하나님이 그 사람을 쫓아내시고 에덴 동산 동쪽에 그룹들과 두루 도는 불 칼을 두어 생명 나무의 길을 지키게 하시니라"(창 3:24)

에덴을 잃었다는 것은, 인간은 이제 참기쁨을 얻을 수 있는 길이 영영 막혔다는 뜻이다. 왜냐면 기쁨을 의미하는 이름인 '에덴'에만 우리 사람이 누릴 수 있는 참기쁨이 있었기 때문이다. 그런데 아무리 타락했어도 인간인 한, 채워지는 만족과 기쁨이 있어야 함은 타락 이전이나 이후나 마찬가지이다. 그래서 사람이 만족과 기쁨을 얻으려 한다는 것은, 자기가 알든 모르든 유일한 기쁨의 장소인 에덴을 향한다는 뜻이다. 그런데 참기쁨을 찾아 에덴으로 다가가면, 에덴은 두루 도는 불 칼로 막혀 있다. 즉 타락하여 죄와 저주에 놓인 채로 여전히 만족과 기쁨을 얻으려는 모든 마음은, 반드시 이 불 칼에 닿아 지글지글 타게 되어 있다.

이처럼 예견된 일이 실제로 일어나는 현장을 보자면, 바로 사람들이 자랑과 희망의 근거인 태양을 끌어안은 상태이다.

예를 들어 보자. 결혼해서 낳은 자식 키우기가 수고롭고 땀이 난다. 왜 그러는지 아는가. 내 자식이 다른 집 자녀들보다 개구쟁이나 말썽꾸러기 됨에 있어 특출나기 때문인가? 아니다. 마음으로 아들딸을 가장 환하게 밝히 보면서, 길이 자랑스럽고 희망이 돼야 할 태양 같은 존재로 삼고는, 그 태양을 아무런 거리 관념 없이 마구잡이로 내 마음의 깊은 곳까지 끌어당기고 있으므로 일어나는 현상이다.

흔히들 자식으로 인해 속상한 일이 끊이지 않을 때 이렇게 말한다.

"엄마가 너 때문에 속이 새까맣게 타 버렸어!"

정확한 표현이다. 거짓말이 아니다. 정말 새까맣게 타 버렸다. 자식을 자랑과 희망의 근거인 태양으로 삼고 끼어 안았기 때문이고, 자식을 통해 기쁨을 얻으려고 에덴으로 다가가다가 에덴을 지키던 불 칼에 마음이 닿아 지글지글 타고 있기 때문이다. 그런데 문제는 이런 경우 대부분 원인 귀속(原因歸屬)의 오류가 발생한다.

새까맣게 타서 속상한 이유가 내게서 태양이 되어 버린 그 대상 자체 때문은 아니라는 사실을 깨닫는 자가 몇이나 될까. 태양 같은 존재를 전혀 거리 관념 없이 자기 스스로, 너무 가까이 끌어안아 속이 새까맣게 타게 만들어 놓고는 온통 혐의를 태양 자체에 다 뒤집어씌운다.

그러나 이러한 고질적인 원인 귀속의 오류에 빠진 중에서도, 태양을 끌어안았기 때문에 엉망이 되어 버린 마음 상태에 대한 묘사들은, 어쩌면 그렇게들 기가 막힐 정도로 정확할까? 뜨거운 불덩어리인 태양을 거리감 없이 끌어당겼을 때라야만 비로소 나올 수 있는 일상적인 표현들의 적합함이 경이롭기 그지없다. 기쁨을 위해 에덴으로 다가가다가 에덴을 둘러 지키던 불 칼에 닿은 고통에 대한 표현들이다.

'속이 끓는다', '속이 탄다', '속에서 열불이 난다', '속이 부글부글 끓는다', '속이 숯덩이가 되었다', '속이 새까맣다'.

이렇게 다양하게 표현되는 속마음의 상태가 오죽하겠냐마는 아무리 달리 표현해도 결국 내 마음이 죽도록 열 받는 것은 태양 탓이 아니다.

거리감을 상실한 내 탓이다. 같은 태양이라도 거리가 멀면 심지어 일 년 내내 얼음으로 뒤덮인 혹한의 세상도 벌어질 수가 있다.

즉 속이 끓고, 타고, 숯덩이처럼 새까맣게 되고 화상의 고통에 울부짖게 되는 이유는 이 세상적인 태양들에 정직하기 때문이다. 세상 모든 대상은 그것이 자랑과 희망의 대상인 한, 사람이든 사물이든 사건이든 마음이 그것들을 직선으로 가닿아 머무르는 정직의 상태에서는, 마음을 태우는 불넝어리들이다.

사람들은 이처럼 이 세상에 있는 각자의 자랑과 희망의 근거들이, 자기 자신을 사정없이 태워 죽일 수도 있는 불덩어리라는 사실을 인식하지 못한 채, 두 팔로 그것들을 가슴에 껴안는다. 그것들이 마음에서 가장 밝히 보이는 가운데 주저함 없이 직선으로 가닿아 머무른다. 그리고는 '앗 뜨거워!'라는 비명을 연발하면서도 마음이 타들어 가는 고통이 가중되면 될수록 더욱 힘차게 그 불덩어리를 껴안는다. 아픔과 절망을 안겨 주면 줄수록 더욱 힘을 들여 껴안는다.

바로 이 상태가 죄와 저주에 찌든 인격의 핵심적인 특징이다. 하나님 이외에 마음이 직선으로 가닿아 머무는 정직함의 대상이, 모든 사람에게 가장 밝히 보이는 자랑과 희망의 근거이다. 그런데 너무 아이러니하게 바로 이렇게 직선으로 가닿아 머무는 태양들 때문에 삶은 자랑도 희망도 없는 고통의 심연으로 빠져든다는 사실을 사람들은 모른다.

한번 이런 태양들과의 거리를 시험해 보라. 돈을 어지간히도 못 벌어 오는 무능한 남편 때문에 그 속이 부글부글 끓는 아내가 있다면, 이 경우 남편이 그 사람에게는 태양이다. 자랑할 일이 생기기를 남편에게서 기대하고 있고 미래 희망의 근거를 남편에게 두고 있다. 마음이 직선으로 남편에게 가서 그 남편을 끌어안고 있다.

　이 상태에서 시험적으로 가정해서라도 남편과 거리를 두어 보면 어떤 일이 벌어질까? 남의 집 일이라고 생각하면서, 남의 남편이라고 여기면서, 하여간 어떤 식으로든 시험적으로 거리를 두어 보자. 그러면 이상하게도 거리가 생기면 생길수록 그 남편이 갑자기 되게 측은하고 또 한편으로 고맙게 느껴진다. 능력도 없는 사람이 가족을 위해 돈 벌겠다고 애쓰는 모습이 애처롭다 못해 숭고하기까지 할 것이다. 마음이 남편에게 좌우로 치우침이 없이 직선으로 가닿아 머무는 대신에 거리를 두면, 내 마음을 부글부글 끓게 만드는 대신 따사로움이 느껴질 것이며 측은지심이 느껴질 것이다.

　공부 못하는 아이 때문에 속이 새까맣게 숯이 돼 버린 엄마가 있는가? 그 엄마에겐 그 자녀가 바로 자랑과 희망의 근거인 태양이다. 그러나 태양이니까 마음속에 끌어안을 만큼 가까이하면 안 된다. 아이에게 직선으로 정직하지 마라. 거리와 간격을 확보해야만 한다. 그렇게만 한다면 약속할 수 있다. 거리를 두고 자녀를 보면 아무리 문젯거리로 보려 해도 그럴 수 없을 만큼 은총의 덩어리로 보이게 될 것이다. 창조주 하나님 편에서는 당신 스스로 공부하는 머리가 상대적으로 안 좋게 만드신 아이에게, 공부를 잘해야 한다는 부담감을 절대로 허락하시는 일은 없을 것이다. 그러니 엄마인 나만 그런 자녀의 좋은 성적을 자랑과 희망의 근거로 삼지만 않는다면, 그 자녀는 지금 그렇게 부족하게 보이는 상태와 모습으로도 얼마든지 괜찮을 수 있음이 하나님의 뜻이다.

　제발 속는 셈 치고 한번 해 보자. 태양계의 별들처럼 나를 중심으로 둘러싸고 있는 관계 속의 모든 사람과 사물과 사건들에서 마음의 거리를 확보해 보자는 것이다. 어떤 사물이나 사건에 대해 마음을 직선으로 드리는 정직함으로 그 사람이나 대상을 마음속 태양으로 만드는 일은, 그 어떤 사람에게도 절대로 일어나서는 안 된다. 하나님 말고 마음속에서 태양이 되는 모든 것은 내 마음을 지글지글 태운다. 삶이 힘들고 지치는 이유는 바로 내 마음이 담고 있는 자랑과 희망의 근거인 태양들 때문이다. 거듭 말하거니와 이는 참으로 지독한 아이러니이다. 다름이 아닌 이 세상 안에서 채택한 자랑과 희망의 근거들 때문에, 삶은 자랑도 희망도 없이 지옥의 예고편이 된다.

반드시 이런 인격적인 차원의 태양들과 이제는 거리와 간격을 유지하여야 한다. 거리를 확보한다는 것은 덜 친해진다는 것이다. 마음에서 너무 살뜰하게 친한 척하지 말아 보자. 이제는 충분한 경험을 하지 않았나? 너무 가까이 끌어당기며 친한 척한 사람들끼리 꼭 서로에게 화염 덩어리가 되어 상대방의 마음을 바짝바짝 태우다가 끝장나게 아주 멀고 먼 원수지간이 되지 않던가? 부부간의 갈등과 이혼은 결혼한 사람들만이 누리는 전혀 바람직하지 않은 특권이다. 부부간은 세상에서 가장 가까운 사이이다. 서로에게 태양이 되어 주는 관계이다. 그래서 태양을 껴안은 부부는 서로 가장 깊은 치명적인 화상을 입히는 관계이기도 하다.

변함없는 진리는, 나를 중심으로 사람들과 사물들과 사건들에 대한 다양한 관계들이 만들어진 일은, 순전히 하나님의 은혜 때문이라는 사실이다. 사도 바울은 "하나님께서 지으신 모든 것이 선하매 감사함으로 받으면 버릴 것이 없나니"(딤전 4:4)라고 하신다. 우리가 그동안 태양으로 삼아 마음에 끌어안고 있던 모든 대상은 본래, 창조주요 주권자이신 하나님의 은총 때문에 내 옆에 있게 된 것들이다. 그런데 사탄이 이러한 은총의 덩어리들로 이루어진 낙원 안에서 영위되고 있던 인간의 삶으로 침투해 들어왔다.

이제 사탄이 한 일이 무엇인가. 우리 마음속에 하나님 대신에 하나님이 허락하신 것들이 들어와 있도록 유혹하였다. 하나님 자신을 밝히 보는 대신에 하나님이 허락하신 존재들이 우리 마음에서 발광체처럼 빛나는 태양이 되게 하였다. 자랑과 희망의 근거를 하나님 자신 대신에 하나님이 주신 것들에게 두도록 유혹한 것이다. 그러니까 사탄은 하나님이 허락하신 것들 자체를 우리에게서 빼앗아 가는 대신, 그것들과 내 마음 사이의 거리를 없애 버렸다. 하나님이 있어야 할 내 마음속 자리에 하나님이 허락하신 것들이 들어와 있도록 한 것이다.

정말 완벽하게 간교하지 않은가. 그래서 사탄도 아무나 할 수 없다는 생각이 든다. 이 간교한 계략에 넘어가 우리는 이 세상 것 중에서 제일 환하게 보이는 대상을 나의 태양으로 승격해서 마음으로 그 태양들을 끌어안아 버렸다. 내가 만든 나의 태양을 향해 정직하게 된 것이다.

그러니 이제 저주스러운 결과가 필수적인 일상이 되었다. 그래서 하나님은 타락한 아담이 앞으로 살아야 할 삶에 대해 말씀하시면서 그 저주스러움의 특징들을 나열하실 때, 이런 태양들과의 관계를 고려하신 것이었다. 즉 종신토록 하는 수고와 얼굴의 땀과 재가 되어 흙으로 돌아갈 뿐인 인생이라고. 그래서 마음에 자랑과 희망의 근거로서 밝히 바라보는 이 세상에 있는 태양들을 끌어안으면서, 동시에 우리에게는 '기쁨'을 뜻하는 '에덴'이 절대로 주어질 수가 없게 된 것이다.

즉 자랑과 희망의 근거가 되는 태양이 남편이면, 남편 때문에 삶은 수고와 땀으로 범벅이 되는 저주로 가득 차게 되고, 그 태양이 아내면 아내 때문에, 자녀면 자녀 때문에, 돈이면 돈 때문에, 취미면 취미 때문에 삶은 저주 덩어리가 된다.

지금 나 자신을 살펴보라. 지금 내 마음에서 자랑과 희망의 근거로서 가장 밝히 보이는 대상이 하나님이 아니라 세상에 있는 대상인가. 그러면 나는 지금 태양을 끌어안고 지글지글 타고 있다. 만족과 기쁨을 열망하며 그런 태양을 끌어안았겠지만, 정말 죄송하다. 이 상태로는 기쁨도 행복도 부스러기조차 기대하지 말라. 회복이 도저히 불가능한 치명적인 화상(火傷)만이 날 반기면서 기다리고 있을 뿐이다.

그러므로 앞으로는 태양열에 마음이 새까맣게 타 죽더라도 다시는 태양을 탓하지는 말자. 문제는 내가 사탄의 말을 추종하며 스스로 없애 버린 그 아쉽기 짝이 없는 태양과의 '거리'이다.

그러므로 혈루병 여인처럼 삶에 대해 죽는다는 것은 현실적으로 거리를 둔다는 것을 뜻한다. 하나님이 아니라면 그 어떤 대상에 대해서도 마음의 밀착 상태를 칼로 저미듯이 잘라 내서 틈을 만들어야 한다는 의미이다. 하나님 이외의 대상에게 마음이 직선으로 가닿아 머무르는 다른 정직의 상태를 종식하는 것이다.

다시는 태양을 끌어안는 초인들이 되지 말자. 이 세상에서 자랑과 희망의 근거라고 여겨지는 것들일수록, 늘 마음에서 환하게 보이는 정직함의 대상들일수록, 마음에서 거리를 두는 일이 생명처럼 중요하다는 사실을 잊지 말자. 안 그러면 타 죽는다. 내 마음이 타고 내 삶이 탄다.

태양과 나 사이에 하나님이 들어오실 만큼의 거리

그러면 그동안 내 마음속에서 가장 환하게 보이던 태양들과는 이제부터 거리가 어느 정도로 벌어져야만 하는 것일까?

창조주이시고 주권자이신 하나님이 친아버지로서 사이에 들어오실 만큼의 거리면 된다. 그동안 내게 태양으로서 빛나던 모든 대상은 내 마음에서 하나님이 내 친아버지로서 들어와 계시기에 편할 만큼의 거리로 뒤로 물러나면 된다. 즉 우선하여 절대적으로 하늘에 계시는 아버지께만 정직하여 아버지께 가닿아서 머무르는 상태를 유지하면서, 그동안 태양들이었던 대상들을 아버지 너머로만 관계하라는 것이다.

강 건너 불 보듯 한다는 말이 있다. 그동안 내 삶에서 자랑과 희망의 근거가 되었던 대상인 태양도 불은 불이다. 가장 큰 불이다. 이제는 이 불을 강을 사이에 두고 보라는 것이다. 그 불을 보기 위해 마음이 직접 강을 건너지 말고, 강 건너에서 보자. 강을 건너 불을 보듯 하나님을 아버지로 모시고 사이에 두고서만 우리의 태양들을 보자. 하나님은 내가 몸이 있어 만나는 모든 대상과 내 마음 사이에 놓인 강이시다. 반드시 이 하나님이라는 강 건너 불을 보듯이 우리는 그 대상들을 관계해야 한다.

그렇지 않으면 섭씨 6,000도의 태양을 거리와 간격 없이 끌어안는 꼴이 된다. 마음의 중심부로 불덩어리를 들여오는 꼴이다. 그 대신 하나님을 내 친아버지로서 우선하여 마음 가장 깊숙이 받아들여야만 한다. 직선으로 가닿아 머무르는 정직의 상태이다. 이렇게 하나님께만 정직하기를 실제로 해 보면 안다. 어쩔 수 없이 그동안 태양이었던 대상들에 대해선 거리를 둘 수밖에 없게 된다.

그러면 궁금하다. 그동안 이 세상 것들이 태양으로서 빛을 발하던 그 자리에 하나님이 아버지로서 들어오시면 하나님이 나의 태양이 되시는 셈인데 이 경우는 괜찮은가? 내 마음을 새까맣게 태우는 일이 벌어지지 않는가?

그렇다. 내 마음에 들어오셔서 태양이 되신 하나님은 태우는 불이 아니다. 마치 출애굽의 사명을 위해 모세를 부르실 때 벌어졌던 사건인 떨기나무의 불과 같다.

"여호와의 사자가 떨기나무 가운데로부터 나오는 불꽃 안에서 그에게 나타나시니라 그가 보니 떨기나무에 불이 붙었으나 그 떨기나무가 사라지지 아니하는지라 이에 모세가 이르되 내가 돌이켜 가서 이 큰 광경을 보리라 떨기나무가 어찌하여 타지 아니하는고"(출 3:2-3)

분명히 불은 활활 타오르고 있는데 떨기나무는 타서 재가 되어 없어지지 않는다. 소돔을 불과 유황으로 멸절하셨듯이 하나님이 모든 것을 태워 없애는 불을 내리실 수는 있다. 그렇지만 하나님 자신이 불로서 내 안에 들어오시면 태워 없애시는 불이 아니시다. 내 안에 들어오신 하나님은 태우는 태양이 아니라 살리는 태양이시고, 무한한 에너지의 원천이시고, 진정한 채움과 만족을 가져다주시는 빛이시다. 양 치는 목동으로서 40년 처가살이를 감당했던 모세가 지팡이 하나 들고 가서 초강대국의 집권자 바로의 손아귀로부터 250만 명 이스라엘을 이끌고 나올 수 있었던 힘이 어디서 나온 것인가? 바로 이 떨기나무에 붙은 불의 힘이었고 하나님이 마음속에서 태양처럼 빛나는 힘이었다.

그래서 내 마음과 이 세상 모든 태양과의 사이에 하나님이 내 친아버지로 들어오실 수 있는 거리가 그토록 중요하다. 이 거리만 유지되면 내 삶에서 바람처럼 일어날 변화의 넓이와 깊이를 우리는 결코 다 상상할 수 없다. 타락으로 상실한 에덴에 네 개의 강이 흐르고 온갖 과일나무가 숲을 이루었듯이 이 거리에서 내 삶을 에덴으로 만드는 생수의 강이 흘러나온다. 이 거리만 확보되어 유지된다면, 그동안 자랑과 희망의 근거로서 끌어안고 있는 바람에 내 속을 새까맣게 태우던 태양이었던 것들은 물론, 심지어 나의 대적이나 원수조차도 은혜의 덩어리로 바뀐다. 모든 사람, 모든 일, 모든 상황을 강 건너에 놓고, 강 이편 내 마음 안으로 하나님을 모실 수 있는 거리를 유지하기만 하면 이 세상에서의 우리의 삶은 여지없이 에덴으로 회복된다. 자랑과 희망의 근거가 되는 모든 태양은 반드시 내 마음을 기준으로 볼 때 살아 계신 하나님이라는 강 너머에서만 자리 잡아야 한다.

이러고 보면, 태양이 있고 그 태양과 거리를 둔다는 말보다, 오히려 하나님을 아버지로 모시느라 생긴 거리 자체가, 우리의 삶에 주어져 있는 모든 관계의 대상들을, 따스한 태양으로 만든다는 말이 더 옳을지도 모르겠다. 하나님이 아버지로서 들어오실 수 있는 거리만 확보되면, 그래서 내 마음이 가닿는 대상이 이 세상의 것들이 아니라 하나님 아버지이기만 하면, 실제 하늘에 떠 있는 태양이 거리를 두고 있기에 지구의 모든 생물에 활력의 근원이 되듯이, 그동안의 나의 인격적인 태양들도 하나님이 나를 아직도 이 세상에 살려 두시는 이유가 되고, 하나님과 호흡을 맞추어 사는 삶의 재료와 내용들이 될 수 있다. 마치 타락 전에 아담이 하나님의 지시를 따라서 모든 동물에게 이름을 지어 주던 것처럼 말이다.

"여호와 하나님이 흙으로 각종 들짐승과 공중의 각종 새를 지으시고 아담이 무엇이라고 부르나 보시려고 그것들을 그에게로 이끌어 가시니 아담이 각 생물을 부르는 것이 곧 그 이름이 되었더라"(창 2:19)

마음으로는 하나님만을 밝히 보는 가운데 아담은 육체의 눈에 보이는 모든 대상을 그 하나님 너머로 바라보면서 그 대상의 정체성을 파악하였다는 뜻이다. 이것이 바로 에덴의 삶이었다.

하나님을 아버지로서 모셔 들일 수 있기 위해서 확보된 이 태양들과의 거리가, 하나님께만 정직한 상태의 또 다른 측면이 아니겠는가. 그리고 이러한 거리가 또한 청결함이 아니겠는가. 마음이 청결한 자는 하나님을 보는 복을 누린다는 예수님의 말씀처럼, 이 거리 안에서 우리는 비로소 그동안 태양이었던 것들보다 더 우선하여 하나님을 환히 볼 수 있게 된다. 그리고 이렇게 하나님을 밝히 볼 수 있는 청결함이 생길 정도의 거리가 유지되면 이제 정말 삶에서 개벽이 일어난다.

그러면 우리는 어떻게 실제로 이 거리를 확보할 것인가? 역시 답은 예수님의 십자가이다. 내 마음과 그동안 마음이 끌어안고 있는 태양들과 사이의 거리를 벌리고 간격을 확보하려면, 내 의식이 그 태양 대신에 예수님의 십자가를 바라보아야 한다. 자랑과 희망의 근거가 되는 것이라고 믿는 태양을 의식하고 있는 한 거리는 생길 수가 없다. 의식한다는 것은 마음 안에서 밝히 바라보고 있다는 뜻이기 때문이다. 밝히 바라보고 있다는 뜻은 마음이 직선으로 가닿아서 머물고 있다는 뜻이다. 그러므로 내 의식이 등을 돌리지 않는 한 우리가 바라는 거리는 안 생긴다. 그러기 위해서 내 의식의 시선이 그동안의 삶의 태양 대신에 가닿아야 할 대상이 바로 예수님의 십자가다. 의식의 시선이 가닿을 대상을 이 세상의 태양들과 십자가 중에 선택해야 한다.

하나님의 심판을 받아 하늘에서 쏟아져 내리던 불을 피해서 소돔성을 빠져나오는 중에, 롯의 아내는 뒤를 돌아봄으로써 소금 기둥이 되었다.

이 사건을 거울로 삼아야 한다. 삶의 자랑과 희망의 근거라고 내가 생각하여 붙잡은 태양은 사실은 심판의 불덩어리이다. 하나님이 아니라 그런 피조물들을 자랑과 희망의 근거로 삼는 일 자체가 죄와 저주에 빠졌다는 증거가 아닌가. 도대체 하나님만이 들어오셔야 할 마음으로 왜 그런 피조물을 끌어안느냐는 것이다. 죄와 저주로 미치지 않고서야 그런 피조물들이 어떻게 진정으로 내 자랑과 희망의 근거가 될 수 있다고 믿을 수가 있단 말인가? 그렇게 끌어안았기에 피조물들이 특별히 내게는 마음을 태우는 불덩어리로 작용하는 것이 아니냐는 말이다. 그렇다. 내 삶의 태양들은 사실은 내 마음이 죄와 저주 속에 있기에 피조물에서 태양들로 승격되었고, 그래서 심판하시느라 내리신 불덩어리와 같은 역할을 하게 되어 버린 셈이다.

그러므로 이제 우리는 불덩어리인 삶의 태양들에 등을 돌리고 시선을 십자가 예수님에게 집중해야 한다. 내 삶의 태양을 향해서는 무조건 등을 돌려 시선을 끊어 내야만 한다. 롯의 가족이 소돔의 불을 피해 도망칠 때처럼 그동안의 내 태양들을 피해 내 의식이 뒤를 돌아보지 말고 도망쳐야 한다. 그리고 대신에 무조건 십자가의 예수님만을 바라보아야만 한다. 그렇게 눈을 떼지 않음으로써 기필코 '나는 십자가에서 예수님과 함께 죽은 자'라는 자아의식이 생기고 유지되어야 한다. 이렇게 십자가에서 죽은 자라는 자아의식이 없는 한 세상적인 태양들과 내 마음 사이에, 하늘에 계시는 하나님이 내 친아버지가 되셔서 들어오실 거리와 간격은 도저히 생길 수가 없다.

무조건이다. 거리와 간격을 만들어 내야만 한다. 그동안 내 마음에서 자랑과 희망의 근거였던 태양들, 그것이 누구였든, 무엇이었든 상관없이 무차별적으로 거리와 간격을 벌려야 한다. 배우자든 자녀든 친구든 애인이든 아니면 돈이든 승진이든 재산이든 하여간 무엇이든지, 모든 자랑과 희망의 근거인 태양들과는 간격을 만들어 내고 거리를 벌려야 한다. 일단 이렇게 확보된 간격과 거리를 통해서, 내 마음이 하나님을 친아버지로서 모셔 들이고 가장 먼저 환하게 볼 수 있으면 정말이지 너무나 획기적인 변화가 나를 둘러싼다. 이제 이렇게 하나님을 내 마음으로 환히 보는 상태를 유지하면서, 그다음부터 육체의 눈으로 보면서 관계하는 그동안, 우리의 태양이었던 모든 대상은 이 하나님의 빛 아래서 사랑과 은총의 덩어리들로 변하게 된다는 사실을 경험하게 된다. 이 내막을 좀 더 깊이 들여다보면 좋겠다.

태양들이 달로 변하면 삶은 에덴이 된다

본래 온 우주를 통틀어 하나님 한 분만이 "스스로 있는 자"(출 3:14)이시다. 이 이름이 이제 바야흐로 430년 만에 애굽을 탈출하여 하나님의 백성으로 살아야 할 이스라엘 선민들에게 처음으로 당신을 직접 소개하신 이름이다. 즉 하나님은 당신의 선민들 각자가 하나님을 "스스로 있는 자"로 생각하고 부르며 관계하기를 원하셨다.

그러므로 선민들에게 하나님 이외의 삼라만상은 이렇게, 유일하게 "스스로 있는 자"이신 창조주 하나님 아버지에 의해서 '있게 된 자'들이다. 하나님을 "스스로 있는 자"로 알고 부른다는 의미가 무엇일까? 선민들 각자의 마음 안에서 오직 하나님이 유일한 직선의 대상이시고 또한 유일하게 스스로 빛을 발하시는 발광체가 되셔야 한다는 뜻이다. 스스로 있는 자만이 스스로 빛을 내신다. 하나님만이 우리 의식의 무대에서 환하게 보아야 할 유일한 대상이시라는 뜻이다.

그러면 유일하게 "스스로 있는 자"로 하나님만이 스스로 빛을 내시는 유일한 발광체로서 삼라만상을 있게 하신다는 말이 나에게 주는 의미가 무엇일까?

첫 번째로 하나님 이외에는 그 어떤 대상도 내 의식의 무대에서 조명을 받는 대상이 되어서는 안 된다는 뜻이다. 이는 달리 말하자면 스스로 있는 자이신 하나님 이외는 마음이 직선으로 가닿고 머무르며 생각하는 정직의 대상이 되어서는 안 된다는 뜻이다.

두 번째로는 하나님 이외의 모든 대상은, 이 유일한 발광체이신 하나님을 먼저 보고 먼저 의식하고 먼저 생각하고 나서, 그 빛 아래서만 보게 되는 반사체여야 한다는 것이다.

다시 말하자면 내 의식의 무대에서 그동안 '오! 나의 태양!'으로 등극하고 있던 갖가지 태양들은 사실은 발광체가 아니라 빛을 받아 자기 모습을 드러내는 반사체여야만 했던 것들이었다.

그러므로 유일하게 스스로 있는 하나님을 내 의식이 발광체로 붙잡지 못한다면, 사실 하나님에 의해서 있게 된 대상들은 아예 내 의식이 볼 수조차 없어야 마땅한 일이었다. 마치 깜깜한 밤에 실내 전등을 끄면 아무것도 안 보이는 상태와 같아야 했다. 그런데 스스로 있는 자이신 하나님에 의해 있게 된 것들을 그동안 우리는 하나님 대신에 발광체로, 즉 태양으로 승격하여 그것들을 마음 안으로 끌어안고 살았다. 그리고 그렇게 가짜 태양의 빛 아래서 내가 만나는 대상들을 바라보면서 거짓 속에서 관계하며 산 것이다.

그동안 내 의식과 마음에서 태양이었던 것들은 사실 본래가 발광체인 태양이 될 수 없었던 것들로서, 비유컨대 밤에 떠서 태양의 빛을 반사함으로써만 보이는 달이었던 것들이다. 내 안에서 스스로 빛을 발하시는 하나님이 환하게 보이는 가운데 그 하나님의 빛을 받아 자기 모습을 드러내는 달과 같은 반사체들이었다.

그러므로 우리의 삶은 기본적으로 어둠 속에 있다. 제일 가까운 배우자나 부모나 자녀나 형제자매도, 그리고 만나는 모든 사람과 날마다 해야 할 일과 맞닥뜨리는 문제 등 모든 것은 다 깜깜한 밤에 전등불 꺼진 방 안에 있는 것들과도 같다. 내 마음에는 보이지 않아야 정상이다. 이런 어둠을 이용하여 사탄은 여자를 유혹하였다. 얼마든지 하나님이 아니라도 빛을 조달할 수 있다고 말이다.

"뱀이 여자에게 이르되 너희가 결코 죽지 아니하리라 너희가 그것을 먹는 날에는 너희 눈이 밝아져 하나님과 같이 되어 선악을 알 줄 하나님이 아심이니라"(창 3:4-5)

그리고 이 유혹의 말대로 아담과 하와는 유일한 발광체이신 하나님 말고도 다른 빛을 조달하여 눈이 밝아지는 상태가 된다. 이 상태가 바로 죄와 타락이고 동시에 그 자체로 저주받은 상태가 되었다.

그러므로 타락하기 전 에덴은 전체가 어두운 방과 같았다. 아담과 하와는 아무것도 볼 수 없도록 짙은 어둠이 에덴을 가득 채우고 있었다. 오직 유일하게 스스로 있는 자이신 그래서 유일한 발광체이신 하나님에게 직선으로 마음이 가닿아 머무름으로써만 아담과 하와의 의식에서 에덴은 빛의 동산이 될 수 있었음이 사실이다. 이것이 바로 에덴이 진정으로 기쁨의 동산이 될 수 있었던 핵심적인 조건이다. 즉 모든 대상을 덮어 버리는 짙은 어둠과 그 모든 대상을 보이게 하는 유일한 발광체이신 하나님. 오직 하나님만을 유일한 발광체로서 환하게 보면서 그 빛 아래서 몸으로 만나는 모든 대상을 바라보며 상대하는 곳이 바로 기쁨의 동산 에덴이었다. 에덴에 있는 모든 대상은 오직 하나님의 빛 아래서 모습을 드러냄으로써만 기쁨의 동산인 에덴을 채우는 과일나무가 된다. 에덴은 기본적으로 달빛의 세계이다. 마음속 발광체이신 하나님의 빛에 의한 반사체들의 세계이다.

그래서 지금도 실제 내 생활 현장에서 이러한 모든 대상을 덮어 버리는 짙은 어둠과 유일한 발광체이신 하나님이라는 조건을 이루기만 하면, 얼마든지 내 삶에서 에덴이 회복되고 재현된다. 하나님만이 내 의식의 무대에서 밝히 보이는 유일한 발광체이시면, 이제 그 빛 아래서 볼 때 내 몸으로 만나는 모든 사람과 사물과 사건들은, 하나님의 주권적인 열매가 아닌 것이 없고 아버지로서 이루시는 은혜의 덩어리가 아닌 것이 없다.

마음이 하나님께 직선으로 먼저 가닿는 정직함 안에서만 하나님을 볼 수 있다. 그렇게 하나님을 밝히 보면 이후에 하나님의 빛 아래서 내 눈에 보이는 이 세상은 하나님의 빛을 반사하는 달빛들의 세계가 된다. 빛이신 하나님의 주권과 사랑과 은혜를 성분으로 하는 과실들로 채워진 진정한 에덴이 된다.

반면에 노파심으로 말하자면, 하나님에 의해서 이 세상에 있게 된 대상들이 마음에 태양처럼 밝히 보이는 다른 정직의 상태에서는, 기쁨을 얻으려 에덴으로 다가가다가 불 칼에 타 버린다는 말씀처럼, 사람의 마음이 태양을 끌어안고 있음으로써 지독한 화상을 지속하여 입게 된다. 이렇게 화상으로 새까맣게 타들어 가는 마음 상태를 유지하면서 육체의 눈으로 세상을 바라보면 삶에서 고통 아닌 게 없게 된다.

 스스로 자처한 이러한 고통 속에서는 아무리 열정적으로 하나님의 이름을 부르면서 구원을 갈망하여도, 그렇게 부르는 하나님은 단지 종교적 허상이며 목마른 사막의 신기루다. 하나님만이 유일하게 스스로 있는 자이시며 스스로 빛을 발하시는 발광체이심을 잊은 상태에서는, 어떤 자랑과 희망의 근거를 태양으로 품어도 고통 말고는 평강과 만족과 기쁨이란 없다.

어둠을 끌어오는 십자가

 "스스로 있는 자"이신 하나님이 내 마음속 유일한 발광체가 되시는 일은 반드시 짙은 어둠을 전제한다. 즉 "스스로 있는 자"이신 하나님 대신에, 하나님에 의해서 '있게 된 것'을 의식의 무대에 올려놓고 태양으로 삼는 일이 중단되어야 한다. 하나님을 먼저 의식하고 생각하고 바라보기 전에 다른 대상을 먼저 의식하고 생각하고 바라보면 안 된다는 것이다. 홀로 스스로 있는 자이신 하나님을 내 의식이 보기 전에는 모든 있게 된 대상들은 내 의식에서 완전한 어둠에 묻혀야 한다. 그런 대상들은 그 어둠 속에 있다가 오직 하나님의 빛을 받아서만 자기 모습을 드러내게 되어야 한다. 마치 반드시 어두운 밤이 와야 달이 비로소 햇빛을 받아 반사하면서 자기 모습을 드러내는 것과 같다.

그동안 태양 노릇을 하던 모든 '있게 된' 것들이 마음에서 완전히 사라지는 어둠. 이 어둠이 에덴의 기본 바탕이고 바로 이 어둠을 예수님의 십자가가 우리에게 가져다준다. 십자가는 죽음이고 어둠이다. 가짜 태양을 품고 있던 나의 죽음이고, 그러므로 인공조명 같은 가짜 태양들이 모조리 죽어 버린 어둠이다. 진짜 자랑과 희망의 근거인 유일한 발광체이신 하나님을 맞이하기 위하여 그동안 태양 노릇을 하던 가짜 자랑과 희망의 근거들이 모조리 다 죽어 버리는 어둠이다.

"때가 제육시쯤 되어 해가 빛을 잃고 온 땅에 어둠이 임하여 제구시까지 계속하며"(눅 23:44)

제육시란 지금 우리의 시간으로 정오를 가리킨다. 중동 땅 정오의 태양 빛의 밝음과 강렬함이 어느 정도인가는 말할 필요가 없다. 그런데 이런 시간에 십자가에 달리신 예수님은 그 태양 빛을 가려 버리는 짙은 어둠을 몰고 오신다. 십자가에 못 박혀 죽으시면서 예수님은 당신을 믿는 모든 사람에게서 그동안 태양으로 빛을 발하던 대상들을 모조리 끌어다가 어둠으로 들어가 버리신 셈이다.

도대체 이 어둠이 왜 필요한가. 그렇다. 이 예수님의 십자가가 가져오는 어둠 속에서만 비로소 우리는 하늘에 계시는 하나님만을 내 의식의 무대에서 유일한 발광체로서 볼 수 있다. 내 의식의 무대 위에서 온 세상에 있는 모든 '있게 된' 대상들을 다 어둠 속으로 몰아넣으시고 이제 유일하게 스스로 있는 자이신 하늘에 계시는 하나님 한 분만 보이게 하신다.

지금 내 마음에서 중동 땅 정오의 태양같이 보이는 대상이 누구이며 무엇인가? 내 몸인가? 아니면 남편이고 아내인가? 부모나 자녀인가? 아니면 친구나 애인인가? 아니면 직장 사장님이나 상사인가? 아니면 돈인가? 건강인가? 승진인가? 업무 성과인가? 아니면 자동차인가? 휴가 계획인가? 취미 생활인가?

하여간 크든 작든 사소하든 지금 내 마음에서 직접 바라보며 생각하고 붙잡고 있는 대상이 무엇이든지, 그 상태를 그대로 놔두면 안 된다. 내 마음이 직접 생각하고 붙잡고 밀착하고 있으면서 바라보는 대상은, 지금 내 마음이 직선으로 가닿아 머무르는 정직의 대상이며, 그렇게 관계하는 시간이 길든지 짧든지 내게는 중동 땅 정오의 태양이 된다.

스스로 있는 자이신 유일한 발광체인 하나님을 먼저 보고 생각하고 밀착함이 없이, 즉 마음이 하나님에게 먼저 가닿아 머무르는 정직이 없이, 다른 대상을 마음이 먼저 보고 생각하고 밀착하여 붙잡고 있다면, 무조건 지체하지 말고 예수님의 십자가 어둠으로 덮어 버려야만 한다. 예수님과 함께 죽은 자임을 고백하는 동일시의 믿음을 통하여 중단함으로써 한순간이라도 더 그 상태를 지속하면 안 된다. 유일한 발광체이신 하나님을 먼저 봄이 없이 하는 모든 대상을 향한 바라봄과 생각과 밀착 상태는 에덴 밖의 죄와 저주의 상태를 고스란히 활성화해 스스로 그 속에 빠져 버리는 것과 같다.

스스로 있는 자이신 하나님에 의해서 있게 된 것들은, 무엇도 예외 없이 반드시 그 하나님을 먼저 환하게 보는 가운데 그 빛 아래서 반사체로서만 보아야 한다.

예를 들면, 날씨가 좋은 것이 아니다. 하나님이 날씨를 좋게 하신 것이다. 오늘도 동쪽에서 태양이 뜨는 것이 아니다. 하나님이 오늘도 동쪽에서 태양이 뜨게 하신다. 사장님이 내 마음에 안 드는 것이 아니다. 내 마음에 안 드는 것 같아도 하나님이 먼저 계시기에 그 사장님도 내 눈앞에 있게 되는 중이다. 돈 문제가 급한 것이 아니다. 하나님이 돈 문제가 급한 상황을 허락하신 것이다. 내가 암에 걸린 것이 아니라 하나님이 보고 계시는 가운데 내 몸에서 암이 자라고 있었던 것이다.

하나님을 먼저 보고 있지 않다면 나는 몸으로 만나는 모든 대상을 단지 어둠 속에 묻어 두어야만 한다. 이 세상 모든 대상은 햇빛이 없으면 있는지도 알 수 없을 밤하늘의 달처럼, 그 어떤 것도 발광체이신 하나님을 먼저 보고 그 빛 아래서 보기 전에 내가 스스로 마음으로 직접 보아서는 안 된다.

왜 사도 바울은 '예수 그리스도가 십자가에서 못 박히신 것이 눈앞에 밝히 보이거늘 도대체 누가 꾀어서 그 십자가를 보지 못하게 하더냐'라고 갈라디아 교인들을 질책하셨는가? 십자가를 봄으로써 내가 예수님과 함께 죽은 자임을 잊지 않아야만, 이 세상 모든 대상을 직접 바라보고 생각하고 붙잡음 없이 어둠 속으로 몰아넣을 수가 있기 때문이었다. 그렇게 해서 내 의식의 무대에 임하는 어둠 속에서만 하나님 홀로 빛날 수 있기 때문이었다.

저 북유럽 스톡홀름은 하지(夏至)가 되면 깜깜한 야간 시간이 불과 2시간 20분에 지나지 않는단다. 그러나 이러한 백야(白夜)의 하늘 밑에서도 잠은 자야 하겠기에, 그들은 눈가리개나 커튼을 동원해서라도 인공의 밤을 만들어 내야 한다. 이처럼 우리 마음은 이 세상 것들이 태양이 되면서 평생을 스톡홀름의 하지 상태로 산다. 태양이 핏빛의 아침노을과 함께 동쪽에서 뜰 때 반갑고 기쁜 이유는, 서산으로 졌던 태양이기에 그렇고 또한, 앞으로 서산으로 질 태양이기에 그렇다. 일몰이 없다면 태양은 역시 애물단지다. 일 년 열두 달 사시사철 하루 스물네 시간 하늘에 매달려 있는 태양을 사랑스럽게 볼 수 있는 기이한 위인이 이 세상에 몇이나 되겠는가.

세상 모든 사람에게는 살아 있는 동안 몸이 있기에 관계가 필수적인 여러 태양이 있어 삶이 있다. 그것이 부모든 자녀든 남편, 아내, 애인, 사업, 전공 분야, 과제, 취미 등등 사람, 사물, 사건 무엇이든지 간에 말이다. 그러나 지지 않는 태양들, 그러니까 마음에서 웬만해선 잊히지 않은 채 지속하는 희망 섞인 관심거리들, 우리의 영혼은 그러한 지지 않는 불멸의 태양으로 인해 불면에 시달리다가 말라 죽을 것이다.

안식이 없고 평안함이 없는 이유가 무엇인가.

마음과 의식의 지평 위로 떠오른 이 세상의 가짜 태양들이 중동 땅의 정오처럼 하늘에 떠서는 다시는 지지 않고 머물러 있기 때문이다.

태양이 지지 않는 대영 제국이 역사의 지평 위에서는 열국의 부러움의 대상이었을지 모르지만, 마음의 차원에서는 저주다. 그보다 더 큰 저주가 또 어디 있는가.

동쪽에서 솟는 태양이 기쁨이 되려면, 태양이 어둠 속으로 사라지는 밤이 꼭 있어야 한다. 길이 자랑스럽고 희망이 되는 존재들을 기쁨으로 만나 관계하기를 원하는가? 그러면 어둠 속으로 몰아넣어야 한다. 이 세상에서 하나님에 의해 있게 된 것들이, 내 마음에서 태양으로 떠 있도록 하면 안 된다. 이 세상에서 하나님에 의해서 있게 된 모든 것들은 일단은 어둠 속으로 밀어 넣어졌다가, 유일한 발광체이신 하나님을 먼저 만나고, 오직 그 빛 아래서 반사체로 다시 만나야만 한다. 그래야 그 만남이 반갑고 기쁘고 복될 수 있다. 그래야 그런 반사체들에 대한 관계로만 이루어진 이 땅에서의 삶이 에덴이 될 수 있다.

66권으로 이루어져 있는 성경책에, 많은 어렵고 이상한 표현 중 제일 먼저 나오는 가장 이상한 것은 누가 무어라 해도 빛을 만드신 창조의 첫 날에 대한 묘사일 것이다.

"저녁이 되고 아침이 되니 이는 첫째 날이니라"(창 1:5)

창조의 둘째 날도 셋째 날도 마지막 날도 마찬가지로 표현하고 있다. 그리고 이스라엘 사람들은 지금도 안식일은 금요일 해 질 무렵부터 다음 날 해 질 때까지로 지킨다.

왜 성경은 이렇게 하루를 일컫는 평범한 일에서조차 '아침과 저녁'의 상식적이고 평범한 순서를 따르지 않고 '저녁과 아침'의 거꾸로 된 순서를 사용하는 것일까?

그들이 알든 모르든 하나님의 특별한 의도가 반영된 결과이다. 가로등 하나 없던 그 옛날 일몰을 통해 다가오는 어둠으로 덮인 밤이 밝은 활동의 시간인 낮보다 먼저 와야 하는 이유가 무엇인가? 이 세상을 바라보면서 갖가지 대상을 마주하여 다양한 활동을 하면서 영위하는 삶은 반드시, 그 어떤 대상도 볼 수 없는 어둠이 지난 뒤에 이루어져야만 한다는, 선민에게만 의미가 있는 분명한 논리가 작용하고 있었기 때문이었다.

이 어둠 안에서 선민은 이 세상에서 마주 대하여야만 하는 '있게 된' 어떤 대상보다 더 먼저, 모든 것을 있게 하시는 '스스로 있는 자'이신 하나님을 보아야 했기 때문이었다. '있게 된' 것들의 세상이 어둠에 덮인 가운데 홀로 '스스로 있는 자'이신 하나님을 보고 나서야 그 뒤로 만나는 모든 대상을 있게 하시는 분의 빛 아래서, 그분의 뜻과 계획을 따라 상대하고 관계할 수 있었기 때문이었다. 태양이 사라진 밤 동안 하나님 한 분과만 시간을 가져야 하기에 그리고 나서 삶을 살아야 하기에, 하루의 순서를 낮과 밤이 아니라 밤과 낮으로 정하신 것이다. 이렇게 앞선 이 세상을 덮어 버리는 어둠 속에서 하나님을 먼저 밝히 보지 못한 채 아침을 먼저 만나면, 이제 사람의 마음에는 '있게 된 것들'이 태양이 되어서 마음속 의식의 무대를 차지한다. 이 상태가 바로 죄와 저주에 찌든 삶의 상태이다.

 어둠이 먼저 있고 그 어둠 속에서 하나님을 먼저 보고 그다음에 그 하나님이 있게 하신 것들을 만나면, 그렇게 만나는 모든 대상은 하나님의 주권과 사랑과 뜻의 반사체들이다. 그러면 원수조차도 그 성분을 분석해 보면 은혜의 덩어리임을 알게 된다. 먼저 세상을 덮어 버리는 어둠 속에서 하나님을 밝히 보는 일이 없이 세상을 만나면, 만나는 모든 대상은 은총이 아니라 내가 스스로 책임져야 할 부담이고 짐이며 수고와 땀을 동반하는 저주라는 사실을 가르치시려는 의도가 '밤과 낮'의 순서 안에 들어 있다.

 세상의 가짜 태양들이 지고 없는 밤을 먼저 지낸 사람, 그 세상의 깜깜함 속에서 하늘의 하나님을 먼저 경험한 사람에게만 이 세상은 반사체들로 가득 찬 은혜의 에덴이 된다.

 생각해 보라. 잠 못 이루는 밤 동안 마음속에 내내 둥실 떠 있던 이 세상 태양을 끌어안고 백야의 끝에 새날을 맞이하는 사람에게 또 하나의 새날이란, 수고롭고 부담되고 뜨거운 지열이 아지랑이가 되어 한없이 아른거리는 목마른 사막의 연장일 뿐이다.

 밤은 어둠이고 죽음이다. 내 삶에 주어진 관심거리와 자랑거리로써 희망을 줄 수 있는 많은 태양, 그들이 밝히는 내 삶. 그곳에는 반드시 밤이 앞서야 하고 어둠에 의해 덮여야 하며 그 어둠을 반드시 뒤따라서만 삶이 이루어져야 한다.

　삶을 밝히는 관심거리로서의 태양은 거리와 잊힘의 어둠이 없는 한 나를 태우는 저주의 불덩어리이다.

　거듭 반복하거니와 그것은 저주다. "나는 날마다 죽노라"(고전 15:31)라는 바울의 고백은 세상 태양들로 밝아진 삶에 대해 마음이 날마다 어둠을 자초한다는 것이요, 마음 안에서 계속해서 하나님 이외의 모든 대상의 죽음을 경험하고 있다는 말과 다름없다.

　망각됨이 없이도, 거리가 유지됨이 없이도 끊임없이 우리에게 안식과 기쁨과 감사를 가져다주는 예외적인 태양, 아니 원초적인 빛의 근원이 바로 하늘에 계시는 하나님 우리의 아버지이시다.

　모든 태양 같은 대상들이 마음에서 죽고, 살아 있는 존재는 그림자도 없는 공동묘지 위에 어둠이 찾아온 상태와 같은 마음이 되어야 한다. 그리고 바로 그렇게 세상 태양들이 사라진 어둠을 배경으로 비로소 빛이신 하나님의 모습이 전혀 희석되지 않고 뚜렷하게 보이게 된다. 이런 상태에서 우리 마음은 하나님과 접촉하여 만남을 이루어야 한다.

　그리고 그렇게 하늘 아버지와 접촉된 상태를 유지하는 동안에, 이 세상에서 나의 태양들이었던 모든 대상이 한밤에 뜬 보름달처럼 아름다운 반사체들로 바뀌게 된 세상을 살아 보자. 그러면 이 땅 위의 새날이 언제나 은총으로서만 주어지게 될 것이다. 이러한 삶을 뭉뚱그려 한마디로 표현하는 말이 없을까?

　그것이 바로 하나님께만 마음이 직선으로 가닿아서 머무르는 정직의 삶이다. 하나님을 마음과 뜻과 힘을 다해 사랑함이 활성화하는 상태의 삶이다.

VII.

내가 멋대로 만든
모조품들의 왕국

VII. 내가 멋대로 만든 모조품들의 왕국

하나님만이 "스스로 있는 자"이시고 다른 모든 것은 그 하나님에 의해서 '있게 된' 것들이다. 이 말은 비유하자면 하나님만이 빛을 내시는 발광체이시고 하나님에 의해서 있게 된 다른 모든 존재는 그 빛을 받아서만 제 모습을 드러낼 수 있는 반사체라는 의미이기도 하다. 그러므로 '있게 된' 것들을 있게 하신 하나님의 빛 아래서 바라보지 않는 시선은 모두가 다 거짓이고 오류고 오해로 귀결된다.

하나님께만 마음이 직선으로 가닿아 머무르지 않는 사람. 그래서 하나님만이 의식의 무대 위에서 유일하게 빛을 발하시는 발광체가 아닌 사람. 하나님 대신에 이 세상 안에 있게 된 존재가 태양이 되어 버린 사람. 결국 마음과 뜻과 힘을 다해 하나님 이외의 대상을 사랑하는 사람. 이런 사람은 그렇게 '오! 나의 태양!'이 되어 버린 그 가짜 태양들의 빛 아래에 서 있기에, 관계하는 모든 대상을 오직 오해와 오류가 빚어낸 가짜로만 상대할 수밖에 없게 된다. 배우자도, 부모도, 자녀도, 형제자매도, 친구도, 애인도, 이웃도, 그리고 모든 사물과 일과 문제도, 오직 자기가 오해로 멋대로 빚어낸 가짜들만을 만나고 관계하다가 생애를 마감한다. 한순간도 본래 유일하게 스스로 있는 자이신 창조주 하나님이 있게 하시고 바라보시고 알고 계시는 대로의 진짜 모습을 만나지 못한 채, 그런 사람의 생애는 자기가 스스로 만들어 낸 가짜들의 왕국 안에서 살다가 정말 아무런 진짜 열매 없이 마치 환영(幻影)처럼 사라지고 만다.

모조품(Imitation) 제작의 달인들

하나님께만 마음이 직선으로 가닿아 머무르는 정직을 유지하려면, 십자가에 못 박혀 죽고 부활하시고 승천하셔서 보좌 우편에 앉으신 그리스도 연쇄 과정 속 예수님 안에서 하나님을 직면하는 상태가 되어야만 한다. 보좌 우편 예수님 안에서만 우리 마음은, 하나님과 사이에 정말 아무것도 끼어들지 않고 마주하는 있는 상태를 이루고 유지할 수 있다. 이렇게 내 마음이 예수님 안에서 이 세상을 떠나서 하늘 보좌 우편에 머물러 있다는 증거는, 하나님 있음의 존재감이 육체의 눈에 보이는 그 어떤 '있게 된' 것들의 존재감보다 강하게 가장 먼저 느껴진다는 것이다. 그리고 오직 마음 채움의 만족을 위하여 하나님만을 바라고 소망한다는 것이다.

그러므로 하나님을 마음과 뜻과 힘을 다하여 사랑하면서 삶을 산다는 것은, 이처럼 예수님과 연합한 마음이 하늘까지 따라 올라가 머물면서 하나님의 존재감이 일등인 채로, 하나님만을 유일하신 좋음으로써 소원하는 채로, 이 세상에서 육체로 만나는 대상들을 관계함을 뜻한다. 즉 예수님의 십자가를 바라보면서 이 세상에 대해서는 예수님과 함께 죽었다는 자아의식이 유지됨으로써, 이 땅에서 육체로 만나는 대상이 누구든지 무엇이든지 내 의식의 무대에서는 오직 하나님 한 분만 유일한 발광체가 되셔야만 한다.

우리가 이렇게 하나님에게만 마음이 직선으로 가닿아서 머무르는 정직한 상태, 하나님만을 발광체로서 볼 수 있는 마음의 청결 상태, 하나님을 마음과 뜻과 힘을 다해 사랑하는 상태를 꼭 이루고 유지해야만 하는 이유는 당연히 하나님 자신을 놓치지 않기 위해서이다. 그런데 이렇게 하나님을 향하여 마음의 정직함, 즉 마음의 청결함, 즉 마음을 다함이 되지 않으면 나타나는 여파는, 비단 하나님 한 분만을 잃는 것으로써 끝나지 않는다. 하나님을 잃으면 "스스로 있는 자"를 잃음으로써 그분에 의해서 나와 관계 안에 '있게 된' 모든 사람과 사물과 사건 등을 함께 잃게 된다. 하나님을 향하여 마음이 정직하지 않거나 혹은 청결하지 않거나 혹은 다 쏟지 않아 하나님을 잃고 나면, 나는 내 주변의 모든 대상의 객관적인 실재를 잃어버리고 만다는 뜻이다. 먼저 마음으로 하나님을 가지지 못한 채로 관계하면, 우리는 만나는 모든 대상을 내 마음 밖에서 객관적으로 실재하는 실상과는 전혀 다른 대상으로 만나고 관계할 수밖에 없기 때문이다. 어떤 대상이든 하나님이 내 안에서 찬란히 보이지 않는 상태에서 내 육체로 만나 관계하게 되면, 그 모든 대상을 나는 하나님이 있게 하신 본래 실재와는 아무 상관이 없는, 내가 임의로 창조한 모조품(Imitation), 즉 짝퉁들로만 상대하게 된다는 말씀이다.

실제로 삶에서 하나님께만 마음이 가닿아 머무르도록 정직할 것을 염두에 두며 예수님의 말씀을 기억해 보자.

"나와 복음을 위하여 집이나 형제나 자매나 어머니나 아버지나 자식이나 전토를 버린 자는 현세에 있어 집과 형제와 자매와 어머니와 자식과 전토를 백 배나 받되"(막 10:29-30)라고 말씀하셨다.

여기서 집이나 형제나 자매나 어미나 아비나 전토 등을 모두 다 버린다는 말이 여전히 부담스럽고 거슬린다. 우리의 마음을 잡아당겨 하나님께로 가는 직선의 길을 굽어지게 할 수 있는 모든 것들을 마음에서 버리라는 말씀이다. 내 마음 안으로 들어와 불결함을 유발하여 하나님을 볼 수 없게 하는 모든 것들을 버리라는 말씀이다.

도대체 집이나 형제나 자매나 어미나 아비나 전토 등을 모두 다 버린다는 말은 실제로 어떻게 하라는 말씀일까. 모두가 다 아브라함이 그랬듯이 고향 본토 친척 아버지 집을 떠나서 혈혈단신으로 전 세계의 오지를 향해 복음 들고 나가야 하는가?

아니다. 모두가 다 그래야 하는 것은 아니다. 모두가 다 그래야 할 필요도 없다. 그러나 그렇게 집을 떠나는 자도, 집을 떠나지 않고 머무르는 자도, 열거된 모든 것들을 다 버려야 하는 것은 마찬가지다. 마음에서 버려야 한다는 말씀이다. 마음으로는 전혀 안 버려도 공간적으로는 집을 떠날 수 있고, 공간적으로는 떠나지 않아도 마음으로는 온전히 버릴 수도 있기 때문이다.

그가 믿음의 사람인 한 반드시 마음에서만큼은 이 모든 대상이 없어져야만 한다. 그렇지 않으면 하나님께만 하는 정직은 물 건너갔다. 이제 오직 다른 정직이 있고 그래서 다른 신앙이 있을 뿐이다.

여기서 우리는 정말 정확하게 알아야 한다. 예수님이 집이나 형제나 자매나 어미나 아비나 전토 등을 버리라고 하실 때, 내가 실제로 삶의 현장에서 무엇을 버려야 하는지를 정확히 알아야 한다는 뜻이다.

그렇다. 우리가 누구나 예수님을 따르는 사람으로서 무조건 버려야 할 것은, 나의 밖에 있는 집이나 형제나 자매나 어미나 아비나 전토 등 실제의 대상들이 아니라 우리의 마음 안에 들어와 있는 그런 것들의 상(像)들이다.

여기서 상(像)이라고 함은, 나의 밖에 있는 실제의 대상을 내 마음이 안으로 끌어들여 멋대로 재창조해 낸 결과물을 말한다. 바로 이 상(像)을 마음에서 버리면, 필요한 경우 실제로도 버릴 수 있으나, 이 상(像)을 마음에서 못 버리면 실제의 대상과 억지로 결별이 이루어져도 마음은 여전히 그 상(像)에 붙들린 채로 있게 된다.

이처럼 여기서 중요한 점은 형제, 자매, 어미, 아비, 집, 전토의 경우에 그 객관적인 실재와 우리 마음 안에 들어와 있는 주관적 생각 속의 상(像)이 전혀 서로 일치하지 않는다는 것이다. 우리의 마음 안에 들어와 있는 한 모두가 다 스스로 있는 자이신 하나님에 의해서 내 마음 밖에 존재하게 된 객관적인 진품이 아니다. 그 대신 내가 내 멋대로 만들어 낸 모조품들이다. 이 사실을 알면, 마음에서 그 상(像)을 버리는 것이 그리 어렵지 않다는 것이다.

혹시 이미테이션 공연이라는 말을 들어 보셨는지 모르겠다. 한 번도 관람해 본 적이 없지만, 인기가 만만치 않다는 말을 들은 적이 있다. 가수 나훈아 씨의 디너쇼 광고를 종종 접하였었다. 그런데 이미테이션 공연은 나훈아 디너쇼가 아니라 너훈아 디너쇼로 제목이 나간다는 것이다.
이처럼 이미테이션 공연은 보고 웃고 넘길 수가 있다. 그런데 만일, 이러한 이미테이션 공연이 한번 보고 웃으며 넘겨 버릴 공연이 아니라 우리의 실제 삶이 돼 버렸다면, 그땐 어떻게 해야 하는가?

마음 안에 실재와는 전혀 상관없는 모조품 딸을 만들어 관계하며 살던 한 어머니의 수렁에 빠진 심정 앞에 마주했던 적이 있다. 집과 학교 밖에 모르던 일류 대학 3학년의 딸이 병원에 있다는 급보를 듣고 응급실에 달려갔다가 졸도할 뻔했다는 것이다. 바닥에 피가 흥건하게 고여 있는데 딸이 그 위의 응급용 들것 위에 누워 있는 것이었다. 그 피가 딸의 몸에서 흐른 피인 줄 알았을 땐 혼비백산 제정신이 아닐 수밖에 없었을 것이다. 나중에 알고 보았더니 당신의 그토록 소중한 딸이 길을 가다 하혈하며 쓰러져서 병원에 실려 왔는데 이유는 유산 때문이었다. 대화 중에도 그때의 악몽을 떨치지 못하시며 울먹이던 그 어머니의 얼굴 모습이 아직 눈에 선하다.

누구라도 딸자식 기르는 부모의 처지에서는 절대로 남의 일 같기만 할 수는 없는 참담함이었다. 시간이 한참 지난 뒤에도 여전히 그때의 충격을 잊지 못하면서 이 어머니가 우는 얼굴로 반복하며 되풀이하던 말이 무엇인지 아는가.

"어떻게 우리 딸이 그럴 수가 있는지….""어떻게 그렇게 착하던 우리 아무개가 엄마도 모르는 임신을 할 수 있는지…." 말끝마다 되풀이하던 후렴구다. 뒤통수를 철퇴로 얻어맞은 것이다. 이러한 딸의 사건이 어머니에게 몽롱할 정도로 강한 충격이 되는 이유를 알게 해 주는 단어는 '다르다'와 '아니다'라는 말이다.

어머니가 평소 마음에 두고 생각하던 그 딸과 '다르다'라는 것이고, 늘 마음 안에 품고 있던 그 딸이 '아니다'라는 것이다. 마음에 담고, 그러하리라고 생각하며 사랑하고, 멋진 사윗감을 꿈꾸며 위해서 혼숫감을 준비하던 그 마음속의 딸은 어머니 마음이 만들어 낸 상(像)이고 모조품인 이미테이션에 지나지 않았다.

그것은 진짜 객관적인 실제 딸과는 전혀 관계없는, 짝퉁이요, 가짜였다. 그 딸의 실제 이름이 '영희'였다면, 어머니는 '영희'를 상대한 것이 아니라 마음속에서 당신이 만들어 낸 이미테이션인 '영희'를 상대하고 있었던 셈이다.

내 마음은 모조품(Imitation) 왕국이다

이제 한번 우리 서로에게 질문해 보자. 우리가 상대하는 아버지, 어머니, 아내, 남편, 자식, 형제, 자매, 애인, 친구, 이웃, 직장 동료 등등의 경우, 우리 마음이 스스로 있는 자이신 하나님이 있게 하시고, 보고 계시고, 알고 계시는 그들의 실재를 상대하고 있는가? 아니다. 우리는 내 마음속에 만들어지는 그들의 상(像) 즉 이미지(Image)에 반응한다. 그러면 우리의 마음에 담고 있으면서 늘 생각하는 그들의 상(像)과 실재 객관적인 그 사람들이 서로 일치하는가?

아니다. 절대 아니다. 30년, 아니 40년을 같이 산 부부조차도 서로 자기 마음에 담고 있는 이미지를 상대하고 있는 것이지, 진짜 남편, 실재의 아내를 만나질 못하고 있다. 내가 만나고 있는 아내는 실재의 아내가 아니라 내 마음이 만들어 낸 모조품이다. 남편도 자식도 다 마찬가지다.

객관적인 실재를 하나님이 만드셨다면, 그 실재에 상응하는 내 마음속의 상(像)은 내가 스스로 만들어 낸 모조품이다.

아는가, 이것이 바로 스스로 선악을 판단하는 가짜 하나님이 된 원죄적 인간의 현실인 것을.

선악과를 따 먹으면 눈이 밝아져 하나님처럼 된다는 사탄의 간교한 말은 지금도 우리 마음 안에서 활발하게 작동 중이다. 그 증거가 바로 우리가 스스로 멋대로의 기준을 따라서 좋고 나쁨을 판단할 수 있는 짝퉁 하나님이 되었다는 사실이다. 그 결과 사람과 사물을 관계하고 있는 동안 각자 마음의 왕국 안에 수많은 상(像)을 만들어 내고 있다. 그런데 우리가 마음 안에서 만들어 내는 상(像)들은, 심지어 가족인 아내, 남편, 부모, 자녀, 형제, 자매 등등의 상(像)들조차 하나같이 우리 멋대로의 기준을 따라 분별하며 판단함을 통해 만들어 낸 모조품들이다.

그래서 한 사람을 두고도 그 사람을 관계하는 다양한 사람이 각자 나름대로 모양을 빚어 창조해 내고 있다. 같은 한 사람이라도 아주 훌륭하다고 보는 자가 있는가 하면, 없애지 못해 안달이 난 원수로 여기는 자도 있게 된다. 그래서 가장 가깝다는 가족조차도 하나님이 만드시고 하나님이 알고 계시고 하나님이 주관하시는 실재의 인물이나 대상과는 전혀 다른, 모조품 가족 짝퉁 가족들을 만들어 내고 있다는 말이다.

수십 년을 한집에서 같이 살아도, 그 가정의 삶이 진짜들의 만남이 아니고 모조품인 짝퉁들의 만남으로 끝나 버리고 마는 것이, 원죄의 굴레 아래 있는 인간들의 참담한 실제 상황이다. 어떤 한순간도 하나님이 계획하시고 디자인하시고 하나님이 지으시고, 그래서 그 속속들이 하나님이 알고 계시는 바로 그 실재의 인물을, 서로 못 만나고 생이 끝나 버리고 마는 운명이 인간의 모든 죄적인 관계가 지니는 특징이다.

우리의 마음은 스스로 선악을 판단하는 동안 모조품 생산 공장이 되어서, 내 생애를 내 임의로 제작한 모조품들로 가득 채워진 이미테이션 왕국으로 변질시켜 버린다. 스스로 판단하기 시작하자마자 근본적으로 외부에 있는 실재와 참된 만남이 불가능한 상태에서 스스로 만든 모조품들의 왕국 안에 폐쇄되어 사방으로 갇힌 채 스스로 그 왕국의 왕으로 살다 끝나는 것이 인생이다.

LA에는 평생 단 한 번도 영어를 쓰지 않고 한국말만 하면서도 잘 살다가 세상을 뜨는 교민들이 많다고 한다. 한국어 왕국이 있기 때문이다. 그 경우야 그 한국어 왕국을 구태여 빠져나올 필요가 없다. 계속 그렇게 살아도 된다. 그러나 모조품 왕국은 저주의 굴레이자 감옥이다. 형벌이다. 그리고 결국은 그 인생의 마지막이 결실이란 없는 공허와 파국으로 치닫는다.

이러한 모조품 왕국에서 살다가 파멸을 자초한 인물 하면 생각나는 사람이 있지 않은가. 셰익스피어의 4대 비극 중 하나인 《오셀로》에 나오는 주인공 오셀로 장군이다.

선함 그 자체라고 할 수 있는 아름답고 정숙한 아내 데스데모나를 제 손으로 죽이고 마는 비극의 주인공이다.

아름답고 착한 아내를 왜 죽였을까? 아름답고 착한 것은 셰익스피어가 그려 내는 데스데모나의 실상이다. 그러나 오셀로가 상대하며 함께 산 아내는 실재의 데스데모나가 아니었다. 악마같이 교활한 오셀로의 말몰이꾼 이아고의 거짓말에 근거해서 오셀로 스스로 마음속에 만들어 낸 데스데모나의 상(像)은, 오셀로 자신의 부관인 캐시어와 은밀히 놀아나는 배신자요 부도덕한 여인이었다.

이 연극 공연에 얽힌 이야기이다. 연극이 진행되는 중에 이아고의 간교한 거짓에 따라 결백하고 착한 실재의 데스데모나와 전혀 다른 제멋대로의 모조품을 오셀로가 자기 마음속에 만들어 가는 모습을 보며 어느 관객은 답답함을 참을 수 없어 무대 위로 뛰어올라 이렇게 외쳤다는 것이다. "이 바보 멍청아! 그것도 몰라!?"

이처럼 관객들을 미칠 지경이 되게 할 만큼 답답하게 만들면서까지 오셀로는 데스데모나를 철저히 자기 마음속에서 자기 멋대로 그려 놓고 자기의 창작물로서의 데스데모나를 상대하였다. 그리고 그 결국은 광기 어린 살인으로 끝나고 만다. 오셀로는 "오, 주님! 주님! 주님!"을 연발하며 저항 한번 못하고 죽어 가는 선하고 아름다운 아내 데스데모나의 하얗고 가는 목을 조르는 두 손에 분노로 찬 힘의 무게를 끝까지 늦추지 않았다.

모조품을 눈앞에 두고 상대하는 상황이 공연 관람이라면, 이미 언급했듯이 한번 웃거나 아니면 화내며 카타르시스를 경험하고 끝내면 될 일이다. 그러나 모조품인 이미테이션을 상대하는 상황이 실제 삶이라면 오셀로의 비극은 단순히 남의 이야기가 아니지 않겠는가.

  실재의 진품과 비교해 모조품의 모습이 각자의 마음에 더 좋게 그려져 있건 나쁘게 그려져 있건, 실재가 아닌 한 우리의 삶은, 그 모조품과의 공허한 관계 위에 쌓아 올린 것으로서 일시에 무너져 내릴 수 있다. 아니 실제로 내용이 결실하고 그런 결실들이 모이고 쌓이는 삶을 아예 시작도 못 하는 셈이다. 왜냐면 우리는 마음에 우리가 만든 가짜 이미지를 품고서는, 하나님이 만드시고 이끄시는 실재의 대상을, 오셀로가 아내 데스데모나를 목 졸라 죽이듯이 그렇게 날마다 죽이고 있는 셈이기 때문이다. 실재를 살리고 만나고 관계하려면 내 마음속에서 내가 멋대로 만들어 내는 상(像)을 버려야 한다.

버리라 하시면 두말 말고 버리자

  "나와 복음을 위하여 집이나 형제나 자매나 어머니나 아버지나 자식이나 전토를 버린 자는" 현세에 있어 백배를 받는다고 말씀하셨다(막 10:29-30).

  예수님은 당신과 복음을 위하여 버리라고 하신다. 무엇을 버리라는 것인가. 우리 마음속에서 살아 있는 이미테이션 즉 모조품들이다. 실재와는 너무나 거리가 먼 상(像)들이다. 우리 눈으로 보면서 내 마음의 호불호의 기준을 따라 무당 칼춤 추듯 요동하는 사이비 창조주의 붓을 들고, 내 마음 판에 내 멋대로 그려 놓은 모조품으로서의 부모, 아내, 남편, 자녀를 버리라는 것이다. 짝퉁 하나님이 되어서 스스로 창조한 모조품들의 왕국을 부수고 빠져나오라는 것이다. 짝퉁들을 내 마음이 붙잡고 있다고 해서, 내 밖의 실재 진품에 도움 되지 않는다. 끊임없는 갈등과 마찰만이 빚어질 뿐이며 끊임없이 하나님이 만드신 실재의 대상을 죽이게 된다. 이 모조품의 왕국을 빠져나오지 못하는 한, 오셀로가 아닌 사람이 없고 그가 상대하는 대상은 데스데모나가 아닌 경우가 없게 된다.

우리의 간구하는 기도를 한번 생각해 보자.
실재와는 다른 모조품을 내가 만들어 놓고, 그 모조품의 상황에 필요하다고 여겨지는 것들을 내 멋대로 판단하여 기도의 제목이랍시고 하나님께 들이밀고 있다.

이러한 사정은 인격적인 존재에 대한 관계에서뿐만 아니다. 집이나 전토나 돈이나 재산 같은 대물(對物) 관계에서도 마찬가지다.
"그러나 무엇이든지 내게 유익하던 … 모든 것을 잃어버리고 배설물로 여김은 … "(빌 3:7~)
사도 바울의 이 고백은 그리스도를 알고 나서 비로소 그동안 좋게 여겼던 마음속 모조품들의 배설물과 같은 실상에 눈뜨게 되었다는 말이다.
가령 우리는 실재의 돈이 무엇인지 모른다. 돈에 대한 짝퉁으로서의 상(像)을 멋대로 마음에 그려 놓고 그것과 관계하며 살고 있을 뿐이다.
우리가 마음 안에 꿈꾸며 그려 놓는 것과는 실제로 전혀 다른 속성을 돈이 지니고 있음을 모른다는 것이다. 우리는 그 돈이 많으면 많을수록 좋은 줄로 안다. 돈에 대한 환상이고, 돈의 실제 능력이 지니는 속성에 대해 가려진 채로 모조품을 상대하는 것이다.
실제 삶의 현장에서 돈은 우리의 환상과는 달리 돈이 아니라 독이 될 때가 더 많다는 사실을 아는 자가 얼마나 될까. 부자 됨을 조심하라는 경각심을 촉구하는 듯한 말을 하면, 못 먹는 호박 찔러 보려는 마음에 샘나서 그러는 줄로 안다.

그러나 한 가지만 분명히 해 두면 좋겠다. 간혹 돈 문제로 인해서 자살하는 일이 벌어지는 것은 돈이 있거나 없거나 마찬가지인 것 같다. 공통점은 두 경우 모두 하나님이 알고 계시는 돈의 실제 모습을 모르고, 돈이 아닌 모조품 '돈'을 마음에 품고 있었기 때문이다. 그래서 예수님이 당시 대표적인 재물인 전토가 마음에서 죽고 내몰려야 한다고 말씀하신 것이다.

형제나 자매를 100배로 받는다는 뜻은?

마음 안에는 하나님만을 모셔 들여야 한다. 그래서 우리는 굳이 십자가에 못 박혀 죽고 부활 승천하여 보좌 우편에 앉으신 예수님을 나의 주님으로 나의 그리스도로 믿는 것이다. 그렇게 내 마음이 연쇄 과정을 따라 올라가 하나님 보좌 우편 예수님 안에 머무름으로써만 오직 한 분 하나님만을 향하여 내 마음의 모든 욕구와 바람과 소원을 총집결할 수 있다. 이것이 복음이 말씀하는 하나님을 경외하는 마음의 정직이고 하나님을 환하게 볼 수 있는 마음의 청결이며 오직 하나님 한 분만을 마음과 뜻과 힘을 다하여 사랑함이다.

이 마음과 뜻과 힘을 다한 하나님 사랑이 유지되지 않은 채로 만나면, 사람이든 사물이든 사건이든 모조리 우리는 하나님이 있게 하시고 바라보시는 본래의 모습 그대로를 보고 마주하며 관계할 수가 없다. 스스로 있는 자이신 하나님에 대한 마음과 뜻과 힘을 다한 사랑이 없으면 그분에 의해서 있게 된 모든 대상은 모조리 내 멋대로 만든 모조품으로

만 만나 관계하게 된다. 하나님을 마음을 다해 사랑하지 않고, 하나님에게만 우선하여 마음이 직선으로 가닿아 머무름이 없고, 하나님만을 우선하여 의식의 무대에서 유일한 발광체로서 볼 수 없으면, 누구나 예외 없이 자기 멋대로 만들어 놓은 모조품들의 왕국 안에 스스로 갇히게 됨을 피할 길이 없다.

내 마음을 다해 하나님을 사랑하고 하나님만이 내 마음에서 유일한 태양이 되셔서 모든 대상을 그 빛 아래서 반사체로써만 관계하게 되면, 이제부터 이런 상태에 거하는 사람만이 이 땅의 삶을 향해 할 수 있는 노래가 있다. 누구에게나 공통이다.

"여호와는 나의 목자시니 내게 부족함이 없으리로다 그가 나를 푸른 풀밭에 누이시며 쉴 만한 물 가로 인도하시는도다"(시 23:1-2)

이 노래의 목가적이고 고백적인 분위기를 인격적이고 교훈적으로 바꾸어서 사도 바울은 다음과 같이 말씀하신다.

"항상 기뻐하라 쉬지 말고 기도하라 범사에 감사하라 이것이 그리스도 예수 안에서 너희를 향하신 하나님의 뜻이니라"(살전 5:16-18)

수없이 많은 대상과의 관계들로 이루어진 내 삶이 부족함이 전혀 느껴질 수가 없는 상태가 있다. 모든 관계하는 대상들을 오로지 스스로 있는 자이신 하나님이 있게 하신 대로 정품(正品)으로, 진품(眞品)으로만 상대하면 된다. 부모 처자 형제자매 등 가족들 그리고 친구나 이웃 등 지인들뿐만 아니라 심지어 원수까지라도, 그들이 어떤 인격과 성품과 능력의 사람이든, 그리고 내 건강이나 재산이나 재정 상태 역시도 어떤 열악한 상태이든 상관없다. 다만 하나님을 먼저 보고 나서 그 빛 아래서 바라보면 또는 하나님께 먼저 직선으로 마음을 드리고 난 뒤에 그 상태에서 상대하면 또는 하나님을 마음을 다해 사랑하는 중에 관계하면, 나에게 부족함을 느끼게 하는 이유가 될 수 없다.

관계하는 대상의 어떠함은, 좋든 나쁘든 선하든 악하든 열등하든 우월하든, 내가 한 마리의 양이 되어서 푸른 초장과 쉴 만한 물가로 인도받아 부족함이 없는 삶을 누리는 일과는 아무런 상관이 없다. 단지 내 마음이 하나님께 먼저 가닿고 머무르면서 하나님을 떠나지 않은 채로 관계하는 것만이 중요하다. 왜냐면 그렇게 하나님을 먼저 가짐으로써 내가 하나님의 양이 된 채로 만나게 되는 모든 정품과 진품은, 원수라도, 부도난 사업체라도, 당장 죽게 된 건강 상태라도, 무조건 목자이신 하나님의 사랑과 은혜의 덩어리임을 알게 되기 때문이다.

그래서 예수님께서는 당신과 복음을 위해, 즉 예수님의 그리스도 연쇄 과정을 통해서, 하나님만을 마음에 모시기 위해 마음에서 형제나 자매 등을 버리면, 100배로 받는다고 하신 것이었다.

그러므로 100배로 받는 일이 일어나려면, 하나님 한 분만을 모셔 들이기 위해 이미 마음 안으로 들어와 있는 모조품들은 다 버려야 한다. 그리고 이렇게 마음 안에 내 멋대로 만들어서 들여놓은 모든 모조품을 없애 버리는 일은, 예수님과 십자가에서 연합하여 죽은 상태가 됨으로써만 가능하다. 이렇게 십자가에서 예수님과 연합하는 일이 바로 예수님과 복음을 위하여 인간이 할 수 있는 전부이다.

반드시 이처럼 예수님의 십자가를 통해서 내 마음을 모조품들의 동공 상태로 만들어야 한다. 그래봤자 기껏 모조품을 버리라는 것이다. 내 마음에 하나님보다 앞서서 들여놓은 모든 대상은 내 밖에 실재하는, 하나님이 있게 하신 본래의 대상과 아무런 상관이 없는 것들이다. 그냥 내가 멋대로 내 기호를 따라서 만들어 놓은 나의 창작물들이므로 내 마음에서 미련 없이 버려도 하나도 아까울 것이 없다. 내 마음에서 버린다고 실제로 하나님이 있게 하신 그 실재하는 대상이 없어지는 것도 아니지 않는가? 이렇게 내 마음속 모든 모조품을 완전히 없애야만 비로소 마음이 청결하여 하나님을 보게 되고, 마음이 직선으로 하나님께만 가닿아 머무를 수가 있고, 마음과 뜻과 힘을 다해서 하나님만을 사랑할 수 있게 된다.

정말이지 이런 누워서 떡 먹기식의 장사(?)가 어디 있는가? 백해무익한 내가 만들었던 모든 가짜 이미테이션을 다 모아서 버리는 대신에 내가 관계하는 모든 실제 대상을 있게 하신 창조주 하나님을 만나고 얻고 가지는 것이다. 그런데 하나님을 실제로 가지면 어디 내가 누리게 되는 일이 하나님 가짐으로 끝날 일인가? 아니다. 드디어 그렇게 제일 처음으로 가진 하나님의 빛 아래서 그 하나님이 내 삶에 있게 하신 모든 대상을 정품으로 진품으로 만나고 관계하게 된다. 내가 만든 모든 가짜를 다 모아서 십자가에서 버리고, 실재 모든 대상을 있게 하신 하나님 자신과 그 하나님에 의해서 만들어진 대상들을 오직 정품으로만 진품으로만 관계하게 된다는데 이런 장사(?)를 왜 하지 않겠는가 말이다.

그런데 여전히 궁금하긴 하다. 도대체 100배로 받는다는 이 말씀은 또 무슨 뜻일까. 형제나 자매 1명의 모조품을 내 마음에서 버리면 100명의 형제나 자매를 받는다는 뜻인가?
예전 청계천 노점상 아저씨들이 시계 팔 때 보면 롤렉스 시계가 1만 원이었다. 만일 진품 롤렉스가 100만 원이라면 — 나는 그 가격을 전혀 모른다 — 모조품의 100배 되는 게 아닌가. 마음에 내가 스스로 멋대로 상상하며 만들어 놓은 내 부모, 내 배우자, 내 자녀, 내 형제, 내 재산, 내 집이 모조품으로서 1만 원짜리라면, 그 모조품 다 버리고 100만 원짜리 진품 받으라고 하신 말씀이다. 창조주 하나님이 당신의 마음에 품으신 본래의 디자인 그대로의 상대를 실제로 만나는 것이다. 그 가치가 어디 100배로 계산해서 될 법이나 하겠는가. 만 배 이상일 수도 있을 것이다. 우선 하나님께만 마음이 직선으로 가닿아 머무름으로써, 하나님만을 유일한 발광체로 의식의 무대에서 바라봄으로써, 하나님만을 마음과 뜻과 힘을 다하여 사랑함으로써, 하나님 너머로만 만나는 정품들과의 관계가, 모조품과의 관계보다 은혜와 감사가 100배 더하게 된다고 말하는 것이 당연하지 않겠는가.

모조품을 향한 정직

이렇게 볼 때 마음을 이미테이션 왕국으로 유지하고 보존해 가면서 이렇게 내가 멋대로 만들어 낸 어느 모조품에 대해서 마음이 직선으로 가닿아 머무르며 정직하다는 것은, 마음과 뜻과 힘을 다해서 내가 만들어 낸 모조품을 사랑한다는 뜻이다.

내가 만든 가짜들을 마음의 동서남북에 굳건히 설정해 놓은 가운데, 그 가짜들에 마음과 뜻과 힘을 다 써 가며 살아야 하는 모든 삶의 영역에서, 혹시 어떻게 대단한 결심으로 환골탈태한들 이런 모조품을 향한 정직함이 통째로 거짓이 되지 않을 수가 있겠는가. 마음이 직선으로 가닿아 머무르는 대상이 무엇이든지, 아예 그 자체가 모조품이면 그 관계에서 하게 되는 내 생각과 감정과 의지와 말과 행동 심지어는 표정 하나까지 오류와 오해와 거짓이 아닌 것이 없게 된다.

가령 아들과 딸에 대한 관계 안에서 실제로 하나님에 의해서 내 밖에서 객관적으로 있게 된 존재가 아니라 내가 마음속에 멋대로 만들어 놓은 모조품인 상(像)을 내 마음이 직선으로 가닿아 머무르며 상대한다고 해 보자. 그러면 정직함은 분명하지만, 그 관계 자체는 철저히 모조품과의 관계 안에 갇혀 있게 된다. 부모로서 살다가 죽을 때까지 단 한 순간도 실제로 하나님에 의해서 있게 된 본래의 아들과 딸을 만날 수조차 없는 상태로 오직 모조품만을 관계하게 된다. 내 마음의 모든 대상에 대한 나의 마음과 뜻과 힘을 다한 태도가 결국은 이렇게 헛된 제스처로 끝나 버리고 말게 되는 것이다.

예수님의 말씀처럼 마음에서 하나님 이외의 대상을 깡그리 버리기 전까지는 하나님께만 마음이 직선으로 가닿아 머무르는 정직함이 불가능하다. 모든 사람의 창조주이신 하나님께만 정직함이 이루어지지 않으면 그에 따라서 필연적으로 나타나는 결과가 있다. 나는 모조품을 관계하는데 그 모조품 안에 담긴 하나님이 만드신 본래 존재가 없어진 것이 아니라 가려져 있다. 그러므로 내가 만들어 낸 모조품을 향하여 하는 생각과 말과 바람과 기대와 모든 행동은 철저히 진품과는 맞지 않는 어긋나는 것이 되면서 그로 인해서 끊임없는 갈등과 불만과 불화가 내 마음속을 가득 채우게 된다. 따라서 모조품들과 함께 사는 한 가정생활도 직장 생활도 사회생활도 약속의 땅 가나안 복지로 살기는 애초에 불가능하다는 사실이다. 모조품과의 관계들로 가득 찬 삶에서 "내게 부족함이 없으리로다"라는 다윗의 노래나 사도 바울이 그린 '항상 기뻐하고 쉬지 않고 기도하며 범사에 감사하는' 삶의 모습은 절대로 나타날 수가 없다.

그러므로 반드시 기억하자.

마음속에 담고 있는 모든 대상을 버리라는 말씀은, 하나님을 온전히 받아들이는 참믿음을 가지라고 권면하고 요청하는 것이기도 하지만, 그에 앞서 내가 아무리 열심히 붙잡고 사랑하고 노력해도, 결국은 내가 멋대로 만들어 놓은 모조품들과의 한판 놀음에 지나지 않음을 안타까운 심정으로 지적해 주시는 말씀인 것을.

버리긴 버리되 생물학적이고 물리적인 관계를 끊어 버리라는 것이 아니고 내 마음이 만들어 낸 모조품을 버리라는 것이다. 마음에서 버린다고 실제 대상이 버려지는 것은 아니지만, 마음에서 상(像)이 없어지면 마음은 그 상(像)이 가리키던 대상에서 온전히 자유로울 수 있다.

"나와 복음을 위하여 집이나 형제나 자매나 어머니나 아버지나 자식이나 전토를 버린 자"가 되는 길은 집을 나가 어디 멀리 외지로 선교사로 가는 일을 뜻하심이 아님을 이제는 알고 기억하자. 십자가에서 예수님과 연합하여 날마다 생활 현장에서 죽는 것을 말씀하심이다. 그래서 마음에서 집이나 형제나 자매나 어머니나 아버지나 자식이나 전토 등 모든 관계의 대상을 모조품으로 만들어서 끼어 안고 있는 내 마음이 통째로 죽음을 뜻한다. 즉 모든 종류의 다양한 모조품 즉 상(像)들을 십자가로 버리라고 촉구하심이다. 그래야만 우리는 우리의 마음을 가장 먼저 예수님의 아버지이신 하늘에 계시는 하나님 한 분에게만 가닿도록 드릴 수 있고, 그래야만 하나님 한 분만으로 채우면서 정직할 수 있다. 이렇게 하나님께만 정직하여 내 의식의 무대에서 하나님만이 발광체가 되셔야 한다. 하나님만이 빛을 발하시는 가운데 이 빛 아래서 주어지는 시선과 관점과 생각을 통해 사람과 사물을 만나기까지는 진짜를 진짜로 볼 생각은 진짜 하지 말자.

정직함 안에서 열리는 공간의 신(新)개념

하나님께만 가닿아 머무르려고 마음이 다른 모든 것을 뒤로하고 직선으로 달려가는 것이 성경이 말씀하시는 정직이다. 이 정직함의 상태가 바로 실제 생활 현장에서 이루어지는 마음과 뜻과 힘을 다한 하나님 사랑이기도 하다.

그런데 마음의 길을 굽게 하는 여러 요인 중에 가장 무서운 대상이 다름 아닌 마음 안에 들어와 있는 가족이다. 그리고 사업이고, 애인이고, 돈이고, 집이고, 전토 등이다.

그러나 현재 내 마음 안에 하나님이 아니라 이런 것들이 들어와 있다면 그 모든 것들은 좋음과 나쁨을 제멋대로 세상의 기준에 맞추어 판단하는 타락한 내 마음이 그려 놓은 하나의 상(像, Image)이고 모조품들이다. 이것 자체가 엄청난 거짓의 상태가 아닌가. 스스로 창조주 하나님의 모조품이 되어 눈으로 보는 대상들을 재료 삼아 마음 안에서 죄와 저주에 찌든 판단력을 통해 제멋대로 가짜를 창조해 놓고는 그렇게 자기 마음 안에 그려진 가짜들에 반응하면서 삶을 산다.

그렇게 사는 가장 큰 이유는 무엇일까? 모조품에 둘러싸여 스스로 마음대로 판단하는 왕이 되고 싶은 욕망 때문이다. 이런 욕망이 바로 타락하고 부패하여 죄와 저주에 찌든 인격의 가장 본질적인 속성이다. 자기 멋대로 판단하며 멋대로 상(像)을 만드는 일이 죄와 저주에 찌든 인격에는 도저히 뿌리칠 수 없는 압도적인 매력을 가지고 있다.

그러면 이렇게 모든 대상의 이미지를 자기 멋대로 창조하는 모조품 왕국의 왕이 된 자는, 객관적으로 하나님에 의해서 있게 된 실재하는 가족을 도대체 어떻게 만나는가. 만나고 싶어 하는 심정은 이해하겠는데,

미안하지만 못 만난다. 절대로 실재의 가족은 못 만난다. 하나님을 직선으로 제일 처음 관계하기 전까지는 말이다.

그래, 그만하면 알고도 남음이 있다. 이제는 그만 다그치고, 내가 하나님을 그렇게 첫 번째 대상으로 직선으로 관계하여 마음을 머무르게 되었다고 가정하자. 내 마음에서 내가 만든 모든 모조품을 예수님의 십자가 덕분에 다 없애 버릴 수 있게 되었다고 하자. 그러면 그다음에 내 실재 가족, 실재 재산, 실재하는 애인은 어떻게 만나는가 말이다. 내 마음에는 그들이 없다. 내 마음 안에 특정한 상(像)이 없는 상태에서 그들을 만남이란 도대체 어떤 상태를 가리키는 것인가?

이런 질문이 참으로 어리석다. 하나님과 정직의 관계가 실제로 확실했다면, 정말 그래 본 적이 있었다면, 우리는 실재의 가족은 어떻게 만나느냐는 따위의 질문은 아마 하지도 않았을 것이다. 왜냐면 바로 그렇게 직선으로 만난 아버지 하나님 안에 우리 가족의 진품이 다 들어 있다는 사실을 당연하게 알고 느끼고 또 하나님 안에서 그 진품으로서의 가족들을 이미 만나고, 그리고 100배로 큰 만남의 기쁨 안에서 살고 있었을 테니까 말이다.

언제나 우리는 신앙의 진리를 대할 때면 지금 있는 자리에서 조금도 움직이려 하지 않은 채 생각으로만 그 진리의 마지막 효과를 찾아 '이해함'으로 끝을 보려고 한다. 그냥 우선 실제로 하나님을 마음과 뜻과 힘을 다하여 사랑부터 해 보면 안 될까? 우선 좀 버리라면 버리려는 시늉이라도 해 보면 안 될까? 그리고 나서 그동안 내가 관계하던 모든 다른 사람이 어떻게 보이는지 스스로 경험하여도 되지 않는가 말이다.

실재의 가족이 하나님 안에 있다는, 너무나도 당연해 보이는 이 말을 구태여 여기서 끄집어내는 이유를 알아야만 한다.

예를 들어 딸아이가 한국에 있는 부모 집을 떠나 멀리 이탈리아로 화가가 되기 위해서 유학을 떠났다고 가정해 보자. 이때 금지옥엽 바람이 불면 날아갈세라 곱디곱게 키운 딸이 가서 고생하며 공부하고 있을 이탈리아 땅이 어머니의 마음에 들어앉아 떠날 날이 없을 것이다.

날마다 전화하고, 끊고 나자마자 또 전화하고, 혹시 딸이 전화 중에 이탈리아어가 너무 어렵다고 속상해 울기라도 하면, 마음이 아리고 안타까워서 새벽 기도, 철야 기도하는 것으로도 모자라 삼시 세끼 식사 기도 때마다 딸의 안위와 유학의 열매를 위해 기도할 것이다. 당연하다. 그래야 엄마다.

그런데, 알고 있는가. 이런 기도는 하나님께만 정직하게 관계하는 자의 기도가 아니며, 따라서 참신앙인도 아니다. 아예 하나님께 드리는 기도가 아니고 그냥 고목 나무 앞에서 정화수 떠 놓고 정성을 들이는 일 이상도 아니다.

우선 기본 생각부터 틀렸다.

딸은 이역만리 머나먼 땅 이탈리아에 있는 것이 아니다. 이탈리아에 있는 줄 알고 생전 안 하던 이탈리아 국가의 안녕까지도 딸을 위해 기도해 보지만 딸이 왜 이탈리아에 있는 것인가. 딸은 엄연히 만물의 창조주이시며 생사화복의 주권자이신 아버지 하나님 안에 있고 그 주권 아래 있다. 그리고 딸을 그 안에 담고 계시는 하나님은 이역만리 이탈리아에만 계신 것이 아니라, 바로 한국 땅에 있는 엄마 옆에도 계신다. 이탈리아에 있다고 불안해하고 걱정하며 뉴스에 테러 소식이라도 나면 두려워하기까지 하는 그 엄마 마음속의 딸은, 전적으로 엄마가 만들어 낸 모조품이고 단지 이미테이션이다. 엄마의 모든 딸에 대하여 가지는 관심과 애정과 사랑은, 하나님이 알고 계시고 당신 안에 담고 계시는 진짜 딸에게 적중하지 못한 채 완전히 빗나가고 있다. 딸의 진품은 하나님 주권의 손안에, 딸의 모조품은 엄마 마음 안에 있다.

 진실로 딸로 인해서 마음에 불안이 생겼다면, 엄마는 자기 마음을 딸이 유학하는 이탈리아로 보낼 것이 아니라, 엄마 바로 옆에 계시는 아버지 하나님께로 보내라는 것이다. 창조주요 주권자이신 하나님 안에 딸의 실제 존재와 모습이 있기 때문이다.

 그리고 그 하나님께 마음이 직선으로 가기 위해 마음속의 모조품들을, 심지어는 마음 안에 있는 이탈리아로 유학 간 딸조차도 마음에서 쫓아내 버려야만 한다. 왜냐면 그냥 놔두었단 마음을 자꾸 지금 여기 계신 아버지 하나님 대신에 이탈리아로 끌고 가 버리니까 말이다. 옆에 계신 하나님을 버리고 마음이 딸의 몸이 머무는 이탈리아로 가는 한, 그 엄마의 마음은 하나님도 진품 딸도 영영 못 만난다.

 그리고 이러한 정직의 관계 안에서 하나님과 깊은 사랑의 교제 안으로 들어가면 나타나는 현상이 있다. 딸과 무관하게 마음에 평강이 주어지고, 그 평강 안에서 하나님이 붙잡고 인도하시는 딸의 실제 모습도 나타나 보이게 될 것이다.

 이렇게까지 설명했는데도 아직도, '왜 이탈리아에 머무는 딸이 하나님 안에 계실까?'라고 묻는 사람이 있을 수 있다. 그러나 조금만 생각하면 전혀 문제가 될 수 없다는 사실을 알게 될 것이다. 이탈리아가 하나님 안에 있으니까 그런 것 아니겠는가. 이 지구 위 어디인들, 아니 달나라나 목성까지라도, 하나님의 주권이 미치지 못하는 바깥 영역이 존재하는가?

그리고 그 하나님은 어디 계시는가. 앞에서도 언급하였듯이 시공을 초월한 4차원 천국에 계시는 영이신 하나님은 언제나 어디서나 내 마음에서 보자면 물질세계의 그 어떤 대상보다 실제로 더 가까이에 계신다. 무한한 우주를 말씀만으로 지으신 하나님 나의 아버지는 내 마음에서 내 몸보다 더 가까이 계신다. 그 크신 하나님, 시편에서 종종 마주치는 표현대로, 그 광대하신 하나님께서 일대일로 나를 인격적 상대자로 직선으로 관계하기를 원하신다. 우리 마음이 직선으로 가닿아 머무르는 정직의 유일한 대상이 되기를 원하신다.

이런 사정은 거꾸로 딸이 지척의 건넌방에 머물러 있는 경우에도 마찬가지다. 가까이 있다고 안심하고 있는가. 이런 마음 자체가 얼마나 거짓 신앙적이고 영적으로 둔감한 것인지 이루 말로 다 표현할 수가 없다. 대한민국 영토 안에, 그것도 내 집 안에 머물고 있다고 해서, 이탈리아로 유학 간 딸의 경우에 비해, 특별히 더 안심해도 될 이유가 더 많이 확보되는 것은 전혀 아니다.

이런 마음은 공간을 초월하신 하나님에 대한 일종의 거짓 신앙이고 영적 차원에 대한 무지의 발로다.

고인이 되신 우리 아버지의 오른발에는 발등에서부터 뒤꿈치까지 끓는 물에 덴 흔적이 깊게 남아 있었다. 어렸을 때 아버지의 연로하신 할머니께서 보석 같은 장손이 너무 예뻐서 두 팔로 겨드랑이를 받쳐서 아래위로 들어 어르고 웃고 하시는 동안, 그 갓난아이의 발은 방에 들여놓은 펄펄 끓는 곰탕 솥 속을 들락날락하고 있었단다.

이런 비슷한 경험은 누구에게나 있다. 부모의 시선과 손길이 닿는 곳에 있다고 자녀가 안전하다는 생각은 신앙적 차원을 떠나서라도, 아이를 전혀 안 길러 본 것 같은 무지한 생각이요, 기껏 잘 봐줘 봐야 막연한 미신 같은 안도감에 지나지 않는다.

이탈리아로 유학 간 딸이 멀리 있는 것이 아니라 하나님 안에 있듯이 지척에 머물러 있는 딸도 지척에 있는 것이 아니고 하나님 안에 있다. 눈에 보일 만큼 가까이 있다고 마음대로 관계해도 되는 줄 알고 직접 손대면, 손댈 때마다 내 딸 인생의 발이 데든지 또 다른 지체가 망가지든지 무슨 수가 나도 날 것이다.

공간적으로 가까이 있다고 실재의 딸도 가까이 있는 것이 아니고, 공간적으로 멀리 있다고 내가 만날 실재의 딸도 멀리 있는 것이 아니다. 멀게 느끼고 가깝게 여겨지는 모든 느낌은 단지 착시현상이고 내가 만들어 낸 모조품 딸에 대한 마음의 신기루 같은 작용일 뿐이다. 실재의 딸은 멀리도 가까이도 아니고 언제나 하나님 안에 있으며, 내 실재의 딸을 안에 담고 계신 창조주 하나님은 언제나 아버지로서 내 마음에서 가장 가까이 계신다.

우리의 마음은 무조건 그 딸보다 하나님을 더 먼저 직선으로 가닿아 머무르면서 관계해야만 한다.

진짜 내 밖에 객관적으로 있는 딸을 만나려면, 내 마음의 길을 하나님께 직선으로 갈 수 없도록 굽어지게 하는 중력을 발휘하는 마음 안의 딸을, 나의 타락한 판단력이 만들어 낸 모조품 딸임을 잊지 말고, 마음으로부터 가차 없이 제거해야 한다. 그래서 상(像, Image)으로서의 딸로부터 내 마음의 움직임의 궤적을 좌우로 치우침이 없는 직선으로 지켜 내고 하나님을 먼저 만나야 한다. 그러면 그 하나님 안에 비로소 내가 만든 모조품 딸보다 100배나 더 좋은 실재의 진품 딸이 있음을 알게 될 것이다.

이런 상황이 어디 딸이나 아들에게만 적용되겠는가? 아니다. 내가 몸이 있어 만나고 관계하게 되는 모든 사람과 사물과 사건들에 다 적용되는 것이다. 내가 멋대로 만든 모조품 사람, 모조품 사물, 모조품 사건 등을 껴안고 그런 모조품들을 안고 있는 내가 통째로 십자가에서 예수님과 함께 죽는 것이다. 그래서 부활하신 예수님 안에서 함께 부활한 내 마음에서 이런 모조품은 일체 흔적도 없이 사라지게 하자. 그리고 그동안 모조품에 매여 있던 마음은 승천하여 보좌 우편에 계시는 예수님 안에서 오직 하나님 한 분에게만 다 드리자. 그러면 깜짝 놀랄 것이다. 왜냐면 예수님과 함께 십자가에서 죽음으로써 내 마음에서는 없어진 모든 모조품의 진품들이, 그렇게 내 마음이 직선으로 가닿아 머무르게 된 하나님 안에서 은혜의 덩어리들로서 그동안 줄곧 들어 있었다는 사실을 알게 되기 때문이다. 그동안 내가 만든 엉터리 모조품에 마음을 빼앗기느라 외면하고 있었던 그 진품들을 비로소 하나님 안에서 만나게 된다는 것이다. 그리고 이 모든 진품은 적어도 그동안 내가 멋대로 만든 모조품보다 100배는 더 은혜롭고 감사한 진품들이다. 하나님을 모르는 세상 사람들의 눈에는 어떻게 보이든지 말이다.

진짜를 만나게 하는 인공위성의 경로 안내 시스템

요사이 자동차의 첨단 장비 중 이제는 보편화되어 버린 장비가 바로 내비게이션 장치이다. 모르는 지점을 찾아서 가야 할 때 자동차가 달려갈 길을 정확하게 안내해 준다.

그런데 참 신기하다. 복잡한 서울 어딘가에서 예를 들어 10km 떨어진 을지로2가의 어떤 식당을 찾아가기 위해 내비게이션 장치를 사용한다고 가정해 보자. 그러면 모니터 화면 속의 지도 위에, 그 목적지를 향한 길을 달리고 있는 내 자동차의 위치가 계속 표시된다. 그래야 목표 지점과의 거리와 방향을 분별할 수 있을 테니 당연한 이야기다.

이제 신기하다고 한 것은 바로 이 점이다. 이렇게 자동차의 위치를 지도 위에 표시하기 위해서 인공위성이 동원된다는 것이다. 땅 위에서 10km를 이동하는데 전파는 지상의 자동차에서부터 거리 10km의 3,600배가 되는 고도 약 36,000km 상공에 있는 인공위성 사이를 눈 깜짝할 사이에 번개처럼 오르락내리락을 반복한다.

믿음의 원리도 다르지 않다.

하나님께만 마음을 직선으로 드려 가닿고 머무르는 정직한 자가 이 땅 위에서 모조품이 아닌 진짜 가족을 만나려면 같은 경로를 따라야 한다. 아무리 가까운 10km에 불과한 부부 사이라도 각자의 마음이 먼저 하늘에 떠 있는 인공위성 같은 하늘의 하나님으로부터 안내받아서 상대방에게 도달될 때 진짜 아내 진짜 남편을 관계하게 된다는 것이다.

한 이불 덮고 누워 손 붙잡고 자는 사이라고 친한 척하며 서로를 하나님보다 먼저 마음에 가까이 두고 관계하는 한, 검은 머리가 파뿌리 되도록 둘이 그렇게 친하게 살아 봐야, 진품 배우자를 단 한 번이라도 만날 수 없을 것은 너무도 자명하다. 부모도, 자녀도, 형제도, 사업도, 재산도, 내 인생의 미래도 등등 모든 경우가 다 마찬가지다. 인공위성이신 하늘의 하나님께로 마음이 먼저 가지 않는 한, 이 땅 위에서 아무리 가까운 사이라도 실재하는 존재에 가 닿을 경로로 안내를 받을 수가 없다.

배우자와의 관계가 감사하지 않고 행복하지 않은가? 마주 보며 말 한

마디 즐겁게 할 수가 없는가? 상대방이 너무 상식 이하의 생각과 말과 행동을 일삼고 있는가? 잊지 말자. 상대방 배우자에 대해서 어떤 느낌을 받고 어떤 생각을 하게 되든, 지금 나는 하나님이 있게 하신 그 진품 배우자를 만나고 있는 것이 아니다. 그래서 건네는 말 한마디, 무심코 짓는 표정 하나 몸짓 하나까지 다 모조품을 향한 것들이 되고 있다. 배우자에게 건네는 생각, 표정, 말, 행동 하나하나 모두 하나님을 통해 안내되는 내비게이션의 지침을 따르지 않는 한, 진품으로서의 상대방에게 도달하고 적중할 수 없다.

직장에서 상사와의 관계가 아주 안 좋은가? 이래도 저래도 무조건 마음에 안 든다고 날마다 불평이고 꾸중이고 질책이다. 이런 직장 상사의 태도를 바꿀 수 있는 비법은 나도 모르기에 여기서 말할 수 없다. 다만 직장 상사가 어떻게 대하든 내 마음의 평강이 깨지지 않고 예의에 벗어남이 없이 당당할 수 있는 길은 있다. 직장 상사보다 하나님을 더 먼저 직선으로 대하는 것이다. 마음이 직장 상사에게 끌려 좌우로 치우치지 말고 곧바로 직선으로 하나님에게 먼저 가닿아서 머무른 상태를 유지하며 직장 상사를 대하는 것이다. 직장 상사를 마주해서 하게 되는 생각과 표정과 말과 행동은 내 마음에 하나님이 태양처럼 환하게 보이는 가운데 나타나는 것들이어야 한다. 그러면 적어도 내 쪽에서 직장 상사를 향하여 나가는 것들은 모두 다 하나님께서 내 눈앞에서 있게 하시는 본래 진품인 직장 상사에게 가서 적중할 수 있다. 내가 마음이 직선으로 가닿아 머무르는 하늘에 계시는 하나님이, 내 생각과 표정과 말과 행동에 지침을 주는 내비게이션을 작동하는 인공위성이 되어 주시기 때문이다.

마음과 뜻과 힘을 다한 사랑은 정직함이다. 어떤 대상이 되었든 그 하나에 마음이 가닿아 접촉하고 머무르되, 까닭 없이 그러니까 제3의 지점을 거침이 없이 첫 번째로, 직선으로 달려가는 것이다.

사탄을 향해 욥을 자랑스러워하시며 말씀하셨던 대로, 하나님을 좌우로 치우침이 없이 직선으로 관계하는 정직은, 그러므로 혈루병자인 여인처럼 하나님 이전에는 관계할 대상이 없어서 삶이 죽어 버린 상태에서만 가능하다. 그 어떤 대상에 대한 관계도 아직 성립되지 않았으므로, 삶이 아직 전혀 시작되지도 않은 것 같은 상태에서, 하나님 한 분만을 처음으로 관계함으로써만 가능해지는 것이다.

우리의 마음이 상대하며 관계해야 할 대상으로 하나님보다 앞선 대상을 허용하면 절대로 안 된다. 이런 상황을 가능하게 해 주시는 분이 십자가에 못 박혀 죽고 부활 승천하셔서 지금 보좌 우편에 계신 그리스도 예수님임은 새삼 말할 필요가 없다.

이렇게 내 마음이 예수님의 그리스도 연쇄 과정을 통해서 하나님께 가닿아 머무름이 없는 상태로 상대하는 그 어떤 대상도 진품이 아닌 모조품이다. 내가 만나야 하는 실재의 대상은 언제나 하나님 뒤에 가려져 있고 하나님의 주권 안에 숨겨져 있다. 내 마음이 예수님 안에서 하나님과 함께 있어야만 보인다. 그래서 먼저 하나님을 만나지 않는 한 이미테이션의 왕국을 벗어나 창조주 하나님께서 만드신 본래의 그 진품들의 세계로 진입해 들어갈 수가 없다. 그러기 위해 마음 안에 이미 들어와 있는, 아니 마음 안에서 내가 멋대로 창조해 낸 상(像, Image)으로서의 다양한 모조품들은 남김없이 반드시 그리스도 예수님의 십자가로 추방되어야만 한다.

VIII.

거듭남을 위한 어머니 배 속

VIII. 거듭남을 위한 어머니 배 속

우리는 여기서 이제까지 살펴본 정직의 논리를 근거로 참신앙의 또 다른 측면인 '거듭남'의 의미를 파악하려 한다. 지금까지 살펴본 대로 무엇에든지 간에 마음이 직선으로 가닿아 머무르는 정직은 하지 않는 사람이 없다. 즉 대상이 다를 뿐이지 마음과 뜻과 힘을 다한 사랑을 하지 않는 사람은 없다는 뜻이다. 그러나 그리스도 연쇄 과정 속 예수님과 연합함을 생활화하지 않기에 그런 정직을 하나님을 향해서만은 하는 사람도 역시 없음을 보았다.

그러므로 십자가에 못 박힌 예수님을 그리스도로 믿어서 거듭남이란 결국 이렇든 저렇든 무엇엔가는 정직할 수밖에 없고 마음을 다한 사랑을 할 수밖에 없는 인간이 그 정직과 사랑의 대상을 이 세상에 있는 대상들에서 옮겨 오직 하나님 한 분만으로 한정하게 된 상태를 말한다고 해도 잘못이 아니다. 즉 거듭남은 누구나 하는 마음과 뜻과 힘을 다한 사랑의 대상이 오직 하나님 한 분으로 바뀐 사람이 됨을 뜻한다. 그러므로 나의 거듭남은 마음과 뜻과 힘을 다하여 사랑하는 대상의 바뀜이고 결국 관계의 거듭남을 의미한다.

거듭남이란 단어 역시 마음과 뜻과 힘을 다한 하나님 사랑처럼, 이 시대에 누가 관심을 보이기라도 하는 단어일까 싶다. 그러나 마음이 좌우로 치우침이 없이 직선으로 가닿아 머무른다는 정직의 논리를 통과시켜 보면 '거듭남'이란 단어가 의외로 전혀 낯설게 여겨질 수도 있지 않을까? 이러한 낯섦을 통해서 그 참의미가 새롭게 살아나기를 바란다. 그래서 '거듭남'이라는 단어 속에 담긴 실제 사건으로서의 거듭남이 왜 마음과 뜻과 힘을 다하여 하나님을 사랑하는 사람이 됨을 뜻하는 것인지를 알고, 그 의미에 따라서 나의 진정한 거듭남을 확인해 볼 수 있기를 기대해 본다.

'정직'이 인격의 '자궁'이다

　모든 사람은 어머니 배 속에서 생겨 그곳에서 10개월 동안 들어 있다가 세상으로 나온다. 사람의 씨를 받지 않으시고 성령을 통해 이 땅에 오신 예수님조차도 이 땅 위에서 세상 빛을 보시기 위해 동정녀 마리아의 배 속을 10개월간 빌리셨다. 어머니의 자궁은 그러므로 생물학적 차원에 국한하여 볼 때 조물주 하나님이 택하시어 사용하시는 인간 존재의 근원이다.

　그러면 여기서 우리 자신에게 질문 하나 던져 본다. 생물학적 차원에 한정하여 볼 때 어머니 배 속이 인간 존재의 뿌리라면, 인격적인 차원에서 볼 때 인간 존재의 근원은 무엇일까? 여기서 인격이란 무엇을 말함인가. 바로 '나'라는 자아의식이 활발히 살아 있는 마음이다.

　그럼 다시 묻자. 무엇이 '나'라는 자아의식이 살아 있는 사람의 인격에 대해 어머니 배 속과 같은 역할을 하는 것일까?

　그것이 바로 '정직'이다. 무엇인가 어느 하나의 대상에 직선으로 마음이 가닿아서 머무름이 정직이었다. 그리고 이 정직이 곧 마음과 뜻과 힘을 다한 사랑이 작동 중인 상태이기도 하다. 그런데 바로 이러한 '정직'이, 즉 마음과 뜻과 힘을 다한 사랑이 인격적 차원에서 '나'라는 자아의식을 가능케 하는 어머니 배 속이라는 말이다.

　우리는 이제까지 주로 마음이 첫 번째로 그리고 직선으로 가서 머무르게 되는 대상 자체에 대해서 생각해 왔다.

그러나 주는 것이 있으면 받는 것도 있다는데, 사람의 마음이 좌우로 치우침이 없이 직선으로 가닿아서 머무르며 첫 번째로 관계하는 대상은, 그러면 거꾸로 그렇게 정성을 다해 자기에게로 곧장 달려간 마음에게 무엇을 주느냐는 것이다.

그것은 바로 인격성이다. '나'라는 자아의식이다.

한 사람으로서 주체적인 인격이 되도록 해 준다는 것이다. 다른 말로 '나'라는 의식이 구체적이고 실제로 생겨나 하나의 인격체로 살아 움직이게 해 준다.

정리하면 이렇다. 사람은 누구라도 마음이 직선으로 가서 머무는 대상이 있게 마련이다. 그러면 그 대상은 이제 거꾸로 그런 마음에게 '나'라는 자아의식을 갖게 해 준다. 이 같은 역방향의 경험이 여러 대상을 상대하는 동안에 반복되면서, '나'라는 자아의식도 다양한 여러 가지의 신분 의식으로 채워진다. 마음이 직선으로 가닿으며 상대하는 대상의 숫자만큼 나라는 자아의식의 내용도 다양하게 채워진다.

남녀노소 동서고금을 가릴 것 없다. 남자, 여자. 소아, 청년, 장년, 노인, 기혼자건, 미혼자건, 장사꾼이건, 공무원이건, 모범 시민이건, 도둑이건, 탈세자건, 교수나 목사, 의사, 정치가, 사업가, 노동자, 연예인, 소설가, 엄마, 아빠, 부모와 자식, 형제와 자매 등등 할 것 없이 사람인 이상 그들의 인격은 '정직'이라는 어머니 배 속을 통해 이 땅에서 '나'로서 태어나 존재하게 된다. 아직은 무슨 뜻인지 도통 이해가 안 될 수도 있겠다. 물론 왜 정직이 인격의 자궁인가에 대해서는 그 이유를 앞으로 좀 더 상세히 밝힐 것이다.

우선 여기서 분명히 기억할 점은 마음이 직선으로 가닿아 머무르는 야샤르의 정직함이 지니는 존재론적인 차원이다. 앞에서도 언급한 바 있지만 우리는 흔히 습관적으로 이렇게 생각한다. 사람이 인격적 주체로서 먼저 있고 나서, 그다음에 정직하게 행위를 하든지 안 하든지 선택하는 것이라고. 그러나 오히려 야샤르의 정직은 그 주체적인 인격 자체를 태어나게 하는 어머니 배 속이다. 이미 성립된 인격이 윤리적으로 정직하냐, 하지 않냐의 문제를 대면하는 것이 아니다. 마음이 직선으로 가서 머무는 대상이 무엇이든, 직선으로 가닿아 머무는 정직함 자체로부터 인격은 비로소 '나'로서 태어난다는 것이다.

즉 형식적인 측면에서 볼 때, 모든 사람에게서는 예외 없이 야샤르의 정직의 논리가 이미 가동하고 있었기에, 즉 어느 특정한 대상에 첫 번째로 그리고 직선으로 마음이 가닿아서 머무름이 먼저 있었기에, 내게서 인격성은 비로소 '나'로서 구체화 되고 활성화되었다는 것이다.

무엇이 되었든, 누가 되었든 어떤 대상을 구체적으로 정하지 못한 채로 마음이 가닿아서 머무름이 없는 상태라고 해 보자. 그러면 구체적인 상대가 없는 마음 그 자체로는 인간은 '나'라는 자아의식이 생길 수 없으므로 실제로 깨어 있는 인격이 될 수가 없다. 이 경우 사람의 인격성이란 구체적인 '나'로 태어나기 위한 잠복기 상태로만 머무르게 된다. 오직 어떤 실제 대상을 향한 정직함이 가동 중인 상태에서만 인격성은 구체적으로 '나'라는 인격이 된다.

거듭남이라는 단어는 한 사람의 인격이 예수님을 그리스도로 믿음으로써 새로운 인격으로 다시 태어남을 뜻하고 있다.

이제 여기서 예수님이 말씀하신 거듭남을 '정직의 논리'를 통해 해석하며 나 스스로 거듭난 사람이라고 믿었던 확신이 참인가 거짓인가 돌아볼 수 있게 되기를 바란다.

거듭남은 어머니 배 속을 꼭 필요로 한다

'물고기 배 속'이라 하면 선지자 요나가 생각나듯이 '어머니 배 속'이라 하면 생각나는 성경 본문 혹시 없을까? 욥이 고난 속에서 너무나 괴로워하며 자기의 생을 저주하면서 울부짖는 가운데, 어머니 배 속에서 나지 않았더라면 좋았을 것이라고 끌탕했던 사실이 기억난다(욥 3:10).

그러나 역시 이 표현과 관련해서는 요한복음 3장에 나오는 예수님과 니고데모의 대화가 압도적으로 강한 기억으로 남아 있다.

왜냐면 예수님께서 이 대화 가운데 사용하셨던 '거듭남'이라는 단어가 너무나 중요하기 때문이요, 아울러 이 대화에 이어 저 유명한 기독교 진리 전체 내용을 압축해 놓은 요한복음 3장 16절이 따라 나오기 때문이다.

"하나님이 세상을 이처럼 사랑하사 독생자를 주셨으니 이는 그를 믿는 자마다 멸망하지 않고 영생을 얻게 하려 하심이라."

게다가 거듭남이라는 진기한 단어에 대한 니고데모의 반응이 대화 당사자이신 예수님에게나 우리 모두에게 아주 짙은 — 너무나 어처구니가 없어서 — 인상을 남겨 주고 있기 때문이다.

니고데모는 유대의 관원으로서 학식과 명망과 재산이 꽤 있었음이 틀림없을 바리새인이다. 그런데 이렇게 지도자층에 속한 사람으로서 너무나 몰상식하고 황당한 질문을 해서 예수님께 핀잔을 듣게 된다. 사람이 거듭나지 않으면 하나님 나라를 볼 수 없다는 예수님 말씀에 니고데모는 이렇게 반문한다.

"사람이 늙으면 어떻게 날 수 있사옵나이까 두 번째 모태에 들어갔다가 날 수 있사옵나이까"(요 3:4)

다시 태어난다는 뜻인 까닭에 거듭남이라는 말 자체가 그런 상식 이하의 질문을 유도할 수 있었다고 이해하더라도, 조금 심했다. 그럼 늙지 않은 소년 소녀는, 아니 갓 태어난 아기인들 어머니 배 속에 다시 들어갔다가 나올 수 있단 말인가.

혹시 거듭남이라는 예수님의 언급 자체가 전혀 말도 안 된다는 핀잔을 예의 갖추어 반어법적으로 완곡하게 표현하느라 던진 질문이었을까? 야밤에 홀로 예수님을 찾아온 정성으로 봐서 그렇게 쉽게 예수님의 말씀을 트집 잡아 무시하려는 못돼 먹은 태도나 의도는 없었던 것으로 보인다. 다만 거듭남이라는 단어를 실제로 전혀 이해하지 못한 것은 틀림없는 사실 같다.

그러나 예수님을 실망하게 한 선생 니고데모의 몰상식에도 불구하고 어쨌든 이 황당한 질문이 남겨 준 중요한 점이 하나가 있기는 하다.

거듭남이란, 뭐라 뭐라 해도 거듭 태어남이다. 그 뜻을 무엇이라 풀이하든 하여간 태어나는 것이기에 니고데모의 말처럼 어머니 배 속이 필요하긴 하다. 물론 여기서 말하는 어머니 배 속이 생물학적인 어머니의 자궁이 아닐 것은 자명하지만 말이다.

그러면 복음적인 의미에서 이처럼 한 사람의 인격이 참된 신앙적 인격으로 다시 태어나기 전에 들어 있던 어머니 배 속은 과연 무엇일까?

또한 어떤 종류의 모태로부터 사람은 거듭나는 것일까?

그 모태가 바로 하나님께만 정직(正直)함이다.

이제부터 우리는 왜 하나님께만 정직함이 복음적인 의미에서 거듭남의 자궁인지를 살펴보려 한다.

위에 있는 어머니 배 속

'거듭남'이라는 단어를 원어의 글자 그대로 풀이하면 위로부터 태어난다는 뜻이다. '위로부터'라는 말은 물론 산모가 배 속의 태아를 높은 2층 침대에서 바닥 아래로 낳았다는 식의 말은 아닐 것이다. 이 말에 대해 예수님께서 스스로 풀이해 주고 계신다.

"하늘에서 내려온 자"(요 3:13), 즉 예수님이 하늘에서 내려오셨듯이 위로부터 난다는 것은 하늘로부터 태어난 자라는 뜻이다.

예수님 믿고, 이 땅에서 아직 살고 있다는 것은 그러므로 하늘로부터 이 땅으로 다시 태어나서 살고 있다는 말이 되어야 한다.

황제가 자신을 가리켜 천자(天子)라고 부르던 옛날 같으면 이런 말 하다가 잡혀가 죽임을 당해도 할 말이 없을, 그런 파격적이고 다분히 도발적인 이야기다.

그런데 이것이 현실적으로 말이 되는가. 어떻게 우리가 하늘로부터 다시 태어날 수 있다는 말인가. 이렇게 보면 니고데모가 사람이 늙으면 어떻게 두 번째 모태에 들어갔다가 날 수 있겠느냐고 되물었던 심정도 이해가 안 가는 바는 아니다.

니고데모로서는 예수님이 그 어디도 아닌 '하늘로부터' 다시 태어나는 일을 염두에 두시고 '거듭남'이라는 단어를 사용하신다는 사실을 상상조차 할 수 없었을 테니까. 또 혹시 뒤늦게 '하늘로부터 다시 태어난다'라는 말씀의 의미를 문자적으로는 이해하고 수용하였다고 하더라도, 하늘로부터 다시 태어남이 자신의 실제 삶의 현장에서 어떤 상황이 벌어진다는 것을 뜻함인지 어떻게 짐작이라도 했겠는가.

어쨌든 예수님의 말씀이다. 그러므로 무조건 옳으시다. 무조건 답이 있다고 믿고 이렇게 물어보면 좋겠다. 도대체 우리가 그것으로부터 다시 태어나야 할 하늘이 현실적으로 구체적으로 무엇일까.
이렇게 믿고 물으며 조금 생각해 보면 그 답이 전혀 불가능하기만 한 것은 아닌 것 같다.
땅으로 내려오신 하나님이 어쨌거나 우리와 관계를 맺을 수 있는 하늘이 아니시겠는가. 그렇다. 하늘에서 땅으로 내려온 분이신 예수님이 바로 하늘이시다. 그냥 하늘에 머물러 있는 하늘이 아니라 이 땅에 내려오신 하늘이시다. 그리고 그 하늘 안에 바로 아버지 하나님이 성령을 통해서 들어 계셨다.

하나님 아버지는 땅에 속했던 당신의 자녀들을 하늘 출신으로 회복하시기 위해 우리 인격의 태생을 바꾸셔야 했다. 그러기 위해서는 새로운 '나'라는 인격이 태어날 자궁인 정직이 필요하셨다. 즉 '하나님께만 마음이 직선으로 가닿아 밀착하는' 야샤르의 정직함이 가능하게 하셔야 했다. 이런 목적을 위하여 하늘을 이 땅에 보내셨는데 그분이 바로 예수님이시다. 그러므로 예수님을 통해 가능하게 된 하나님 아버지께만 정직함이 바로 사람을 위로부터 다시 태어나게 하는 자궁이다.
그런데 왜 이처럼 예수님을 통해서 이루어지는 하나님에 대한 우리의 관계가 굳이 자궁이라고 표현되어야 하는가? 또 거듭남을 위한 자궁을 왜 '야샤르'의 정직과 같은 말이라고 하는가?

이 궁금증을 풀기 위해 우리는 니고데모가 왜 하필이면 밤에 예수님을 찾아왔고, 그렇게 찾아온 니고데모에게 예수님은 왜 하필이면 '거듭남'이라는 단어를 쓰셨는가를 밝혀 보려고 한다. 그러나 성질 급하신 분을 위해 '정직'을 '자궁'이라는 말로 표현하는 그 의도를 미리 밝혀 보자면 이렇다.

인격을 거듭나게 하는 자궁의 예

한 여자가 아기를 임신했다가 분만하면 이 여자는 한 새로운 사람을 세상에 태어나게 한 것이고, 그런 놀라운 공로의 주인공이 될 수 있음은 당연히 여자만의 특권으로서 자궁이 있기에 가능한 것이다. 자궁 같은 것도 하나 없는 남자들은 아예 꿈도 꾸지 못할 일이다.

그러나 여기서 우리가 종종 잊고 있는 사실이 있다. 세상에 태어나는 모든 아기는, 사내아이든 여자아이든 할 것 없이 태어나면서 모두 다 자궁을 갖고 있다는 점이다. 아니 어린 아기가, 그것도 사내 아기조차 자궁을 갖고 있다니 도대체 무슨 말인가 할 것이다.

처음 듣는 말일 수 있겠지만, 맞는 말이다. 그 아기의 자궁은 산모가 아직 임부(妊婦)로서 아기를 배 속에 담고 있던 10개월 동안 거꾸로 그 임부를 담고 있던 자궁이다.

산모(産母)는 아기를 해산한 여인을 일컫는다. 아기를 해산하자마자 어머니 모(母)자가 붙는 산모가 되는 것이다. 아기를 낳기 전까지는 배 속 아기로 인해 아무리 배가 남산만 해도 어머니 모(母)자가 붙을 수 없다.

아직은 엄마가 아니기 때문이다. 이때에는 단지 임부(姙婦) 즉 아기를 잉태한 여인일 뿐이다. 임부가 아기를 세상에 분만하는 바로 그때에야 비로소 이 여인은 어머니 모(母)자가 붙은 산모(産母)가 된다.

따라서 이런 분만의 상황을 좀 다른 각도에서 보면 우리가 그동안 잊고 지내던 아주 중요한 사실이 눈에 들어온다.

산모로 인해 세상의 빛을 보게 된 이 갓난아기는 동시에 역으로 자기를 낳아 준 그 여인을 한 사람의 여자에서 엄마로 세상에 다시 태어나게 하는 것이다.

요즘은 결혼하고도 의도적으로 아이를 낳지 않는 경우들이 많은가 보다. 내 아내는 전혀 뜻한 바 없이 결혼한 뒤 무려 17년 동안이나 아이를 갖지 못했다. 그 긴 세월 아이가 없는 동안은 별수를 다 써도 결코 엄마가 될 수 없었다. 엄마가 된다는 일이 무슨 내세울 만한 특권도 아니고 자랑거리도 아니며 오히려 마음 고생문만 열리는 일이지만, 하여간 한 여자가 백번을 결혼해도 아이가 없는 한 엄마는 될 수 없다.

그러므로 아기는 인격적인 차원에서 한 여자가 엄마로서 이 땅 위에 다시 태어나게 하고, 엄마로서 이 땅 위에 존재하게 하는 자궁이다. 모든 사람이 육체의 차원에서 어머니의 배 속을 통해 이 땅 위에 태어나는 상황과 마찬가지로, 세상의 여자 중에 자녀라는 배 속을 통하지 않고 이 땅 위에 엄마로서 거듭 태어난 사람은 아무도 없다. 이렇게 보면 아이를 낳았다고 어머니날을 정해 놓고 생색을 내는 것도 약간은 쑥스러운 일이 아닐 수 없다. 어버이의 날처럼 '자녀님(?)의 날'도 있어야 하리라. 자녀가 한 여자를 한 엄마로 거듭나게 하는 자궁이기 때문이다.

생물학적으로 아이의 뿌리는 엄마지만, 인격적 차원에서 엄마라는 신분의 뿌리는 아이이다. 생물학적으로 임부(姙婦)가 아이를 배 속에 담고 있는 10개월 동안, 배 속의 태아는 똑같이 그 임부(姙婦)의 엄마 됨의 태아를 자기 안에 담고 있다. 그 아이의 생일은 그러므로 그 여자가 엄마로 새롭게 태어난 생일과 일치한다.

이 상황을 정직의 논리를 통해서 되풀이해 보자면 이렇다. 즉 갓난아기가 태어나면 이 여인의 마음이 이 아기를 대상으로 삼아 가닿아 머물게 된다. 그렇게 마음이 가닿아 머무르게 되면 자연스럽게 그 아기를 마음과 뜻과 힘을 다해서 사랑하게 된다. 아기는 이제까지 한 여인으로 살아 있던 동안에는 한 번도 마음이 가서 머물러 본 적이 없는 대상이다. 이렇게 정직함을 통해서 전혀 새롭게 관계하는 '자녀'라는 대상을 통해서 처음으로 이 여인은 엄마가 되는 것이다. 이제까지 가져 본 적이 없는 전혀 새로운 신분으로 거듭 태어난다.

우리에게 이처럼 마음이 직선으로 가닿아서 머물며 그 대상을 마음과 뜻과 힘을 다해서 사랑하면, 그 정직함의 대상은 거꾸로 자기에게 정직한 우리 자신을 전혀 새로운 신분으로 다시 태어나게 하는 자궁이 된다.

거듭남에는 순서가 결정적이다

이러한 이해를 전제로 이제 니고데모와 예수님의 만남 장면으로 다시 돌아가 보자. 그는 왜 밤에 예수님을 찾아왔을까. 그리고 예수님께서는 왜 나이 많은 사회적 지도자 니고데모에게 민망할 정도의 쌀쌀하신 태도와 어조로, 사람이 거듭나지 않으면 하나님 나라를 볼 수 없다고 잘라 버리듯 말씀하셨을까.

사실 거듭남이라는 단어는 그 중요성에 비해 신약 성경에 아주 드물게 등장하는 단어다. 그러므로 생각건대 예수님은 니고데모와 나누신 대화의 맥락을 고려하셔서 이 단어를 동원하신 것이라 여겨진다. 즉 니고데모라는 특정 인물의 영적 심리적 상태를 콕 꼬집어 그 사람의 상태를 표현하기에 가장 적절하다고 여기시는 단어로 '거듭남'이라는 개념을 특별히 골라서 사용하신 셈이다.

가로등도 없고 네온사인도 없을 그 옛날, 구태여 칠흑같이 어두운 밤에 니고데모가 예수님을 찾아온 이유는, 자기가 예수님을 찾아온 사실이 사람들에게 보이지 않기를 바라는 마음 때문이었다. 사람들의 시선을 피하려는 것이고 차단하려는 의도가 들어 있었다. 자신이 예수님을 만나는 것을 사람들이 보면, 그는 잃을지도 모르는 많은 것들이 있었기 때문이다.

그는 바리새인이다. 이 말은 선민 이스라엘 안에서 지도급의 귀족 계층이라는 말이다. 그리고 유대의 관원이었다. 고급 관리라는 말이다. 그리고 그가 나중에 십자가에서 돌아가신 예수님의 장사를 위해 목향과 침향 섞은 것을 100근씩이나 가져온 사실로 보아 부자임이 틀림없다. 이렇게 볼 때 죄인 즉 세리나 창기들의 친구라고 별명을 달고 다니셨던 예수님의 측근들과는 사회적 출신과 소속이 현저히 다른 사람이었다.

자신이 소속되어 영위하던 삶의 등급을 염두에 둘 때, 벌건 대낮에 예수님을 공개적으로 찾아올 용기가 없었다. 동료 유대 관원들이나 바리새인들이 알면 완전히 낯 깎이는 일이 아닐 수 없었다. 그래서 예수님과 만남을 위한 야간 작전을 생각해 낸 것이다.

이렇게 어렵사리 기회를 만들어 찾아온 고관대작 바리새인에게 예수님은 참 뻣뻣하게 대하셨다. '너는 거듭나지 않았다. 그래서 지금 상태를 유지하는 한 하나님의 나라와 관계가 없다.' 니고데모의 나이나 지위 그리고 바리새인이라는 귀족적인 신분을 생각할 때 참으로 모독적인 언사가 아닐 수 없는 말씀을 주저 없이 하신 셈이다. 그리고 보면 니고데모는 참 성격도 좋은 사람이었나 보다. 처음 듣는 말에 당황해서 엉뚱하고 우스꽝스러운 질문으로 응수하긴 했어도, 화 한번 낸 기미가 보이지 않는다. 그리고 끝내 예수님을 그리스도로 받아들인 흔적이 역력하다.

이런 니고데모에게 거듭나지 않았다고 말씀하신 예수님 마음의 속뜻은 무엇이었을까?

예수님 눈에 비친 니고데모는, 이 땅으로 내려온 하늘이신 예수님을 만나러 오면서 다시 태어남에 대한 기대가 전혀 없었다. 그는 지금까지 살아오던 자기 사람됨과 사회적인 조건을 기존의 상태와 틀 그대로 유지하며 땅에 내려온 하늘을 찾아온 것이었다. 하필이면 굳이 캄캄한 밤에 찾아온 그 마음보의 속뜻을 예수님은 그렇게 꿰뚫어 보신 것이다.

예수님 만나기 전에 이미 형성되어 견고하게 틀이 갖추어진 삶의 조건과 관계들과 환경을 고스란히 보존하겠다는 것임을 아시고 송곳으로 찌르듯이 지적하신 말씀이었다. 만나러 오긴 했으나 그 마음이 예수님을 이 세상에서 이미 가지고 있던 소중한 대상들 다음으로 세 번째, 네 번째, 혹은 다섯 번째 아니면 한참 더 까마득한 순서로 서열을 매기고 있었음을 들여다보신 것이었다.

이처럼 니고데모가 계획한 야간작업은 이미 가지고 있고 누리고 있던 것 중에, 추호라도 예수님과의 만남을 통해 잃고 싶은 생각이 없었음을 드러내 보여 준 것이다. 이미 니고데모의 '나'는 귀족적인 삶의 껍질로 둘러싸여 고정되어 있고, 니고데모는 그러한 '나'를 포기할 생각도 손상할 생각도 전혀 없었다. 니고데모가 관계하는 대상으로서 예수님의 서열은 그의 마음속에서 당시 몇 번째였는지는 모르겠으나, 어쨌든 첫 번째가 될 수는 없었던 것이다.

　이 순서와 관련해서 예수님은 니고데모가 기존의 삶의 틀에 갇혀 안주하려 할 뿐 거듭남에 대한 기대가 전혀 없음을 깨닫고, 하나님의 나라와 무관하다는 정말 심한 말씀을 하신 것이었다. 땅 위로 내려온 하늘이신 예수님을 첫 번째로 만나지 않으면 위로부터 다시 태어나는 거듭난 자가 아니라는 예수님의 생각이 이 대화 속에 반영되고 있었다.

　여기까지 말하면 욥기가 말하는 야샤르의 정직이 조금 다른 각도에서 생각된다. 어느 하나의 대상에 마음이 직선으로 가닿아서 머무르며 밀착하는 것이 정직이 아니던가. 무엇인가에 관계하는 마음의 궤적이 좌우로 치우침이 없이 직선이 되려면 그것은 마음의 첫 번째 대상이 될 수밖에 없다. 다른 앞선 지점이나 대상을 먼저 통과하고 난 뒤에 그 어느 하나에 도달한 마음의 흔적은 직선일 수 없기 때문이다.

　그렇다면 예수님과 니고데모가 대화를 지속하는 지금의 문맥에서 거듭나지 않은 상태란 어떤 모습일까?

　니고데모의 경우에서처럼 기존의 삶의 틀은 그대로 유지 보존 하면서 예수님을 만나 기존의 틀을 더욱 강화하려고 시도하는 사람들의 마음 상태다. 한마디로 기존에 굳게 형성되어 있는 삶의 내용과 관계들에 예수님과의 만남을 덧대려는 상태이다. 예수님께 도달된 마음의 길이 아홉 번 꺾여 굽어 도는 양의 창자처럼 뒤틀려 있는 사람들이다. 이미 제1, 제2, 제3, 제4 등등의 지점을 거쳐 비로소 예수님께 도달한 마음들이다. 예수님께 도달한 경로가 그러하니, 예수님 안에만 들어 계시던 하나님께만 정직하기는 애당초 틀려 버렸다.

지금까지의 논의로만 말할 때 거듭남은 어쨌든지 예수님 안에 거하시던 하나님이 마음의 첫 번째 만남의 대상이 되어야만 이루어진다. 그래서 거듭남은 예수님을 통해서 하나님을 향하는 마음이 직선으로 움직이는 정직함이 성립할 때 거꾸로 하나님으로부터 새롭게 규정되는 '나'로 태어남이다.

이렇게 말해 놓고 보아도 특별히 '순서와 다시 태어남'의 관계에 좀 더 설명이 필요하다. 인격적인 차원에서 새로운 '나'로 다시 태어나는 '거듭남'과 마음이 관계하는 대상의 '순서' 사이에는 어떤 형태의 연관성이 들어 있을까? 이것을 설명하기 위해 우리도 간만에 철학 이야기를 한번 해 보자.

거듭남을 위한 자궁의 내부 구조, '나-너'

나-너 철학(Ich-Du Philosophie)이라고 들어 보셨을 것이다. 사람들이 이 철학에 관하여 하는 말을 귀동냥으로 듣노라니, 이 사상을 '대화적 인격주의 철학'이라고도 하던데, 이름 자체가 너무 어렵다. 그러나 어느 사상이 어렵게 느껴지는 이유는 어려운 말을 쓰기 때문이지, 기실 알고 보면 내용이 어려운 것은 아니다.

우리가 실제 사는 삶의 내용 중 일부나 어느 특정한 측면을 말하는 것이 아니라면 이는 철학이 아니다. 철학자들은 어렵게 이해하고 말하고 있는 내용을 우리는 그저 깊은 생각(Reflexion) 없이 살아 내고 있을 뿐이다.

보통 사람들의 삶에서 깊은 생각 없이 진행되고 있는 내용을 이성의 무대 위에 올려놓고 조명을 비추는 것이 철학이다. 이렇게 밝히는 것이 주 업무라서 밝을 철(哲)자를 그 이름에 넣었나 보다. 그러므로 우리가 일상적으로 살아 내지 않는 내용을 말하는 철학자의 철학은 주저 없이 버려도 아까울 것이 없는 '생각 중독자'들의 한가한 유희에 불과하다.

이런 뜻에서 우리는 말할 수 있을 것 같다.

마틴 부버(Martin Buber: 1878-1965)의 '나-너' 철학 전체를 속속들이 캐낸 것은 아닐지라도 조금 전에 함께 나누었던 자궁 이야기가 이 철학의 핵심쯤은 된다는 생각을 말이다.

'나-너'는 인간이 이 땅 위에서 인격적 주체로 존재하는 기본 형식이다. 무슨 말인가?

내가 '나'로서, 독립된 개체 인격으로 먼저 있고 그러고 난 후에 또 다른 '나' 같은 인격을 '너'로서 만나는 것이 아니라는 것이다. 처음부터 '너'가 없이는 '나'는 성립할 수도 없다는 뜻이다. '내가 작용하는 너(Ich-wirkend-Du)', 즉 '나'가 '너'를 너로 되게 작용한다는 의미이다. 그리고 '네가 작용하는 나(Du-wirkend-Ich)', 즉 '너'가 '나'를 나로 되게 작용한다는 의미이다.

그러므로 처음에 각자가 별개로, '나'로서 있고 또 '너'로서 독자적으로 성립하고 그러고 나서 '나'와 '너'가 만나는 것이 아니라, 처음에 둘의 만남이 있고 그 안에서 비로소 구체적인 인격으로서 '나'가 성립하고 '너'가 성립한다는 뜻이다.

　여기서 우리는 '나-너'라는 관계를 독립된 단위의 '나'와 '너'로 분리할 생각 말고 하나의 묶음으로 놓고 보자. 그래서 '나'가 그리고 '너'가 어떻게 상대방에게 작용하는지를 관찰하자.
　예를 들어 '너'의 자리에 자녀를 집어넣으면 '나'는 한 사람의 남자에서 갑자기 아버지가 된다. '너'라는 자리에 아내를 집어넣으면 '나'는 남편이 된다. '너'라는 자리에 제자가 들어오면 '나'는 스승이 되고, 교인이 들어가면 목사가 된다. 이처럼 '나-너'의 관계의 틀 안에서 '나'는 '너'가 누구냐에 따라서 비로소 구체적인 자아의식의 내용을 갖고 다시 태어난다. 아버지로서, 목사로서, 선생으로서 등등 사람은 살면서 이 '나-너'의 존재의 형식을 통해 참으로 다양한 '나'라는 내용으로 이 세상에 다시 태어난다.

니고데모 방식의 하나님 접근은 안 통한다

　그러면 이제 다시 또 하나의 질문을 떠올려 본다.
　'나'라는 의식의 주머니 속에 들어 있는 그토록 다양한 내용 중에 어느 '나'가 진짜 '나'인가.
　질문이 조금 겉도는 느낌이 드는가? 그럼, 어느 '나'가 제일 우선적이고 중요한 '나'인가?
　예를 들어 어느 회사가 '너'의 자리에 들어와 '나'를 회사원이라 불리게 했다고 하자. 이때 그 회사원인 '나'와 어느 아이의 아빠인 '나', 그리고 어떤 여자의 남편인 '나' 중에 부득불 포기되어야 한다면 어느 '나'가

포기될 수 있는가?

또 돈 버는 사업에 열중한 나머지 자녀는 낳아만 놓고 전혀 무관심한 채 세월이 흘러 버린 아버지와 아들의 관계에선, 사업가로서의 '나'와 아버지로서의 '나' 중 어느 것이 실제로 더 중요하고 우선적인 '나'로 여겨지고 있었던 것이었는가.

이렇게 집요하게 이 질문을 붙잡고 늘어지다 보면 결국 맨 마지막에 남는 '너'가 있을 것이다. 바로 이 '너'가 근원적인 '너'이다.

그리고 이 '너'에 대한 관계가 근원적인 '나'를 인격체로서 이 세상에 태어나게 한 자궁이다.

그러나 어설픈 철학 이야기는 이쯤에서 중단하고 우리 이야기로 돌아가자.

상기한 바대로 결혼 17년 만에 아들을 하나 낳았다. 확인해 보지 않았을 뿐이지 아내에게 있어서 나는 첫 번째 '너'에서 두 번째로 밀려났다는 내 느낌이 아마 틀림없을 것이다. 아내에게 엄마라는 '나'가 먼저냐, 아내라는 '나'가 먼저냐고 물으면 체면상 말이야 어찌 나올지 모르지만, 엄마의 '나'가 먼저인 것은 여러 정황을 살펴볼 때 틀림없는 사실 같다.

아이의 엄마 됨에서 내 아내의 '너'는 물론 아이다. 이 같은 한 아이의 엄마라는 신분을 깰 수도 없고 양보할 수도 없는 우선적인 자기 존재로 붙잡고 나서 나를 남편으로 대한다. 아내에게 나는 세상 누구보다, 어느 것보다 더 중요한 존재일 수 있겠지만, 내 자식에게만은 속절없이 밀리는 느낌을 어찌할 수 없다. 그래서 배신감을 느끼면서 아내와 아이의 틈바구니 없는 '나-너'의 밀착 관계를 비집어 보기 위해 아내에게 질문을 하나 해 본다.

당신에게는 아이가 일차적인 '너'냐, 아니면 하나님이 일차적인 '너'냐? 나 자신 대신에 하나님을 선수로 등장하시게 하는 것이다.

그런데 이와 같은 질문이 바로 하나님이 아브라함에게 하신 질문이었다. 하나님이 약속해 주신 지 25년 만에 태어나서 귀하게 청년으로 잘 자란 아들 이삭을 번제로 바치라고 하셨던 하나님의 지시에는 바로 이 질문에 대해서 아브라함의 답을 들으시려는 의도가 담겨 있었다.

"아브라함아! 너에겐 나 여호와가 일차적인 '너'냐, 아들 이삭이 일차적인 '너'냐?"

여기서 아브라함은 여호와 하나님이 자신의 일차적인 '너' 되신다는 사실을 행동으로 보여 드렸다.

그런데 이 똑같은 질문에 대해서 만에 하나 믿음의 선조인 아브라함의 자녀라고 여겨지는 내 아내의 대답 속에서는 하나님이 아니라 혹시 아이가 일차적인 '너'라면 어쩔 것인가? 그렇다면 아내는 아직도 예수님이 말씀하신 그 의미에서 거듭나지 않은 사람이다. 즉 하늘로부터 다시 태어나지 않았다. 다만 아이로부터 한 여인에서 엄마로 거듭났을 뿐이다.

그리고 그 상태로는 니고데모처럼 하나님의 나라를 들어가지 못한다. 아이를 '너'로 해서 태어난 '엄마'라는 존재로서, 하나님을 만나는 순서가 두 번째 혹은 그보다 더 밀려나서 남편 다음에 세 번째가 된다면, 아내가 하나님을 만나려는 모든 시도는 그야말로 하나님 앞에서 정직하지 못한 자기기만이고 실효성 없는 헛된 종교적 제스처가 되고 말 것이다.

거듭남이란 하늘로부터 즉 하나님으로부터, 다시 말해 하늘에 계시는 하나님을 첫 번째 '너'로 해서 '나'로 태어난다는 것을 말하기 때문이다.

엄마와 아이가 '나-너'로 묶여 있는 인격적 단위를 먼저 유지하면서 하나님 앞에 나오는 것, 그것이 바로 니고데모 방식의 예수님 접근이다. 거듭남이 없는 상태다. 그런데 현재 이런 방식의 예수님 접근을 교회 안에서 우리는 흔히 믿음이라고 유보 없이 부르고들 있다. 그러니 누가 거듭난 사람이겠는가?

그러나 마음이 직선으로 가닿아 머무른다는 야샤르의 기준으로 살펴본 거듭남의 의미에 비추어 볼 때, 결코 그러한 마음의 상태를 참신앙이라고 말할 수는 없다. 소위 이러한 짝퉁 믿음으로는 예수님이 이 땅 위로 가져오신 하나님 나라를 결코 볼 수 없다. 왜냐면 예수님이 땅에 오신 이유가 바로, '나'를 다양하게 규정하는 모든 다양한 '너'를 십자가를 통해서 죽이고, 오직 하나님 한 분만을 유일한 '너'로 내 앞에 세우시려는 것이기 때문이다.

우리는 예수님의 십자가 덕분에 이 세상에 있는 모든 대상에 대하여 죽는다. 그러면 당연한 귀결로 오직 하나님만을 근원적인 '너'로서 관계한다. 즉 내게 하나님은 첫 번째로 그리고 직선으로 만나는 '너'가 되신다. 바로 이 근원적인 관계가 복음적으로 거듭난 인격의 뿌리요, 자궁이다.

마음이 직선으로 가닿아 머무르는 첫 번째 대상이 바로 '너'요, 동시에 이 '너'로부터 거꾸로, 나는 '나'라는 인격적인 존재의 구체적인 내용을 새롭게 얻으며 거듭나게 되는 것이다.

돈이 '너'이면 '나'는 수전노이든지 탈세자이든지, '나'라는 존재의 내용을 그 '너'에 상응하여 얻게 될 것이며, 자식이 '너'이면 그에 상응하는 엄마나 아빠라는 존재의 내용을 얻게 될 것이다.

어머니 배 속에서 몸을 입고 아기로 태어난 모든 사람은 성장하면서 바로 이렇게 다양한 '너'를 통해 다양한 타이틀의 '나'라는 인격을 새롭게 덧붙이거나 이미 있던 타이틀을 떨쳐 내거나 하면서 다시 태어남을 계속 반복하는 것이다. 그러나 그 '너'가 이 세상에 있는 대상인 한, 이런 모든 거듭남은 예외 없이 위로부터 다시 태어남이 아니다. 즉 하늘에 계신 하나님을 첫째 '너'로 삼아 태어나는 '나'가 아니라는 것이다. 이 아래 땅에서 세상 것을 '너'로 삼아 거듭남은 백 번, 천 번 거듭나도 위로부터 거듭남이 아니라서 도저히 천국을 못 들어간다.

복음적으로 거듭난 자는 '하나님께만 마음이 직선으로 가 머무르는 자'다. 하나님이 궁극적인 '너'이신 '나'이다.

이와 마찬가지로 인격으로서 존재하는 모든 사람은 이미 그들 나름대로 다양한 갖가지의 '너'들 중에서 어떤 근원적인 '너'에 대해 정직했기에 그 결과 '나'로서 존재하는 것이다. 그리고 이토록 다양한 '너' 중에 유독 예수님의 아버지 되시는 하나님만을 일차적인 '너'로 해서 '나'로 태어난 자를 예수님은 '위로부터 다시 태어난' 자라고 일컬으신 것이다. 그리고 이렇게 거듭난 사람은 하늘 출생의 사람으로 가장 먼저 하나님과 '나-너'로 묶인 상태를 유지하면서 그다음으로 가족을 만나고 직장을 나가면서 이 세상을 산다. 예수님은 바로 이런 사람만이 하나님의 참아들로서 거듭난 자이며 그렇기에 하나님의 나라를 볼 것이라는 점을 분명히 하셨다.

바울 서신을 읽다 보면 눈에 띄는 점이 있다. 편지의 서두에 자신을 소개할 때 바울은 언제나 같은 뜻의 조금씩 다른 표현을 쓴다. '하나님의 뜻을 따라 그리스도 예수의 사도 된 나 바울', '예수 그리스도의 종 바울', '하나님 아버지로 말미암아 사도 된 바울' 등등이다. 전후 사정 모르고 읽으면 사도 바울은 직업도, 신분도, 부모도, 출신도 없나 하는 생각조차 들 수도 있겠다.

  그러나 사정은 그렇지 않다. 사도 바울도 부모가 있고 형제가 있고 많은 사람을 관계하고 있었을 테지만, 그리스도의 종, 하나님이 부르신 사도, 이것이 그의 첫 번째 '나'요, 인격적 존재의 궁극적인 내용이었다. 그래서 사도 바울에게는 언제 어디서나 그리스도 안에서 만나는 하나님이 첫 번째 '너'였고, 바로 그 이유로 인해 사도 바울은 진정으로 거듭난 사람이었다. 도대체 우리 각자는 스스로 나를 바라볼 때 가장 먼저 누구라고 생각하는가? 첫 번째 자아의식의 내용이 대체 무엇인가? 궁극적인 '나'를 낳아 주는 '너'가 누구이고 무엇인가? 아무쪼록 하늘에 계신 아버지 하나님을 '너'로 하여 태어난 '나'이기를 바란다.

정직을 거꾸로 보면 거듭남이다

  어느 외과의가 자기 아들이 수술받는 모습을 모니터로 지켜보며 발발 떨고 있더라는 이야기를 들은 적이 있다. 이론과 경험에 의지해서 남의 배에는 수술용 메스를 쉽게도 들이대는 외과 의사 선생님도, 자기 아이 배가 메스에 의해 째지는 것을 보면서 떨고 있는 것, 이 모습이 인간이다.

  지금의 내 믿음을 보고 또한 내 이웃의 믿음을 볼 때 정말 거듭났을까 하는 의심을 금할 길이 없다. 차제에 용기를 내어 말씀에 의지해서, 무심하게 남의 배를 째는 의사처럼, 심한 말을 우리 자신에게 해 보자. 감정 이입이나 연민, 자기방어의 본능 등을 다 뒤로하고 차가운 논리의 메스를 우리의 신앙 상태에 그대로 갖다 대 보자는 것이다.

우리는 어느 아이의 엄마 아빠로서 예수님을 믿는가? 그러면 당신과 나는 제2의 니고데모다. 계속 그럴 수밖에 없다면 더는 믿지 말자. 믿으나 안 믿으나 마찬가지다. 자녀에 대한 관계가, 내 존재 즉 자아의식의 자궁인 그러한 태생으로서는, 백날 믿어도 믿음이 아니고 하늘로부터 거듭 태어난 것이 아니다.

위로부터 거듭 태어나지 않으면, 즉 '하늘에 계시는' 하나님을 첫 번째 '너'로 해서 '나'로 태어나지 않으면 어차피 하나님의 나라를 못 본다. 땅에 있는 어떤 대상을 하나님보다 먼저 '너'로 삼아 '나'가 된 후에 그 '나-너'의 틀을 고수하면서 아무리 하늘을 우러러보며 하나님을 부르고 찾아도 이 상태는 하나님을 만나고 관계할 수 있는 믿음이 아니다. 만남 자체가 불가능하다는 뜻이다.

사업가로서, 즉 사업을 첫 번째 '너'로 삼아 '나'로 태어나 살면서, 니고데모가 밤에 찾아올 때의 의도대로, 사업을 길이 보전하고 강화하려는 소원으로 예수님 믿음을 덧대는가? 더는 예수님 믿지 않아도 괜찮다. 어차피 그런 상태에서는 믿으나 안 믿으나 상황은 마찬가지이기 때문이다. 니고데모처럼 기존의 모든 다양한 '나-너'의 관계를 유지하면서 하나님께 나와서는, 아예 바늘 끝만큼도 그런 믿음이 허용되지 않을 테니 그쯤에서 끝내도 무방하다는 말이다.

하나님께 정직해야 한다는 말을 뒤집으면 하나님으로부터 다시 태어나야 한다는 말이 된다. 왜 하나님께서는 아브라함에게 독자 이삭을 죽여 번제의 제물로 바치라는 시험을 내리셨을까? 아브라함의 마음이 오직 하나님께만 직선으로 가닿아야만 하는데 아들 이삭이 그 마음을 좌로나 우로나 치우치게 하는지, 그 여부를 확인하려고 하셨기 때문이다. 그런데 이런 확인은 동시에 아브라함의 근원적인 '나'가 도대체 어떠한 '너'로 인해 태어났는지를 드러내게도 한다.

결국 이삭을 죽이려 한 아브라함의 행동은 무엇을 의미하는가. 그에게 있어 세상 어떤 것과의 결속보다 더 견고했을, 아들 이삭과의 '나-너' 관계를 수술용 메스로 절단해 버리고 하나님을 첫 번째 '너'로 붙잡은 것이다. 할례받은 선민의 조상인 아브라함이 진심으로 칼로 베어 버린 부분은 양피가 아니라 바로 하나님 이외의 모든 '너'였다. 그리고 이렇게 베어 버려야 할 '너' 중에서 독자 이삭은 최종적인 '너'였다. 즉 아브라함에게 '너'가 될 수 있는 강력한 대상 중에서 이삭은 하나님의 가장 강력한 라이벌이었던 셈이다.

아브라함은 바로 이렇게 외아들 이삭이라는 '너'를 베어 버리는 현장에서 참신앙의 조상이 되었다. 그래서 또한 바로 그렇게 도저히 맨정신으로는 가질 수 없어 보이는 듯한 아브라함의 마음가짐이, 하나님에 대한 '믿음'을 참믿음답게 결정하는 유전자가 되어 버렸다. 그래서 아브라함을 믿음의 원조라고 부르는 것이 아니겠는가.

100세에 약속을 따라 얻은 외아들과의 '나-너' 관계조차 청산하고 하나님을 첫 번째 '너'로 삼아 '나'로 태어나는 것이 바로 아브라함의 후손들에게 있어 나타나야 할 영적인 유전자의 특징인 것이다. 바로 이것이 거듭남이고, 십자가에 못 박힌 그리스도를 받아들인 복음적 인격의 존재론이다.

이렇게 볼 때 거듭남이란, 정직의 논리에서 일어나는 마음의 운동 방향을 반대되는 방향으로 관찰할 때 반드시 포착되는 현상이다.

즉 내 마음이 '너'에게로 직선으로 가닿아서 머물면 그것이 곧 정직이고, 방향을 뒤집어서 '너'로부터 내가 '나'로서 태어나면 그것이 곧 거듭남인 것이다. 모든 야샤르의 정직은 반드시 반대 방향의 거듭남을 동반한다.

'너'로부터 '나'는 미션을 위해 보내진다

이처럼 야샤르의 정직이 갖는 존재론적 측면의 이야기를 '거듭남'에서 끝내 버리면 아쉽다.

여기서 생기는 우리의 궁금증은 바로 이것이다. '나-너'의 기본 틀 안에서 모든 사람은 최우선적인 '너'를 통해 특정한 자아의식의 사람으로 거듭 태어난다. 그러면 그 사람은 그다음부터 후차적으로 만나고 관계하게 되는 대상들에 대해 어떤 태도를 보이게 되는가 하는 점이다. 이 궁금증에 대한 답부터 말하자면 이렇다.

우선적인 첫 번째의 '너'로부터 태어난 '나'는 그다음부터 만나는 모든 대상과의 관계에서는 이 첫 번째 '너'에게서 보내어진 자로 살게 된다.

기한이 찬 태아가 어머니 배 속에서부터 세상으로 보내어지듯이, 근원적인 '너'로부터 다른 모든 대상에게로 '나'는 보내어진다. 수십 또는 수백의 대상들을 만나고 관계하는 모든 순간 모든 장소에서 첫 번째 '너'와의 관계인 '나-너'의 기본적인 존재론적 틀을 변함없이 지속하며, 모든 대상을 향해 이 첫 번째 '너'로부터 '나'는 계속 보내어지고 있다.

누가복음 7장에 나오는 나인성 과부의 경우를 한번 들여다보자.

과부의 외아들이 죽었다. 그래서 과부는 죽은 아들의 시체를 담은 상여를 메고 북망산천으로 가는 행렬을 따라 그 시체 옆에 따라가며 울었던 모양이다. 당연하다. 얼마나 심한 고통이 그 불쌍한 과부의 마음을 찢으며 헤집어 놓았겠는가? 예수님이 과부를 보시고 불쌍히 여기시면서 울지 말라 말씀하셨다고 복음서는 기록하고 있다.

이제 몸은 살았어도 더는 살아가야 할 이유가 없어짐으로써 산송장이 되어 버린 과부의 처지가 100퍼센트 이해가 간다. 남편을 먼저 보낸 이 과부에게 외아들은 이 여인을 '나'로서 존재하고 살게 해 주는 근원적인 '너'였다. 근원적인 첫 번째 '너'인 외아들로부터 어머니인 '나'로 태어난 이 과부는 그 이후 인생의 모든 만남을 바로 아들을 위해서 수행하고, 만사를 아들과 관련지으며 살았을 것이다.

이 어머니의 마음은 이웃집 아주머니들과 만나 수다를 떨고 있는 시간에도 거의 무의식적으로 그리고 자동으로, 이야기 중에서 좋은 것 나쁜 것에 대한 모든 정보를, 아들을 기준으로 수집 분류하기에 여념이 없었을 것이다. 그러므로 이 과부의 삶은 바로 외아들로부터 보내어진 외아들을 위한 사명(Mission) 수행과 다를 바가 없었다.

마음이 직선으로 가닿아 머무르는 정직의 대상은 첫 번째 '너'로서 이처럼 궁극적인 '나'를 태어나게 함으로써 모든 관계의 원초적인 출발점이다. 모든 후차적인 다른 만남의 성격을 결정짓는 기준점이다. 모든 다른 관계는 오직 이렇게 정직한 대상과의 관계에 철저히 종속된다. 이 궁극적인 '너'가 다른 모든 만남에 이유와 의미를 제공한다.

그러므로 이 과부에게 있어서도 사정은 마찬가지이다. 관심의 최상위를 차지하는 외아들을 기준으로 보자면, 다른 모든 대상과의 관계는 단지 종속적이고 부차적인 의미에 지나지 않게 된다.

그러나 이제 그 아들이 죽었다. 동시에 과부는 '나'라는 인격적 존재의 근원이자 자궁인 첫 번째 '너'를 상실해 버리고 만다. 그러면서 인생의 모든 만남을 이어 가야 할 이유를 동시에 상실하였다. 산술적으로 따지자면 만나고 관계하던 수많은 대상 중에, 아들이라는 단 하나의 대상과 단 하나의 관계를 잃었을 뿐이다.

그러나 아들이 죽은 뒤에도 여전히 남아 있는 모든 다른 대상과의 관계는 더는 별다른 의미를 지닐 수가 없었다. 그 다른 대상들에게로 더는 이 여인은 의미 있는 관계를 위해 보내어질 수가 없었다. 아들만 없어졌을 뿐이지 여전히 다른 대상들은 가득한 세계 안에서 더는 삶을 영위해 나가야 할 이유가 없어져 버린 셈이었다. 이 과부를 최우선으로 '나'로 되게 함으로써 세상의 생활 현장으로 보내고, 그래서 만나는 다른 모든 대상에 관한 생각과 말과 행위에 이유와 동기와 의미를 제공하는 '너'가 없어졌기 때문이다. 그래서 외아들을 잃은 나인성의 과부는 산송장이 되어 버릴 수밖에 없었다.

실연당한 아가씨의 깊은 우울증, 기업이 도산한 사장님의 자살, 애인의 배신을 이유로 총기를 난사하는 탈영병 등 이 모든 현상이 바로 최우선적인 '너'를 상실했을 때의 증상들임은 말할 나위도 없다.

바로 이렇게 근원적인 '너'를 상실하면서 생긴 존재의 벌어진 틈을 따라 예수님께서 이 과부의 생애 가운데로 들어오신다. 아들의 죽음이 아니었다면 이 과부와 외아들 사이의 '나-너'의 결속을 깰 수 있는 것이 이 세상에 무엇이 있었겠는가. 원자 폭탄의 위력으로도 불가능할 일이었다.

이제 상황은 바뀌어서 이 과부는 예수님과 다시 살아난 외아들을 앞에 두고 서 있다. 다시 살아났지만, 죽음을 통해서 이미 한번 궁극적이었던 '나-너' 관계의 결속은 깨져 버렸던 경험이 있다. 바로 그 틈새를 통해서, 죽은 외아들을 다시 살리시는 기적과 함께 여인의 생애 안으로 들어오신 예수님의 출현이 갖게 되는 의미가 무엇일까?

이 여자에겐 아들을 '너'로 삼아 어머니로 살던 상태에서, 예수님을 '너'로 하는 새로운 '나'로 다시 태어날 수 있는 전혀 예기치 않았던 기회가 주어졌다. 더 정확히는, 예수님을 믿음으로써 예수님 안에서 만나는 아버지 하나님을 '너'로 하여 전혀 새로운 '나'로 다시 태어나는 거듭남의 기회를 얻게 되었다.

절대적 '너'였던 아들로부터 그 외의 다른 대상으로 보내어진 자로 살아오던 이전의 삶을 이후로도 계속할 것인지, 아니면 아들보다 우선해 예수님 안에서 만나는 하나님을 절대적인 '너'로 하여 위로부터 다시 태어난 하나님의 딸로서, 아들까지도 포함한 이 세상 안에 있는 모든 대상에게로 보내어지는 삶을 살 것인지 결정해야만 했을 것이다.

상여를 메고 공동묘지로 가던 행렬이 모두 방향을 바꾸어 예수님을 좇던 생명의 행렬에 가세한다. 이 행렬 틈에 섞여, 관에서 일어난 아들의 손을 잡고 멀리 앞서가시는 예수님의 뒷모습을 바라보며, 꿈꾸듯 황망 중에 걸음을 옮기고 있는 동안 이 여인의 마음은 아들과 예수님 중 어느 쪽을 향해 직선으로 가고 있었을까?

육체의 손은 비록 다시 살아난 아들의 손을 잡았겠지만, 마음의 손은 예수님을 잡았어야 했을 텐데…, 그래서 거듭났어야 했을 텐데…. 그래서 우리가 하나님의 나라인 우리 아버지 집에서 그 나인성 과부를 그 외아들과 더불어 다 함께 만나게 된다면 정말 좋겠다.

거듭난 자의 '우리'는 오직 사위일체이다

첫 번째 직선으로 관계하는 '너'는 그러므로 모든 다른 대상들과 관계하며 삶을 살아갈 힘과 이유를 제공해 준다.

그러면 거듭난 자, 위로부터 다시 태어난 자는 누구인가.

첫 번째 '너'가 예수님을 믿음 안에서 만나는 하늘에 계신 하나님인 자이다.

그리고 나서 이 하나님으로부터 부모에게로, 남편에게로, 아내에게로, 자녀나 이웃이나 직장이나 사업이나 이런저런 일상적인 일들과 업무와 과제로 보내어진 자로 살아가는 사람이다.

사람들은 흔히들 누구의 아내나 남편으로서, 누구의 자녀나 부모로서 그리고 어떤 직업인 등등으로서, 이미 앞선 특정한 신분 의식을 유지한 채 예수님에게 나오는 상황을, 그서 별생각 없이 믿음이라고 여긴다. 이런 경우에는, 근원적인 '너'가 하나님 아버지가 아니라, 배우자나 자녀나 부모나 직업 등등 땅에 있는 대상들인 상태가 그대로 유지된다. 그리고 오히려 그러한 우선적이고 근원적인 땅에 속한 '너'로부터 이 땅으로 내려오셨던 하늘이신 예수님께로 보내어지고 있다.

말하자면 '우리' 일을 해결받으려고, 즉 근원적인 '너'의 자리에 있는 가족이나 사업이나 등등의 대상들과 맺은 관계로부터 발생하는 요구를 채우기 위해서 말이다.

다시 말하거니와 이것은 야샤르의 정직함이 하나님만을 향하는 참믿음이 아닌 다른 정직이고 다른 믿음이다. 그러므로 이미 마음과 뜻과 힘을 다한 사랑을 다른 대상에게 적용하는 상태이다. 그리고 하나님을 찾아옴도 결국 이미 맺은 관계의 대상들을 마음과 뜻과 힘을 다해 사랑하는 하나의 방편이 되어 버린 상태이다. 그렇기에 당연히 '위로부터 거듭남'의 상태도 아니다.

십자가의 예수님이 계시하신 하나님께 마음이 직선으로 가닿아 머무르는 자에게 '우리'라는 인칭 대명사는 이제부터는 '너'이신 하나님과 '나'를 묶는 인칭의 단위일 뿐, 이 땅 위의 가족이나 직장과 여타의 이 세상 대상들과 '나'를 묶는 단위가 아니다.

거듭난 자로서 위로부터 태어난 자에게는 '우리'라는 의식 속에 포함될 대상들이 모두 하늘에 있는 존재들이다. 삼위일체 하나님과 나만을 포함하는 '우리'가 허락될 뿐이다. 하나님 아버지와 아들 예수님과 성령님, 이러한 세 인격의 일체 되심에 또 하나의 인격으로서 내가 가담하는 '사위일체(四位一體)'가 바로 거듭난 자에게 허락되는 유일한 '우리'이다.

'사위일체'란 참으로 낯선 말이지만, 그동안 교인들이라는 사람들이 마음으로 하늘에 계신 아버지께로 가기를 원치 않아 등한시되었을 뿐 예수님이 직접 해 주신 말씀 속에 들어 있던 개념이었다.

"아버지여, 아버지께서 내 안에, 내가 아버지 안에 있는 것 같이 그들도 다 하나가 되어 우리 안에 있게 하사"(요 17:21)

그러므로 하늘에 계신 하나님 아버지를 절대적인 '너'로 하여 위로부터 다시 태어난 사람에게서는 이 세상 모든 가족과 지인과 동료와 친구와 속한 단체와 속한 나라와 민족이 모조리 이 사위일체의 '우리'라는 의식의 울타리 밖에 서 있게 된다. 다만 가족과 직장과 사회의 모든 사람은 오로지 이 사위일체의 우리로부터 보내어져 관계하는 임무(Mission)의 상대일 뿐이며 사위일체의 '우리' 밖에서 기다리고 서 있을 뿐이다.

예를 들어 어느 아이의 아버지라는 타이틀은 예수님을 믿는 나에게서 더는 '나의 존재'를 규정하는 말이어서는 안 된다. 아버지라는 말은 '나의 사명'을 규정하는 말이어야 한다. 즉 더는 나와 자녀가 '우리'라는 의식으로 묶여서는 안 된다. 자녀의 아버지라는 신분은 하나님으로부터 거듭난 자로서 사위일체의 '우리'로부터 보냄을 받아 수행할 임무(Mission)일 뿐이다. 아내, 남편, 사장, 교수, 목사, 공무원, 상인, 보험설계사, 디자이너, 공인 중개사 등등 이 모든 단어가 다 신분이 아니라 사명을 나타내는 말들이다. 우선적인 '너'의 자리에 계신 하나님을 중심으로 이루어지는 사위일체의 '우리'로부터 보내져 수행해야 하는 임무나 프로젝트의 다양한 이름일 뿐이다. 나는 그런 신분의 사람이 아니다. 나는 사위일체의 '우리' 안에서만 참으로 '나'일 수 있다.

위로부터 거듭남이란 필수적이다. 거듭나지 않으면 하나님 나라와 무관해진다. 위로부터 거듭남이란 '나'라는 존재가 오직 하나님을 '너'로 하는 '나'일 때만 가능해진다. 그래서 하나님을 중심으로 이루어지는 사위일체 되심의 '우리' 안에서 일체 되심 안에 계시는 삼위 하나님을 '너'로 하는 '나'의 신분이 정해진다.

그 '너'의 자리에 하나님께서 창조주로 들어오면 '나'는 피조물이다. 그 자리에 아버지로서 들어오시면 '나'는 하나님의 아들이고, 다윗의 시편에서처럼 목자가 되어 들어오시면, '나'는 그의 기르시는 양이고, 그 자리에 주님이 들어오면 '나'는 종이고, 또 그리스도가 들어오면 '나'는 구원받은 죄인이다. 성령님이 '너'의 자리에 들어오시면 '나'는 성령의 도구이고 성령의 집이며 장갑이다. 이것이 '나'의 근원적인 규정이자 존재의 내용이다. 이렇게 사위일체 안에서 주어지는 신분과 자격을 가지고 이제 이 세상 모든 대상을 향해 보내어진다. 그동안 세상에서 얻었던 모든 신분은 이제 더는 '나'가 아니다. 이런 신분은 이제 단지 내가 하늘로부터 보내어져서 수행하여야 하는 프로그램이다.

절대로 잊지 말자. 사위일체의 '우리' 이외에 이 세상에서 내 몸이 있어 성립한 관계에서 발생한 모든 신분과 지위는, 그 자체로 '나'가 아니라 오직 '나'의 임무이고 프로젝트라는 사실을 말이다.

이제 더는 아내나 남편이나 자녀나 부모나 형제를 '우리'라는 의식 안에 담지 말자. 내 입에서 나온 '우리'라는 인칭 대명사 안에는 오직 나와 삼위일체 되시는 하나님만이 포함되어야 한다.

아내와 남편이 하나님보다 더 친한 관계인 척하지 마라.

영적인 차원을 염두에 두면 눈 뜨고 봐 줄 수 없는 모습이 바로 그것이다. 언제부터 그렇게 친했다고 아버지 하나님이 보시는 앞에서 그분을 밖에 세워 둔 채 부부가 자기들끼리 '우리'라는 단어로 하나님에 대해서 울타리를 친다는 말인가.

내가 지금 여기서 남의 부부 생활이나 가족 관계에까지 참견할 이유는 전혀 없다. 그러나 단 하나 명심할 것은 '우리'라는 인칭 대명사의 무의식적이고 무분별한 사용이 나의 거듭나지 못함을 아주 강력하고 분명하게 반영할 뿐만 아니라, 그 거듭나지 못한 상태를 점점 되돌릴 수 없도록 굳혀 갈 수 있다는 점이다.

물론 '우리'라는 단어가 상황과 맥락에 따라서 말하다 보면 그때그때 필요한 구분을 위해서 다른 구성원을 포함한 말일 수 있다. 그러나 '나'라는 자아의식을 둘러싸고 있는 '우리'는 근본적으로 사위일체여야만 한다는 사실은 변함이 없다. 나의 진정한 소속을 뜻하는 '우리'라는 의식이 작동할 때면, 언제나 자동으로 마음에는 가족이나 나라나 회사나 교회 대신에 삼위일체 하나님이 떠올라야 할 것이다.

위의 하늘로부터 아래 바다로 보내어진 자들

거듭난 자는 복음적 의미 정직한 자다.

복음적 의미에서 정직하다는 말은, 십자가 복음 덕분에 다른 모든 대상을 '너'의 자리에서 다 잘라 내고 오직 아버지 하나님을 첫 번째의 '너'로 해서 '나'로 태어남을 말한다.

그러면 도대체 이런 사람은 실제의 생활 현장에서 어떤 모습으로 일상을 살아갈까? 위로부터 거듭난 사람의 생활 현장에서의 모습을 한 장면으로 이미지화해 볼 수는 없을까? 위에서부터 다시 태어난 자의 모습 말이다.

언젠가 보았던 TV에서 방영하는 영화 속의 한 장면이 생각난다. 풍랑이는 바다에서 조난한 사람들을 구조하기 위해 사투를 벌이는 구조대원들의 모습을 담고 있는 장면이었다.

폭우와 풍랑으로 뒤덮인 바다, 여기저기서 널조각 하나씩 붙잡고 살려 달라고 아우성치는 사람들을 구하기 위해 여러 대의 헬리콥터가 바다 위로 날아왔다. 밧줄로 허리를 동여맨 구조대원들이 헬리콥터에서 바다 수면 아래로 내려와 그 헬기에서 바다로 드리워진 또 다른 줄에 조난한 자들을 묶어 내면, 헬리콥터에서 그 사람을 끌어올리는 것이 바로 구조 작전이었다.

　화면에는 거센 폭우와 풍랑 속에서 죽음의 공포에 질려 아우성치는 조난자와 그 폭우와 풍랑을 맞서 헤치며 사람을 구하려 안간힘을 쓰는 구조대원의 표정이 번갈아 클로즈업되고 있었다.

　그런데 그 장면을 넋을 잃고 쳐다보고 있다가 불현듯 참 이상하다고 생각했다. 비록 영화 속 배우들의 연기인 것을 알고 있지만 클로즈업되는 구조대원들의 표정과 조난한 자들의 표정이 어쩌면 그렇게 다를 수 있는가?

　둘 다 거센 폭우와 풍랑이 이는 차가운 겨울 바닷속에 있기는 마찬가지다. 그런데 구조대원의 표정에서는 결연한 의지와 한 사람씩 줄에 매어 올릴 때마다 보람과 자긍심이 배어나오고 있고, 위에 머무는 헬리콥터에 남아 있는 동료들에게 엄지손가락을 펴 보이며 진행상의 순조로움을 표할 때의 자신감 등으로 가득 차 있었다. 배경이 망망대해 가운데서 일고 있는 폭우와 풍랑인 점을 생각할 때 참으로 경이롭기까지 한 표정들이다.

　반면 조난한 자들의 표정은 풍랑 이는 바닷물 속에 빠졌는데도 그 눈에서 눈물이 나오고 있는 것을 식별할 정도로, 정말 거세게 울어 대는 사람도 있다. 표정대로라면, 그들의 마음이 지금 대면하고 있는 것은 바로 공포요 절망이며 죽음임이 틀림없었다. 두 경우 다 영화 속 장면이었지만 사실적인 공감을 불러일으킬 수 있을 만큼 개연성은 충분하다는 느낌이었다.

　왜냐면 좀 다른 이야기 같지만, 예수님과 제자들이 일엽편주에 몸을 의지하고 가다가 풍랑을 만난 장면을 연상하게 하는 점이 있어서이다. 똑같은 광풍 노도 속에서 요동하는 가운데 죽음을 직면한 제자들의 모습과 깊은 잠을 주무시던 예수님의 대조가 영화 속 장면과 머릿속에서 오버랩되었기 때문이다.

그러면 조난한 자들과 구조대원의 표정은 왜 그렇게 다른 것인가. 이 차이가 어디서 오는 것일까. 둘 다 거센 폭우와 풍랑 속에 있기는 마찬가지인데 말이다. 대답은 그리 어렵지 않다. 조난자들은 풍랑 이는 바닷속에 빠져 있던 자들이고, 구조대원은 그 바다를 향해 위에서부터 사명감을 가지고 의도적으로 아래로 내려온 자들이다.

그것도 자기의 허리와 헬리콥터 사이를 끊어지지 않는 줄로 단단히 연결해 놓고서는 말이다. 이 줄이 풀어지지만 않는다면 폭우와 풍랑이 세면 셀수록 재미까지 더해질 수도 있겠다는 어처구니없는 생각까지도 들 지경이다. 이들이라고 조난자들의 처지에 놓여서도 그렇게 여유를 지킬 수 있는 슈퍼맨은 아닐 것이다. 그 여유 있는 표정은 줄에 매여 위에서부터 내려온 데에 기인한 것이라 여겨진다.

노도 광풍 속에서 예수님과 제자들이 보인 천지 차이의 태도도 그 이유와 다름없다. 예수님은 그 마음이 지금도 당신의 마음에서 가장 가까이 살아 계시는 천지를 지으신 창조주 하나님 아버지께 직선으로 가닿아 머무르고 계셨다. 반면에 제자들은 지금 당장 눈에 들어오는 풍랑에 온통 마음이 다 가닿아 있었다. 그러니 발악할 지경으로 그들의 마음 안으로 두려움이 가득 차는 것도 이상할 일이 전혀 아니었다. 마음이 항상 지금 하늘에 살아 계신 하나님께 직선으로 가닿아 매달려 있듯 하는 사람과 그 하나님으로부터 아무런 연결 고리 없이 떨어져 있는 사람이 풍랑 이는 바다 같은 세상을 사는 모습이 얼마나 다른가를 단적으로 비유하여 보여 주시는 장면이다.

　우리가 지금까지 살펴본 정직의 뜻은 바로 '나-너'라는 기본 공식에서처럼 '나'와 '너' 사이를 직선의 줄로 묶는 셈이다. '너'로부터 태어나는 '나'는 '너'에 묶여서만 세상 바다로 보내어져 살아갈 수가 있다. 예수님께서 말씀하신 위로부터 거듭남은 이렇게, '너'이신 하나님 아버지에게 묶여 있는 채로 세상으로 다시 태어나는 것이다. 그런데 그 '너'가 하늘 위에 계시기 때문에 위로부터 다시 태어나서 아래 세상으로 보내지는 것이다. 위로부터 태어나려면 '나'를 태어나게 하는 '너'가 위에 있어야 함은 자명하지 아니한가. 위에 있는 하늘이 되시는, 예수님과 아버지 하나님과 성령님, 이렇게 일체를 이루시는 삼위 하나님을 '너'로 해서 다시 태어난 자들의 마음에는, 다른 사람들과 똑같이 이 세상이라는 환경에 처하여 있어도 구조대원의 평강이 있다.

　남편과 아내와 자녀와 부모와 직장 동료와 이웃이 하나님과의 연결이 없는 채로 바다에 빠져 있다. 그곳으로 거듭난 자들은 하늘에 계신 '너'이신 하나님께 매여, 아래로 보내어진 자들이다. 이 세상 바다에 즉, 가정이라는 바다, 회사, 학교, 예배당 모임, 국가, 도시라는 바다로 줄에 매여 하늘로부터 보내어진 자들이다. 이것이 참으로 거듭난 신앙인이다.
　그리고 그 역(逆)은 참신앙 안에서는 절대로 허용될 수 없다. 즉 가정과 회사, 학교, 나라 등이 하나님보다 먼저 '너'가 되어 '나'를 이루고 '우리'가 된 채로, 그런 세상 것들로부터 발생하는 문제와 필요들을 위해 비로소 하나님께로 보내어지는 상태는 결코 성경과 복음이 전하는 참 신앙이 아니다. 하나님이 아니라 이 세상 대상들에게 정직한 상태로, 다른 정직이고 다른 신앙이다.

우리는 니고데모와의 대화 속에서 이어져 나오는 저 유명하고 고맙고 보석 같은 말씀을 기억하고 있다.
"하나님이 세상을 이처럼 사랑하사 독생자를 주셨으니"(요 3:16)
이 말씀은 예수님 자신의 그리스도 되심에 해당하는 말씀이면서 동시에 바로 앞에 나왔던 거듭남에 대한 대화를 완결 짓는 말씀이기도 하다. 거듭난 자 모두에게 이 말씀이 예수님에게서처럼 적용된다는 것이다.
하나님이 세상을 사랑해서 예수님을 보내셨다. 아버지 하나님을 '너'로 해서 줄로 묶인 채 예수님은 메시아의 자아의식을 가지시고 세상 바다로 구조대원으로서 보내지셨다.
세상을 사랑하셔서 예수님을 보내신 것과 마찬가지로, 나 자신이 거듭난 사람인 한, 하나님이 내 아이들을 사랑하셔서 나를 그들의 엄마로 하늘에서 보내셨다. 하나님을 '너'로 해서 줄로 묶인 채 가정이라는 바다로 보내진 것이다. 하나님이 내 남편과 내 아내를 사랑하셔서, 하나님이 내 직장을 사랑하셔서, 내 학교와 내가 사는 동네를 사랑하셔서, 하나님을 '너'로 하여 '나'를 태어나게 하시고, 하늘이신 하나님으로부터 이 세상 삶의 바다 구석구석에 거듭난 자로서 줄로 묶으신 채로 '나'를 보내신 것이다.
어제 딛던 땅을 오늘도 딛고 살며, 예수 믿기 전에 가던 곳을 믿은 후 지금까지 다니고 있다. 그러나 참으로 거듭난 신앙인은, 자신이 살던 삶의 환경에서 이미 하나님 이외의 대상과 굳어진 '나-너'의 관계로 묶인 채 예수님을 찾아오는 또 한 사람의 니고데모가 아니다. 그는 위에서부터 하나님을 '너'로 해서 '나'로 다시 태어나 이 땅, 이 세상 바다에 내려온 하늘의 줄에 매여 있는 자들이다.

위로부터 거듭난 자는 그러므로 하늘의 관점에서 본 정직한 자요, 정직한 자는 땅의 관점에서 본 위로부터 거듭난 자다.

IX.

**마음 씀씀이의
암거래를 중단하라!**

IX. 마음 씀씀이의 암거래를 중단하라!

　마음과 뜻과 힘을 다한 사랑이 가동 중인 정직의 상태는 어느 하나의 대상에 마음이 직선으로 가닿아 지속하여 머무름이다. 즉 마음 심장을 꺼내 준다는 의미를 지닌 Credo의 신앙이 뜻하듯이 마음을 계속하여 전부 다 한 대상에게만 드리는 일이다.
　그런데 마음은 무슨 물건이 아니지 않는가. 있음과 좋음에 반응한다. 즉 마음은 살아서 있음을 의식하며 존재감을 느끼고, 좋음을 확신하며 채움을 욕구한다. 그래서 사람은 마음이 가닿아 머무르거나 마음을 계속하여 다 드리는 대상을, 가장 우선하여 존재감을 느끼며 뜻과 힘을 다하여 사랑할 수밖에 없다.
　그러므로 마음을 주며 머무르는 대상이, 성경적으로 볼 때, 우리의 마음을 그렇게 주어도 괜찮고 타당한 것인지를 그때그때 즉각적으로 알아채는 것이 중요하지 않겠는가. 탈세만 불법이 아니라 주어서는 안 될 모든 대상에게 마음을 주는 일도 역시 불법이요, 암거래다. 아니 오히려 이 세상에서 인간이 행하게 되는 불법 중에 당장 감옥에 가게 되지는 않더라도 가장 치명적이고 중차대한 불법이 될 것이다.
　이처럼 쉐마의 생활화, 하나님 사랑의 생활화, 이는 결국 매일 맞이하는 생활 현장에서 '마음 씀씀이'의 문제로 귀결된다.

블랙마켓

　암거래란 알다시피 암시장(Black market)에서 일어나는 상행위를 말한다. 법적으로 매매가 금지된 물품을 몰래 사고파는 뒷거래를 일컫는다.

여기서 암거래란 인간 일반에 편만한 '다른 정직'을 또 다른 측면에서 표현하는 단어라 할 수 있겠다. 마음 씀씀이 그 자체에 초점을 맞춘 표현이다.

그런데 이 경우 정말 특이한 일은, 마음과 관련하여 암거래라 비유할 수 있는 상황임에도 불구하고 교인의 삶의 영역에서는, 대명천지에 공공연히 이루어지고 있다는 점이다. 소위 양성화된 암거래이다. 조금도 거리낌 없이, 아니 더 정확히 말하자면, 자연스럽고 마땅한 것으로조차 여겨지는 가운데 전혀 문제의식 없이 이 암거래가 성행하고 있는 것이 실제 상황이다.

우리는 지금까지 마음과 뜻과 힘을 다한 하나님 사랑의 상태를 나에게서 진단해 내기 위해서 욥기에 나오는 야사르의 정직이라는 청진기를 사용하였다. 그래서 우리의 이야기가 마지막 단계에 이른 이 시점에서 다시 한번 '야샤르'의 정직이 가지는 의미를 우리 자신에게 환기해 보자.

어느 하나의 대상에 가닿아 마음이 머무는 것이다. 마음이 어떻게 간다는 것인가? 좌우로 치우침이 없이 직선으로 간다는 것이다. 또 이렇게 직선이 되기 위해 첫 번째로 관계해야 함을 뜻한다. 왜냐면 제3의 지점이나 다른 '까닭'의 지점을 우선하여 통과하다 보면, 마음의 궤적이 직선이 될 수 없도록 꺾이고 굽어지게 마련이니까.

그러면 이제 이러한 정직의 의미에 '거래'라는 말을 합쳐서 생각해 보면 어떻게 될까. 거래되는 내용은 물론 여기서 마음이다. 마음은 주기도 하고 받기도 한다. 이런 마음이 어느 하나의 대상에게로 가서 머무름은 마음을 줘 버리는 것이다. 그 하나의 대상에게 가서 머무르고, 다시 돌아오지 않는 것이니까.

　이때 혹시 그 대상으로부터 돌아온다거나 그 대상을 떠난다고 하면, 그 의미는 정직의 대상이 그 대상에서 다른 것으로 바뀌었다는 뜻이거나 본래 그것이 정직의 대상이 아니었다는 의미이다. 하여간 마음은 끊임없이 어떤 대상을 향해 주어지고 있다는 점을 주목하자. 즉 마음 씀씀이는 정말 지속하여 삶의 현장에서 일어나고 있다.

마음의 거래 규정

　여기서 성경이 이러한 마음의 거래에 대해 언급하고 있는 법령을 한번 들어 보자.

　"예수께서 이르시되 네 마음을 다하고 목숨을 다하고 뜻을 다하여 주 너의 하나님을 사랑하라 하셨으니 이것이 크고 첫째 되는 계명이요 둘째도 그와 같으니 네 이웃을 네 자신 같이 사랑하라 하셨으니 이 두 계명이 온 율법과 선지자의 강령이니라"(마 22:37-40)

　하나님 사랑과 이웃 사랑이 온 율법과 선지자의 강령이라 하셨다.

　'사랑'이라는 단어를 거래로 비유하는 것이 완벽하게 적절하지는 않다. 다만 마음도 줄 수 있고 받을 수 있기에 '거래'라는 단어를 단지 '비유적으로' 사용해 보는 것이다.

　하나님은 정하셨다. 마음을 다하여 하나님을 사랑하라고. 하나님의 뜻이요 하나님에 의해 정해진 법이다. 그리고 십자가에 못 박히신 예수님을 믿음으로써 구원받으면 그 증거는 바로 하나님 사랑과 이웃 사랑이 나 같은 죄인에게서도 가능해진다는 사실이다. 이런 전제하에서 하나님께만 하는 정직에 대해서 암거래라는 비유적인 단어를 통해서 또 하나의 측면을 들여다본다. 즉 예수님의 십자가를 생활화한다는 전제 아래서, 그럼으로써 가능한 첫째와 둘째 계명이 정직이라는 주제와 어떻게 연관되는지를 보자는 것이다.

쉐마가 천명하듯이 마음은 오로지 하나님만을 사랑하는 일에 '다' 지급되어야 한다. 마음 씀씀이의 폭을 대폭 줄여서 오직 창조주 하나님 한 분만으로 대상을 한정하신 것이다. 마음을 다른 대상에게 쓰는 일은 원천적으로 불법이다. 계명이나 율법에 어긋나는 행동을 해서 죄가 아니라, 이미 단 하나의 행위도 나타나기 전에 마음 씀씀이에서 죄는 성립한다.

마음 외에도 목숨을 다하고 뜻을 다한다는 말은 따로 그 의미상의 차이를 구분하여 설명할 수도 있다. 그러나 여기서는 마음을 다한다는 내용을, 반복을 통해 최상급으로 강조한 것이라 봐도 크게 틀리지 않을 것이다. 마음을 '다' 드렸는데, 마음이 이렇게 '다' 드려지는 동안 목숨이 어디 가서 따로 놀겠으며 뜻이 마음과는 별개로 혼자 나들이라도 하고 올 수는 없는 노릇 아닌가.

이처럼 마음이라는 품목 그 자체를 아버지 하나님께서는 '다', 그러니까 마지막 한 조각까지도 남김없이 모두 '다' 당신 자신에게만 드릴 것을 법으로 정해 놓으셨다.

그러므로 이 마음을 조금이라도 다른 대상에게 쓰면, 이것은 조물주가 정하신 법을 어기는 범법이요 어두운 곳에서 부당하게 이루어지는 암거래가 된다. 대부분의 나라에서는 각종 마약이나 대마초 등을 조금만 소지해도 범법자가 되듯이 말이다.

예를 들어 내가 마음을 전부든 아니면 극히 일부이든, 국가를 사랑하고 가족이나 직장을 사랑하는 일에 쓴다면 그것은 말씀에 비추어 볼 때, 하나님을 사랑하기 위해서만 다 써야 할 마음을 하나님에 의해 허락되지 않은 대상에게 써 버리는 불법적인 암거래요, 뒷거래다. 국가나 가족이나 직장이 내가 쓰는 마음을 받게 되는 일이 벌어진다는 의미는 내가 마약을 소지하면 현행범으로 경찰에 체포되어야 마땅한 상황과 같이 내가 현행범이 된다는 의미이다.

이렇게 물어볼 수 있다. 국민의 한 사람으로 나라 사랑이 무엇이 나쁜가. 너무나 지당하신 질문이다. 나도 한 나라의 국민으로서 할 말이 없다. 그러나 내가 아니라 성경이, 그러한 질문의 의도가 아무리 당연하고 타당해 보여도, 말씀하고 있다.

마음을 '다' 하나님께 남김없이 쓰라고. 국가가 아무리 대의명분에 대한 요구를 만족시키는 것 같아도 하늘에 계신 창조주 자신이 아니라면 불법적인 암거래다.

어머니로서 자녀에게 마음을 전부든 일부든 쓰는 일이 무엇이 잘못인가? 맞다. 오히려 잘못이기는커녕 그래야만 하는 것이 아니냐고 오히려 내가 묻고 싶다? 그러나 미안한 말씀이지만 크고 첫째 되는 계명을 기준으로 보면, 자녀가 하나님 자신이 아니라면 하여간 무조건 뒷거래요 암거래요 범법이다. 그냥 하나님 자신이 정말 실제 살아 계신 분이라고 믿지 않기에, 크고 첫째 되는 계명 따위를 과감히 아무것도 아니라고 버려 버린다면, 자녀에게 마음을 다 쓰든 일부만 쓰든 아무런 상관은 없다. 그러나 하나님을 살아 계신 창조주요 아버지라고 믿는 사람이라면 마음을 일부라도 자녀에게 쓰고 있는 그 어떤 엄마도 절대로 천국에 못 들어가는 불법적인 암거래상이다. 하나님을 살아계신 창조주요 아버지라고 믿고 있다고 스스로 확신하고 있음에도 불구하고 말이다. 아니 그래서 더욱 천국을 못 들어가는지도 모르겠다. 그렇게 믿는다고 하면서도 하나님보다 자식이 더 먼저라면 정말 하나님을 그렇게 믿지 않는다는 사람보다 더 심각하게 모독하는 일이 될 수 있기 때문이다.

그러면 마지막으로 한 번만 더 묻자. 이런 경우는 어떨까? 사업가로서 마음의 '다'는 아니고, 그저 절반 정도 사업에 마음을 주고, 그 나머지 마음으로는 가정, 예배당 모임, 친구들 그리고 마지막으로는 하나님에게도 골고루 나누어 드리는 경우는 어떠한가? 언뜻 듣기에 적절하다. 나 자신이 사업가라 가정해도 실제 삶의 현장에서 그렇게 하는 수 말고는 뭐 딴 방법이 있겠는가?

그러나 어쩌겠는가, 말씀은 말씀이다. 예수님께서 친히 네 마음을 다하고 목숨과 뜻을 다해서 주 너의 하나님을 사랑하라 하셨다. 그러므로 당신이 사업가로서 전혀 탈세해 본 적이 없다고 해도, 마음을 사업에 쓰고 있다면 당신은 말씀에 비추어 볼 때 다른 정직의 사람이고, 암거래하는 범법자로서 교인도 거듭난 자도 아니고 당연히 천국에도 못 들어간다. 마음이 직선으로 가닿음이, 마음을 드림이, 마음 씀씀이가 곧 믿음이기 때문이다. 예수님을 믿음은 마음을 다른 대상에 쓰는 내가, 십자가에서 예수님과 함께 죽어서 부활 승천하여 보좌 우편까지 따라 올라가, 하나님을 직면한 상태로 오로지 하나님께만 마음을 다 쓰는 일이다. 매일, 모든 생활 현장에서.

크고 첫째 되는 계명과 둘째 계명의 연관성

그러면 사람이 이 세상 살면서 과연 이 크고 첫째 되는 계명을 애당초 지킬 수는 있는 것일까.

왜냐면 문제는 크고 첫째 되는 계명을 지키느냐 마느냐 하는 일만이 문제가 아니기 때문이다. 마음 씀씀이에서 암거래를 피하느냐 마느냐만이 문제가 아니라는 뜻이다.

실천적으로 할 수 있느냐의 문제는 일단 제쳐 놓고, 가감 없이 '마음을 다하여'라는 말씀을 문자 그대로 받아들이고 나면, 논리적인 면에서조차 참으로 절벽 같은 문제에 봉착하고 만다.

그다음에 뒤따라오는 네 이웃을 너 자신같이 사랑하라는 말씀의 해석이 바로 그 절벽이다.

즉 첫째 계명을 충실히 지켰다고 하자. 그렇다고 둘째 계명은 안 지켜도 되는 것이 아니지 않은가? 그래서 둘째 계명으로 관심을 돌려 보면 난감하다는 말씀이다.

나 자신처럼, 내 이웃을 사랑해야 한다. 그런데 이 말이 실천적으로도 논리적으로도 정말 이해하기조차 무척 어렵다. 그동안 교인이라는 우리는, 아예 이 크고 첫째 되고 둘째 되는 계명 자체에 무관심하였으니까 그렇게 편하게 지낼 수 있는 것이 아니었을까 싶다.

마음을 다 쓰면서 오직 하나님 한 분만을 사랑한 뒤에, 나 자신은 내 마음의 어느 부분이 여력으로 남아 있기에 사랑할 것이며, 게다가 나 자신에 더해서 나 자신처럼 이웃은 또 어떻게 무슨 마음의 부분이 남아서 사랑하라는 말씀인가. 어떻든 마음을 써야 사랑이 될 것이 아닌가?

마음이라는 품목은 하나님께 다 쓰지 않고 다른 대상에게 주거나 쓰면, 암거래요 불법 거래라고 말씀하시고는 금방, 너 자신처럼 너의 이웃을 사랑하라고 하시는 이 모순된 어법 속에 무슨 뜻이 들어 있을까?

설마 나 자신을 사랑함과 이웃 사랑을, 마음을 하나님께 모두 드린 후에 전혀 마음 없이 무심의 경지에서 사랑하라는, 그야말로 더 이상한 뜻을 담고 있는 것은 아니지 않겠는가. 당신 생각에는 어떠한가? 쓸 수 있는 마음이 조금도 없는데 사랑이 가능한가?

그리고 크고 첫째 되는 계명과 관련하여 둘째 계명에 얽힌 문제는 여기서 끝나지 않는다.

어떤 문제가 아직도 더 있는지 알아보기 위해, 여기에서 "네 이웃을 너 자신처럼 사랑하라"라는 주님의 말씀을 여러 가지 논리적인 의문에도 불구하고, '네! 알겠습니다. 주님! 이웃을 내 몸처럼 사랑하겠습니다!'라며 전적으로 접수했다고 가정해 보자.

그리고 그다음 단계로 '너 자신처럼'이라는 말을 이해하기 위해 이제 참신앙의 선배들이 자기 자신을 구체적으로 어떻게 사랑했는지 성경을 한번 들여다보자. 그러면 이제 나는 다시 한번 내 이해력에 파산 선고를 내리지 않을 수 없다. 내 머리로는 정말 풀 수가 없는 또 다른 문제에 부딪히게 된다.

히브리서 11장에 믿음의 선배들을 노래하는 대목이 나온다. 기가 막히는 노릇이다. 믿음의 선배들은 톱으로 켬을 당하고, 돌로 침을 당하고, 칼에 맞아 죽고, 유리하고, 궁핍에 시달리고, 환란과 학대가 끊이지 않았다고 기록하고 있다.

한마디로 자신을 아끼고 사랑하며 돌본 기미라고는 눈을 씻고 봐도 찾을 길이 없다.

하나님께만 정직하기 위해 마음을 다했고, 목숨과 뜻을 다했다는 사실의 확증은 분명히 보인다. 그런데 이렇게 아버지 하나님에 대한 참신앙을 수호하기 위해, 켜는 톱 밑에 자기 몸을 헌신짝 버리듯 내놓을 수도 있는 마음가짐의 사람이, 그렇게 취급할 수도 있는 자기 몸처럼 이웃을 사랑한다는 말은 도대체 어떻게 사랑하는 것을 말하는 것일까.

또 어린 자녀의 손을 잡고 원형 경기장에서 사자 밥이 되어 죽을 수 있는 어머니의 경우에, 이웃의 자녀에게는 어떻게 하는 것이 자기 자신처럼 자기 이웃을 사랑하는 것이 될 수 있을까? 하나님을 향한 정직함이 생애 최고의 일인 줄을 알고 지키려고 자기 몸을 사자 밥이 되게 내어 준 것처럼, 그렇게 똑같이 자녀의 몸도 사자 밥이 되도록 기꺼이 놔두어 버린 어머니. 이런 어머니가 자기처럼 하는 이웃에 대한 사랑, 어디 무서워서 받아 볼 꿈이라도 꾸겠는가. 아니면 설령 준다 한들 고맙다고 하겠는가. 이 사랑은 사랑이라기보다 거의 공포에 가까운 관심이요, 그래서 너무나 달갑지 않다.

이웃 사랑의 편의주의

많은 경우, 첫 번째 계명은 그냥 남의 일처럼 넘겨 버리고 만다. 그러고는 미안한 마음이 들어서일까? 너 자신처럼 너의 이웃을 사랑하라는 둘째 계명은 그런대로 민망한 형태로 관심한다. 아주 편하고 쉽게 우리 방식대로 이웃 사랑의 의미를 받아들이고 실천한다. 즉 가난하고 어려운 처지의 이웃에게 물질적인 도움을 베푸는 것이라고 여겨서 구제 헌금 항목 만들기, 국제 구호 단체에 지원금 보내기, 수재 당한 분들에게 구호물자 보내기, 가난한 나라에 국수 공장 지어 주기, 문맹 퇴치를 위한 학교 지어 주기 등등.

맞다. 그러한 구제를 위한 관심과 노력이 예수님이 전해 주신 이웃 사랑의 명령이 뜻하는 바 안에 당연히 들어 있어야 한다.

그러나 그런 이웃 사랑은 우리만 하는가? 불교도는 못 하는가? 아니 고등 종교에 속하는 불교의 신자들은 고사하고, 굿하고 점 보러 다니는 사람들도 구호 기금 마련에 다 참여하더라. 이러한 맥락에서 상부상조 정신을 사랑이라고 표현해도 크게 틀리지 않는다면 우리나라의 두레 전통은 하나님이 명하신 이웃 사랑의 전형쯤 될 것이다.

성경이 말씀하는 사랑, 예수님께서 친히 온 율법과 선지자의 대강령이라 하신 말씀에 속하는 그 이웃 사랑이, 불교도도 가능하고 두레 정신으로도 대체가 가능할 만큼 일반적인 구호 행동이나 상부상조의 정신과 일치하는 것일까. 아니다. 절대 아니다.

이러한 점에서 우리에게 명확한 구분이 없으니, 밖에서 안으로 기독교 종교를 들여다보는 사람들의 눈에는 도대체 기독교 종교가 불교나 다른 여타의 종교와 무엇이 다른 것인지 알 수 없는 노릇인 상황은 너무나 당연하다.

그러한 일반적인 의미에서의 구제를 배제하는 것도 물론 아니지만, 그것이 곧 성경이 말씀하시는 이웃 사랑, 나 자신처럼 해야 할 이웃 사랑인 것 역시 아니다. 그러한 구제는 이웃 사랑에 수반되는 하나의 부수적인 결과들이지, 이웃 사랑 그 자체가 아니다. 콧물이나 목이 아프고 기침이 나오는 것 그 자체가 감기가 아니라 감기의 증상이듯이 말이다.

기브 앤 테이크

우선 '첫째 계명을 실천할 수 있는가?'라는 질문과 함께, 첫째 계명과의 연관성 안에서 '둘째 계명 역시 실천이 가능한가?' 하는 문제는 사실

이론적이고 논리적으로는 제기해 볼 만한 타당한 질문이다. 그러나 이러한 이론적인 차원의 궁금증을 뒤로하고 우선 실제로 첫째 계명을 예수님의 십자가를 생활화함으로써 실천해 보자. 그러면 마음과 뜻과 힘을 다하는 하나님 사랑이 가능함은 물론, 이웃 사랑도 그 의미와 실천 가능성의 유무가 비로소 분명하게 드러난다.

마음과 뜻과 힘을 다한 사랑은, 이 책 전체에서 반복하여 강조하였듯이 정직함이고 사실 모든 사람이 각자 다른 대상을 향해서 하는 중이다. 다만 마음과 뜻과 힘을 다할 수는 있으되, 죄와 저주에 찌듦으로 인해서 하늘에 살아 계시는 하나님을 대상으로 향하는 일만은 스스로 할 수가 없을 뿐이다. 하나님을 대상으로 삼는 일은 오로지 십자가에서 죽고 부활 승천하여 보좌 우편에 이르신 예수님의 그리스도 연쇄 과정이 없으면 불가능하다.

세상 모든 대상에 대해서 사람들은 자연스럽게 끌리는 대로 정직할 수 있다. 즉 모든 대상을 마음과 뜻과 힘을 다하여 사랑할 수 있다. 그러나 하늘에 계시는 하나님만은 십자가에 못 박혀 죽은 예수님과 자기를 동일시함을 통하여 예수님 안에 마음이 들어가지 않는 한 사랑할 수 없다는 것이다.

그러므로 여기서는 십자가 생활화를 전제로 하나님을 마음과 뜻과 힘을 다하여 사랑하게 되었다고 하고, 그다음 단계의 이야기를 해 보자. 이렇게 함으로써 하나님께만 정직함, 하나님만을 마음과 뜻과 힘을 다하여 사랑함의 마지막 측면을 그려 보자는 것이다.

즉 하나님께만 마음을 다 쓰면서 사랑하고, 그리고 그 뒤에 쓸 마음도 전혀 없이 이웃 사람들을 나 자신처럼 사랑하라 하시는 이 모순되어 보이는 말씀의 뜻을 생각한다. 그렇게 함으로써 야샤르 정직의 논리에 근거하여 실천될 수 있는, 마음과 뜻과 힘을 다한 하나님 사랑의 실천 연습에 관한 이야기를 끝내려고 한다.

마지막까지 서두르지 말고 차근차근 이 문제들을 풀어 가 보자.
교인으로서 정직한 사람, 하나님 아버지께만 마음이 직선으로 가닿아 머무르며 관계하는 사람은, 마음을 그분께 다 써 버린다. 마음은 하나님께만 쓰도록 정해진 품목이기 때문이다. 마음 씀씀이에 대해 더는 다른 융통성을 발휘하지 말자. 다른 무엇에든지 마음을 주는 일은 불법이요, 뒷거래요, 암거래임을 마음으로 확정하자. 마음을 불법적으로 엉뚱한 대상들에게 지급하는 암거래를 통해, 생의 행복과 보람을 추구한다는 것은 애당초 틀려먹은 이야기이며, 암거래를 지속하는 동안은 전혀 하늘에서 내려오는 구원을 이룸과 그에 따른 진짜 은혜를 기대할 수도 없다. 쉽게 말해 마음의 암거래상은 전혀 교인도 하나님의 아들도 천국 시민도 아니다. 천국에서 볼 때 그냥 아무것도 아닌 무관한 존재일 뿐이며 하나님의 이름을 망령되게 일컫는 사람일 뿐이다.

그런데 이처럼 '하나님께 마음을 드린다'라는 말을 반복할 때 우리는 자꾸만 '마음을 드리는 일'에만 생각의 초점을 맞추게 된다.
마음이라는 것이 당연히 물건처럼 드린다는 말을 써서 표현될 수 있겠지만, 마음을 드렸을 때 어디 그것이 일방적으로 드린 것으로 끝이 나는 일인가 말이다. 사람끼리 조그마한 선물을 주고받을 때도, 그 물건에 마음을 담아 주는 것이니만큼 선물로 주어진 물건을 통해 마음을 받은 사람은 그 주어진 마음에 대해서 어떤 식으로든지 반응이 거꾸로 전달되는 것이 이치다.

　영이신 하나님께 마음을 다 드린다는 것은 그러므로 내 쪽에서 하나님께로 드리는 일방적인 행위로 끝나는 일이 아니다. 하나님 아버지께서 우리의 마음을 다 당신에게 드려야 한다고 법으로 정하시면서 명령하실 때, 아무려면 그러한 법과 명령에 담긴 아버지 하나님의 의도가 무슨 독재자의 일방통행적인 경직성에서 나온 것이겠는가.

　정직한 자는 하나님을 관계하되 마음을 다 쓰면서 관계하는 사람이다. 그러나 이럴 때 반드시 모두 다 드려진 나의 마음에 반대급부가 주어진다.
　바로 하나님 자신이다.
　모두 다 드려진 마음에 대해서만 주어지는 기절할 일이, 바로 천지를 지으신 우리의 하늘 아버지이시며, 영이신 하나님 자신이 그렇게 드려진 내 마음 안으로 들어오신다는 것이다. 마음을 다 드려 하나님께 직선으로 가면, 그렇게 간 내 마음 안으로 영이신 하나님이 들어오신다. 반대로 말하면 마음이 다 하나님께로 가지 않으면 하나님께서 내 마음 안으로 들어오실 수 없다. 그러면 하나님 자신이 그렇게 당신께 다 드려지는 내 마음 안으로 들어오신다는 의미가 무엇일까?

정직하면 미친다

　유학 시절 독일 TV의 뮤직 채널을 시청하다가 지금까지도 그 기억이 생생한 장면을 보게 되었다. 어느 대형 운동장에서 있었던, 이제는 전설이 된 미국 가수 마이클 잭슨(Michael Joseph Jackson, 1958-2009)의 공연 모습을 녹화 방송으로 송출하고 있었는데 정말 굉장했다. 저 무대에서 목사로서 5분 메시지라도 전해 보았으면 하는 엉뚱한 생각과 함께 TV 화면에 시선을 보내고 있었다. 그다음 너무 충격적인 장면이 나타났다.

한순간 한 대의 카메라가 클로즈업해서 화면 전체에 잡은 것은 공연하는 가수가 아니라 한 젊은 여성 팬의 얼굴이었다. 그녀는 울고 있었다. 무대 앞에서 가수를 보며 우는 그녀의 얼굴은 그냥 우는 것이 아니라 미쳐 있었고 소름이 끼칠 정도로 몰입되어 있었다.

무대 위를 누비며 현란한 댄스와 함께 열창하는 그 가수를 보며 마음에서 치밀어 오르는 환희를 모두 분출할 길이 없어 그녀는 기쁨이 과도하여 고통으로 변한 것처럼 미친 듯이 뛰며 목 놓아 울고 있었다. 솔직히 놀랐다. 인간이 느낄 수 있는 '좋다'는 감정의 최고 한계선은 도대체 어디까지일지 궁금했다.

바로 그 순간 생각난 성경 본문이 바로 변화산 위에서의 베드로의 체험이었다. 변화되신 주님의 영광된 모습을 보고 고백한 "여기가 좋사오니"라는 베드로의 입술에서 나온 말은 전혀 밋밋한 서술식의 어조는 아니었을 것이다.

한 가수의 열정적인 공연 앞에서 솟구쳐 오르는 환희와 행복감을 주체할 수 없어, 미친 사람처럼 울고 있는 한 여성 팬처럼 베드로의 "여기가 좋사오니"라는 표현도 감당하기 어려운 황홀경에 취하여 정신없이 내뱉은 탄성이었으리라.

그러면 마음이 정직하게 모두 하나님께 보내어졌을 때, 그 마음에 거꾸로 영이신 하나님이 들어오시면 나타나는 현상이 무엇일까? 다름 아닌, 변화산에서 일어난 베드로의 경험 세계가 나의 현실로 주어지는 것이다.

예수님의 인간 모습 속에 아들 하나님이신 모습이 숨겨져 있었다. 그렇게 숨겨져 있던 예수님의 그 영광된 천국에서의 모습을 접하게 된 베드로의 고백은 '여기가 좋다'는 탄성이었다. 그리고 이 하나님 되신 모습을 눈앞에 두자, 산 아래 세상은 베드로의 마음에서 망각의 바닷속으로 빠져들어 가 흔적도 없이 사라져 버리고 만다. 예수님을 붙잡고 베드로는 간청한다. 초막 세 개를 짓고 그곳에서 살자는 것이다. 세상 누구도 그렇게 희게 세탁할 수는 없을 만큼 흰색을 띠며 눈부신 광채를 발하면서 나타나신 하나님 되신 예수님의 모습 앞에서 베드로는 처자식, 동료 제자들, 이웃들, 식민지 아래 놓인 조국 이스라엘과 장차 독립할 이스라엘에서 장관 되겠다는 미래의 포부 등 온 세상 모든 것을 다 잊은 채 황홀경에 사로잡혀 버리고 만다.

베드로의 이러한 상태를 가만히 보면 뭔가 감이 잡히는 것이 없는가. 산 아래서 그토록 마음을 쓰며 살고 있던 모든 대상으로부터 마음이 다 회수되어 거두어지고, 영광된 하나님의 현존 앞에서 마음 전부가 꽁꽁 묶이고 사로잡혀 버리고 만다. 베드로의 끊임없이 샘솟는 마음의 흐름이 이렇게 하나님 되신 예수님의 모습에만 달라붙는 바람에, 산 아래 그 무엇에도 주어지지 않고 있다. 그러니 산 아래로 내려가고 싶지도 않고, 산 아래 세상에서 더는 살고 싶지도 않다. 심지어 산 아래 남아 있는 가족과 동료와 조국에 대한 아무런 책임감도 없다. 더는 산 아래 세상에서 바라고 이루고 싶은 것이 베드로 속에 남아 있질 않게 되었다.

변화산에서 일어난 이러한 베드로의 체험이 알게 해 주는 것이 무엇인가? 우리가 마음을 하나님 아버지께 모두 다 드렸을 때, 그 반대급부로 주어지는 것이 무엇인가 하는 점이다.

그러면 마이클 잭슨의 공연을 보던 그 서양 아가씨의 '좋다'와 영화로운 예수님의 하나님 되신 모습을 대하게 된 베드로의 '좋다' 중, 어느 '좋다'가 더 강렬했을까. 어느 쪽이 더 항구적으로 지속하는 것이었을까?

확실한 것은 그 아가씨처럼 그 순간 베드로가 미치지 않았다면 어떻게 천국 모습의 예수님을 초막에 모실 생각을 했겠으며, 미치지 않았다면 어떻게 초막을 3개만 지을 생각을 했겠느냐 하는 것이다. 3개 지어 예수님과 그 변화산에 나타난 모세와 엘리야에게 각각 하나씩 할당하면 자기와 두 동료 제자는 어디서 살 것인가. 이럴 정도로 세상에서 관계하던 모든 대상과 그동안 바라던 모든 좋음을 잊을 뿐 아니라, 심지어는 자기 자신까지도 완전히 의식에서 까맣게 잊는다.

마이클 잭슨의 공연장에서 미칠 듯한 환희의 급류에 떠내려가던 그 아가씨의 마음을 대하여 보며 사도 베드로의 변화산에서의 마음을 조금이라도 비슷하게 상상할 수가 있었다. 노래하는 가수 한 사람을 보고도 그럴 수 있다면, 영화로운 광채에 휩싸인 하나님의 모습을 접한 사람의 마음이 어찌 미칠 듯한 환희와 감격에 찬 마음이 되지 않겠는가.

돌에 맞아 죽어 가던 스데반 집사님의 얼굴이 천사처럼 된 것도, 하늘이 열리고 하나님 아버지가 앉아 계신 보좌와 그 옆에 계시는 예수님을 보았기 때문이 아닌가.

사도 바울이 당장이라도 몸을 떠나고 세상을 떠나 보좌 우편의 주님과 함께 거하는 그것이 소원이라고 말한 것도 그 마음에 하나님 아버지의 영광스러운 빛을 접하고 있기 때문 아니었겠는가.

초대 교회 수많은 신앙의 선배들이 그 무서운 순교의 형장을 천국으로 가는 환희의 플랫폼으로 바꾸어 버릴 수 있었던 이유도 하나님 아버지의 실재를 느끼고 환희로 미쳐 있었기 때문이 아니었겠는가.

어떻게 사람이 4, 5대(代) 이상을 걸쳐 내려가며 로마의 지하 카타콤을 들락거리는 삶을 250여 년을 이어 내려갈 수 있다는 말인가. 마음을 다 쓰면서 하나님 한 분만을 사랑하고 그렇게 드려진 마음 안으로 쏟아져 들어오는 그 하나님의 하늘 기운에 취하지 않았다면 어떻게 버젓이 지하 동굴에서 자신들의 일생을 마쳐야 할 아들과 손자와 증손자를 그 동굴 속에서 낳으며 대를 이어 살 생각을 할 수 있었겠는가.

이처럼 마음을 하나님께만 모두 드린 자들의 특징은 하늘 기운에, 아버지의 기운에 접하여 취한 상태가 되는 것이다. 술병을 향해 마음을 열고 입에다 들이부으면 마음도 몸도 술기운에 사로잡히듯, 마음을 한 점도 남기지 않고 하나님께만 다 드리면, 어떻게 그 마음 안으로 들어오시는 영이신 하늘 아버지의 존재에 취하지 않을 수가 있겠는가. 어떻게 그 영화로우신 하나님 아버지의 아름다움과 좋으심에 사로잡히지 않을 수가 있겠는가.

그러므로 하나님께만 마음이 직선으로 가닿아 머무는 정직한 자는 역으로 하나님의 기운에 취해 미쳐서 세상을 사는 자다. 마음의 모든 부분이 한 조각도 남김없이 하나님께만 드려지는 바람에 그 하나님 아버지의 광채에 취한 자이다. 정말 예수님의 그리스도 연쇄 과정이 만들어 내는 하늘 수직선을 따르는 정직함으로 하나님을 믿었다면, 그의 유일한 소원은 사도 바울처럼 "차라리 몸을 떠나 주와 함께 있는"(고후 5:8) 그것이어야 한다.

만일에 이 소원이 지금 우리 마음에 안 생긴다면, 마음을 다 쓰면서 하나님께 직선으로 관계하고 있는 것이 아니라고 진단해도 틀린 것이 아니리라. 그리고 이렇게 진단이 내려질 수 있는 상황이 된다면 그러한 믿음의 상태는 역시 구원받는 믿음도 아니다. 분명히 다른 믿음이고 다른 정직일 것이다. 물론 이 점을 진정으로 인정한다면, 바로 그 순간이 하나님을 향한 직선의 정직함을 시작할 복된 기회인 것은 말할 것도 없다.

하나에 '미친다'는 것은 보편적인 일이다

이렇게 말하다 보니 하나님께만 마음이 직선으로 가닿아 머무르는 정직함이, 그러니까 하나님을 마음과 뜻과 힘을 다해서 사랑하는 일이, 마치 종교적 황홀경을 이상으로 삼는 무슨 신비주의적 전통을 따르는 것처럼 느끼고 계신 분도 있을 것 같다.

아니다. 지금 이야기되고 있는, 마음이 직선으로 가닿아 머무른다는 정직의 원리는, 직선으로 가닿는 대상이 다를 뿐 모든 사람에게서 항상 똑같이 적용되고 있다는 사실을 잊으면 안 된다.

어디 한번 마음을 다하여 돈을 사랑해 보라. 돈에 미친 자가 되지 않을 수가 없다. 일단 돈맛에 눈을 뜨고 나면, 돈 기운에 취하고, 돈에 울고 돈에 웃으며, 돈 때문에 자신의 시간과 젊음과 심지어는 가족까지도 희생하며 오직 돈을 손에 쥐기 위해 산다. 혹시 하늘의 천사들이 내려다보면 돈 앞에서 보이는 우리의 모습이 모두 다 위에서 언급한 그 마이클 잭슨의 팬이던 아가씨의 모습이 아니겠는가? 그러면 이 경우도 비현실적인 신비주의인가?

차이가 있다면 미치게 만드는 기운이, 돈 기운인가 아니면 하나님 기운인가 하는 차이가 있을 뿐이다. 물론 실제로 미쳤을 때 나타나는 이 둘의 양상은 하늘과 땅 차이이다. 그렇지만 그것이 무엇이든 정직하여 마음을 직선으로 다 주며 사랑하고 있는 대상이 있으면, 반드시 거꾸로 그 대상의 기운에 마음이 정복되고 미친다는 사실 자체는 마찬가지다.

카를 마르크스(Karl Heinrich Marx, 1818-1883)가 기독교 종교를 민중의 아편이라 했다. 노동자와 빈곤층에게 가난을 가져다준 주범인 제도적 분배의 불균형 상태에 대해서 가져야만 할 사람의 관심을, 기독교 종교가 떼어 내서 엉뚱하게도 있지도 않은 천국으로 빼돌린다는 이유 때문이었다. 이런 비난에 대응하여 종교로 전락해 버린 기독교를 옹호한다는 일 자체가 명분도 서지 않아 너무 허무하기만 하다. 우리가 왜 예수님의 복음과 하나님의 교회가 아니라 기독교 종교를 옹호해야만 하는가 말이다.

그러나 아무리 입은 삐뚤어졌어도 말은 바로 하자. 진짜 아편 맞고 제정신 못 차린 쪽이 누구인가? 창조주 하나님과 천국은 사실이다. 팩트(Fact)다. 영이신 하나님의 좋음도 사실이다. 그러나 카를 마르크스는 돈이라는 마약에 중독된 돈 아편쟁이였다. 그의 공산당 이론은 그냥 돈에 취한 취객의 돈 주정(酒酊)이었다.

이런 상황은 돈을 아주 노골적으로 좋아하는 자본주의도 마찬가지이다. 돈이 그렇게 좋음은 사실이 아니다. 다만 돈 기운에 미친 것이고 중독된 것이다. 공산주의와 자본주의는 돈에 취하여 미친 것은 같으나, 돈 주정을 부리는 방식이 서로 다를 뿐이다. 자본주의의 돈 기운에 취한 주정이 게걸스럽다면, 공산주의의 돈 기운에 취한 주정은 원망 섞인 호전성이다.

자식에게 마음을 다 바쳐 버리는 어머니도 자식 기운에 중독된 사정은 마찬가지요, 식민지 아래서 시달리는 조국의 독립을 위해 마음을 다 바쳐 버린 독립투사도 나라와 민족 중독에 걸린 사정은 마찬가지다. 자기 사업에 미친 사람, 예술에 미친 사람, 자기 외모 가꾸기에 미친 사람, 자동차에 미친 사람, 각종 취미에 미친 사람 등 세상은 온통 미친 사람 천지다.

이제 선택하라.
누구에게, 무엇에게 정직할 것인지를. 즉 어떤 대상에게 미칠 것인지를. 하여간 어떤 대상이든지 마음을 다 드리면 그것으로 끝나는 것이 아니다. 다 드려진 마음은 이제 그 대상이 지니는 특유의 기운에 사로잡히고 중독되고 미쳐 버리게 되어 있다.

사람은 누구나 마음을 다 드리는 대상에 의해 거꾸로 그 대상이 뿜어내는 기운에 사로잡히고 중독되거나 미치게 되어 있다.
하나님 이외의 온갖 다른 대상에 대해 정직하여 그것들의 기운에 마음이 사로잡혀서 미치고 취하고 중독된 상태가 된 뒤에, 마치 술주정을 부리듯이 하나님 아버지의 이름과 주 예수님의 이름을 흥얼거리는 짓거리를, 우리는 언제까지 교회의 믿음이라고 부르며 자신을 속일 것인가. 이 경우는 아직 약간 결함이 있는 교회의 신앙이 아니라 다른 신앙이요 종자가 완전히 차별화된 다른 정직이다.
인간의 모든 생각과 감정과 의지와 말과 행동의 표현은, 그가 정직하게 직선으로 마음을 다 쓰면서 상대하는 대상의 기운에 감염된 상태가 겉으로 드러나는 방식이다.

자녀에게 마음을 먼저 다 드린 어머니는, 그 자녀의 상태 여부에 따라 감염되고 취하여 나타나는 희로애락의 상태를, 차후 만나는 모든 다른 관계에서 반영하게 되어 있다. 또 아침에 아내와 싸우고 나온 택시기사 아저씨가 불쾌한 심정으로 차를 몰다가 사고가 나는 경우도 마찬가지다.

이처럼 하나님을 제일 먼저 만난 사람은 세상을 향해 나갈 때, 이미 하나님으로부터 주어진 기운에 취하고 감염된(?) 채로, 그 기운을 삶의 현장에서 반영하며 살게 되는 것이다.

십자가 복음이 항상 기쁨과 쉬지 않는 기도와 범사에 감사를 외치며 노래하는 이유가 무엇인가. 이러한 표현들이, 교인이 정직하게 관계해야 할 하나님 아버지로부터 거꾸로 주어지는 기운의 특징을 드러내어 주고 있기 때문이다. 물질과 돈에 정직하여 그 기운에 감염된 공산주의자가 분노와 살기에 사로잡혀서 교인의 피를 사냥하고 있을 때, 죽임을 당하는 정직한 교인은 하늘의 기운에 사로잡혀 감사하며 죽음을 맞이하는 것이다.

그런데 희한한 것은 너무나 상반되는 이 두 가지 모습이 마음이 직선으로 가닿아 머무르는 정직이라는 하나의 원리에 의해 표출되고 있는 점이다. 이를 갈며 돌을 들고 스데반을 내리치는 사람들도 그들 나름대로 일정한 대상에게 정직하기 때문에 그 대상의 기운에 사로잡혀 미쳐서 그러한 살벌한 모습을 드러내는 것이고, 돌에 맞아 죽으면서도 원수들을 용서하며 빛을 발하던 스데반 집사님도 그 나름대로 마음을 다 드리며 정직하게 관계한 하늘 아버지의 기운에 사로잡혀 미쳤기는 마찬가지였다.

정직한 자는 죽지 못해 이 땅을 산다

첫째 계명을 지키는 자, 즉 십자가 예수님 안에서 정직하게 직선으로 하늘 아버지를 관계하여 그분의 기운에 마음이 사로잡힌 천국의 자녀들은 이 땅 위에서 아주 뚜렷한 특징을 띠게 된다.

태어나서 지금까지 살아온 여정의 마지막 날인 오늘. 이 '오늘'을 지나서 그 이상은 지구 위에서 살고 싶어 하지 않는다. 그도 그럴 것이 세상을 살면서 얻을 수 있는 어떤 기쁨이 하나님의 기운에 취했기에 생긴 미칠 듯한 기쁨 위에 또 다른 생생한 기쁨을 더할 수 있겠는가?

또 반대로 하늘에 계시는 아버지 때문에 생긴 기쁨을 이 땅 위의 어떤 사람이나 사건이 손상하거나 유실시킬 수 있겠는가. 기쁨의 근원이신 창조주요 아버지이신 하나님 자신에게 위해를 가할 수 없기에 이는 불가능하다. 하늘의 기운을 마음에 쏘인 자의 반응은, 변화산의 베드로의 반응 그리고 순교 현장의 스데반 집사님의 상태로 나타날 수밖에 없다. 산 아래 세상의 기쁨 거리를 잊어버린다. 그리고 지금 하늘 기운에 맞닿아 있는 여기서 더는 이 세상의 삶에 아무런 미련이 없다. 지금 몸이 살아 있는 이 세상에 대해서는 더는 아무런 의욕이 남아 있지 않다. 자발적으로는 단 한 발자국도 무슨 어쭙잖은 성취나 성과를 위하여 인생의 평면 위에서 앞을 향하여 움직이고 싶지 않다. 그것이 하늘에 계시는 아버지의 기운이 사람 마음에 대해서 가지는 미치게 하는 힘이다.

지금 당장, 실제로 천국으로부터 뿜어져 나오는 하늘 기운에 마음이 맞닿아 있다면 무병장수가 소원이겠는가, 권력을 쥐는 것이 대단한 것이겠는가, 아니면 재벌 되는 것이 그보다 큰일이겠는가, 혹은 일류 대학 들어가고 승진하는 것이 이보다 큰일이겠는가.

실제로 마음이 하늘에 계신 아버지의 맛에 눈뜬 자에게 이 땅 위에서의 무병장수보다 더 큰 저주와 형벌이 어디 있겠는가. 예수님이 죽었다가 부활하신 나이는 불과 33세였다. 그 젊은 나이에 인류 구원의 사명도 다 마치신 상태에서 조금 한가롭고 개운한 마음으로 세상의 이런저런 기쁨 거리를 좀 즐기셨어도 되지 않았을까? 도대체 천국에 무슨 꿀단지를 숨겨 놓으셨기에 그토록 바쁘게 세상을 빠져나가신 상태에서 곧장 하늘로 가 버리셨을까? 예수님이 주저 없이 세상을 등지고 곧장 하늘에 계시는 아버지께 올라가 버리신 이유는 분명하고 간단하다. 가능한 한 빨리 하늘에 계시는 아버지께로 가고 싶은 마음이 다급하셔서 세상에서 사람들이 목말라하는 기쁨 거리 따위를 기쁨 거리로 여기며 돌아볼 여유도 이유도 없으셨기 때문이었다.

이런 모든 말들은 하늘 아버지의 기운을 실제로 만나 본 경험이 전혀 없는 자들에게는, 평생 들어 본 적이 없는 극심한 헛소리임이 분명할 것이다. 그러나 하나님께만 직선으로 정직하여 마음을 실제로 다 드림으로써 하나님 아버지 자신의 기운을 조금이라도 받는 자들에게는, 지금 죽어서 아버지 곁으로 가는 일보다 더 큰 성공과 더 완벽한 형통과 더 간절한 소원은 이 세상 안에서는 없다. 즉 좌우로 치우침이 없는 직선으로 하나님께만 정직할 수 있는 사람에게, 세상에서 일어날 수 있는 가장 위대한 성공은, 지금 몸이 죽는 일이다.

마치 돈에 미친 사람들이 돈벼락 한번 맞았으면 하고 바라듯, 자녀에 미친 엄마가 하버드 대학 들어가는 자녀의 모습이 소원이듯, 지금 당장 이 세상을 떠나 하나님 아버지의 보좌 앞에 가는 것이 그들의 소원이다.

그들이 이 땅을 사는 이유는, 여전히 세상에서 지겨울 정도로 귀가 따갑도록 들리는 소위 비전이니, 인생의 목적이니, 꿈이니, 야망이니 하는 따위가 아니다. 하나님의 기운에 마음이 쏘인 자가 이 땅 위에서 열 내며 목적에 이끌리는 삶 따위를 이야기하고 싶겠는가? 그런 어쭙잖은 구호 따위는 농담거리도 못 된다. 그냥 교활한, 그러나 지루하고 무의미한 거짓말이다. 변화산의 베드로에게 가서 목적이 이끄는 삶 운운해 보라. 한마디 먹히기나 하겠는가.

하나님께 직선의 정직함을 유지하는 자들이 이 땅을 사는 이유는 자신의 마음 안에 비전이나 목적이 있기 때문이 아니다. 하늘의 하나님을 향해선 미쳐서 사는 것이고, 땅을 향해선 그야말로 육체가 아직 죽지 않았기에 마지못해 사는 것이다.

그들이 기쁜 이유는 이 땅 위에서 내 인생의 목적을 찾고 이루었기 때문이 아니라, 그리스도 연쇄 과정 속 예수님을 따라서 직선으로 올라간 마음이 하늘에 계신 하나님 아버지의 기운에 맞닿아 있기 때문이다. 만족과 기쁨은 하늘로부터만 받고, 이 땅은 마지못해, 죽지 못해 사는 자들이 하나님께만 정직한 자들이자 마음과 뜻과 힘을 다해 하나님을 사랑하는 자들이다.

'하나님과 사귀어 보니 하나님도 좋고, 또한 세상 역시 좋더라' 식의 고백을 정직의 논리는 허락하지 않는다. 그리고 그렇게 말하는 사람이 실재하시는 하나님을 만나고 사귀고 있다는 말은 무조건 새빨간 거짓말이다. 마음이 아직 실제로는 하나님을 못 만난 상태에서 정말 단순히 양심껏 추측만 해 보더라도, 하나님 아버지 자신의 좋음이 기껏 그 정도밖에 안 될까?

음식도, 자장면 먹고 나서 짬뽕을 먹으면 그 맛을 제대로 느낄 수가 없는 법이다. 하나님 맛을 알고 나면 이 세상 좋음이란 사도 바울의 고백처럼 "배설물"(빌 3:8)로 느껴져야 맞는 말이 아닌가?

그러나 아무리 실제 사정이 그렇더라도 여전히 석연치는 않다. 너무 소극적이고 부정적인 뉘앙스가 물씬 풍기는 '죽지 못해 산다'라는 말과 '하나님께 정직한 자들'이라는 말의 연합은 좀 이상하고 전혀 바람직하지 않은 어설픈 시도처럼 보인다. 하나님에 대해 정직한 자에게는 아무래도 좀 더 긍정적이고, 의욕적이고, 비전과 목적을 향해 최선을 다해 뛸 각오가 되어 있는 듯한 힘찬 모습이 어울릴 것 같은데, '죽지 못해 산다'라는 표현은 아무리 많이 봐주려 해도 너무 후줄근한 말이다. '죽지 못해 산다'라는 표현 따위가 도대체 뭐냐?

그러나 너 자신처럼 네 이웃을 사랑하라는 말씀은 오직 하나님 나라 맛을 보고, 이 땅 위의 소중했던 것들이 모두 "배설물"처럼 여겨져, 전혀 살맛을 못 느낄 지경이 되어, 마지못해 죽지 못해 세상을 사는 사람만 실천할 수 있다는 사실을 우리는 알고 있는가?

나 자신의 몸과 이웃은 동격이다

네 이웃을 너 자신처럼 사랑하라 하셨다. 이제 이 말씀은 아버지 하나님께 정직하게 관계해서 첫 번째로, 직선으로, 마음을 모두 다 드린 사람들에게 들려주시는 말씀이 되었다. 왜냐면 그에 앞서 나온 크고 첫 번째 되는 계명이 "네 마음을 다하고 목숨을 다하고 뜻을 다하고 힘을 다하여" 하나님을 사랑하는 것이기 때문이다. 주님은 아셨다. 첫 번째 계명을 실제로 지키면 두 번째 계명 역시 저절로 지키게 될 것이라는 사실을 말이다.

정직하게 직선으로 아버지 하나님을 관계하는 모든 사람의 특징은, 그가 정직하게 관계하는 한, 살아 있는 자기의 몸이 원수다. 알고 있고 느끼고 있고 믿고 있는 하늘 아버지께서 계신 곳으로 지금 당장 그렇게 가고 싶어도, 이놈의 몸이 살아 있어서 갈 수가 없다. 분단 조국 대한민국의 국민에게 38선 같은 존재가 바로 내 몸이다.

그런데 몸이 살아 있는 것이 어디 내 뜻이랴. 하나님이 그렇게 그 몸의 목숨을 붙들고 계신다. 당장 아버지 계신 천국에 가고 싶다고 자살할 수는 없는 노릇 아닌가. 오늘도 아버지 계신 하늘을 마음에 품고 그 기운에 기뻐하며 몸을 떠나가고 싶은 사도 바울의 아쉬움을 내 것으로 마음속에 안은 채, 참된 믿음의 사람들은 이웃 앞에 서 있다.

그런데 바로 이때 주님이 말씀하신다. 너 자신처럼 네 이웃을 사랑하라. 무슨 말씀인가. 우선 급한 대로 주님의 명령을 따라 사랑해야 할 이웃이 세상에서 아직 몸으로 살아 있는 나 자신과 동격인 것은 알겠다. 이 동격이 뜻하는 것이 무엇일까. 아버지께 가고 싶어도 몸이 죽지 않아, 몸 때문에 이 땅에 묶여서 못 가고 있다. 그 나의 몸과 내 이웃이 동격이라는 말이다. 천국에 계신 아버지께서, 내게 제일 좋은 일이 지금 당장 아버지께로 불러 주시는 것임을 뻔히 알고 계시면서도, 나를 천국으로 데리고 가시지 않는 것은, 몸이 살아 있어서 이 땅을 못 떠나듯이 이웃이 이유가 되기 때문이라는 말씀이다.

나 자신은 몸이 죽지 못해 오늘 하루를 더 살고 있다. 마음은 이미 하늘 아버지께 다 가 있는 내 인생을, 이 땅에 묶어 두는 계기가 바로 몸이다. 몸이 안 죽어서 이 땅에 살 뿐이지 정말 이 땅 위에서 바랄 것이 무엇이냐. 아버지 맛을 본 정직한 자에게 아버지가 계신 천국 가는 일보다 더 대단한 것이 이 땅 위에 다시는 있을 수가 없다.

이처럼 죽지 않은 내 몸과 마찬가지로, 바로 이웃이 하나님 우리 아버지께서 내 삶을 이 땅에서 연장하시며 더 묶어 두시는 이유가 된다는 것이다.

바울의 말을 빌려서 정리해 보자.

"이는 내게 사는 것이 그리스도니 죽는 것도 유익함이라 그러나 만일 육신으로 사는 이것이 내 일의 열매일진대 무엇을 택해야 할는지 나는 알지 못하노라 내가 그 둘 사이에 끼었으니 차라리 세상을 떠나서 그리스도와 함께 있는 것이 훨씬 더 좋은 일이라 그렇게 하고 싶으나 내가 육신으로 있는 것이 너희를 위하여 더 유익하리라"(빌 1:21-24)

당장 하나님과 예수님 계신 하늘로 가지 못하고 육신으로 있는 것이 빌립보 교인들을 위하여 유익하다는 말씀이 바로 나 자신처럼 이웃을 사랑하는 상태가 무엇인지를 풀어 말씀하신 것이다. 내 몸이 살아 있음과 이웃의 존재가 하늘 아버지께로 지금 당장 가고 싶은 내 마음에는 언제나 동격이다.

이제 "너 자신처럼 네 이웃을 사랑하라"라는 예수님의 말씀은 이렇게까지는 이해하겠다. 하나님께만 정직한 자, 그래서 하늘 기운을 쏘인 자에게 이웃은 '내 몸처럼' 이 땅 위에 내가 아직 살아 있어야 하는 이유가 된다. 그러므로 예수님 믿게 되어서 하나님을 아버지로 갖게 되었으면 당장 죽는 일이 최고의 성공임에도 불구하고, 그 뒤로도 여전히 내가 살아 있는 이유가 내 인생의 꽃을 피우기 위한 것이 될 수는 없다는 것이다. 이웃을 세우고 사랑하기 위해서이다.

　실제 내 마음이 아직 그 수준에 도달하지 못했다고 하더라도 이론상으로나마 잊지 말자. 나 자신을 위해서라면 지금 당장 아버지께 가는 경우보다 더 잘 활짝 필 내 인생의 꽃이란 아예 계획 속에서조차 있을 수가 없다. 이것이 정직하게 직선으로 하나님을 관계하는 자의 고백이다. 내 인생의 정점은 창조주시고 주권자이신 하나님 아버지 품에 안겨 있는 상태이기 때문이다.

　인생이 끝나지 않고 계속되는 이유가, 다시 말해 하나님을 기업으로 얻어 마음이 배불러 버린 내 인생이 아직도 여전히 이 땅 위에서 지속하는 이유가 바로 이웃 때문이라는 말이다.
　그러므로 네 이웃을 너 자신처럼 사랑하라는 말씀은 이렇다.
　'너는 몸이 살아 있어서 천국으로 당장 못 떠나고 있는 이 땅 위에서 하늘 아버지로 이미 배부른 사람이다. 너는 이미 하늘 아버지로 가득 차 있어서 더는 이 유한한 땅 위에서 무엇으로든 더 얻어 채워야 할 필요가 없는 사람이다. 그러므로 이제부터는 오직 하나님으로 배부른 자로서 이웃의 필요만을 네 관심사로 여기며 살아라!'라고 하시는 말씀이다.
　만일 우리가 하나님께만 정직해서 그분을 실제로 만났다면, 그래서 하나님만을 마음과 뜻과 힘을 다해 사랑한다면, 우리가 취해야 할 인생관으로서, 이웃 사랑에 관한 이 말씀처럼 우리 마음에 합당하고도 기꺼운 것으로 여겨지는 말씀이 다시 없을 것이다.

그런데 줄 것이 없지 않은가?

그런데 여전히 반복되는 문제는 앞에서도 제기되었듯이 실제로 줄 것이 없지 않은가. 내 마음은 오직 하나님께만 다 드린다. 그리고 내 이웃은 내 육체와 더불어 내가 지상에서 살아야 하는 동등한 이유이다. 이 상태에서 이제 나는 이웃을 사랑해야 한다. 하나님께 다 드린 바람에 내 마음 없이, 뜻도 힘도 없이 말이다.

일주일 내내 직장에서 시달린 남편과 아빠를 가족들이 소풍 가자고 달달 볶는 것은 남편이나 아빠가 일주일간의 직장 생활을 힘들게 살았다는 사실을 모르기 때문이 아니다. 그러나 받고 싶어서다. 그들 자신에게로 향하는 그 남편이자 아빠인 사람의 마음과 관심과 뜻을 느끼고 싶어서다. 그러나 남편에게는, 아빠에게는 마음도 육체도 여력이 남아 있지를 못하다.

이처럼 소진되어 없는 것을 어찌 주라는 것인가. 줄 것 없는 탈진 상태에서 사랑은 불가능하다. 줄 수 있어야 사랑이다. 무형의 것이든 유형의 것이든, 하다못해 빈말이라도 입 밖으로 꺼내 줘야 한다. 그런데 마음이 고갈되면 빈말 한마디도 안 나오는 법이다.

세상의 대상들에게 정직하여 마음과 뜻과 힘을 다하여 사랑하면서 사느라, 물먹은 솜이불처럼 천근만근 무겁고, 오리털 이불조차도 납덩이처럼 무겁게 느껴질 만큼 탈진된 마음으로 누가 누구를 사랑할 수 있다는 것인가.

하나님께 다 드린 후, 이웃을 사랑하려 하지만 마음도 뜻도 힘도 목숨도 하나님께 다 드렸기에 더는 누구에게도 줄 것이 없다. 그런데 사랑하라 하신다. 무엇을 줄까. 아무리 찾아보아도 내 안에 본래 있었던 마음

등은 재고가 남은 것이 없다.

그러나 이렇게 모순처럼 보이는 내 것의 소진 상태가 바로 이웃 사랑의 절대적인 조건임을 알아야 한다.

하나님께 마음을 다 드리는 바람에 이제 거꾸로 내 마음 안으로 하나님이 들어오신다고 했다. 그렇게 들어오신 하나님 자신 외에 내게는 남아 있는 것이 없는 상태가 되었다. 하나님과 일체를 이루시는 예수님 자신밖에 없다. 성령님밖에 없다. 내 것인 마음은 남김없이 모두 하나님께 드렸고, 다 드린 그 마음 안으로 하나님이 내 것 되셔서 들어오셨기 때문이다. 지금 당장이라도 내 몸을 죽이셔서 아버지 곁으로 데려가시면 좋겠지만 아직은 죽지 않는 몸처럼, 바로 이웃 때문에 '아직은 땅 위에 있어야 한다'라고 하신다. 그리고 '사랑하라' 하신다. 이제 내 안에 계신 하나님밖에는 줄 수 있는 것이 내겐 없다. 그래서 하나님과 예수님의 이름을 주고 성령님의 역사하심과 인도하심을 준다. 이것이 바로 하나님께만 정직한 자의 이웃 사랑이다.

사도행전 3장에서 베드로와 요한이 성전에 기도하러 올라가다가 나면서부터 앉은뱅이 된 자를 고친 사건을 우리는 알고 있다.

나면서부터 앉은뱅이로 평생을 성전 미문에 앉아 구걸하던 이 장애인이 베드로와 요한을 보며 '저희에게 무엇을 얻을까 하여' 바라보았다. 그때 베드로가 말한다. 은과 금은 내게 없다고.

사실 따지고 보면 은과 금만 없겠는가. 상상력을 발동하여 말을 좀 덧붙여 보자.

'미안하지만 내게는 은과 금만 없는 것이 아니다. 너에게 줄 내 마음도 없다. 내 뜻도 없다. 내 힘도 없다. 이것들은 모두 하나님께 드려 버렸다.' 그 구걸하던 앉은뱅이가 속으로 뭐라 했을까. '그런데 싱겁게 왜 자기들을 보라고 하였느냐?'라고 반문했을지도 모르겠다. 이어서 베드로가 말한다. "은과 금은 내게 없거니와 내게 있는 이것을 네게 주노니 나사렛 예수 그리스도의 이름으로 일어나 걸으라"(행 3:6)

아버지 하나님을 믿는다고 하는 자, 아버지 하나님께만 정직해야만 하는 자다. 그런데 이런 사람이 자기 안에 들어오신 삼위일체 하나님을 이웃에게 주지 않고, 대신에 자기의 마음을 주고 뜻을 주고 힘을 주는 것은 그러므로 모두 불법적인 암거래다. 이웃 사랑은 내 마음으로 하는 것이어서는 절대로 안 된다. 내 마음을 써서 하는 이웃 사랑은 다 하나님 앞에서 범죄다.

내 마음은 뜻과 힘과 더불어 무조건 절대로 다 하나님께 써야 하고 드려야 한다. 그러면 드려진 내 마음 안으로 하나님이 당신의 기운을 보내시고 당신 자신을 주신다. 이것이 암거래가 아닌 유일하게 합법적인 거래(?)다. 그래서 실제로 하나님과 사이에 벌어지는 이러한 인격적인 거래에서 내가 가질 수 있고 가져도 되는 대상은 하나님 자신 한 분뿐이다. 이제 내가 이 세상에서 같이 살아 있는 이웃 사람에게 무엇인가를 준다면 가진 것이라곤 오직 단 하나, 하나님뿐이어야 한다.

근본적으로 말하면 부모와 남편, 아내, 자녀조차 모두가 다 내 이웃이다. 내가 지금 하나님을 믿는 자로서 왜 그들 앞에 서 있는가. 내 뜻, 내 힘, 내 마음, 내 사랑을 주라고 서 있게 하신 것이 아니다. 그것은 뒷거래요 암거래요 영적인 탈세다.

자식에게 자기의 마음과 뜻과 힘을 쓰는 모든 어머니는 암거래의 범법자다. 그 마음의 전부를 오직 하나님께 몽땅 다 써야 한다. 그중에 일부를 드려서는 하나님과 만남이 불가능하다. 오직 다 드릴 때만이 하나님이 내 것 되셔서 내 안에 들어오신다. 이제 내가 만나는 자녀와 모든 이웃 — 가족을 포함해서 — 에게 내 안의 하나님을 나누어 드린다. 사람과 사람, 이웃과 이웃 사이에서 유통되도록 하나님에 의해 허락된 유일한 품목(?)이 바로 하나님 자신이시고 하나님으로부터 주어지는 하나님의 기운이다.

반면에 사람의 마음은 누구의 것이든지 예외 없이 모두 하나님께만 귀속되도록 법으로 정해진 품목이다. 이 땅에 사는 사람들 사이에서는 단지 하나님 한 분만을 유통하라. 사람들에게 내 마음을 쓰는 암거래를 중단하자. 이웃 사랑은, 하나님만을 마음과 뜻과 힘을 다한 사람이, 가진 것이 하나님뿐이라서 그 하나님을 이웃에게 주는 일이다.

양을 무엇으로 먹이나?

부활하신 예수님께서 베드로를 찾아오셨다. 십자가에 달리시던 스승을 세 번이나 모른다고 부인하며 저주까지 한 베드로에게 세 번을 반복해서 물으신다. "네가 나를 사랑하느냐?" 즉 네가 하나님인 나를 사랑하느냐는 질문이다. 이 반복된 세 번의 질문에 매번 예수님을 사랑한다고 베드로는 대답을 드렸고, 매번의 대답 때마다 내 양을 치라 하셨다.

그런데 이상하다. 예수님의 양을 치려 한다면 그 양들을 사랑해야 하지 않았을까?

그래서 목양일념(牧羊一念), 이것이 교회에서 목사님들의 목회와 관련지어 흔히 첫 번째로 꼽는 덕목으로, 하기도 하고 듣기도 하는 말이 아닌가.

'저 목사님은 사랑이 많아… 저 목사님은 사랑이 없어….' 이러한 교인들의 평가는 도대체 누가 누구를 사랑하라는 것인지, 예수님과 베드로의 대화를 염두에 두면서 생각해 보면 감을 잡기가 어렵다. 도대체 목사가 양인 교인을 사랑하지 않는다는 것이 말이 되나? 그러나 또 한편 목사가 양인 교인을 사랑한다는 것이 정말 말이 되나? 마음과 뜻과 힘을 다하여 하나님을 사랑하는 일이 목사에게서는 적용되지 않는가?

왜 양을 치라는 말씀 앞에 양이 아니라 예수님 자신을 사랑하는지를 세 번이나 확인하시는 것일까?

예수님의 양은 그 양을 치도록 위임받은 인간 베드로의 사랑과 마음과 뜻과 힘을 먹고 사는 존재가 아니기 때문이다.

베드로가 목자로서 먹여야 하고 양들이 먹어야 하는 양식은, 베드로 자신의 사랑과 마음과 뜻과 힘이 아니라 예수님이요, 하나님 아버지여야 한다. 그러려면 베드로 안에 하나님이 들어와 계셔야 하고, 하나님이 들어와 계시려면 베드로는 양이 아니라 하나님께, 마음과 뜻과 힘을 몽땅 다 드려야 한다. 그래야 그 마음을 하나님이 가질 수 있고, 또 그래야 그 마음에 하나님이 자신을 주실 수 있으니까.

이 사실은 베드로에게만 적용되는 것이 아니다. 우리 모두에게 물으신다. '네가 나를 사랑하느냐?' '예, 주님!' '그러면 아무개의 엄마가 되어라!' '아무개의 남편이 되어라!' '어느 회사의 직원이 되어라!' '누구의 친구가 되어라!' '그래서 그들에게 먹여라, 그들에게 주어라, 네 안에 있는 하나님으로!' 자녀를 사랑하는 엄마로부터 자녀들은 얻어먹을 것이 없고, 아내를 사랑하는 남편으로부터 아내들은 얻어먹을 것이 없다. 먹는다면 모두 불량 식품들이고 암거래 품목뿐이다.

하나님 자신이 아니라 목회를 마음을 다해 사랑하는 목사로부터 교인들은 실제로 얻어먹을 것이 없다. 아니 무엇이든 먹기는 먹는지 몰라도 엉뚱한 불량 식품을 얻어먹게 되어 있다. 목회 비전 등이나 예배당 조직을 강화하지 못해 안달하는 암거래의 강박 관념으로부터, 무엇인가 영적인 불량 식품을 얻어먹기는 할 것이다. 모두가 다 목사로부터 교인들의 배 속으로 들어가는 독극물이다.

지금 우리의 목장에서 양이 먹고 있는 것이 무엇인지 스스로 솔직하게 그리고 면밀하게 살펴보자. 정말 이상하게 들릴지 모르지만, 목회할 여력이 없을 만큼 하나님 자신을 마음과 뜻과 힘을 다해 사랑하는 목사만이 교인들에게 하나님을 먹일 수 있고 예수님을 먹일 수 있다.

야샤르의 정직이 목사로부터 시작되어 교인들에게로 확장되고 사회로 번져 가야만 하는 것이라면, 교인과 부흥보다 또한 가족보다 먼저 아버지 하나님 자신을 직선으로, 첫 번째로 관계하며 마음을 다 드려야 한다. 이것이 암거래를 중단한 아버지 하나님에 대해서만 정직한 목사다.

물론 어차피 정직하지 않은 목사가 없고, 정직하지 않은 성도가 없다. 이제 더는 부정직함이라는 단어를 야샤르의 정직이 지니는 논리는 허락하지 않는다. 그래서 사회의 부정직함을 개선한다는 말도 있을 수가 없다. 오직 개선이 아니라 통째로 폐기되어야 하는 다른 정직이 있을 뿐이다.

그러면 지금 우리는 누구에게 무엇에게 정직한가? 어디에 마음을 직선으로 보내어 머물고 있는가? 부정직은 세상에도 없고 교인 간에도 없다.

오직 다른 정직이 있을 뿐이다.

불신앙이 아니라 다른 신앙이 있을 뿐이듯이.

그러므로 목회나 교회의 부흥을 마음 씀씀이의 대상으로 여겨 직선으로 보내는 목사는, 하나님 자신이 아닌 목회나 부흥을 신앙하는 다른 신앙인이요 완전히 복음에서 이탈한 암거래상이다.

목회와 부흥은 하나님께 정직한 목사를 통해 어떤 양상으로든 하나님 자신이 행하실 하나님의 일이다. 내 일은 하나님께만 좌우로 치우침이 없이 직선으로 정직함이다.

하나님에 대해선 하나님만이 이유이시다

바알은 당시 고대 근동 사람들이 풍요와 다산을 관장한다고 여겼던 신이다. 즉 부자가 되고 번영하려면 숭배해야 하는 신으로 여겨졌던 우상이었다. 북 왕국 이스라엘의 아합왕 시절 왕비이자 악녀인 이세벨의 주도 아래 선민 전체가 지독한 바알 숭배에 빠졌을 때 갈멜산에서 일어난 일이다.

"엘리야가 모든 백성에게 가까이 나아가 이르되 너희가 어느 때까지 둘 사이에서 머뭇머뭇 하려느냐 여호와가 만일 하나님이면 그를 따르고 바알이 만일 하나님이면 그를 따를지니라 하니 백성이 말 한마디도 대답하지 아니하는지라"(왕상 18:21)

정말 이상하다. 지금 이토록 절박하고도 숙연한 결단의 상황에서 왜 이스라엘 사람들은 한마디도 대답지 아니하였을까. 도대체 이 침묵이 의미하는 것이 무엇이었을까.

'여호와 하나님'이라는 이름 하나만 달랑 듣고는, 아무리 이스라엘 선민이라도 그동안 풍요와 다산을 기대하며 열심히 섬겼던 바알을 버리고 여호와를 선택하기에는 아직 미심쩍고 아쉬운 점이 많이 남아 있었다는 것일까?

　제단 위의 송아지를 올려놓고 번제물로 태우기 위해 "불로 응답하는 신 그가 하나님이라"라는 엘리야의 제언에 비로소 이스라엘 백성은 "다 대답하되 그 말이 옳도다"라고 하였다. 이 '옳도다'라는 말은 무슨 의미를 담고 있는 말인가? 그냥 순순하게 믿음만으로는 여호와를 자기들의 신으로 선택할 수가 없다는 뜻이다. 하늘에서 불이 내려와 죽은 소를 태워 재로 만드는 기적쯤은 벌어져야만, 그런 상황을 근거로 진짜 신이 누구인지를 알 수 있고 인정할 수 있겠다는 말이다. 정말 이러한 선민들을 보시면서 하나님의 마음이 찢어졌을 것 같다.

　우리도 하나님 아버지께만 마음을 다 드리며 직선으로 정직하려면, 갈멜산에서처럼 하늘에서 내려오는 불이 우리 눈앞에 활활 타오르고 있어야만 하는가? 하늘에서 내려온 불을 보고서야 여호와가 참신(神)임을 믿겠다는 이스라엘 백성들은 그렇게 실제로 내려온 불을 보고 드디어 진정한 믿음의 사람들이 되었는가? 아니다. 결국은 모든 증거를 자기들 두 눈으로 다 보면서 확인하고 나서도 끝내 여호와 하나님을 버리고 말았고 선민의 나라였던 북 왕국은 지상에서 영원히 사라졌다.
　한번 가정해서 물어보자.
　만일 그때 엘리야의 제단에 불이 안 내려왔다면, 엘리야 개인의 입장은 무척 곤란했겠지만, 그렇다고 여호와 하나님의 살아 계심이 사실(Fact)이 아닌 게 되나? 하나님의 전지전능하심과 창조주 되심이 사실(Fact)이 아닌 게 되나? 그래서 단지 이름뿐인 가짜 신으로 판명되시는 것인가? 하나님의 이 모든 영원하신 속성이 단지 순간 일어났다 꺼지는 불을 눈으로 확인하지 않으면 다 가짜가 되는가 말이다.

통탄할 심정이 되어 하나님 아버지께 따지고 싶다. 왜 그때 불을 보내셨느냐고. 내 마음대로라면 나는 불을 안 내려보냈을 것 같다. 그래서 다 여호와 하나님을 떠나도록 내버려 두었을 것이다.

영원하신 영이신 여호와 하나님의 그 이름 자체보다 육체의 눈앞에 보이는 불을 더 확실한 증거로 여기는 자들이, 어떻게 눈에 보이지 않는 영이신 여호와 하나님께 마음을 첫 번째로, 직선으로, 모두 다 드릴 수가 있겠는가?

영원하신 창조주 아버지 하나님께만 정직하여 직선으로 가닿아 머무를 만큼 마음을 다 드려 사랑하자는데, 아버지 자신에 대한 믿음 말고 또 다른 제2의 현상적인 확증이나 이유가 있어야 하는가?

하나님 아버지에 대하여 정직하기 위해서는, 정직했을 때 나타나는 이 세상의 기준을 따른 풍성한 열매와 효과를, 세일즈맨이 물건 팔 때처럼 온갖 달콤한 약속으로 홍보하고 광고해야만 하나?

세상에 그 많은 대상을 향해선, 마땅한 이유도 없고 결과에 대한 아무런 확증도 없이, 단지 미신 같은 확신 아래 철커덕철커덕 잘도 들러붙는 마음들이, 어찌해서 하나님 아버지를 다른 '까닭' 없이 마음을 다해 사랑하는 일은 그리도 어려운 것일까.

하늘 아버지는 영원하신 분이시다. 그러나 하늘에서 내려온 불이나 온갖 기적들은 한시적인 현상들이고 순간의 사건들이다.

그런데 그 영원하신 하늘 아버지에 대한 정직함의 관계를, 결국은 없어질 이 지구 위의 순간적인 사건 위에 세우려는 모든 부패하고 전도(顚倒)된 시도는 마땅히 좌절되어야 한다. 하늘에 계신 영이신 아버지에 대한 정직한 관계를 이 땅 위의 물리적인 찰나의 사건을 기초로 하여 그 위에 세우려는 모든 악하고 터무니없는 시도는 이제 끝이 나야만 한다. 순간이 어찌 영원을 변증하며, 땅이 어찌 하늘의 기초가 되겠는가.

'하나님 아버지! 이제 세상이 끝나는 날까지 다시는 갈멜산의 불을 이 땅에 내리지 말아 주시옵소서. 불을 보기 전에는 하나님을 향해 마음을 첫 번째로 직선으로 다 드릴 수 없다는 모든 거짓 된 교인들 앞에, 모든 다른 정직의 사람들 앞에, 불도 기적도 그 어떠한 센세이션도 이루지 말아 주시옵소서. 지루하고 무료할 정도로 너무나도 어제와 똑같이 반복되는 평범한 일상만을 교인들에게 허락하여 주시옵소서. 그래도 당신이 창세 전에 예정하사 그리스도 안에서 택하신 진정한 자녀라면, 아버지 하나님을 향해 마음을 다 드리지 못함을 안타까워하며 참신앙을 위한 기도를 시작할 것입니다.'

당신의 얼굴을 본 적이 없어도, 누구인지 전혀 몰라도 나는 말할 수 있다. 당신은 무조건 정직하다고.

그러나 누구를 무엇을 그 대상으로 삼아 당신의 마음을 직선으로 다 드리고 있는지는 하늘에 계신 하나님 아버지와 당신 자신밖에는 모른다.

"이스라엘아, 들으라! 우리 하나님 여호와는 오직 유일한 여호와이시니 너는 마음을 다하고 뜻을 다하고 힘을 다하여 네 하나님 여호와를 사랑하라!"(신 6:4-5)